人民代表大会制度，坚持中国共产党领导，坚持马克思主义国家学说的基本原则，适应人民民主专政的国体，有效保证国家沿着社会主义道路前进。人民代表大会制度，坚持国家一切权力属于人民，最大限度保障人民当家作主，把党的领导、人民当家作主、依法治国有机统一起来，有效保证国家治理跳出治乱兴衰的历史周期率。人民代表大会制度，正确处理事关国家前途命运的一系列重大政治关系，实现国家统一高效组织各项事业，维护国家统一和民族团结，有效保证国家政治生活既充满活力又安定有序。

——习近平总书记在中央人大工作会议上的讲话
《中国人大》2021年第23期

民主是一种日常生活

MINZHU SHI YIZHONG RICHANG SHENGHUO

汪铁民 著

中国民主法制出版社

· 代 序 ·

人大故事与我们的故事

本书收录了我在《中国人大》杂志社工作期间撰写的"总编絮语"(前期叫"卷首语")。

我是2001年到杂志社工作,2002年6月提任副总编,2005年底担任总编。"总编絮语"从2004年开始写起,直到2019年底离任时为止,总计写了260多期。这些文字算是特定时期人大工作的成长记录,也是一位人大工作者写给人民代表大会制度的一封封"情书",它们背后是我与人大之间的故事。

《中国人大》是全国人大常委会的机关刊物,是一本"很政治"的刊物,所以,在"总编絮语"这个平台上,"说什么"、"怎么说",是我在办刊过程中面临的一个十分重要的问题。记得刚到杂志社工作时,就有一些领导对我说过这样的话:《中国人大》不是属于你个人的,不是发表你个人见解或表达你个人好恶的讲坛,必须坚持正确的办刊方向。在实践中,我愈发明白这句话所蕴含的道理:"总编絮语"不是我的"私语",更不是我的"个人秀",它是一种"职务性表达"。"坚持正确的舆论导向",不是简单地"喊口号"、"贴标签",讲一些"说了没人听、听了记不住"的大道理,而是要将精深的民主原理、缜密的制度设计、抽象的法律条文还原成大众语言。人大工作所涉及的很多话题,往往是庄严和厚重的,但它又是朴素而温暖的,它也可以使我们如沐春风。我们做人大新闻宣传工作的,就是要用鲜活的语言,告诉广大读者,人大是干什么的,它和你有什么关系,它能给你带来哪些好处。基于这样一种认识,多年来,我一直尝试通过"法言法语"与"方言土语"的混搭,形成一种新的叙事风格。我的尝试是否成功,还请广大读者朋友们品评。

由于从中国人民大学毕业后,我就一直在全国人大机关工作,因此,我的职业生涯可以用"人大"二字来概括:"人大"是我的初恋情人,也是我的终身伴侣。我有幸见证了人民代表大会制度在历经风雨之后不断发展完善的进程。特别是在党的十八大以后,我更是亲眼目睹了在以习近平同志为核心的党中央领导下,人大工作取得历史性成就,人民代表大会制度更加成熟、更加定型。我希望读者朋友们透过我的文字,能听到时代的步点,感受民主的脉动。

多年前,我曾写过一篇题为《民主永远年轻》的文章。现在看来,我们一天天变老,而人民代表大会制度却越来越年轻,越来越充满活力。这是一个逆向的良性互动过程。实际上,从选择人大工作那天起,我们的命运就和人民代表大会制度紧紧联系在一起。"让这项制度变得更好",这是所有人大工作者的共同理想。也正是在这样一个神圣的理想推动下,我和我的编辑记者们坚持用最深情的讲述,把中国民主最生动的一面呈现给公众,我们自己也从琐碎的日常中体味到崇高、寻找到意义。

习近平总书记在党的二十大报告中为我们描绘了全过程人民民主的美好前景，这也对人民代表大会制度建设和人大工作提出了新的更高的要求。习近平总书记的讲话视野宏阔、立意高远、内涵深邃、催人奋进，点燃了亿万中国人民奔赴美好未来的壮志豪情。可以预期，在新的时代场景中，在以中国式现代化全面推进中华民族伟大复兴的宏大叙事中，新版的中国故事、人大故事，以及我们每一个人的故事，一定会无比精彩！

·目 录·

2004 年

让人大工作拥有更多的亮点 ……002

危难之时尽显法律本色 ……005

人大监督：点滴之中感受变化 ……008

立法需要公众参与 ……011

让更多的专家参与立法 ……014

2005 年

民主是一种日常生活 ……018

和谐社会需要和谐的法治舆论氛围 ……021

充分认识人大在构建和谐社会中的作用 ……024

正确处理监督和支持的关系 努力开拓人大监督工作新局面 ……027

立法听证，我们从中获取什么 ……030

法律应该是什么样的 ……033

把更多的福音带给上访者 ……036

2006 年

民主也可以成为时尚 040

代表满意就是最高的标准 042

把法律刻在人们的心中 044

以制度公平促进教育公平 046

倾听不仅仅是一种态度 048

切实做好县乡人大换届选举工作 050

党的领导是做好选举工作的根本保证 053

充分发扬民主是我国选举制度的本质要求 055

严格依法办事是换届选举得以顺利进行的重要前提 058

从工作作风到制度设计 061

"水建议"见证代表工作新变化 064

监督也是一种人文关怀 067

追求人大监督的更高境界 069

态度即质量 071

依法监督才是最有效的监督 073

让和谐成为一句最温馨的新年祝福 075

2007 年

坚守建议的权利属性 078

和谐语境中的人大信访 080

感受民主的脉动 082

关注"两会效应" ……084

加强素质能力建设是做好人大工作的重要基础 ……086

加强立法后评估工作 ……089

城乡规划应以科学发展观为指导 ……091

建立健全闭会期间代表活动的长效机制 ……093

"忙""闲"之中看变化 ……095

平衡之中尽显立法智慧 ……097

再创人大信访工作新局面 ……099

恪守新闻工作者的社会责任 ……101

为代表在闭会期间的工作提供更多的组织保障 ……103

态度为大 ……105

用法律刻画人与自然和谐相处的最优模式 ……107

地方人大要把学习宣传法律作为一项重要任务 ……109

学习贯彻党的十七大精神是人大工作者的重要职责 ……111

理论的指南　行动的纲领 ……114

坚持和完善人民代表大会制度是扩大人民民主的重要途径 ……116

坚持和完善人民代表大会制度必须坚持正确的政治方向 ……118

2008 年

用正确的舆论引导公众是确保法律实施的重要前提 ……122

立法工作必须更加坚定不移地走群众路线 ……124

把解决民生问题作为立法工作的重点 ……126

让温暖成为一种记忆 ……128

"两会"，中国民主的一张名片 130

办理代表建议是一项光荣的任务 132

加强机关建设是做好人大工作的基础 134

危难之际尽显权力机关亲民本色 136

中国法律的一次特殊抽检 138

让防灾成为一种常态 140

理论素质是机关干部思想政治素质的灵魂 142

让调查研究之风渗透到人大工作的每一个环节中 144

人大工作见证社会进步 146

用中国特色社会主义理论武装全党的重大举措 148

把科学发展观贯彻落实到人大工作的每一个方面 150

2009 年

政治是多彩的 154

坚守劳动合同法的权威性 156

加强对网络民意的有效引导 158

努力在人大监督工作上迈出新步伐 160

增加人大监督工作的透明度 163

充分发挥调查研究在人大监督中的作用 165

加强跟踪检查　增强监督实效 167

中国立法进入"收官"阶段 169

厉行法治是维护新疆繁荣稳定的重要保障 171

要充分发挥专门委员会的专业优势 173

化解经济难题，人大将出良策 ……175

让公众能更多地听到来自人大的声音 ……177

开创人大对外交往新局面 ……179

维护食品安全是一项长期任务 ……182

选举法修改见证我国民主进程 ……184

"城乡同比"将会给人大工作带来积极变化 ……186

2010 年

信心是一份最珍贵的新年礼物 ……190

村民自治 越走越好 ……192

呈现给公众一个生动的人大 ……194

新的起点 新的出发 ……196

永远同人民在一起 ……198

让百姓感受法律的温暖 ……200

加强机关素质能力建设是人大工作适应新形势的迫切需要 ……202

问答之间彰显人大监督新境界 ……204

提高抗灾能力，应从保护生态环境做起 ……206

再创代表工作新辉煌 ……208

细节之中感受人大监督时代品格 ……210

为代表履职提供更多保障 ……212

规范代表履职行为是发挥代表作用的重要前提 ……214

把立法工作推向新的高度 ……216

2011 年

百姓的关切就是人大监督的着力点 220

一次历史性的伟大跨越 222

建设法治国家我们还在路上 224

法治化进程中的中国经验 226

理性看待个税法修改 229

普法,从日常生活开始 231

社会主义民主政治建设的一次重要实践 233

整治食品乱象,绝非一日之功 236

个税法修改的标本意义 238

中国立法的又一次升级换代 240

透过真相的拷问 242

要全面理解刑诉法的修法意图 244

为民主发展注入新的活力 246

加强保障性住房建设需人大监督的持续跟进 248

让民主在我们笔端更加生动 250

2012 年

让百姓幸福是经济发展的永恒目标 254

地方立法剑指食品监管"软肋" 256

为政之要,其枢在水 258

珍惜人民赋予的权力 260

让百姓喝上放心水，是政府最基本的责任 ……262

勿忘回家的路 ……264

应对灾害，法律能为我们做些什么 ……266

公平是一块最有价值的金牌 ……268

经济下行带来的不只是压力 ……270

地方立法续写辉煌 ……272

坚持国企改革的方向不动摇 ……274

自信是做好人大工作的强大动力 ……276

实现伟大梦想的制度保障 ……278

温故，是为了更好地出发 ……280

2013 年

民主永远年轻 ……284

用人大监督守护我们的梦想 ……287

当一名人民满意的人大代表 ……289

百姓的幸福应由百姓做主 ……291

书写人大工作新辉煌 ……293

法治让梦想更精彩 ……295

履职，从学习开始 ……297

提高立法质量是依法治国的逻辑起点 ……299

重振消费信心，我们还有很长的路要走 ……301

我们需要什么样的城镇化 ……303

讲述中国民主的故事 ……306

特种设备安全法的特别之处 308

治乱须用重典 310

法律视角中的传染病防治工作 312

"风光"困局如何破解 314

人大宣传工作必须坚持党性与人民性相统一原则 316

人大代表应时刻同人民群众在一起 318

立法质量如何　百姓最有发言权 320

让调查研究为人大工作不断注入新的活力 323

中国立法再出发 325

改革为人大工作提供了广阔的空间 327

共享制度的精彩 329

2014 年

我们和民主共同成长 332

用理论的光辉照亮中国道路 335

开局新气象 337

"接地气",让代表工作充满活力 339

热点中的人代会 341

坚守生命至上的立法理念 343

办理代表建议重在解决问题 345

最严格的法律尚需最严格的执行 348

夯实国家根本政治制度的根基 351

形成合力才能实现整体推进 353

共谋乡镇人大的发展之路 355

审计监督不应止于"指名道姓" 358

从最严厉到最安全 360

代表都去哪儿了 362

网络给人大工作带来什么 365

伟大的制度源于伟大的实践 368

地方立法步入转型升级新阶段 371

吹响全面推进依法治国的集结号 373

把宪法刻在人们的心中 376

强化宪法权威，从国家宪法日开始 378

国家宪法日过后的思考 381

2015 年

每一次努力都是一份对百姓的深情祝福 386

最严格的法律传递最美好的祝愿 389

接受人民的检验 391

春天的话题 394

立法法的冷热之变 397

人大监督再度发力 400

从"史上最严"到"史上最具可操作性" 403

执法检查工作必须坚持的四项原则 406

推动问题解决　方显监督实效 409

监督与支持中的政治逻辑 411

新常态下新节奏 ……414

县乡人大步入重要发展期 ……417

人大之问给人大监督带来怎样的变化 ……420

只有严格执法　才有碧水蓝天 ……423

用历史的火炬照亮未来 ……426

最美的风景在基层 ……429

推动消保法实施，是一项系统工程 ……432

铸就新的辉煌 ……435

法治让中国道路更加宽广通畅 ……438

让每一个人都从规划中看到自己的美好未来 ……441

宪法和我们如此亲近 ……444

2016 年

让每一部法律都成为一把开启幸福之门的钥匙 ……448

寻找平凡中的感动 ……451

用法律照亮社会生活的每一个角落 ……454

人大监督实现升级换代 ……457

向着伟大的梦想出发 ……460

伟大的时代需要伟大的作为 ……463

全流程监督聚焦食品安全 ……466

普法重在"关键少数" ……469

坚持和完善人民代表大会制度的重大举措 ……472

用法就是最好的普法 ……475

给百姓一个满意的交代 478

百姓的权利宝典 481

法律视角下的人水关系 484

有为、有位、有威 487

奥运视角下的中国自信 490

实践创新与顶层设计 493

百姓需要什么样的代表 496

民法典应体现中国人的生活智慧 499

民法典必须具有鲜明的中国特色 502

边查边改边行：人大监督新探索 505

不忘初心，方能行稳致远 508

加强思想政治作风建设是人大代表的必修课 511

2017 年

让安全成为一份最厚实的新年礼物 516

让每一部法律都成为精品 519

人大监督工作新进展新变化 522

行进在依法治国的伟大征程中 525

中国声音传递中国智慧 528

交出一份让人民满意的答卷 531

以对人民高度负责的精神办理好每一件建议 534

确保立法质量继续稳步提升 537

把增强针对性和实效性作为人大监督的着力点 540

"严字当头"是百姓用上放心药的最可靠保障 ……543

推动县乡人大工作和建设再上新台阶 ……545

为全面推进质量强国战略提供强有力的法治保障 ……548

让党性在人大工作中绽放 ……551

用联网监督盯紧百姓的"钱袋子" ……554

坚持问题导向　补齐工作短板 ……557

脱贫攻坚路上，人大与百姓同在 ……560

着力提高地方立法精细化水平 ……563

在新的历史起点上续写辉煌 ……566

谱写新时代中国民主的华彩乐章 ……569

新时代　新使命　新作为 ……572

希望的田野孕育新的希望 ……575

加强青少年宪法教育是一项希望工程 ……578

人大制度理论研究要紧跟时代步伐 ……581

2018 年

祝福 2018 ……586

为全面依法治国提供更多的法律支持 ……589

人大监督步入提质增效新阶段 ……592

努力开创专门委员会工作新局面 ……595

开启依宪治国新征程 ……598

在浩荡的春风中我们扬帆远航 ……601

创造属于新时代的光辉业绩 ……604

以人民的名义办理好每一件代表建议 607

奏响新时代英雄主义赞歌 610

如何看好国有资产的"家底" 613

用法律的武器护卫蓝天白云 615

培训工作是做好新时代人大工作的基础性工程 618

开创人大制度理论研究新局面 621

新时代人大监督的经典范本 624

做好人大工作,从调查研究开始 627

党的领导是做好人大监督工作的根本保证 629

民心所望 人大所向 632

中国立法再度吹响集结号 635

新时代人大工作的行动指南 638

"票决制"的范本意义 641

彻底打通实现公平正义的"最后一公里" 644

让"马上就办"成为人大工作新风尚 647

纪念历史,是为了创造新的历史 650

伟大时代的人大故事 653

2019 年

奋斗让我们的人生更加美丽 658

新时代 新气象 新作为 661

以更加开放的姿态面向世界 664

更好发挥专门委员会在新时代人大工作中的作用 667

从这里看清中国的未来 670

把美好的期待化为我们的自觉行动 673

人大监督的一次重大探索创新 676

严字当头，才能树立起法律的权威 679

用立法讲述新时代的中国故事 682

制度优势是我们应对各种风险挑战的最大底气 685

从实践探索到顶层设计 688

做人民代表大会制度最忠实的守护者 691

形成人大工作整体合力 提升人大工作整体实效 694

全面提升新时代地方人大工作水平 697

以人民为中心是人大工作的根本出发点 700

精彩的故事还需精彩的讲述 703

把"四个最严"写进法律 706

从"全覆盖"到"精准化" 709

2004年

让人大工作拥有更多的亮点

春天是播种的季节！春天洋溢着无限的生机！春天孕育着新的希望！

伴着日渐浓重的春意，十届全国人大常委会新一年的工作业已全面展开。

2004年是十届全国人大常委会全面贯彻党的十六大和十六届三中全会精神，圆满完成十届全国人大各项任务的重要一年。为了新的一年做好全国人大的各项工作，全国人大常委会制定了包括2004年工作要点在内的几个重要文件，对立法、监督、代表等工作作了全面部署。从这些文件中，我们可以强烈地感受到本届全国人大常委会求真务实的工作作风，感受到人大工作不断前进的脚步，感受到人民代表大会制度建设一如春天般涌动着勃勃的生机。在日前召开的全国人大机关干部大会上，盛华仁副委员长指出："邦国同志最近多次强调，常委会今年的工作任务很多、很重，但必须在全面部署的基础上，突出重点，抓出亮点。根据邦国同志的指示，我们在今年的各项工作中，一定要围绕一些重大问题，抓出成效。""突出重点、抓出亮点"这八个字，是对工作要点等几个文件的内容所作的精确概括，由此我们可以清晰地看出今年全国人大常委会立法、监督、代表、对外交往、自身建设等项工作的基本走势。

十届全国人大常委会在其召开的第一次会议上，就提出了"实现一个目标，突出一个重点"的立法工作思路。一个目标是争取在本届任期内基本形成中国特色社会主义法律体系，一个重点是提高立法质量。今年是落实五年立法规划的关键之年，不仅要完成当年的立法任务，还要为今后几年立法工作打好基础。要做好审议通过一批法律，起草准备一批法律草案，调查研究一批立法项目，掌握立法工作的主动权。今年立法工作的重点更为突出，那就是要集中主要力量抓紧研究起草对形成中国特色社会主义法律体系起支架作用的重要法律。这表明，中国立法已进入攻坚阶段，立法工作的重点战役全面打响。

紧扣时代脉搏，关注百姓话题，让社会热点成为人大监督的重点，是人大监督工作的一大特色。今年人大监督工作在继续保持这一特色的同时，更加突出重点，注重实效。今年常委会将对土地管理法、动物防疫法、义务教育法、工会法和统计法等5部法律的实施情况进行检查，并且进一步探索改进执法检查的方式。同时，常委会除按照惯例，听取和审议去年中央决算报告、审计工作报告和今年计划执行情况报告外，还将针对经济和社会发展中出现的突出问题，人民群众普遍关心的热点问题，听取和审议国务院关于建立健全突发公共卫生事件应急机制，增加农民收入发展农业生产，整顿和规范市场经济秩序，水资源节约、保护和合理利用的报告，以及最高人民法院和最高人民检察院的专题工作报告等。

过去一年，全国人大的代表工作亮点频出。例如，组织新当选的全国人大代表进行学习，改进代表视察方式，组织部分少数民族地区的全国人大代表到东部考察，组织港澳代表到内地考察，邀请部分港澳代表参加执法检查，等等。今年，认真总结近20年来议案、建议办理工作的经验，研究制定规范议案与建议的办理程序，提高办理质量，这将成为今年代表工作一个鲜亮的看点。

此外，继去年加强领导班子和干部队伍建设之后，今年进行的机关制度建设将成为全国人大自身建设的又一个亮点。

今年九月，全国人民代表大会成立五十周年，我们完全有理由相信，只要全面落实工作要点提出的各项要求，认真履行宪法法律赋予的各项职责，在金秋季节，本届全国人大常委会将会收获一份沉甸甸的果实，将会为人民代表大会的五十华诞献上一份厚礼，人大工作也将会有更多的亮点闪现。

2004 年第 7 期

危难之时尽显法律本色

在十届全国人大常委会第十一次会议的几项议程中,对传染病防治法修订草案的审议,注定要引起国人的格外关注。的确,由于和抗击"非典"斗争密切相关,传染病防治法的修改就成了一次刻骨铭心的回忆。

危难之时尽显法律本色。这句在抗击"非典"斗争中流行的经典话语,形象地反映出传染病防治法在人们心目中由冷到热的变化过程。我们知道,早在1989年,全国人大常委会就通过了传染病防治法,这是一部与人们生命健康息息相关的重要法律。但由于种种原因,该法并未受到应有的重视,出台后不久,便渐渐淡出人们的视野。随着"非典"疫情的扩散,人们开始认识到这部法律的重要性,它的本色也才得以显现。甚至从某种程度上说,抗击"非典"的斗争之所以能取得最终胜利,传染病防治法功不可没。对此,吴邦国委员长在前不久参加十届全国人大常委会第十一次会议分组审议传染病防治法修订草案时作了精确阐述。他说:"1989年实施的传染病防治法,就是在总结建国以来我国传染病防治工作经验,特别是当年上海防治流行性甲肝经验的基础上制定的,是一部针对性、操作性比较强的法律,在去年全国抗击'非典'斗争中发挥了极其重要的作用。如果没有这部法律,就无法实施隔离措施,卫生部门也无权调用整合资源。有了这部法律，才使非典防治工作纳入了法治轨道。群众也知道有什么权利，应当承担什么义务。通过抗击'非典'的实践，不仅使传染病防治法深入人心，而且对全社会也是一次活生生的法制教育，对增强全社会的法律意识和法制观念产生了重大的影响。"

传染病防治法的修改工作虽然已告结束，但防治"非典"斗争所留给我们的启示，将永远定格在这部法律的每一个条款中。在现代社会，法律是人类克服突发性灾难的一大法宝。与此相对应，每当灾难来临之时，相关制度的缺失和法律意识的淡漠，必然会使人们付出血的代价。这是抗击"非典"斗争所留给我们的一个很重要的启示。

最近几年，各种突发性灾难的发生日趋频繁，这些灾难包括自然灾害、严重的生产事故、突发性公共卫生事件等等。同时，随着经济的发展，社会的进步，人们的生活方式正在发生改变，人与人之间的互动与关联日益增强，各种突发性灾难对公共安全的威胁越来越大。因此，制定和完善相关的法律、法规，以保障突发事件应急反应机制的有效运行，从而为公共安全设置一道坚固的制度防线，就显得尤为重要。十届全国人大二次会议通过的宪法修正案确立了紧急状态制度，从而为完善我国的应急法律制度提供了宪法依据。从目前的情况看，有关这方面的法律资源基本是充足的，但尚未完全覆盖社会生活的各个方面，还需加以必要的补充。

"不要等到灾难来了才想起法律"，这是针对最近几年所发生的几起突发性重大灾害，一些法律工作者所发出的呼吁。灾难来了想起法律固然重要，因为在灾难状态中依法办事的程度，最集中地体现了一个国家的法治水平。但仅做到这一点还不够。我们只有未雨绸缪，在日常生活中时时刻刻想起法律的存在，严格依照法律的规定办事，方能做到防患于未然，从而从根本上减少灾难的发生。从"灾难来了才想起法律"到"时时刻刻想起法律"，这是一种法律意识的升华和递进。

远离灾难的困扰，让我们赖以生存的家园更加祥和、安宁，这是人类永恒的期待。由于受客观条件的限制，至少在可以预见的未来，我们还无法彻底消除灾难。但是，只要我们善用已有的法律资源，严格依法办事，一定能最大限度地减少灾难的发生，并且在同灾难作斗争的过程中，铸就中华民族的坚强品格和伟大的时代精神。

有传染病防治法为证！

2004 年第 17 期

人大监督：点滴之中感受变化

最近几年，随着媒体报道力度的不断加大，全国人大常委会的监督工作日渐引起社会的关注，相关的议论也越来越多。那么，作为人大监督的最大受益群体，普通百姓是如何评价全国人大常委会的监督工作呢？日前，吉林的一位读者朋友在给本刊的来信中，以百姓独有的视角，讲述了自己的看法。这位读者来信说："也许，在一些专业人士看来，全国人大的监督工作比较平淡，没有产生什么轰动效应。但对我们普通百姓而言，人大监督却越来越具有实效，越来越有人情味。哪怕是一点一滴的变化，都会使我们从中感受到人大监督的种种好处。"

的确，点滴之中感受变化，平凡之中体味辉煌。虽然本届全国人大常委会的任期刚刚一年有半，但我们依然可以从一些看似平淡无奇的"小事"中，提炼出全国人大监督工作的一些新变化和新特点。

力解民众之忧，关注百姓话题，让社会热点成为人大监督重点，这是多年来人大监督工作的一大特色，而这一特色在本届全国人大常委会任期的这段时间内，体现得更为鲜明。人们也许无法忘记，去年四月下旬，正当"非典"疫情日趋扩散之时，本届全国人大常委会当机立断，果断调整议程，提前启动监督机制，专门听取和审议了国务院副总理吴仪同志所作的《关于非典型肺炎防治工作的报告》。调整会议议程，也许是一件微不足道的"小事"，但透过这件"小事"，人们看到了本届全国人大常委会亲民爱民的本色。可以说，本届全国人大常委会的监督工作始于危难之时，而正是因为危难的到来，才拉近了百姓和权力机关之间的距离。

"人大监督，对我们农民来说，就像夏日里的一场及时雨。"这是河南的几位农民朋友在得知本届全国人大常委会第十次、第十一次会议听取和审议几个有关"三农"问题的报告时，以一种十分质朴的话语，来表达他们的心情。长期以来，在人们的印象中，人大监督总是和质询、罢免、撤职等一些"冰冷"的字眼联系在一起，其实，人大监督也有"温情"的一面。今年全国人大常委会把"三农"问题作为监督工作的重点，无疑会使广大农民朋友充分地感受到人大监督给他们带来的丝丝暖意和缕缕温情。广大农民也许无法弄清楚有关人大监督的一些高深的理论和繁杂的程序，但他们却知道人大监督能否为他们带来利益，带来多大的利益，以及能否为这些利益提供有效的保护。正是从这个意义上说，听取和审议有关"三农"问题的报告，使人大监督赢得了农民朋友的普遍认同和情感上的支持。

人大监督始于程序设计。这是人大监督理论中一个非常重要的法则。这一法则实际上在告诉人们：人大监督必须以衔接细密的程序设计作基础。本届全国人大常委会为了增强监督工作的实效，对相关的工作程序作了改进和调整。例如，从第五次会议起，每次会议在听取和审议有关报告后，全国人大常委会办公厅根据常委会组成人员的发言，整理、编发相关的《审议意见》，交由国务院有关部门。实践证明，《审议意见》的问世，虽然只是程序设计上的一个细节，但对提高审议质量，进而激活人大监督工作，产生了积极的影响。正所谓"程序改进一小步，民主进步一大步"。

今年五月，作为全国人大常委会法工委的一个内设机构，法规备案审查室正式成立。法规备案审查室的成立，引起了社会各界的普遍关注。由于这一机构刚刚成立，工作尚处于磨合阶段，其功效还没有完全显现出来。但至少我们可以作这样的预期：它的设立对完善我国的规范性文件审查体制，确保社会主义法制的统一和尊严，维护宪法的权威，将起到积极的推动作用。

　　崇尚辉煌，但不拒绝平凡；追求卓越，却又从点滴做起。这是本届全国人大常委会向世人展示的一种工作作风。以上所列举的是本届全国人大常委会监督工作中发生的几件事情，与五十年的辉煌成就相比，它们也许不过是一点一滴。但正是通过这一点一滴，我们将感受到人大监督工作日新月异的变化，感受到人民代表大会制度前行的脚步，感受到最高国家权力机关留在人们心中的那份永远抹不去的崇高！

2004年第19期

立法需要公众参与

一年前，道路交通安全法的面世，在社会上引起很大反响；一年后，这部法律所引发的讨论仍在延续。毫无疑问，道路交通安全法以其特有的社会效应，在吸引公众目光的同时，也让普通百姓实现了对立法工作的深度参与。

随着汽车开始进入普通家庭，道路交通安全面临着前所未有的压力和挑战。日渐拥堵的路况，越来越多的事故，使安全出行成了一个社会热点。正是在这样一个大的背景下，以关爱生命为主题的道路交通安全法的出台，必然要引起人们的关注。就在前不久，北京市就制定《北京市实施〈中华人民共和国道路交通安全法〉办法》举行立法听证，并将草案提交全民讨论，从而使社会各界对道路交通安全法的关注再度升温，而这部法律中所涉及的一些问题，也成为人们街谈巷议的热门话题。在长达一年的时间内，一部法律能如此吸引公众关注，意义确非寻常。它充分表明，随着我国立法民主化进程的推进，广大人民群众对立法工作的实际参与正在实现由浅到深、由程序到实质的转变。而这一转变，对今后我国立法工作的基本走势，将产生积极的影响。

道路交通安全法的制定之所以能吸引公众积极参与，不仅在于这部法律本身与人民群众的生命安全息息相关，更重要的在于立法者将人文关怀融入到法律的每一个细节中，从而使这部法律将亲民爱民的立法主张体现得淋漓尽致，人性化的制度设计随处可见。立法工作只有为百姓带来实际利益，才能吸引百姓参与；而百姓的参与，又能使权力机关制定的法律更好地维护百姓的利益，这是一个良性的互动过程，也是道路交通安全法所留给我们的一个重要启示。

在道路交通安全法的制定过程中，有一个现象十分引人注目，那就是从草案的起草、提出、审议、直至通过，社会各方对一些热点问题的讨论（或者更确切地说是争论），始终炽热而激烈，有时甚至是针锋相对。而这一讨论，随着一些地方人大陆续制定相关的地方性法规，仍将持续一段时间。其实，这一现象是十分正常的。因为不同的利益群体，由于所处的立场不同，因此，对同一问题有各自的理解，进而会提出不同的利益主张。立法的过程，既是利益表达的过程，也是对各种利益关系进行协调和规范的过程。今后一段时间，随着改革的深入，利益多元化的趋势将不断加剧。因此，在立法工作中，正确处理各种利益关系，就显得尤为重要。正如《中共中央关于加强党的执政能力建设的决定》提出的，妥善协调各方面的利益关系。坚持把最广大人民的根本利益作为制定法律、执行法律的出发点和落脚点，正确反映和兼顾不同方面群众的利益。

立法需要公众参与，公众参与就是对立法工作的最大支持。这一点，已经达成了共识。那么，公众通过什么方式对立法工作进行参与呢？献言建策，积极提出合理化的建议，这是一种参与。通过正当的渠道，对法律草案和法律条文提出不同意见，也是一种参与。实践证明，在立法过程中，不同意见也有其存在的价值，它至少可以检测正面意见是否合理，同时，也考量立法者的智慧和宽容。就一部法律而言，没有不同意见，并不意味着它就是尽善尽美。同理，有了不同意见，也不应该对其持否定态度。权力机关正是通过立法这种途径，为百姓搭建一个畅所欲言，表达各种意见的平台。从这个意义上说，在对道路交通安全法有关问题的讨论中，哪一种意见更为科学、合理，这一点固然重要。但更重要的在于这场讨论本身。

在前不久结束的十届全国人大常委会第十二次会议上，物权法草案和治安管理处罚法草案被提交审议。同道路交通安全法一样，这两部法律也与广大人民群众的切身利益息息相关。因而也同样会引起公众的关注和积极参与。我们期待着这两部法律在公众的参与下早日出台。

2004 年第 21 期

让更多的专家参与立法

　　法学素来被认为是一门应用性很强的学科，是经世济用的学问。正因为如此，一位真正优秀的法学家是无法独守学科的繁荣而游离于现实生活之外，他的名字也往往要和相关的法律联系在一起。这一期"本期人物"的主人公应松年教授，还有此前我们向读者们介绍的许崇德教授、肖蔚云教授，正是这样的法学家。他们有着强烈的社会责任感和使命感，他们的才学为人们所称道，他们的笔墨生涯始终和共和国的法制建设同频同振。

　　其实，何止这三位教授，类似的名字我们还可以开列出许多。尤其是随着我国人民代表大会制度的日益健全，立法的民主化程度不断提高，越来越多的包括法学家在内的各路专家走进权力的殿堂，参与立法工作，从法律草案的调研、起草、论证乃至审议等每一个环节，我们都可以看到他们活跃的身影。可以毫不夸张地说，专家作为知识群体，已成为立法工作中一支十分重要的力量。我国立法能成就今日的辉煌，他们功不可没。同时，人大立法又为他们充分展示自己的才华，提供了广阔的空间。

　　专家参与立法工作，顺应社会发展的潮流，符合人大工作的实际需要。当前，随着信息时代的到来，经济的发展，科技的进步，正在给社会生活的各个领域，包括人大工作带来广泛而深刻的影响。与此同时，我国立法工作进入攻坚阶段，不仅立法数量多，而且立法难度日渐加大，专业性日益增强，法律内容中的技术含量越来越高。面对这样的形势，要想完成到2010年形成中国特色社会主义法律体系这一立法任务，仅靠全国人大及其常委会显然是不够的，必须挖掘已有的人力资源，充分调动各方面力量来参与立法。这其中，发挥专家在立法中的作用，就显得尤为重要。立法是一项民主活动，需要公众的参与；但同时，立法更是一项专业化的工作，它需要从业人员具备丰富的人生阅历、深厚的理论素养、渊博的专业知识和较强的法律意识。为此，一方面要优化权力机关组成人员的结构，加大专业人才的比例，提高整体素质。另一方面，让更多的专家介入，为立法决策安上科学的"外脑"。

质量是立法工作之本，是法律的生命力之所在。而能否处理好各种利益关系，并在此基础上反映广大人民群众的根本利益，是衡量一部法律质量高低的最重要标准。当前，在大量的法律草案是由有关职能部门起草的情况下，专家的参与，有利于防止部门利益法制化等各种寻租行为的出现。因为从身份上看，专家们相对来说比较独立和超脱，没有明显的利益倾向，面对民众多元化的利益主张，更容易以一种专业的眼光，作出理性的判断和选择。

专家在立法中的作用，已在实践中得到证明。但是，如何使这种作用在今后的工作中得到更大限度的发挥，至少有两个问题需要加以研究。其一，如何淡化个人色彩。专家固然是以个人身份参与立法，但权力机关需要的不是专家的个人情感和一己好恶，他们需要专家们能将更多的理性元素和专业知识融入到法律条款中。说到底，法律应该是集体智慧的结晶，而不应该带有个性化的色彩。其二，如何对待立法过程中的专家意见，尤其是不同意见。在有的情况下，专家的作用往往就是通过不同意见来体现的，因为这种不同意见源于他们的学术良知和法律素养。

专家参与立法，不仅是一种工作方式，而且也应当成为一项制度设计。这是因为专家参与立法的每一个环节，都有很强的程序性，不是一种任意行为，理应通过建立一套相应的制度，来加以规范。惟其如此，才能更好地发挥专家在立法中的作用。而各级人大在实际工作中所作的一些探索，也为日后的制度性安排提供了必要的素材。

我们期待更多的专家走进权力的殿堂，期待在专家的鼎力配合下，权力机关制定出更多的法律精品！

2004年第23期

2005 年

民主是一种日常生活

陕西省一位叫高晨东的农民朋友，从十几年前就开始关注"两会"。在他看来，"两会"就像是一个节日，不仅给他们带来欢乐和祥和的气氛，同时也使他们的日常生活悄然地发生着改变。前不久，他给本刊来信说："最近几年，人代会发生了很大变化，更富亲和力，更有人情味，会议内容日益贴近百姓，会风也越来越民主。这些变化，对农村的基层民主建设产生了很大影响。例如，在我们村，仿照人代会的模式，设有村民代表会议，所有重大事情，都拿到村民代表会议上讨论。村民代表会议讨论和决定问题时，也像人代会一样，有一套严格的程序。村干部还经常就一些大事小情来征求村民的意见。总之，人代会使我们感到民主离百姓越来越近，就在你我的生活中。"

这番道白，实际上是在陈述这样一个观点：随着人大地位的不断提升，人代会作为一种重要的民主形式，正在对社会生活的各个领域产生潜移默化的影响。它使民主真正地融入到人们的生活中。对于这一观点，不仅普通百姓认可，专业人士也表示首肯。记得一位知名的法学家曾说过这样一句话："人代会的作用不仅仅体现在它所制定的法律和作出的决议决定上，同时，也体现在它对广大民众民主意识的培养和民主方法的训练上。因此，关注人代会，不仅要关注会议本身，更要关注人代会给民主的发展带来了哪些积极的因素。"

的确，如何实现"两会"民主效应的最大化，是一个值得认真研究的问题。毫无疑问，人代会已经成为一个"品牌"，成为向世人展示人民代表大会制度的窗口，成为一笔重要的制度资源。我们要善用这一资源，充分发挥人代会的示范效应，使其成为民主发展的推动力量。就在"两会"召开前夕，一位担任大学校长的全国人大常委会委员介绍了他们的做法。受人代会启发，这所大学特别注重发挥学校教职工代表大会和工会会员代表大会的作用。教代会设有常设主席团，主持教代会闭会期间的各项工作。教代会下设教学科研工作委员会、民主管理工作委员会、生活福利工作委员会、提案工作委员会。学校一些重大问题的决策，都必须经过"两代会"的表决通过才会得以实行。两年来，教代会常设主席团多次举行听证会，专门听取相关职能部处专题工作报告，讨论学校建设规划、本科招生教学、科学研究、研究生教育等项工作情况，为改进学校工作提出建议和意见。此外，还积极参与民主评议校级和处级干部，听取讨论学校财务、人事、后勤、产业、教学等"五大改革方案"，通过了师德公约等。教代会还调研了教职工住宅建设和教职工体检工作并巡视学校招生工作。应该说，这所大学的教职代会和工会会员代表大会之所以能在民主办校中发挥重要作用，关键得益于人代会的示范作用。

当然，充分发挥人代会的示范效应，不只是在于对人代会民主形式的简单移植，更重要的在于要使这种民主形式中所包含的民主精神渗透到社会生活的每一个角落，成为一种思想意识和行为方式。民主是一种国家制度，也是一种日常生活。人民群众更多的是从日常生活中去感受民主、理解民主、评价民主。民主的发展固然需要制度设计上的"大手笔"，但细节上的改进和突破也同样不可或缺。由于细节的存在，才会使民主无处不在，成为一种生活氛围。正是从这个意义上说，民主存在于细节之中，细节决定民主的质量。本次人代会在细节上有很多变化，这些变化的意义不仅体现在程序上,同时,也折射出民主前行的进程。我们可以作这样的预期,以这次人代会为范例,我国的民主将变得更加生动、具体,更有魅力。

2005 年第 7 期

和谐社会需要和谐的法治舆论氛围

　　社会主义和谐社会是一种民主法治、公平正义、诚信友爱、充满活力、安定有序、人与自然和谐相处的社会，这样的和谐社会应该是社会主义民主得到充分发扬，依法治国方略得到全面落实的法治社会。

　　法治社会不仅需要完备的法律，同时，法律还要得到公众广泛的认同，这是法律得以实施的思想基础。法律能否获得公众的认同，除了取决于法律本身是否反映广大人民群众的利益，是否体现公平正义原则，是否符合社会发展的实际需要以外，大众传媒的引导，尤其是主流媒体的导向作用至关重要。新闻媒体对社会舆论有反映、影响和引导的功能。从某种程度上说，传媒通过对大众舆论的影响，直接左右人们对一部法律或法律中某些核心条款的态度。特别是一些专业性、技术性很强的法律，传媒的影响力表现得更为明显。

　　目前，我国正处在人均国民生产总值从 1000 美元向 3000 美元跨越的关键时期，这一时期既是发展机遇期，又是矛盾凸显期。随着改革的不断深化、体制的逐步转换和利益格局的广泛调整，公众之间不可避免地会出现一些经济利益的摩擦，思想观念的碰撞，各种矛盾随之增多，利益多元化趋势日趋加剧。利益多元化使人们对法律的评价不再像以前那样千篇一律，众口一词，不同的声音越来越多。有时对待某一部法律，不同利益群体的态度甚至会大相径庭。面对这种情况，新闻媒体在进行法制宣传报道时，应该以客观的、理性的，有时可能是一种公正的态度去引导、影响公众、化解矛盾、理顺情绪，尽量消除或减少社会舆论中存在的各种不和谐的因素；而不能以一己的好恶和判断去误导公众，更不能单纯为了追求新闻效应，而刻意制造情绪上的对立。为此，从事法制宣传报道的新闻工作者要经常分析社会心态和群众情绪，注意了解各阶层人民生活现状和思想动向，善于捕捉立法工作中热点问题背后所隐含的社会矛盾和利益冲突。

随着依法治国、建设社会主义法治国家进程的不断推进，立法工作日益受到关注，越来越多的民众开始把法律作为一种最为重要的利益表达的载体和保护的机制。但是，由于种种原因，并不是每一个公民的利益主张都能在立法中得到体现。我们的法律体现了广大人民群众的根本利益，这是社会主义法律的一种本质属性，但这并不意味着每一部法律都绝对地做到让人人满意。从立法技术的角度讲，法律就是在各种不同利益要求都能得到充分表达和相互整合中所达成的一种各方都能够接受的平衡的规则。法律追求的是让绝大多数人的利益得到最大限度的实现，而不单是使个别化的利益得到最大限度的实现。正因为如此，对百姓个人而言，他（她）关注的往往是法律能为他（她）带来多少好处；而对立法者而言，则更关注有多少人能从立法中获益，两者的出发点有时是矛盾的。这时，新闻媒体的作用就在于帮助百姓理解、体谅立法者的良苦用心，从大局出发，而不只是从个人利益出发去评价一部法律；帮助百姓在个人的利益无法充分得到表达时，能够理智地面对；能够使各种不同的利益群体在尊崇法律权威，严格依法办事这方面，形成共同的价值取向和行为选择，并以此为基础，营造良好的人际环境。

近些年，新闻媒体在法制建设中扮演着重要角色，在普及法律知识、弘扬法治精神、培养法治观念、引导法治行为方面发挥着越来越重要的作用。取得的成绩是十分显著的，但也存在着一些不容忽视的问题。例如，有的媒体因为对立法精神、条文含义把握不准，甚至对一些重要条款的理解出现偏差，从而对受众产生误导；有的媒体则对立法过程中不同意见加以渲染，过分炒作，从而在不同的群体之间形成对立情绪。这不仅损害了和谐的社会气氛，也给法律的正确实施造成一定困难。

回到开始的话题，和谐社会是一种法治社会，法治社会需要法律得到社会各方的广泛认同，而这种认同源于良好的舆论环境的涵养与培育。基于这样一种逻辑关系，我们不难得出这样的结论：和谐社会需要和谐的法治舆论氛围。精心营造和维系和谐的法治舆论氛围，是每一位新闻从业人员的责任。

2005 年 11 月

充分认识人大在构建和谐社会中的作用

构建社会主义和谐社会是一个庞大的系统工程，它需要全社会的共同努力。那么，人大在其中应该发挥什么样的作用呢？最近，全国人大常委会委员长吴邦国在主持全国人大常委会第十五次法制讲座时，对这个问题作了精辟的阐述。为了更好地学习贯彻吴邦国委员长的讲话，本期"委员论坛"栏目专门围绕这一问题，请几位常委会和专门委员会组成人员发表了他们的见解。

"立法就是在矛盾的焦点上划杠杠"。这是彭真同志担任六届全国人大常委会委员长期间为我们留下的一句名言，它曾对当时的立法工作产生过深刻的影响。时至今日，重温这句名言，对我们正确理解吴邦国委员长的讲话精神，具有很强的现实意义。当前，随着改革开放的深入和社会主义市场经济的发展，以及利益关系的重整，社会生活出现了一些新的矛盾，这些矛盾必然会在立法过程中显现出来。因此，正确反映和统筹兼顾不同方面群众的利益，有效地化解各种社会矛盾，营造一种宽松和谐的人际环境，将是人大立法工作面临的一项重大任务。人大立法的过程，就是利益表达的过程，是妥善处理各种矛盾的过程，是不断消除不和谐因素、不断增加和谐因素的过程。和谐社会是法治社会，法治社会需要良法之治，而良法之治实际上就是通过建立一套以公平和正义为核心价值的规则体系，平衡不同群体之间的利益关系，解决各种矛盾和纠纷，求得社会稳定和国家长治久安。

就在前不久，一位地方政府官员在接受本刊采访时，说过这样一段话："和谐社会的一个重要前提就是和谐政治，而和谐政治意味着必须在人大、政府、司法之间，建立起一种在党的领导下相互协作、互相监督、有序推进的运行机制。"这段话实际上从一个侧面诠释了人大监督的价值追求。就法律属性而言，人大监督是一种制约，如果没有制约，监督就不成其为监督。但制约不是为了在人大和"一府两院"之间制造对立。它不是人大监督的全部，也不是它的终极目标。人大监督的终极目标应该是通过与"一府两院"的良性互动，建立一种和谐稳固的权力运行机制，确保行政机关依法行政，司法机关公正司法，确保国家机关按照人民的意志行事。今年上半年，吴邦国委员长在江苏等地进行考察时，就如何做好人大监督工作，发表了几次重要讲话。吴邦国委员长在讲话中提到了一个很重要的问题，那就是人大与"一府两院"的关系问题，尤其是监督和支持的关系问题。吴邦国委员长的讲话对做好新形势下的人大监督工作具有很强的指导性。从目前的情况看，如何处理好监督与支持的关系，如何处理好既不失职也不越权的关系，如何处理好既监督到位又不包办代替的关系，是人大监督工作面临的很重要的问题，它将考量监督者的智慧和水平。

代表工作是人大工作的重要组成部分。人大在构建和谐社会的过程中究竟能够发挥多大的作用，在很大程度上取决于代表作用的发挥。我们国家的代表制度有一个很重要的特点，就是特别强调代表与人民群众的联系。它作为一项价值预设，不仅体现在相应的制度安排中，也体现在代表经常性的活动中。正是通过代表与人民群众之间的联系，拉近了政府与百姓之间的距离，密切了两者之间的关系，提高了政府的公信力，使党和国家作出的任何重大决策更容易得到公众的认同、理解和支持。可以毫不夸张地说，在政府和百姓之间，代表实际上所起到的是一种"润滑"作用。

信访工作也是人大工作的一个重要组成部分。多年来，人大信访工作在正确处理和化解各种社会矛盾，维护公民合法权益，保持政治和社会稳定，保障改革开放和现代化建设顺利进行等方面，发挥了重要作用。最近一些年，人大信访工作出现了一些新情况，主要表现在进京上访者日众，其中有很多属于集体访和重复访。信访工作所反映的矛盾虽然主要都是人民内部矛盾，但如果处理不当，也可能影响社会的稳定。因此，我们要从构建和谐社会的高度认识人大信访的重要性，要把维护、实现和发展最广大人民的根本利益作为工作的出发点，要以平和的目光看待每一位上访者，以宽容的心态善待他们的民主诉求。

总而言之，人大工作的每一个方面都和构建社会主义和谐社会有着直接的关系。正是从这个意义上说，认真学习吴邦国委员长的重要讲话，充分认识人大在构建和谐社会中的作用，对于做好新形势下的人大工作，具有十分重要的指导意义。

2005年第13期

正确处理监督和支持的关系
努力开拓人大监督工作新局面

今年以来,吴邦国委员长在江苏、山东等地进行考察时,先后几次就如何做好人大监督工作发表重要讲话。认真学习吴邦国委员长的讲话,对于我们更好地贯彻中共中央转发的《中共全国人大常委会党组关于进一步发挥全国人大代表作用,加强全国人大常委会制度建设的若干意见》(以下简称《若干意见》)精神,进一步坚持和完善人民代表大会制度,努力开拓人大监督工作新局面,具有十分积极的意义。

如何处理好与"一府两院"的关系,特别是监督和支持的关系,是当前人大监督工作中面临的一个重大课题,对此,吴邦国委员长非常重视。在十届全国人大常委会成立后的第一次会议上,他就对这个问题专门进行了阐述,指出,人民代表大会是国家权力机关,政府是它的执行机关,是国家行政机关。一个是国家权力机关,一个是它的执行机关和国家行政机关,它们之间的关系是清楚的,二者目标一致。国家权力机关对同级国家行政机关的监督,一个是法律监督,一个是工作监督。主要是监督它是否违宪、违法,是否全面、准确地执行了国家的方针政策。至于具体工作,日常工作问题,可以这样办,也可以那样办的,还是由政府去决定为好。

人大既要监督又要支持政府工作，监督也是一种有力的支持。但不要代替政府工作，不要不恰当地干预政府工作。今年到外地考察工作时，他又反复强调，人大要处理好与"一府两院"的关系，既要监督又要支持。吴邦国委员长的讲话，对于我们全面认识人大监督的性质，并在此基础之上，增强监督实效，拓展监督内容，提供了一个新的思路。

就法律属性而言，人大监督是一种制约，如果没有制约，监督就不成其为监督。但制约不是人大监督的全部，更不是它的终极目标。人大监督的终极目标是通过必要的支持，与"一府两院"形成良性互动，从而建立一种和谐稳固的权力运行机制，确保国家机关按照人民的意志行事。如果说监督是一种外部表现形式的话，那么支持就是它的内在价值追求。

把支持与监督放在同等位置上，并强调其重要性，这是对马克思主义监督理论的丰富和发展，是人大监督工作因应时代挑战而作出的新的探索，是观念的递进和理论的创新。传统的监督理论认为监督就是一种纯粹意义上的制衡。尤其是在西方国家，监督体现了不同利益集团之间的冲突与对立，被认为是一种权力的博弈。而在我们国家，在人民代表大会统一行使国家权力的前提下，各个国家机关既分工明确，又相互协作。用吴邦国委员长的话说，就是大家的目标相同，都是在党的领导下发挥各自的职能作用。这种体制上的优越性，为我们在实践中正确处理监督与支持两者之间的关系，提供了一种现实可能性。

当然，强调对"一府两院"工作的支持，并不意味着将人大监督权虚置，将人大监督功能弱化，也不意味着人大就此对"一府两院"工作中存在的问题可以无原则地回避。问题的关键是如何把握好既不失职也不越权的界限，如何处理好监督和支持的关系，如何对人大监督权进行恰当的定位。彭真同志曾指出："只管重大原则问题。重大原则问题，该管就管，少一事不如多一事；日常工作问题，不必去管，多一事不如少一事。"吴邦国委员长则强调，人大对"一府两院"既要依法监督，又要对他们依法行政、公正司法给予支持，不要去干预他们的工作。这两段话实际上是对人大监督的权限作了精确的界定。

　　工作评议是地方人大在实践中探索出的一种新的监督形式，如何使这种监督形式更加规范，更有实效，也同样需要处理好监督和支持的关系。去年下半年，江苏省人大常委会对省教育厅工作进行评议，产生了良好的社会效果，受到了吴邦国委员长的充分肯定。江苏省的做法至少有两点值得推广：其一，严格遵循党管干部的原则，把评议的重点放在工作上。这样不仅充分发挥了人大代表对教育工作熟悉这一优势，同时，也有利于教育厅厅长改进工作。其二，紧紧围绕党委和政府的中心任务。由于教育工作属于政府的中心任务，对该项工作进行评议，实际上也是对政府工作的一种支持。因此，评议从一开始，就得到了政府的积极配合，所产生的实际效果，也让政府满意。江苏省人大常委会为我们提供了很好的范例。我们相信，以《若干意见》为指导，认真学习吴邦国委员长讲话，人大监督工作一定会取得新的进展。

2005 年第 17 期

立法听证，我们从中获取什么

　　个人所得税工薪所得减除费用标准立法听证会注定要成为我国立法史上一个具有标志性意义的重要事件。在社会主义法律体系这一目标日渐清晰、立法工作全面提速之际，它所产生的先例效应将会逐步显现出来。

　　当前，我国正处在人均 GDP 由 1000 美元向 3000 美元过渡的关键时期。随着改革的深化，市场经济体制的逐步确立，以及利益格局的不断调整，社会生活中出现了一些新情况、新问题，在这样一种背景下，个人所得税法的修改理所应当引起人们的关注。同时，借助立法听证会这种形式，普通百姓真正实现了与最高国家权力机关的"零距离"接触。由此我们可以相信，由于民意的深度介入，个人所得税法一定会修改得更加完善，立法机关又将会为我们奉献出一部经典之作。

　　但是，此次立法听证会的举行，让我们收获的不仅仅是一部高质量的法律。从更大的意义上说，它使广大民众历经了一次极为重要的民主立法实践，并从中得到了方法的训练和经验的储备，这也预示着他们在日后的立法活动中将拥有更多的话语权。可以说，这才是百姓们从此次立法听证会中得到的重要收获。

　　立法需要热情，更需要智慧，而智慧则是建立在必要的方法训练和相应的经验储备之上。目前，我国立法工作进入攻坚阶段，不仅立法数量多，而且立法难度日趋加大，法律条文中的技术含量越来越高。与此同时，随着民主立法进程的不断推进，公众对立法工作的实际参与正在实现由浅到深、由程序到实质的转变。一方面，立法工作的专业化程度不断提高；另一方面，公众的参与在不断扩大。这就引出一个问题：如何使公众的参与成为真正意义上的民主，而非形式民主？关键是要提高他们的立法素质。我们知道，立法的过程实际就是利益表达的过程。是把原始的、感性的利益诉求，用理性化的方式加以表达，再通过严格的法定程序，转化成相关的制度设计。这是一个十分复杂的过程，需要参与者具备良好的法律素养和必备的专业知识。我们不应苛求普通的立法参与者都成为法律权威或某一方面的专业人才。但通过必要的训练，完全可以使他们具备必要的法律素养。普通百姓在立法中究竟能发挥多大作用，不仅取决于立法机关为他们提供了多大的活动空间，更主要的还取决于他们自身的素质有多高。透过这次立法听证会，我们欣慰地看到，20多年来的民主训练和经验积累，使广大民众拥有很高的法律素养，足以适应立法工作的实际需要。在今后的立法工作中，为他们提供更大的活动空间和更多的实践机会，这是一个值得关注的问题。

开门立法，尊崇民意，让百姓拥有话语权，这是立法民主化的具体体现，也是党的群众路线在立法工作中的实际运用。民主立法首先是一句口号，一项原则和一种理念，但它又不仅仅是一句口号，一项原则和一种理念。在更多的情况下，它表现为一项制度设计，一种运行模式和一个工作方法，它存在于立法工作的每一个细节之中。此次立法听证会的举行，就是本届全国人大常委会坚持走群众路线，不断增强立法工作透明度，积极推进立法民主化的一次有益探索。它向世人表明：普通百姓在立法工作中将会拥有越来越多的话语权，民意对立法的影响也越来越大。

不可否认，民意的表达有时可能是感性的、激情的，有时可能带有明显的个人倾向，有时会失之偏颇，有时甚至会与现代的法治理念相冲突。但这都不应该成为我们排斥民意的理由。就立法者而言,关键是要通过建立通畅合理的民意表达和吸纳机制,对不同的利益诉求进行平衡。在这方面,立法者既要善于倾听,也要善于平衡。如果说倾听是一种民主作风的话,那么平衡则是一种立法技巧,从某种程度上说,立法就是一门平衡的艺术。

此次立法听证会虽然只是展示了民主立法的一个侧面,但它所产生的社会效应将会延伸到人大工作的很多方面。我们要充分利用这一点,使其最大化,并以此为契机,全面推动人大工作向前发展。这应该是此次立法听证会为我们带来的最大收获。

2005 年第 19 期

法律应该是什么样的

法律究竟应该是什么样的?

这是一个见仁见智的话题,不同的社会群体,对此可能会有不同的解答。

就在前不久,黑龙江省大庆市一位市民在给本刊来信时,以百姓独有的话语方式,对这个问题发表了自己的见解。他说:"法律应该是什么样的呢?立法工作者和专家学者可能会从专业的角度考虑这个问题。而在我看来,法律首先应该是通俗易懂的,也就是说能让人读得懂、看得明白。尤其是和我们生活、工作密切相关的法律,更应该如此。这是法律得到百姓认同的基础,也是法律得以实施的重要前提。把法律交给人民群众,关键是要让人民群众看得懂法律。"

上述这番道白,颇具代表性,它从某种程度上反映了普通百姓对法律外在形式的一种理解。记得在物权法草案提交全民讨论时,我们就曾听到相同的声音。正是根据这次全民讨论中提出的一些意见和建议,全国人大法律委员会和全国人大常委会法制工作委员会对物权法草案作了修改。此次提交审议的草案与以前相比,应该说更加通俗易懂。这一点,已经得到广泛的认同。其实,何止物权法,像刚刚修改过的公司法、证券法、个人所得税法，以及正在修改的审计法，都涉及通俗易懂的问题。今后几年，随着经济的发展，科技的进步，法律中的技术含量不断加大，专业化程度日趋提高，这一问题将会显得越来越突出。

从逻辑关系上推断，知法懂法才能守法，或者换个角度说，法律得以实施的先决条件是广大人民群众对法律具有相当程度的了解。正是基于这种推断，让法律通俗易懂，以便于为广大人民群众所掌握，就成为立法工作的一项重要追求。在本届全国人大常委会成立后召开的第一次常委会会议上，吴邦国委员长就指出，法律还是备而不繁为好，要防止法繁扰民。我们不能像西方国家那样，搞得法律多如牛毛，成了法律"迷宫"，使老百姓根本搞不懂，我们不能走他们那条路。吴邦国委员长所说的"繁"，既是指数量上的繁多，又可理解为一部法律内容上的繁复庞杂。今年9月26日，他在主持物权法草案座谈会时又指出："物权法是一部专业性比较强的法律，需要使用一些专业术语，但这部法律又与老百姓息息相关，应尽可能规定得通俗易懂，便于理解和执行。"

对立法工作者而言，通俗易懂是一种境界，也是一种很高的要求。因为由于法律语言和大众语言在表述风格上有着天然的差别，两者的转换有时可能会导致语义的"流失"，这就决定了把抽象、深奥有时甚至是艰涩、难懂的法律语言还原成大众能够接受的语言，是一项很复杂的工作，是一个化繁为简、由深到浅的过程，需要高超的技巧。

有一点需要明确，通俗易懂不是对大众语言不加取舍的照搬，也不是对一些虽然约定俗成、但却并不准确的习惯用语的简单移植。它是对大众语言的浓缩、提炼和升华。法律是人类语言的宝典，它应该逻辑严谨、含义明确、表述规范、用词精准，不能似是而非，更不能让人产生歧义。因此，法律在追求通俗易懂的同时，必须坚守其固有的品质，而不能单纯为了追求通俗化，放弃准确性，降低技术标准。

同时，通俗易懂也仅仅是一种价值取向，它并不意味着让普通百姓都能读懂每一部法律。因为有些法律专业性、技术性很强，只有经过系统训练的专业人士才能熟练地掌握和运用，普通百姓不可能也没有必要熟读这些法律。对他们来说，所谓知法懂法，主要是指掌握社会主义法治的基本精神和原则，以及与他们工作、生活密切相关的法律常识，而非使他们都成为法律上的通才。此外，公民能否读懂一部法律，不仅取决于法律本身的通俗化，更主要还取决于他们自身的法律素养。说白一点，法律不是乡规民约，更不是通俗读物，不可能一看就懂，一学就会。广大公民只有通过相关知识的积累和法律意识的培养，才能从根本上提高对法律的理解能力和"阅读"能力。

2005 年第 21 期

把更多的福音带给上访者

"信访工作就是在做人的工作,人是讲感情的,有了感情就容易沟通。要设身处地为信访群众着想,给予他们充分的理解,有时候,一声问候、一个笑脸、一腔热情,就可能避免矛盾激化,就可以让信访群众看到希望。"

这样一段极富人情味的言辞,出自高层领导之口,便显得意义非同寻常。因此,盛华仁副委员长在加强和改进人大信访工作座谈会上所说的这番话,给与会人员留下了深刻的印象,后经媒体转引,更是在人大系统引起强烈反响。对上访者而言,这段话更像是个福音,它所透射出来的浓郁的人文精神,让人们体味到最高国家权力机关对百姓的关爱,对信访工作的高度重视。

实际上,本届全国人大常委会领导对信访工作一直是十分重视的。吴邦国委员长在换届后第一次机关干部大会上就指出:"人大与人民群众联系有多种渠道和方式。比如,信访部门就是人大联系人民群众的一条重要的经常性的渠道。信访部门是代表全国人大常委会接待人民群众的来访,受理人民群众的来信,在一定程度上,在一些方面,人民群众是通过信访部门的工作来评价人大常委会的工作的。所以,我们要高度重视和切实加强信访工作。"其后不久，他又专门到全国人大常委会办公厅信访局听取工作汇报，并与全体工作人员进行了座谈。盛华仁副委员长今年则根据信访工作的新形势新特点，提出"五句话二十个字"的工作模式和"四个百分之百"的工作目标。为全面贯彻《若干意见》精神，全国人大常委会办公厅又出台了《全国人大常委会机关信访工作若干规定》。此外，全国人大常委会还先后几次召开会议，研究如何加强和改进信访工作。

本届全国人大常委会如此重视信访工作，是和大的背景有关。最近几年，随着我国经济社会加速转型，人大信访工作出现了一些新情况，主要表现是上访人数比以前有很大增加，其中有很多属于集体访和重复访。今后几年，随着一些改革措施的陆续出台，以及对某些利益关系的调整，新的社会矛盾将会随之出现，上访人数可能还会居高不下。对此，我们应该有充足的心理准备，以平和的眼光看待每一位上访者，以更为宽容的心态去善待他们的权利诉求，把更多的爱心献给他们。

当然，我们在为上访者付出爱心的同时，更应该就当前工作中出现的新情况和新问题，以与时俱进的精神，对信访制度作重新的审视、评价和设计，使其能有效地应对日益增多的矛盾、争议和纠纷，从而在构建和谐社会中发挥更大的作用。信访制度作为我国独有的一项民主制度，适合中国国情，具有中国特色，因而受到广大人民群众的拥护。但不可否认的是，信访工作，包括人大信访在内，无论是在理论层面还是在相关制度的设计上，都有一些问题需要很好地加以研究：第一，关于人大信访的法律属性和功能，虽然提法不少，但大都是一些政治性的表述，而没有从法理的角度加以严格的界定。同时，对人大信访工作的实际运行状况，也缺乏实证性的分析，所提供的理论支持明显不够。第二，最近两年，人大系统的信访体制正在逐步实现"升级换代"，不仅机构得到加强，人员也有所充实。但"升级换代"并不仅仅意味着机构的升格和人员的增加，更主要的是指功能的转换和工作水平的提高。因此，如何通过"升级换代"来重新设计人大信访的功能，将直接决定人大信访作用的发挥。第三，基于领导的重视，媒体的关注，使百姓对人大信访具有很高的期望值；但与此相对应，由国家体制及权力配置格局所决定，人大信访部门不可能享有实体性权力，更不可能直接处理问题。那么，怎样对人大信访工作作出恰如其分的定性，怎样通过正确的舆论，来引导上访者的行为，这将关系到权力机关的公信力。第四，信访工作和人大其他一些工作相互衔接与协调不够。例如，信访工作理应为人大监督工作提供基础性服务，但有的时候，信访工作游离于监督工作之外，两者没有很好地对接。

令人欣慰的是，《若干意见》和《全国人大常委会机关信访工作若干规定》为解决上述问题提供了基本思路和具体方案。只要以《若干意见》精神为指导，全面落实《全国人大常委会机关信访工作若干规定》，人大信访工作一定会再上新的台阶，一定会把更多的福音带给百姓。

2005 年第 23 期

2006 年

民主也可以成为时尚

　　劳动合同法草案提交全民讨论，使公众把目光再次投向最高国家权力机关。人们不仅关注全国人大常委会将为百姓奉献出一部什么样的法律，更关注此事对推进民主化进程所具有的影响。前不久，在北京一个普通的住宅区，几位居民就此而进行的讨论，给我留下了极为深刻的印象。

　　居民甲："听说没有，劳动合同法草案要在全民中进行讨论，这下可好了，以后再和单位签合同，不能光凭头儿一个人说了算。"居民乙："现在真是什么事都兴讲民主，连个人所得税法举行听证会，都让咱老百姓参加。"居民丙："不光是个人所得税法，就是改月票这样的小事，也举行听证会，并且听证会开得挺热闹。"居民丁："民主就是好。有些事，过去提了白提，现在可不一样。像咱普通人看不起病，这事前些日子在人代会上还专门讨论过，听说国家也要过问。"居民乙："我现在就盼着物权法能早点出来，咱们这片儿拆迁，兴许能赶得上。"……

　　这是一段典型的街头巷议，但透过几位居民直白的话语，我们可以强烈地感受到：民主离百姓越来越近，已全面融入到他们的生活中。它代表着现今时代的主流倾向和流行趋势，已渐成一种时尚。

　　的确，当前民主领域中所发生的每一个重要事件，在影响着人们的思想观念，引领着人们的行为方式，提升着人们的生活质量的同时，其本身也必定会成为一个时尚的话题。记得还是年初，一家媒体在评选2005年时尚新闻时，把个税法听证会列入其中。从新闻学的角度而言，立法听证会算不算时尚新闻，这个可以存而不论，但这件事却说明了人大的社会影响在扩大。举一个简单的例子：随着社会各界对人大关注度的提高，一些和人大工作有关的表述，逐渐成为百姓口中的流行话语，如旁听、全民讨论、执法检查、视察、审议、议案等等。像前面提到的听证，就在前几年，有多少普通的中国人知道这个名词？可以毫不夸张地说，个税法立法听证会的举行，使它几乎在几天之内一下子就成为家喻户晓的高频词。与此同时，人们也期盼着能在更多的领域内，通过听证程序来表达自己的民主诉愿。更有甚者，像四个百分之百、系统培训等一些极为专业的术语，也经常见诸报端。人大工作之所以能成为新闻热点，就在于人大工作始终能紧扣时代脉搏，关注百姓话题，这正是它所独具的"流行"元素和新闻价值，因此，它能吸引公众的眼光和媒体的关注，也就不足为奇。

民主的时尚化，实际上就是民主的普及和推广，是将精深的民主理论，严密的制度设计，还原成为一种百姓生活。对学者而言，民主首先是一种理论、一种观念和一些原则；对决策者而言，民主是一种制度安排和程序运作；而对百姓而言，民主就是一种日常生活。一次成功的民主实践，不仅会改善人们的生活质量，同时也会获得人们在内心上的认同和期许，这是民主得以发展的情感基础。说到底，民主的发展固然需要缜密的理论建构和理性化的制度设计，但同样也需要感性和激情化的力量来推动。

谈及民主，不能不提到"两会"。毫无疑问，由于"两会"在中国政治生活中占有举足轻重的地位，所以，"两会"所作出的每一项决策，甚至包括会风上的细微变化，都会对民主的发展产生积极的影响。因此，如果说春天是一个充满时尚的季节，那么，"两会"就是这个季节中最大的时尚。

代表满意就是最高的标准

在过去一年多的时间里,"四个百分之百"这样一个看似特别简单的数字,却被赋予了十分丰富的内涵。类似的还有"6句话24个字",一句常见的机关公文式的概括用语,也拥有了非同寻常的意义。如果我们对过去一年的代表建议办理工作做一番系统的梳理和盘点,就不能不提到上述这两组数字。可以说,它们见证了代表工作所取得的进步,浓缩了最高国家权力机关、承办单位以及有关各方为提高建议办理质量所付出的努力,折射出人大地位的不断提升。

提出建议,是代表的一项法定权利;办理好建议,是对代表权利的一种回应和尊重,是承办单位的一项法定义务。从法律层面上看,我们国家对代表建议给予了很高的定位。但长期以来,由于认识上的不到位,再加上工作机制上的疏漏和具体程序的缺失,使建议的答复呈现一种"程式化"的倾向,给人感觉是"例行公事"和"走过场"。

针对这种情况,去年4月12日,在全国人大常委会办公厅首次召开的代表建议交办会上,盛华仁副委员长兼秘书长对办好代表建议工作明确提出了"6句话24个字"和"四个百分之百"的要求。根据这一要求,和其后不久出台的《全国人民代表大会代表建议、批评和意见处理办法》,代表建议办理工作在机制上作出了一些创新。例如,办事机构的协调服务工作向程序化、规范化、制度化方向迈出了实质性步伐;建立健全承办代表建议的责任制度；加强与提建议代表的沟通；加大代表建议的督办力度；等等。

正是由于机制上的创新，使过去一年代表建议办理工作取得了明显的进步和成效，许多代表提出的建议得到采纳，在经济和社会生活中起到了重要作用。

在一个很高的起点上，今年的代表建议办理工作会采取哪些新的举措呢？前不久，在十届全国人大四次会议代表建议交办会上，全国人大常委会副秘书长、机关党组书记王万宾同志提出，今年要全面落实"6句话24个字"和"四个百分之百"的办理要求，在"巩固、完善、提高"上下功夫，进一步提高办理质量。

在王万宾副秘书长的讲话中，有一条信息特别值得关注，那就是根据吴邦国委员长的指示，在今年下半年的一次常委会会议上，将安排国务院几个部委专题报告本部门办理十届全国人大四次会议代表建议的情况。这是一个积极的信号。去年12月底，常委会就第一次听取了代表建议处理情况的报告，从而把代表建议办理工作纳入到常委会会议议程中，完成了两者在程序上的对接。而今年，又就建议办理情况听取有关部委的专题报告，这实际上意味着建议办理工作渐入人大监督视野。这是一次历史性的跨越，它使对代表建议的办理和人大其他各项职权的行使实现了有机的结合。

"建议办理得如何，应该由代表说了算。代表满意就是最高的标准。"这是一位承办单位的同志在接到交办的建议后所发出的感慨。这番感慨形象地描述出在建议办理过程中，代表与承办单位之间的法律关系。按照法律规定，再过几十天，建议办理工作将进入"验收"阶段。有过去一年成功的经验作基础，只要认真落实"四个百分之百"和"6句话24个字"这一总体要求，可以相信，各承办单位届时一定会向人大代表和全国人民交出一份合格的答卷。

2006年第8期

把法律刻在人们的心中

对于天津市市民罗伟光而言，过去16年虽然简单而又平淡，但有三件事却值得一提。

1990年9月，罗伟光刚参加工作不久，就用第一个月的工资买了一些法律方面的书籍。用他自己的话说，是想知道法律是怎么一回事。

1997年7月，他有了属于自己的一家小公司。为了在经营活动中维护自身的合法权益，他专门招聘了一个懂法律的人来帮忙打理业务。

2005年8月，全国人大常委会将物权法草案向社会公布广泛征求意见。罗伟光对草案进行了仔细研究和推敲，写下了一万多字的书面材料，并筛选其中他认为重要的意见，寄送给有关部门。

以上三件事都和法律有关。罗伟光对此解释道，普法使他认识了法律，他这个人和法律挺有缘的，而这种缘分将会继续着。

从想知道法律是怎么一回事，到用法律维护自身的合法利益，再到为最高国家权力机关的立法活动建言献策，这是观念的变迁和境界的升华。通过普法，罗伟光用16年的时间完成了法律素养上的一次重要跨越。发生在罗伟光身上的故事颇具代表性。透过他16年的人生轨迹，我们可以强烈地感受到我们国家法治化的进程，感受到全民族法律意识的不断提高,感受到普法的作用。

普法给中国社会带来了哪些变化呢？在刚刚闭幕的十届全国人大常委会第二十一次会议上,司法部负责人对此作出了解答：全体公民的宪法和法律意识进一步增强；领导干部依法执政、依法决策的能力进一步增强；公务员依法行政、公正司法的意识进一步增强；青少年法律素质进一步增强；企业经营管理人员依法经营、依法管理的自觉性进一步增强；全社会法治化管理水平进一步提高。

前些年,媒体中有一个非常流行的词,叫"在路上",用以表明某件事或某项工作刚刚开始,处于起步阶段。用这个词来形容当前我国的普法工作再恰当不过。二十年来,法制宣传教育工作虽然取得了较大的成绩,但也还存在一些问题和不足：有的地方、部门、单位的领导干部对法制宣传教育在实施依法治国方略、构建社会主义和谐社会中的重要作用认识不足,重视不够,学法用法的自觉性有待进一步提高；公民尤其是部分公务员的法律意识与建设社会主义法治国家的要求相比还有一定差距；有的地方有法不依、执法不严的情况不同程度地存在,影响了群众学法的积极性；法制宣传的方式方法需要进一步改进和完善,针对性和实效性需要进一步增强。总体上说,普法工作依然还在路中,我们切不可有毕其功于一役的思想。

"法律既不是铭刻在大理石上,也不是铭刻在铜表上,而是铭刻在公民的心里。"这是法国杰出的启蒙思想家卢梭留给后人的一句经典名言。一般而言,普法是指对有关法律基本知识的获取和重要原则的熟知。但从更高的层次上说,普法则是把法律的原则、精神和核心价值渗透到人们的内心深处,内化为人们的思想意识和理念。惟其如此,抽象的法律条文才能变成人人遵守的行为准则。也正是从这个意义上说,普法的最终目的就是把法律刻在人们的心中。

2006 年第 9 期

以制度公平促进教育公平

最近一两年，教育问题持续升温，成为人们热议的焦点。有人甚至说，2006年将成为"教育年"。

其实，这样的说法并不为过。为了验证这一点，我们不妨对上半年发生的几件和教育有关的大事进行一番盘点：2月，十届全国人大常委会第二十次会议对义务教育法修订草案进行了第一次审议；3月，在十届全国人大第四次会议上，一如人们所预料的那样，教育问题成为大会热点之一；4月，十届全国人大常委会第二十一次会议启动监督程序，听取和审议了教育部部长周济所作的关于普及义务教育和实施素质教育的工作报告。此外，扩大自主招生的范围，通过面试决定录取结果，均衡各省区招生指标……伴随着复旦大学、上海交通大学和中国政法大学等高校一系列招生新举措的出台，高考改革再次成为人们热烈讨论的话题。

与以往不同的是，当前在对教育问题所进行的讨论中，公平始终是一个关键词。这一点在构建和谐社会这样一个宏大的背景下，有着极其重要的意义。在十届全国人大常委会第二十次会议上，就有委员指出，合理配置义务教育资源，推动义务教育均衡发展，这个问题太重要了，因为要解决社会公平的问题可以有很多措施，但是，使每个公民平等地接受义务教育，这是社会公平最基础的一个保障。

教育的基本功能之一就是可以使社会地位不利者的素质得到提升，并进而改变其社会境遇。因此，教育凝结着人们对未来的期望，教育公平为每一个人提供了公平发展的机会。而教育不公平将阻塞弱势群体改善命运的通道，损害公众对社会发展的预期，更容易使社会心理失衡，使现有的社会不公平加剧并使其范围扩大，衍生社会冲突的不稳定因素。在当今社会，教育公平已成为现代教育的基本价值。在许多国家，它被提升到国家战略的高度而予以重视。也有的国家因对之处理不当，从而导致公共危机。

教育公平的实现，是一个系统工程，取决于多种因素。而其中以制度公平促进教育公平，是一项根本性的措施。说到底，在法治社会中，公民的受教育权利是必须通过一系列的制度设计来加以保障的。从总体上说，在我们国家，宪法及有关法律对公民受教育权利的规定，体现了公平原则。但是，随着教育资源短缺状况的逐步改善，教育理念的不断演进，以及全社会对教育需求的日益增长，传统的公平原则受到前所未有的挑战。正是在这种形势下，通过全面修改义务教育法，重塑符合现代教育的公平规则，就成了许多受教育者的期盼。令人感到欣慰的是，义务教育法修订草案充分体现了公平合理地配置教育资源，促进义务教育均衡发展的立法思路。因此，人们有理由相信，在最高国家权力机关的努力下，在公众的积极参与下，修改后的义务教育法将会为我国教育事业的发展营造一个公平的制度环境。

这是一个值得期待的结果！

2006 年第 10 期

倾听不仅仅是一种态度

　　一般认为,立法过程实际上就是对各种利益进行平衡的过程。对公众而言,他们总是希望通过各种表达机制,把自己的利益诉求传递给立法者;而立法者则是在充分听取各方利益表达的基础上,对原始的、多元的利益诉求进行整合、协调和平衡,并通过法定程序,把它们转化成为相应的制度设计。因此,表达和倾听是立法工作中的两个十分重要的环节,只有两者完美的结合,才可能成就一部品质优良的法律。

　　最近几年,我国开门立法的进程在不断加快,从物权法草案提交全民讨论,到个税法立法听证会的举行,再到劳动合同法草案提交全民讨论——随着民意的全方位介入,普通百姓在立法活动中拥有越来越多的话语权。在这样一种背景下,如何倾听百姓的意见,如何善待他们的利益诉求,就成为当前我国立法工作中面临的一个重要课题。

　　从工作层面上看,倾听是一种民主作风,它体现了立法者尊崇民意、从善如流、广纳良言的态度。对于这一点,我们可以从十届全国人大常委会近几年来的立法实践中强烈地感受到。以劳动合同法草案为例:从3月20日全文公布草案,到4月20日为止,共收到各地人民群众意见19万多件。全国人大常委会有关部门正在对这19万多件意见进行分类、整理和分析，并根据这些意见，以及从其他渠道收集到的信息，对草案进行研究修改。

但是，倾听又不仅仅是一种作风，一种态度。在现有的制度框架中，它具有实体和程序双重价值。就程序而言，倾听业已成为每一次立法必须经过的一道工序。惟有这样，法律才能获得百姓在情感上的认同，才能从根本上消除部门利益法制化的倾向，才能建立起公信力。当然，究竟采取什么方式倾听，立法者可以根据实际需要作出选择。目前，在立法实践中，立法机关主要采取以下三种做法听取各方面意见：将法律草案发送中央各有关单位和各省、自治区、直辖市人大常委会，书面征求意见；将法律草案向社会公布，公开征求意见；采取座谈会、听证会、论证会等，当面听取意见。

从实体上说，倾听的核心价值在于立法者要对公众的利益表达作出积极的、真诚的回应；尤其是对立法过程中的多数人意见，要在条文中加以体现；要以一种令人信服的方式使公众相信他们的利益诉求得到了善待，尽管这些诉求有的可能并没有被接纳。

当然，倾听的最终结果，并不意味着立法者对百姓意见可以不加取舍地照搬，也不意味着每一位公民的意见都能在法律中得到体现。因为法律追求的是让绝大多数人的利益得到最大限度的实现，而非使每一部法律都绝对地做到让人人满意。说到底，法律就是在各种不同利益要求充分表达和相互融合中所达成的一种各方都能够接受的平衡的规则。

正因为如此，通过有效的倾听，来判定究竟什么是广大人民群众的共同利益，这一点对立法者而言极为重要。它不仅需要民主作风和民主态度，更需要高超的智慧，它将直接决定一部法律的质量。物权法草案和劳动合同法草案之所以提交全民讨论，并经过多次修改，至今仍在不断完善之中，其原因也正在于此。

切实做好县乡人大换届选举工作

从今年下半年开始,县乡两级人大换届选举工作将在全国各地陆续展开。这次换届选举是宪法修正案将乡级人大任期由每届三年改为五年后的县乡两级人大第一次同步换届选举,是我国政治生活中的一件大事,是发展社会主义民主政治、建设社会主义政治文明的一次重要实践。做好这次换届选举工作,对于巩固国家政权基础,构建社会主义和谐社会,加强党的执政能力建设,具有十分重要的意义。

这次换届选举的指导思想是:在以胡锦涛同志为总书记的党中央领导下,以邓小平理论和"三个代表"重要思想为指导,全面贯彻落实科学发展观,推进社会主义民主法制建设,坚持和完善人民代表大会制度,坚持党的领导、人民当家作主和依法治国的有机统一,为加强基层政权建设、构建社会主义和谐社会、提高党的执政能力打下坚实的基础。

这次换届选举是在我国全面建设小康社会的关键时期进行的,国内外都很关注。再加上县乡两级人大换届选举第一次同步进行,涉及面广,参加人数多,时间跨度大,必然会出现一些新情况、新问题。在这种形势下,如何使选举工作有条不紊地进行呢?新中国成立以来,尤其是近二十年来的实践表明:坚持党的领导,充分发扬民主,严格依法办事,是选举工作必须遵循的三条基本原则，也是选举工作不断取得成功的最宝贵的经验。因此，我们要继续毫不动摇地坚持这三条原则，特别是要坚持党的领导，这是最重要的一条原则，是三条原则的核心。

坚持党的领导是做好选举工作的根本保证。选举制度是我国人民代表大会制度的重要组成部分。选举工作是一项政治性、政策性、法律性都很强的工作，对于人民代表大会制度建设和社会主义民主政治建设起着基础性作用。因此，换届选举要坚持党的领导，这样才能保证换届选举坚持正确的政治方向，坚定不移地走中国特色社会主义政治发展道路。尤其是在当前国内国际各种矛盾错综复杂的形势下，就更需要发挥各级党委总揽全局、协调各方的作用，调动一切积极因素，妥善处理各种利益关系，化解矛盾，排除干扰，使选举工作顺利进行。

充分发扬民主，是我国选举制度的本质要求。我国是人民民主专政的社会主义国家，国家的一切权力属于人民，人民通过选举产生的各级人大代表，组成人民代表大会，来行使国家权力。可以说，选举是人民当家作主、管理国家事务的一种最重要的形式，也是社会主义民主的具体体现。而充分发扬民主作为我国选举制度的本质要求，要贯穿于选举的全过程，尤其是在候选人的推荐、介绍和确定几个环节。要切实保障选民的联名推荐权，平等对待组织提名和选民联名提名的代表候选人。确定正式代表候选人的过程要民主、透明，通过讨论协商逐步取得共识。要尊重和保障选民的知情权，要在选举委员会的组织下，采取多种方式全面、真实、客观地介绍候选人的情况，扩大选民的有序参与，保证选民依法行使选举权利。

严格依法办事，是选举工作得以顺利进行的重要前提。换届选举事关党的执政地位，事关国家政权建设，意义重大，必须依法进行。宪法、地方组织法、选举法对换届选举的基本原则和具体程序都作了具体规定，各级党委、政权机关和选举委员会都要在宪法和法律的范围内活动。党员干部要带头模范遵守有关法律的规定。选民要依法联名提名和介绍候选人，政党和人民团体推荐和介绍候选人也要按照法定程序进行。对选举工作中的新情况新问题，要认真调查研究，拿不准的要及时请示。要及时纠正各种不符合法律规定的参选活动。坚决杜绝选举中的不正之风，切实防止和及时处理干扰、破坏选举的违法行为。

总而言之，这次换届选举工作难度大，要求高，各地一定要从事关全局、事关长远的战略高度，充分认识做好这项工作的重大意义，把它作为一项重要的政治任务来抓。要认真按照中央的部署和要求，按照宪法和法律的规定，周密安排、精心组织、稳步推进，使换届选举取得圆满成功。

2006年第12期

党的领导是做好选举工作的根本保证

做好县乡人大换届选举工作,要始终坚持党的领导、人民当家作主和依法治国的有机统一,其中最核心、最关键的是坚持党的领导。这是由党的执政地位所决定,是多年来我国选举工作不断取得圆满成功的一条最宝贵的经验,也是当前选举工作的实际需要。

中国共产党是中国特色社会主义事业的领导核心,是我们国家的执政党。共产党执政就是领导、支持、保证人民当家作主,最广泛地动员和组织人民群众依法管理国家事务,管理经济和文化事业,管理社会事务,实现好、维护好、发展好最广大人民的根本利益。县乡人大换届选举是中国共产党领导和支持人民当家作主的一个重要形式,它对于我国政权建设和社会主义民主政治建设起着基础性作用。因此,选举工作一定要坚持党的领导,牢牢把握正确的政治方向,坚定不移地走中国特色社会主义政治发展道路,绝不能搞西方多党制、"三权鼎立"和金钱竞选那一套。

这次县乡两级人大换届选举是在完成"十一五"规划目标任务、全面建设小康社会的关键时期进行的。我国的经济体制改革和现代化建设事业已经取得举世瞩目的巨大成就,政治体制改革和社会主义民主政治建设同样取得了重要进展,人民群众的民主法制意识极大提高,参与国家管理的热情不断增强。这些都为做好换届选举工作创造了十分有利的条件。同时也要清醒地看到,这次县乡换届选举面临着许多新情况、新问题,主要是：从国内看，随着改革开放的深化，我国的社会经济成分、组织形式、就业方式、利益关系和分配方式日益多样化，人民群众的愿望和要求也日益多样化，经济社会的一些深层次矛盾和问题凸显，这些矛盾和问题必然会反映到换届选举中来。从国际看，西方敌对势力加紧对我实施西化、分化的战略图谋，妄图在基层选举中做文章。在这种情况下，只有加强党的领导，注意保护好、引导好、发挥好人民群众的政治热情，才能妥善处理各种利益关系，调动一切积极因素，排除干扰，化解矛盾，确保换届选举工作的顺利进行。

加强党对县乡人大换届选举工作的领导，就是通过法定程序，把党的主张变成国家意志；就是通过党组织的活动、党员的模范带头作用和思想政治工作，把党的路线方针政策变成群众的自觉行动，把党和人民群众信得过的人选进国家政权机关。为此，我们要把党的领导贯穿于换届选举工作的全过程，体现在换届选举工作的各个方面。各级党委要充分发挥总揽全局、协调各方的作用，切实把这次换届选举工作列入重要议事日程，周密部署，精心组织，及时研究和解决选举中的重大问题，为县乡人大换届选举提供坚强的政治保证、思想保证和组织保证。要坚持党管干部的原则，结合本地实际，统筹做好县乡人大代表和国家机关领导人员考察、提名、推荐、选举等各项工作，全面把握人选的德才表现、工作实绩、廉洁情况和群众公认程度，把好政治关。既要充分发扬民主，相信和依靠群众，尊重和保障人民的选举权和被选举权，又要进行正确引导。

在换届选举过程中，各级人大常委会一定要自觉接受党的领导，坚决贯彻党委的统一部署。对于选举工作中遇到的重要情况和重大问题，要及时向同级党委请示报告，紧紧依靠党委来解决换届选举工作中的重大问题。使县乡人大换届选举建立在广泛、有序而又坚实的民主基础之上。

充分发扬民主是我国选举制度的本质要求

在现代社会中,选举制度的性质是由一个国家政治制度的性质所决定,有什么样性质的政治制度,就有什么样性质的选举制度。我们国家实行的是人民代表大会制度,这是我国的根本政治制度。这一根本政治制度的本质特征,就是国家的一切权力属于人民,由人民通过民主选举产生人大代表组成人民代表大会,行使国家权力。由此决定,充分发扬民主,不仅是我国选举工作必须遵循的一项重要原则,同时也是我国选举制度的本质要求。

建国五十多年来,我们国家在推进选举的民主化进程方面,进行了积极的实践和探索,取得了巨大成就。特别是在新的历史时期,我们党在总结历史经验的基础上,把健全民主制度,丰富民主形式,扩大公民有序政治参与,保证人民依法实行民主选举、民主决策、民主管理和民主监督,作为建设中国特色社会主义民主政治的一项重要任务。从1979年把人大代表直接选举的范围扩大到县级以来,全国范围内已经进行过8次乡级人大换届选举和7次县级人大换届选举。根据有关部门初步统计,这次县级人大代表换届选举涉及选民9亿人左右,乡级人大代表换届选举涉及选民有6亿多人。这么多选民参加县乡两级人大换届选举,行使人民当家作主的权利，本身就是一次社会主义民主最广泛、最深刻的实践。我们要通过这次县乡人大换届选举，积累和丰富在党的领导下充分发扬社会主义民主、保证人民依法参加民主选举的经验，并把它总结起来，坚持下去，从而不断推进中国特色社会主义民主政治的制度化、规范化、程序化，更好地发挥社会主义政治制度的特点和优势。

走群众路线，相信群众，依靠群众，是我们党的优良作风，也是社会主义民主的具体体现。我们要把这一优良作风贯穿于换届选举的全过程，尤其是在候选人的推荐、介绍和确定几个环节。由选民联名推荐代表候选人是换届选举的一个关键环节，是选举民主的题中应有之义。在选举过程中，各地一定要切实保障选民的联名推荐权，平等对待组织推荐和代表联名推荐的代表候选人。确定正式代表候选人名单，也是换届选举中的一个十分重要的步骤，它对于确保代表素质具有决定性的作用。我们一定要按照法定程序做好这项工作。确定正式代表候选人的过程要民主、透明，要充分尊重多数选民意愿，通过讨论协商逐步取得共识，防止暗箱操作。为了尊重和保障选民的知情权，正式代表候选人确定后，要在选举委员会的组织下，采取多种方式全面、真实、客观地介绍候选人的情况。这样可以使介绍代表候选人的工作有组织、有秩序地进行，也有利于体现民主的广泛性和扩大选民的有序参与。

作为换届选举工作必须遵循的三条原则之一，充分发扬民主同坚持党的领导和严格依法办事这两条原则不是对立的，而是相互统一、相辅相成的，其中党的领导是核心、是关键。共产党是我们国家的执政党，共产党执政就是领导、支持、保证人民当家作主，最广泛地动员和组织人民群众依法管理国家事务，管理经济和文化事业，管理社会事务。换届选举是中国共产党领导和支持人民当家作主的一个重要形式。只有加强党的领导，才能为不断扩大选举民主提供坚强的政治保证、思想保证和组织保证。实践证明，正确处理好充分发扬民主与加强党的领导这两者之间的关系，是换届选举工作取得圆满成功的一个重要条件。

同时，在选举过程中，还要处理好充分发扬民主和严格依法办事的关系。扩大选举民主，是一个渐进的历史过程，需要从我国的国情出发，在宪法和法律规定的范围内积极、稳妥地推进。宪法是民主的制度化和法律化。而选举法和其他有关法律则根据宪法精神，对在选举中如何充分发扬民主作出了一系列具体规定。历史经验告诉我们，严格依法办事是实现社会主义民主的一个重要前提，也是换届选举得以顺利进行的根本保证，否则，民主将无从谈起，选举工作也必然会出问题。因此，各级党委、政权机关和选举委员会要严格依照宪法和法律的规定开展工作，要把广大人民群众的政治热情和创新精神引导到法制的轨道上来，努力营造一个积极向上、团结和谐、心情舒畅、稳妥有序的选举氛围。

2006 年第 14 期

严格依法办事是换届选举得以顺利进行的重要前提

坚持严格依法办事,是依法治国、建设社会主义法治国家的本质要求,是选举工作必须遵循的一项重要原则,也是换届选举得以顺利进行的重要前提。

与以往相比,本次换届选举有这样几个重要特点:一是县乡两级同步换届。这次选举是乡级人大任期由 3 年改为 5 年后的第一次县乡两级同步选举,在既有县级又有乡级人大代表选举的地方,县乡两级人大代表候选人要在同一时间分别提名,并同时、同地分别选举。二是复杂性强。这次换届选举的经济社会条件十分有利,同时,换届选举工作也面临着许多新情况、新问题。从国内看,一方面,人民群众的民主法制意识和政治参与积极性明显提高;另一方面,随着社会利益关系的更趋复杂,各种社会思潮也十分活跃。从国际上看,敌对势力对我国实施西化、分化的战略图谋没有改变,他们同国内一些别有用心的人相互勾结,企图从基层选举寻找突破口,对我进行渗透和破坏。三是涉及面广。据有关部门初步统计,全国共有约 9 亿选民参加县级人大换届选举,6 亿多选民参加乡级人大换届选举,要选举产生两级人大代表 200 多万人,涉及乡级政权 3 万多个、县级政权 2000 多个。四是持续时间长。从 2006 年 7 月 1 日至 2007 年

12月31日，各地县乡两级人大代表换届选举工作将陆续展开，时间持续一年半。正是由这样几个特点所决定，这次换届选举的政治性、法律性、程序性都很强，这就要求我们在换届选举中必须自始至终严格依法办事。

严格依法办事，首先要求各级党委、政权机关和选举委员会要严格依照宪法和法律的规定进行工作。全体党员尤其是党员领导干部要带头模范遵守有关法律的规定。宪法和法律是党的主张和人民意志相统一的体现。换届选举是我们党坚持为人民执政、靠人民执政、支持和保证人民当家作主的一个重要形式。在换届选举过程中坚持严格依法办事，对于保证党的主张通过法定程序变成国家意志，对于加强和改善党的领导，提高党的执政能力，具有十分重要的作用。不严格依法办事，实质上就是在削弱党的领导。

严格依法办事，还要求在换届选举的每一个具体的工作环节中，包括选区划分和选民登记，代表候选人的推荐、介绍和确定，以及投票等，都要遵守法律规定和程序要求。换届选举是发展社会主义民主政治、建设社会主义政治文明的一次重要实践。为此，在这个过程中，为了充分发扬民主，各地都会结合当地的实际情况来开展工作。在这方面，有一个问题特别需要注意，那就是如何处理好严格依法办事和充分发扬民主的关系，并在此基础之上，把广大人民群众的政治热情和创新精神引导到法制的轨道上来。宪法和选举法是民主的制度化和法律化。宪法、选举法对我国选举制度的基本原则、选举工作的运行机制和操作规则都作了详尽的规定。只要认真落实这些规定，就一定能够不断扩大公民的有序政治参与，真正实现选举民主。而如果违反了宪法和选举法的规定，不管我们的主观愿望如何，其结果都会对社会主义民主和法制造成损害。当然，作为社会主义民主政治的一个重要组成部分，我国的选举制度也需要在实践中不断完善，但这是一个逐步发展的历史过程，需要从我国的国情出发，在党的领导下有步骤、有秩序地推进。我们不能照搬西方政治制度的模式，要坚定不移地走中国特色的政治发展道路。

为了确保换届选举工作能依法进行，还要切实防止和及时处理干扰、破坏选举的违法行为。从过去几年的情况看，以贿赂、暴力等非法手段干扰、破坏选举的违法行为在一些地方时有发生，有的还涉及家族势力、宗教势力甚至黑恶势力。这些违法行为都严重影响了选举工作健康有序进行，也妨害了安定团结的局面。为了切实保障选民和代表依法行使选举权和被选举权，我们要认真贯彻执行选举法的有关规定，杜绝选举中的不正之风，切实防止和及时处理干扰、破坏选举的违法行为，严禁贿选，严防家族、宗教势力干预和操纵选举，严惩黑恶势力干扰破坏选举。为此，在党委领导下，各级人大常委会和选举委员会要深入到选区和选民中间去了解情况，对带有普遍性和倾向性的问题要及时研究，重大问题要及时向党委汇报，提出处理办法，有的要提前做好预案，力求把选举中的各种矛盾和问题化解在萌芽状态。要与司法机关和纪检监察机关保持沟通联系，加强协调配合，对在选举过程中可能发生的违法犯罪行为，必须及时妥善处理，排除各种干扰，保证换届选举依法有序进行。

2006 年第 15 期

从工作作风到制度设计

专题调研已进入第二个年头。虽然这项活动尚处在起步阶段，还有一些具体的环节需要进一步规范和完善，但它所显示出来的价值却为人们认可。对此，不仅媒体好评如云，就是作为亲历者的许多人大代表也感慨良多，自觉收获颇丰。从各地反馈的信息看，专题调研所产生的影响显然已超出了这项活动本身，至少可以说它为我们做好闭会期间代表工作提供了一个新的思路。

从形式上看，专题调研虽属调查研究的一种类型，但它与一般意义上的调查研究又不尽相同。我们知道，调查研究是人大代表在闭会期间的一种主要活动方式，是他们与广大人民群众保持密切联系的重要途径，是为在会议期间履行职责所做的准备性工作。宪法和其他有关法律虽然没有对调查研究的法律属性和具体程序作出明确规定，但由我国代表制度的特点所决定，调查研究被赋予了很高的地位。长期以来，由于缺少相关的制度设计，调查研究往往成为人大代表的一种个人行为，带有一定的随意性。有时甚至仅仅表现为一种工作作风，一种姿态，其作用也往往是象征性的。

为了做好闭会期间代表工作，充分发挥代表作用，根据中央 9 号文件精神和《关于加强和规范全国人大代表活动的若干意见》的规定,从去年9月份开始,全国人大常委会办公厅组织全国人大代表进行专题调研活动。这项活动一经推开,便产生了良好的社会效果,受到代表们的普遍赞誉。全国人大代表谭志娟在接受本刊记者采访时,所讲的一番话颇能说明问题。谭代表是这样说的:"我感觉对调研工作,我有一种如饥似渴的期待,为什么这么说呢?2005年是我最忙的一年,也是工作最充实的一年。这一年全国人大常委会组织的专题调研,让我们人大代表能够充分地了解所要调查项目课题的真实性,这样写建议的时候才能有理有据。我们黑龙江省按照全国人大的安排和部署,组织了一些调研课题,我选的是农业,走了13个地市,39个乡镇,78个行政村,入户100多户,通过这么详细的调查,深入了解农民,把他们一致的呼声筛选出来,这个调研而来的信息是非常准确的,农民也很高兴。"

从调查研究到专题调研,从个人行为到组织行为,这虽然仅仅是一个细节之变,但经验告诉我们,人大工作所取得的一些重要突破往往就是从细节之变开始的。单就工作层面而论,专题研究使人大代表的调查研究更具实效性和针对性;如果从更深一层的意义上说,它将为我们全面激活闭会期间代表工作提供有益的启示。

通过相关的制度设计和有效的组织方式,把个人化的、松散的代表活动纳入到规范化、有序化的轨道,是做好闭会期间代表工作的制度保障。这是专题调研带给我们的一个重要启示。在我们国家,代表工作实际上分成会议期间和闭会期间两部分。由于各级人民代表大会会期很短,所以,大量的、经常性的工作要在闭会期间完成。但是,与会议期间的工作相比,代表在闭会期间的工作长期以来一直是一个薄弱环节,过去曾被人们称为尚未破解的难题。据了解,在有的地方,闭会期间的代表工作基本上处于"停摆"状态;还有些地方,闭会期间的代表工作虽然有所开展,但收获不明显,形式上的创新并没有带来实际效果的同步提升。此外,由于缺少相应的"载体",在一些地方,代表在闭会期间的工作成为一种个人行为，带有很大的随意性，履职中不规范的行为，甚至是"违规越轨"行为时有发生。本届以来，这种状况有了很大改善。从全国人大的情况看，随着专题调研、系统培训、视察等项活动的深入开展，再加上全国人大代表联络处的设立，闭会期间代表工作开展得有声有色，实效性和针对性也不断增强。这在很大程度上得益于一系列制度的出台和组织化程度的提高。

此外，围绕全国人大的工作重点、社会关注的热点，结合代表的专业优势，来确定和选择调研题目，这样使代表们提出的议案、建议的水平更高，审议发言针对性更强，从而使闭会期间的活动与会议期间的工作很好地衔接起来。这是专题调研给我们带来的另外一个重要启示。

2006 年第 16 期

"水建议"见证代表工作新变化

面对大自然，人类一次明智的选择，就有可能改善一方水土，进而造福一方百姓。

"水建议"不仅告诉我们这样一个事实，同时，它还让我们透过这个事实去体味代表建议的分量究竟有多重。

在去年三月召开的十届全国人大三次会议上，宁夏代表团就提出了《关于发展西部干旱地区节水农业的建议》和《关于在黄土高原类型区推行小流域综合治理的建议》。紧接着，在今年三月召开的十届全国人大四次会议上，宁夏代表团又提出了《关于解决宁夏中部干旱带农村饮水安全问题的建议》。这三项建议由于都和水有关，所以被人们称为"水建议"。"水建议"的提出，引起了各方的普遍关注，这不仅是因为这三项建议的实施有望解决几十万宁夏人的饮水问题，更重要的在于"水建议"从提出，到承办，再到督办，整个过程向人们展示了近年来代表建议办理工作出现的一些新变化。

谈到建议办理工作，给人印象比较深的是，本届全国人大常委会特别重视建议的质量。这不仅体现在高层领导的讲话和相关的文件中，也体现在日常工作中。需要指出的是，注重建议的质量，并不仅仅是从外部形式上提高建议的"技术标准",更重要的是对建议的内容提出了更高的要求。怎样判定建议质量的高低,这是一个见仁见智的话题,很难给出一个概括性的回答。但有一点可以肯定,一项建议如果能够促进当地的经济社会发展,给百姓带来实惠,并且对其他地方的同类情况具有普遍的指导和示范作用,又具有可操作性,那么这项建议就是一个高质量的建议。

很显然,宁夏代表团提出的三份建议由于符合上述要求,所以就属于高质量的建议。众所周知,宁夏是一个水资源极度匮乏的地区,多少年来,为了走出苦甲天下的历史循环怪圈,宁夏人同大自然进行了一轮又一轮的抗争,但最终都没有从根本上改变缺水的局面。而"水建议"根据宁夏的实际情况,以"水"为核心,从节水、保水、积水、治水这几个方面做文章,可以说抓住了问题的关键。"水建议"的实施,不仅可以解决几十万宁夏人的饮水问题,更重要的在于能促进当地经济社会的全面发展,而且对整个西北干旱地区人畜饮水问题的解决具有示范意义,所以,它不仅受到当地群众的普遍拥护,和水利部门的认同,更是被列为2005年和2006年全国人大常委会重点办理的建议。

"要把好事办好,实事办实。"这是盛华仁副委员长在建议办理工作中多次说过的一句话。对这句话进行仔细解读,我们可以得出这样的结论:提出高质量的建议固然重要,但要把建议办理好更为重要。并且只有做好建议办理工作,才能使好的建议发挥好的作用。正是基于这样一种认识,本届全国人大常委会继去年提出了"6句话24个字"和"四个百分之百"的要求后,今年又进行了一些新的探索。盛华仁副委员长此次就"水建议"赴宁夏进行实地跟踪督办便是一例。作为全国人大常委会的高层领导,就一件建议的办理情况进行跟踪调研和督促落实,这不仅仅是工作作风的转变,而且是工作思路的更新和工作机制的创新。更加令人欣慰的是,盛华仁副委员长在宁夏期间,以一名普通的全国人大代表和督办单位负责人的双重身份表态:督办不只是督办到给代表以答复为止,恐怕这还不够。我们要督办到建议真正付诸实施了,见到实效了,才能说督办工作可以告一段落。不然的话，我们要始终跟踪督办下去。这段话实际上向人们传递了这样一个信息：答复代表不再是建议办理工作的终结；而一件建议的付诸实施，直至见到实效，才是建议办理工作的核心环节，也是它的最后一道"工序"。这也意味着建议办理工作的程序进一步延伸。

  "水建议"的办理虽属个案，但却具有普适性。我们期望它能给代表建议办理工作带来制度性的变化。

2006 年第 18 期

监督也是一种人文关怀

如果我们用一些流行词语对最近几年人大监督工作进行盘点，那么，人文关怀将肯定会是一个反复出现的高频词。

如果我们以最近几年人大监督工作为背景，对监督法进行品读，将会感受到从法间文边所透射出来的人文精神和民本倾向。毫无疑问，人文关怀虽然没有作为一个法律术语被写入法中，但它却作为一项重要的价值预设，融入到监督法的条款中，并内化成为一种重要的精神品格。

长期以来，在一些人的心目中，人大监督总是和质询、罢免、撤职等一些"冰冷"的字眼联系在一起，似乎远离百姓。诚然，作为最具威慑力的监督手段，质询、罢免、撤职等措施对为官不廉、贪赃枉法、玩忽职守之流确实起到了敲山震虎、惩一儆百的作用。但这仅仅体现了人大监督"刚性"的一面。如果我们从人文视角下观察人大监督，就会发现它还有"温情"的一面，那就是非常注重人文关怀和以民为本，并始终把维护百姓利益作为自己的着力点。

关于这一点，可以从实践中得到印证。以全国人大为例，最近几年，全国人大常委会在监督工作中的每一次亮相，几乎都和百姓关心的热点问题有关，因而也引起了社会的普遍关注。"三农"、环境、教育、劳动合同、安全生产、公共卫生、农民工工资……透过这一个个民生话题，人们可以清晰地感受到人大监督的亲民本色。

作为回应，监督法在总结多年来人大监督工作经验的基础上，作出了一系列人性化的制度设计。其中尤为引人注目的是，条文中有几处使用了"群众切身利益"和"社会普遍关注"这样的表述。例如，该法第八条规定，各级人民代表大会常务委员会每年选择若干关系改革发展稳定大局和群众切身利益、社会普遍关注的重大问题，有计划地安排听取和审议本级人民政府、人民法院和人民检察院的专项工作报告。这是一个很重要的信号，它表明，和人民群众切身利益有关的热点问题，将在法律的层面上成为人大监督的目标选择。最近一些年，媒体中有一种很流行的说法，叫作"让社会热点成为人大监督重点"。这实际上是对人大监督亲民作风所作出的一种最为精确的点评。从理念到工作作风，再到缜密的制度设计，监督法完成了一次很重要的跨越，它把以人为本上升为一种立法精神，这必将对监督工作产生积极的影响。

从法理上说，监督是人大的一项职权，是基于各国家机关的相互关系而产生的一种专门性活动，它具有内部化的特征。但由人大工作的本质所决定，人大监督又不可能游离于社会生活之外，它必须时刻关注百姓的衣食住行、生老病死、安危冷暖这样一些"琐碎"的小事。说到底，人大监督其实就是一种人文关怀。对绝大多数人而言，他们也许并不熟悉有关人大监督的理论和运行规则，但这并不妨碍他们从日常生活中去认识人大监督和评价人大监督。或者更确切地说，人大监督只有进入到日常生活中，才能得到百姓的拥护。监督法因为体现了这一价值追求，所以，它不仅获得了人们在情感上的认同，同时也为日后的实施打下了很好的基础。

2006年第19期

追求人大监督的更高境界

人大在开展监督工作时,如何处理好同"一府两院"的关系,这既是一个工作方法,也是一个很重要的原则问题。尤其是在构建和谐社会这样一个宏大的背景下,其意义格外重要。甚至可以说,对这个问题的正确认识,不仅有助于我们对过去几年人大监督工作作出客观的评价,同时也将直接决定今后一段时间人大监督工作的基本走势。

按照传统的理论,监督是一种权力对另一种权力的制约。受这种理论影响,西方国家的议会和政府,无论是在法律形态上,还是在实际运行中,都呈现出一种对立关系。而在我们国家,在人民代表大会统一行使国家权力的前提下,各个国家机关既分工明确,又相互协作。很显然,基于体制上的大相径庭,我们不能简单地套用通行西方的监督理论来刻画我们国家的监督模式。因此,监督法从中国的实际出发,在总结多年来工作经验的基础上,就人大在开展监督工作时,如何处理好同"一府两院"的关系,作出了具有中国特色的制度化设计。

就法律属性而言,人大监督是一种制约,如果没有制约,监督就不成其为监督。但人大监督又不仅仅是制约,同时也是支持,是制约与支持的完美结合。人大监督的终极目标是通过必要的制约和支持,与"一府两院"形成良性互动，从而建立一种和谐稳固的权力运行机制，确保国家机关按照人民的意志行事。如果说监督有境界之分，那么通过合理有效的监督，来达到支持的目的，则是人大监督的更高境界。

从监督法的一系列规定看，它把支持作为一种很重要的价值取向。这是对马克思主义监督理论的丰富和发展，是因应时代挑战而作出的新的探索，是一种制度创新，体现了对人大监督更高境界的追求。

当然，强调对"一府两院"工作的支持，并不意味着将人人监督权虚置，将人大监督功能弱化，也不意味着人大就此对"一府两院"工作中存在的问题可以无原则地回避。问题的关键是如何把握好既不失职也不越权的界限，如何处理好监督和支持关系。对此，监督法作出了一些规定。怎样将监督法的原则性规定转化成为一种实用技巧，它将考量监督者的智慧和水平。

在前不久召开的党的十六届六中全会上，党中央提出了构建社会主义和谐社会的目标和主要任务。和谐社会需要和谐的政治环境，而和谐的政治环境取决于和谐稳固的权力运行机制。从这个意义上说，人大在开展监督工作时如何处理好同"一府两院"的关系，已不单单是一个法律范畴内的命题，而是事关构建和谐社会的一个重大问题。

2006年第20期

态度即质量

生活中的权利总是具体的,所以,法律越是具体,就越容易进入生活,并进而引起人们的注意。

历经六度审议的物权法草案,之所以能引起公众的持续关注,显然是基于这样一种逻辑关系。

自从 2002 年 12 月,九届全国人大常委会初次审议后,物权法草案便正式进入公众视野。四年来,物权法一直是人们热议的话题,几乎全国人大常委会的每一次审议,都会在社会上引起不小的反响。有意思的是,人们不再像以往那样,仅仅把法律作为一门专业性知识来加以接受,而更多的是运用生活逻辑来观察、理解、评价这部法律。可以这么说,物权法尚未正式出台,就已经全方位地融入到百姓的生活中,而其中所蕴含的现代法治精神正影响着人们的价值理念和行为方式。按照立法程序和工作部署,草案有望明年提请十届全国人大五次会议审议。人们都在期待又一部高质量的法律面世。

高质量的法律固然值得期待,但立法者在立法过程中所表现出来的良好的工作态度同样应该给予关注。

对立法者而言,态度意味着什么?一位全国人大常委会委员就此曾说过这样一段耐人寻味的话："作为最高国家权力机关组成人员，我们的每一份议案或建议，每一次发言，每一次投票，往往关乎千家万户，甚至是几亿人的命运。光认真负责还不行，有时还需要那么一点诚惶诚恐的态度。要举轻若重。"这不仅是一段个人化的真情告白，同时也形象地诠释了最高国家权力机关对待人民利益所应有的态度。

令人欣慰的是，在物权法草案的起草和审议过程中，我们感受到了这种态度。为了充分听取社会各方面尤其是基层群众的意见，全国人大常委会将物权法草案向社会全文公布，广泛征求各方面意见。草案公布后共收到了人民群众提出的意见一万多件。全国人大常委会先后召开了一百多次座谈会，直接听取各级人大代表、基层实际工作者、中央有关部门负责人、法学和经济学等方面专家学者的意见。此外，还就物权法草案涉及的专业性较强的问题分专题举办了若干次立法论证会。到目前为止，草案虽已经六次审议，但仍在修改完善之中，这在我国立法史上是空前的。

追求完美，是立法者所应有的品格。我们在立法工作中付出的种种努力，实际上就是为了消除法律中的每一点瑕疵。但就立法技术而言，任何法律又不可能做到完美无缺，问题的关键是需要我们以勤勉、谨慎，乃至"诚惶诚恐"的工作态度，来最大限度地减少错误的发生。这样才能赢得百姓的理解和信赖，才能使百姓确信他们的利益诉求得到了善待，才能建立起法律的公信力。

其实，在很多情况下，法律的公信力更多地源于立法者的态度。态度不仅决定质量，态度本身也是一种质量标准。

2006 年第 21 期

依法监督才是最有效的监督

随着 2007 年 1 月 1 日的日益临近，监督法的实施已进入倒计时。人们都期待在一个更高的起点上，人大监督能拥有一个完美的开始。

如果说，一句"二十年磨一剑"道出了制定监督法的艰辛，那么，实施好这部法律，将需要付出更多的艰辛和更大的努力。

依法监督才是最有效的监督。这是多年来我们在监督工作中所形成的一个很重要的共识。它对于贯彻实施监督法也具有极为重要的指导作用。人大监督是一项法律性、程序性非常强的活动，因此，宪法和两个组织法对人大监督的指导思想、基本原则和权限划分都作了明确规定，而监督法则将这些规定进一步具体化、程序化。

同时，人大监督又具有很强的实践性，所以，各地在贯彻实施监督法时，必然要结合本地实际情况来开展工作，有时还要进行一些必要的探索和创新。这是应该予以肯定的，但要处理好依法办事和探索创新的关系。这里特别需要申明的是：人大任何一项监督活动，都必须在宪法和法律范围内进行，必须于法有据。尤其是在诸如基本原则、权限划分、运行程序等一些关键环节上，更要严格依法办事，不能越雷池一步，更不能将法律规定虚置，而另辟蹊径。实践证明，如果违反了宪法和法律的有关规定，不管我们的主观愿望有多好，其结果不仅使人大监督的实际效果大打折扣，同时，也会对民主和法治造成伤害。

有的同志担心，严格依照宪法和法律的规定办事，是不是会束缚人大监督的手脚，从而降低工作要求。这样的担心是完全没有必要的。从监督法的内容看，它不仅包含了代议机构传统的监督功能，同时，又结合我国国情和当前人大监督工作的实际需要，设置了一些新的、具有中国特色的监督形式，如执法检查、听取和审议工作报告、规范性文件审查等等。应该说，宪法、两个组织法、监督法已为人大监督提供了充分的运作空间和充足的制度资源。我们只要在现存的制度空间内，善用已有的法律资源，完全可以为进一步完善人大监督工作，增强人大监督实效，找到一条有效的途径。所以，当前人大监督工作面临的一个主要任务就是要认真贯彻监督法，严格依照宪法、两个组织法和监督法的规定办事，尽量缩小法律规定和实际操作的"落差"，并通过工作中的不断探索创新，使人大监督工作能上一个新的台阶。

2006 年第 23 期

让和谐成为一句最温馨的新年祝福

当绝大多数读者捧读 2006 年最后一期《中国人大》时，新的一年已如期而至，如期而至的还有我们的贺岁礼物——一组关于和谐的文章。我们希望通过和谐这个温馨的字眼儿，来表达对广大读者最诚挚的祝福。

其实，当我们回眸 2006 年时，便不难有这样的发现：我们的每一次努力，每一份激动，每一个期待，都是对和谐这一时代主题义无反顾的坚守。

什么叫和谐？和谐和人大工作有着怎样的关系？人大应如何通过立法来表达对和谐的追求……一年来，最高国家权力机关用一次又一次生动的立法实践，对诸如此类问题作出了精妙的演绎。人大立法的过程，就是利益表达的过程，是妥善处理各种矛盾的过程，是不断消除不和谐因素、不断增加和谐因素的过程。和谐社会是法治社会，法治社会需要良法之治，而良法之治实际上就是通过建立一套以公平为核心价值的规则体系，平衡不同群体之间的利益关系，解决各种矛盾和纠纷，求得社会稳定和国家长治久安。正是基于这样一种理性化的认识，一年来，全国人大及其常委会始终把和谐作为一种重要的价值追求。从对义务教育法的修改，到物权法草案的几次审议；从对劳动合同法草案的全民讨论，再到企业破产法等几部新法的出台，我们可以清晰地感受到这一点。

"人大监督让人觉得越来越有人情味，越来越富于亲和力。"这是几年前一位读者给本刊来信时所作的评价。用这样一种评价来概括2006年的人大监督工作，显然是再恰当不过了。人大监督是一个严肃、有时甚至有些沉重的话题，但它同时也是一种人文关怀。通过国家权力机关、"一府两院"与百姓三方的良性互动，建立一种和谐、稳固的权力运行机制，是人大监督的终极目标。一年来，全国人大常委会的监督工作带给人们这样一个启示：人大监督能否在情感上获得百姓的认同，能否为构建社会主义和谐社会营造一个宽松融洽的人文环境，在很大程度上取决于它对人民群众最关心、最直接、最现实的利益问题给予了多少关注。

信访工作是人大工作的重要组成部分，它对于化解社会矛盾，维护社会稳定，促进和保障社会公平正义具有重要作用。前不久，人大信访工作座谈会在京召开，在中央提出构建和谐社会这样一个大的背景下，此次会议的召开便具有了非同寻常的意义。

谈到信访工作，很容易让人想起在人大信访系统通行的一句很经典的表述：人人都是和谐之源。的确，和谐是一道风景，它需要人们去欣赏，但同时更需要每个人去刻意地营造。而在辞旧迎新之际，它又是一句最温馨的祝福。

我们衷心地祝福新的一年，和谐无处不在。

2006年第24期

2007年

坚守建议的权利属性

如何理解建议的法律属性？这一属性意味着什么？这不单是一个理论问题，同时也是一个实践问题。对这一问题作出科学、合理的解答，有助于我们提高建议的办理质量，实现其效能的最大化。

就法律规定而言，提出建议，是代表的一项权利，也是代表履职的一种重要方式。正因为如此，代表提出的建议已超越了语义学的范畴，它具有程序和实体双重价值。从程序上说，对代表提出的建议，承办单位必须按照法定的方式、在法定的期限内进行答复。从实体上说，建议表明一种责任，这种责任意味着承办单位不仅要在姿态上对代表表现出足够的尊重，更重要的是要通过一些具体的行动，来对代表们提出的建议作出积极的回应。

当然，单从学理上论，代表作为个体提出的建议，与国家权力机关按照集体决策的方式所制定的法律和通过的决议，在性质上不可同日而语，它对承办单位没有强制性的约束力。但是，基于人大与"一府两院"的关系以及我国代表制度的特点，对于代表们所提出的建议，承办单位必须履行勤勉义务。这种义务不是源于制度上的强制力，而是源于观念上的自觉，源于国家公职人员对于人大代表所应承担的一种政治责任。

曾经有一段时间，我们对建议属性的理解，仅限于程序层面，而忽略了它的实体价值。也正是由于这个不该有的忽略，使建议办理工作成为一种"程式化"的例行公事。本届以来，代表建议办理工作出现了一些积极变化：2005年4月12日，全国人大常委会办公厅首次召开代表建议交办会，在这次会议上，盛华仁副委员长就代表建议办理工作提出了"6句话24个字"和"四个百分之百"的要求；其后不久，又出台了《全国人民代表大会代表建议、批评和意见处理办法》，对办理工作在机制上进行了一些创新；同年年底，常委会第一次听取了代表建议处理情况的报告。2006年，代表建议办理工作又现新意：一是对建议进行跨年度督办，一直督办到该建议真正付诸实施为止；二是常委会就建议办理情况听取有关部门的专题汇报，从而把办理工作纳入到监督程序中。透过这些变化，我们可以清晰地感受到，坚守建议的权利属性，是提高建议办理质量的一个很重要因素。

此外，2006年建议办理工作带给我们这样一个启示：为了提高建议办理质量，不仅需要机制上的创新，同时更需要在政府机关内部培育一种尊崇代表权利的价值观念和精神品格。

在这方面，水利部的经验颇具示范意义。

和谐语境中的人大信访

最近,全国人大常委会副秘书长刘振伟在接受本刊记者采访时,引用了胡锦涛总书记的一段话:"信访工作是为人民群众排忧解难的工作,也是构建社会主义和谐社会的基础性工作。在当前社会矛盾多发的情况下,信访问题是回避不了的。信访工作必须坚持不懈地抓下去。"这段话实际上对人大信访工作提出了更高的要求。为此,我们要把人大信访工作纳入到和谐这一语境中,对其功能进行重新的审视、评价和设计。

从胡锦涛总书记的讲话中,我们可以读出这样一层意思:通过为人民群众排忧解难,来化解各种社会矛盾,进而营造一个宽松和谐的人际环境,是人大信访一个很重要的功能。为了实现这一功能,需要我们以平和的眼光看待上访者,以更为宽容的心态善待他们的民主诉求。

最近几年,由于各种原因,部分地区群众进京上访特别是集体进京上访的问题比较突出,参与人数比较多,时间也比较长,有的进京上访人员情绪激烈,行为偏激。在这方面,存在着两种隐患:一方面,如果对一些过激行为应对不当,可能会激化矛盾;另一方面,如果对这些行为不加以有效的控制,又会引发更大规模的集体访和更进一步的过激行为。这就引出了一个问题:我们在善待每一位上访者的同时,对他们的过激行为要留有多大空间？对他们的权利是否要划定必要的界限。或者更确切地说，对上访者的过激行为是否要加以限制。

对上访者而言，上访是他们的一项权利，既然是权利，就应当受到限制。由此推论，上访者的过激行为应该受到限制，这是符合法理的。但是，我们不能用普通诉讼当事人的言行标准去衡量每一位上访者。从情理上说，对于他们的过激行为，只要适度，是可以容忍的，这是由他们的特殊身份所决定。问题的关键是如何判定上访者的过激行为是否适度；如何掌握好法理与情理之间的平衡；如何在为他们提供一个宽松的社会环境的同时，让他们学会善用自己手中的权利。这将成为今后人大信访工作的一个难点。

此外，从语义学的角度说，和谐意味着各种矛盾和纠纷逐步减少。而反映在信访工作上，就是信访总量应该是逐年递减。但实际情况是，随着人大信访工作的不断加强，信访总量却并没有相应地减少，并且重复访、越级访现象仍十分突出。之所以会出现这种情形，除了一些负面的原因外，另有一些其他因素在起作用。例如，人大信访部门公信力的日益提高；良好的舆论环境；等等。还有一个重要的因素：随着法治化进程的逐步推进，在我们国家，追求无诉、隐忍礼让的传统习惯已日益为不断增长的权利保护意识所替代，越来越多的民众在认为自身的权益受到侵害时，开始通过包括信访在内的各种手段去寻求救济。因此，在由息诉型社会向健讼型社会的转换过程中，如何对公民的权利诉求加以正确的引导，以避免因"诉讼爆炸"而引发各种社会矛盾，这也将是我们应该关注的一个问题。

2007 年第 3 期

感受民主的脉动

民主总是通过细节的累积来完成一次又一次演进的过程。在人类有关民主的记忆中，今天的细节，也可能会成为一个具有标志性意义的经典事件。

所以，作为人大新闻工作者，我们的任务就是从细节之中发现规律，从平凡之中提炼经典，从点滴之中开掘推动人大工作不断成长的制度基因。

物权法注定要成为我国立法史上一个经典之作。权力机关的从善如流，民意的深度介入，不仅会为我们带来一部品质精良的法律，同时也将开门立法这一时代主题演绎到极致。开门而立的不仅是物权法，还包括劳动合同法、义务教育法、未成年人保护法、突发事件应对法、反洗钱法、农民专业合作社法、农产品质量安全法等。从这一个又一个成功的立法范例中，我们可以清晰地感受到民主的脉动。

"二十年磨一剑"，表述的不仅仅是一段立法佳话，也诉说着几代人大工作者的不懈追求和国人对人大监督所寄予的厚望。与监督法的出台相呼应，人大监督工作在2006年再现新意。观念的演进、境界的攀升、实效的增强，让人们对未来充满了信心。从"三农"、资源和环境、科技和教育、司法公正等一些热点问题中，我们看到了在通往和谐之路上，人大监督留下了一个个坚实的脚印。

"四个结合""巩固、完善、提高""6句话24个字""四个百分之百"，这样一些常见的概括用语，在2006年被赋予了非同寻常的意义。它们见证了代表工作所取得的重大进展，浓缩了最高国家权力机关为坚持和完善人民代表大会制度所付出的努力。而专题调研、培训等项工作的铺开，也使闭会期间代表工作在探索中找到了破题的答案。

随着五次会议的召开，十届全国人大常委会的任期将开始倒计时，在原有的基础上，各项工作也会继续稳步推进。按照总体部署，立法工作将进入攻坚阶段，社会主义法律体系这一宏伟目标将离我们渐行渐近；以监督法的全面实施为契机，人大监督工作将会有一个崭新的开局；而在最后一年的任期里，全国人大代表们也会竭尽全力，力求在届满之时向全国人民交上一份满意的履职记录。

作为全国人大常委会的机关刊物，在今后的一年中，《中国人大》将继续坚守自己的使命。我们要记录下人民代表大会制度建设所取得的每一份成就；要让更多的读者认识、了解、关注人大工作；要用自己的努力，拉近权力机关与公众之间的距离；要让民主在我们的笔下更加生动。

2007年第4期

关注"两会效应"

一位记者说,在怡人的春天中,"两会"是一道最亮丽的风景线;

一位学者说,"两会"是一个窗口,它让世人了解中国的政治制度;

一位代表说,对人大工作者而言,"两会"就是一个节日;

一位地方人大常委会主任说,"两会"不仅为人大工作,也为民主的发展提供了动力;

一位公民说,"两会"是咱百姓的。

这样一组原声回放,真实地再现了"两会"在国人心目中的地位。不同的群体,对"两会"可能会有不同的评价和需求,但"两会"日益受到人们的关注,其影响力也越来越大,这却是不争之实。

"两会"为什么会受到国人的高度关注?这一方面取决于人大、政协在国家政治生活中的地位,同时也缘于"两会"议程贴近民生以及会风的不断改进。但更重要的还在于"两会"的影响力已超越议程本身。或者更确切地说,人们不仅关注"两会"究竟讨论和决定了哪些重大问题,更关注"两会"的示范效应,关注它给国家的发展、民族的振兴以及百姓的日常生活带来什么样的影响。

为了实现"两会效应"的最大化,必须把"两会"作为一个重要的民主现象加以研究，不仅要就"两会"论"两会"，还要跳出"两会"看"两会"，要把"两会"现象置于发展社会主义民主政治、建设社会主义政治文明这样一个大的背景下来进行解读。这里涉及三个问题。其一，要重视"两会"精神的传播。"两会"精神是中国特色的民主精神，它不仅存在于会议期间，也将延伸到社会生活的每一个角落，从而对人们的行为方式和价值观念产生深刻的影响。其二，要从学理的层面上加强对"两会现象"的分析和研究。要把"两会"作为一本活的民主教材，从中提炼出推动中国式民主发展的一般规律。因为一次成功的民主实践，必然会带来观念的递进和理论的创新。其三，要注重细节之变，要让民主精神渗透到每一个细微之处。因为"两会"的价值往往蕴含在一些看似琐碎的细节之中。细节之变不仅使人们对民主的发展拥有了更多的期待和更大的信心，往往也催生着重大的制度变革。在媒体中流行这样一句话：会风改进一小步，民主前进一大步。这是对"两会效应"所作的最为精当的诠释。

2007 年第 6 期

加强素质能力建设是做好人大工作的重要基础

按照全国人大常委会2007年工作部署，今年将把素质能力建设提到突出的位置。这是全国人大机关建设的又一重大举措。

十届全国人大常委会领导高度重视机关建设。换届伊始，吴邦国委员长就对机关全体同志提出了"政治坚定、业务精通、务实高效、作风过硬、团结协作、勤政廉洁"的要求。根据吴邦国委员长的要求，十届全国人大常委会机关相继开展了机关的政治建设、组织建设、制度建设和思想作风建设。今年3月31日，在向十届全国人大五次会议作《全国人大常委会工作报告》时，吴邦国委员长又强调指出："常委会机关要以提高干部队伍政治和业务素质为重点，全面加强机关建设，更好地发挥集体参谋助手和服务保障作用。"认真学习、深刻领会、坚决贯彻吴邦国委员长的讲话精神，对于我们全面加强机关建设，不断提高业务能力和机关管理水平，并在此基础之上，更好地发挥集体参谋助手和服务保障作用，具有十分重要的意义。

机关建设是人大工作的重要组成部分，也是做好人大工作的前提。人大工作有着很强的政治性和政策性。当前，随着社会的进步，经济的发展，以及科技水平的飞速提高，人大工作，包括立法、监督、代表等项工作的专业性越来越强。再加上人大作用的逐步提升，这就给我们提出了更高的要求。我们每一位人大工作者，只有不断提高自身的素质能力，才能适应新形势下人大工作的实际需要，才能发挥集体参谋助手和服务保障作用。长期以来，我们一直强调人大代表、常委会组成人员的素质能力。实际上，人大机关干部队伍的素质能力同样重要。与党政部门相比，人大的周期性比较强，领导成员的更替相对频繁。在这种情况下，为了保持工作的连续性、稳定性，机关建设就显得尤为重要。可以说，素质能力是做好人大工作的重要基础，而素质能力建设则是机关的基础性建设。因此，全国人大常委会领导同志提出要加强素质能力建设，不仅是机关建设中的一件大事，也是人大工作中的一件大事，它对于在新的历史条件下，进一步加强人民代表大会制度建设，也同样具有十分重要的意义。

今年，是本届全国人大及其常委会任期的最后一年，我们将迎来党的十七大的胜利召开，各项任务繁重而艰巨。全国人大常委会工作的总体要求是：以邓小平理论和"三个代表"重要思想为指导，全面落实科学发展观，认真贯彻党的十六大和十六届三中、四中、五中、六中全会精神，坚持党的领导、人民当家作主和依法治国的有机统一，坚持和完善人民代表大会制度，坚持围绕党和国家工作的大局履行职责，努力实现本届全国人大的各项目标任务，为全面建设小康社会、构建社会主义和谐社会作出新的贡献。根据这个总体要求，在立法工作方面，要在继续完善经济领域立法的同时，着力加强社会领域立法，为构建社会主义和谐社会提供有力的法律保障，确保实现本届全国人大立法目标。在监督工作方面，今年是监督法实施的第一年。要以贯彻实施监督法为契机，进一步加强和改进监督工作，依法规范监督形式，严格执行监督程序，努力增强监督实效，把常委会监督工作提高到一个新水平。在代表工作方面，除了要继续把代表的活动组织好、安排好，还要全面总结近年来代表工作的经验，以为下届代表依法履职提供实践经验和理论指导。此外，在外事、信访、自身建设等方面也都有许多工作要做。正是在这样一个背景下，提出要加强素质能力建设，就显得格外重要。它不仅能确保我们更好地完成《全国人大常委会工作报告》中提出的各项任务，同时，也将为新一届全国人大工作打下一个良好的基础。

2007 年第 7 期

加强立法后评估工作

如何提高立法质量，是当前立法工作中面临的一个很重要的问题。

在这方面，不论是全国人大，还是地方人大，都采取了许多积极有效的措施，取得了明显的成效。以全国人大为例：从物权法草案的七次审议，到监督法草案的反复修改论证；从个税法修正案草案立法听证会的举行，到劳动合同法草案和就业促进法草案提交全民讨论。通过一个又一个成功的立法范例，我们可以强烈地感受到本届全国人大常委会为提高立法质量所作出的巨大努力。

如果说，提高立法质量需要立法者拥有高超的政治智慧和付出不懈的努力，那么，衡量一部法律质量的高低，则需要通过立法实践来完成。吴邦国委员长指出，法律的生命在于实施。实际上说的也是这个道理。

怎样通过立法实践来检测和评价立法质量，这是一个专业性非常强的工作，必须借助专门化的活动和相应的制度设计。最近几年，一些地方人大常委会为此进行了积极的探索，摸索出一些比较有效的做法，立法后评估就是其中之一。

立法后评估，一般是指在法律、法规颁布实施一段时间后，结合法律、法规的实施情况，包括取得的成效、存在的问题，对特定的法律、法规所进行的评价，目的在于更好地实施、修改完善被评估的法律、法规，并从中总结经验，为开展相关立法提供借鉴和指导。

目前实践中地方人大开展的立法后评估，比较具有代表性的是上海市。2005年，上海市人大法制委、人大常委会法工委将《上海市历史文化风貌区和优秀历史建筑保护条例》作为首次立法后评估的对象。经研究论证，确定把法规实施的绩效及法规中各项制度设计和程序规定是否需进一步完善作为评估的主要内容，并确定了执法部门评估、委托相关区人大常委会组织调研、向社会公众开展问卷调查、专题调研、邀请市人大代表参与的评估方法。经评估认为，该条例的立法目的基本实现，同时存在若干需要重视的问题。上海市人大常委会还专门听取和审议了这项评估活动的报告。此外，北京、福建、浙江、湖北、海南、重庆、深圳、太原等省市人大也先后开展了不同形式的立法后评估。

从一些地方的实践看，立法后评估一经问世，便向人们显示了良好的功效。它对于提高地方立法质量，促进科学立法，起到了积极的作用。据了解，一些地方也将陆续开展此项工作。

当然，作为一项新生事物，立法后评估尚处在起步阶段，还面临着一些问题需要解决，有些环节还需要进一步完善。其中当务之急，是要加强此项工作的制度化设计。在这方面，要着重解决以下几个问题：一是进一步完善立法后评估工作的具体规划，使其逐步走上规范化、程序化轨道；二是建立科学合理的评估标准体系；三是将公共管理领域中行之有效的做法和现代科技手段，引入到评估工作中，提高评估水平；四是把评估工作同相关的立法和执法活动很好地衔接起来，增大对评估结果的使用效益。

城乡规划应以科学发展观为指导

前不久召开的十届全国人大常委会第二十七次会议，对《中华人民共和国城乡规划法（草案）》进行了初审。与此相呼应的是，在这次会议后全国人大常委会举办的专题讲座上，主讲人讲述的也是有关城乡规划法律制度方面的内容。这一举措表明，最高国家权力机关对城乡规划高度重视，并将从法律的层面上采取一些积极有效的措施，解决实践中存在的问题。

城乡规划是指导城乡建设、统筹城乡发展的重要依据和手段。当前我国正处在工业化、城镇化加快发展的重要时期，经济持续快速发展，城乡建设日新月异，这就对城乡规划提出了新的更高的要求。正是在这样一个背景下，城乡规划法草案能否以科学发展观为指导，坚持以人为本，落实"五个统筹"的要求，体现构建社会主义和谐社会的思想，为提高城乡规划的科学性和前瞻性，维护城乡规划的严肃性和稳定性，提供有力的法律保障，必然会引起国人的普遍关注。

从法律属性上讲，城乡规划是一种行政行为，是政府公共政策的体现。但同时，由于城乡规划直接牵涉广大人民群众的切身利益，所以它又是一种社会活动，要求全社会的共同参与，要体现公众的意愿。甚至从某种程度上说，城乡规划也是一个民主问题，是扩大公民在公共决策过程中有序参与的重要途径。如果在进行城乡规划的过程中，不能确保公众的话语权，那么，规划本身的科学性、可行性和稳定性也很难得到保证。

最近几年，在一些地方，城乡规划中的无序现象比较严重，往往是一届领导一套规划，相互之间缺乏连续性；有的地方规划不如领导一句话，随意性很大；更有甚者，个别地方城乡规划完全成为个人行为，成为某些领导"形象工程"的附庸。之所以会出现这种情况，原因是多方面的，其中法律规定的疏漏是一个很重要的原因。为此，适应城乡建设快速发展的实际需要，进一步完善城乡规划法律制度，就成了当务之急。而完善城乡规划编制程序，扩大公众的有效参与，并在此基础之上，增强规划的科学性和可行性，则应是立法重点。

令人欣慰的是，从草案现有的规定中，我们可以感受到立法者在这方面采取了一些积极的措施。例如，草案设立了公众参与制度，明确了规划制定的程序，要求规划组织编制机关将规划予以公告，采取多种形式广泛征求专家和社会公众的意见，并将意见采纳情况和理由作为城乡建设规划报送审批的必备材料；村庄规划在报请审批前，还要经村民会议讨论同意。同时，为了防止政府某些领导人或者建设单位随意变更规划，草案要求城乡规划经批准后，组织编制机关应当予以公告，任何单位和个人都有权查询已经公布的城乡规划。此外，草案还对各类规划的内容、期限作了详细的规定，特别明确了总体规划的强制性内容，以做到规划管理的公开、公正。

当然，城乡规划法草案在给人们带来希望的同时，也还面临着一些问题需要解决。对此，常委会组成人员在审议过程中提出了一些很好的意见和建议。我们相信，只要以科学发展观为指导，草案会修改得越来越成熟，城乡规划工作中存在的无序现象也可以早日得到根治。

建立健全闭会期间代表活动的长效机制

为了确保2007年全国人大代表闭会期间活动能够得到更好的开展，前不久，全国人大常委会办公厅专门召开视频工作会议，对这项工作作了具体安排。按照这次会议的要求，今年除了要做好代表专题调研、集中视察、培训等方面的工作，并进一步扩大代表对常委会有关活动的参与以外，还要全面总结近年来代表依法履职的经验，为今后代表工作提供借鉴。在十届全国人大任期的最后一年，提出这样的要求，意义重大。

在过去很长的一段时间中，与会议期间工作相比，代表在闭会期间的活动一直是一个薄弱环节，被人们称之为一道尚未破解的难题。本届以来，经过常委会领导、全体代表和办事机构的共同努力，全国人大代表在闭会期间的活动取得突破性进展：代表专题调研、视察、议案建议办理、培训等项工作搞得有声有色，取得明显实效；对常委会各项活动的参与也在逐步扩大；代表依法履职的能力不断提高，在立法、监督等项活动中发挥了越来越重要的作用。

从本届以来代表工作的实际情况看，有一条经验特别重要，那就是要想做好闭会期间代表工作，关键是要加强组织领导，完善各项制度，从而把这项工作纳入到制度化、规范化的轨道。

2005年6月，为落实中央9号文件精神，经委员长会议原则同意，全国人大常委会办公厅《关于加强和规范全国人大代表活动的若干意见》出台。《若干意见》重点对代表在闭会期间的活动作了规范，并规定省级人大常委会可以在其办事机构内设立全国人大代表联络处，为代表开展活动，履行职责提供服务。应该说，《若干意见》的出台，对于改进和加强闭会期间的代表工作，起到了积极的推动作用。根据中央9号文件精神和《若干意见》的规定，许多地方都建章立制，对闭会期间代表工作的总体要求、具体程序和工作流程作了详细的规定。

从此次视频工作会议中我们可以感受到，完善制度，加强组织领导，是近几年代表工作的一条基本经验。为此，我们应该通过全面总结代表履职经验，进一步建立健全闭会期间代表工作的长效机制，为新一届全国人大的代表工作奠定一个良好的制度基础，以保障代表作用的充分发挥。

2007年第10期

"忙""闲"之中看变化

这是一位地方人大代表近期的履职日程表:

六月上旬,参加市人大常委会组织的新农村专题调研;六月中旬,就一份建议的办理情况,与市政府有关部门一起进行研究论证;六月下旬,参加培训班,并抽空完成专题调研报告;七月上旬和中旬,被抽调参加执法检查;七月下旬,走访几家单位,和部分选民进行座谈;八月,除了要组织本代表小组开展活动以外,还要到几个社区进行调查研究,为草拟议案积累一些素材。

透过这样一份流水账似的履职日程表,我们可以看到代表工作中出现的一些新变化。

一年四季,忙闲不均,这是人们受气候影响而形成的一种作息习惯。曾几何时,人大工作也有忙闲之分。例如,人民代表大会举行会议的时候,代表们就非常忙碌。再如,会议召开前夕,为了做好相关的准备工作,代表们要忙上一阵子;会后,为了贯彻落实会议精神,也要忙上几天。除此之外,代表活动总是显得有些冷清。特别是暑期一到,人大工作似乎也随之进入到了"淡季"。

最近几年,上述这种现象从根本上得到了扭转。许多地方的同志反映，人大代表现在越来越忙了，一年四季，没有忙闲之分。有时越是到了暑假，活动安排得越紧凑。

全国人大的情况也同样如此。4月18日召开的视频会议结束后，全国人大代表闭会期间工作全面铺开，并且随着夏季的到来，而逐步升温。代表专题调研、视察、列席常委会会议、培训、议案建议办理，一个活动接着一个活动。不仅全国人大代表们感到忙，联络部门的同志也感到忙。但正如一位全国人大代表所说的那样：只有代表们忙起来，人大的权威才能树立起来，国家权力机关的作用才能发挥出来。

的确，人大代表的"忙""闲"之变意义非同寻常。简单的一个"忙"字，包含了代表作用的充分发挥，人大地位的不断提升，以及人民代表大会制度的逐步健全和完善。

我们衷心地希望人大代表越来越"忙"，这样，人大工作才能更加充满生机和活力。

2007年第12期

平衡之中尽显立法智慧

自从 2005 年 12 月，十届全国人大常委会第十九次会议初次审议后，劳动合同法草案便正式进入公众视野。一年半多的时间以来，劳动合同法草案一直是人们热议的话题，几乎全国人大常委会的每一次审议，都会在社会上引起不小的反响。

此外，在劳动合同法草案的起草过程中，有一个现象十分引人注目，那就是各方对一些热点问题的讨论（或者更确切地说是争论），始终炽热而激烈，有时甚至是针锋相对。其实，这一现象十分正常。因为不同的利益群体，由于所处的立场不同，对同一问题会有各自的理解，进而会提出不同的利益主张。立法的过程，既是利益表达的过程，也是对各种利益进行协调和规范的过程。权力机关正是通过立法这种途径，为百姓搭建一个畅所欲言、表达各种意见的平台。从这个意义上说，在对劳动合同法草案有关问题的讨论中，哪一种意见更为科学、合理，这一点固然重要。但更重要的在于通过讨论，能消除分歧，化解矛盾，求得共识，从而为构建和谐的劳动关系营造一个良好的人际环境。

应该平等保护劳资双方合法权益，还是应该倾向保护处于弱势地位的劳动者的合法权益，这是自劳动合同法进入立法程序之后，立法者面对的一个很重要的问题。一般说来，在劳动关系中，劳动者处于相对弱势的地位，所以，劳动合同法应该向劳动者倾斜。但是，构建和谐稳定的劳动关系涉及劳动者和用人单位双方。所以，如何平衡好劳动者和用人单位之间的利益关系，并在此基础之上化分歧为一致，变对立为和谐，最终求得双赢，将考量立法者的智慧。

令人欣慰的是，经过反复论证和广泛听取各方面意见，劳动合同法的立法宗旨日渐清晰，在最后通过的法律中，我们不难看出一些积极变化，如立法宗旨由原来的"保护劳动者的合法权益，促进劳动关系的和谐稳定"，转变为"为了完善劳动合同制度，明确劳动合同双方当事人的权利和义务，保护劳动者的合法权益，构建和发展和谐稳定的劳动关系"。这显示出立法机关在明确劳动合同双方当事人权利和义务的前提下，强调保护劳动者的合法权益的立法取向。这不仅符合国际上劳动立法的通行规则，也符合我国的实际。

法律是有感情的，所以法律往往体现出一定的倾向性；但法律又是理性的，它总是通过一系列严谨的条文来合理有效地平衡各种利益关系。说到底，立法是一门平衡的艺术。劳动合同法草案之所以能够在表决时获得全票通过，就在于立法者运用高超的立法智慧，妥善地平衡各种利益，从而使劳动关系的双方在和谐的基础上实现共赢。

2007 年第 13 期

再创人大信访工作新局面

今年3月10日,中共中央、国务院颁发了《关于进一步加强新时期信访工作的意见》(以下简称《意见》)。其后不久,又召开了第六次全国信访工作会议。

党中央以中共中央文件的形式专门对信访工作作出最全面、最系统的决策部署,这在新中国历史上还是第一次,充分说明党和国家对信访工作的高度重视。作为新时期信访工作的纲领性文件,《意见》对当前信访工作的定位、指导思想、目标任务、工作机制、畅通信访渠道和加强队伍建设等作出了明确规定。也规范了各级党委、人大、政府、政协、法院、检察院及人民团体的信访工作行为。《意见》的出台,对于不断开创新时期信访工作新局面提供了有力的思想、政治、组织和制度保障。

为了认真学习贯彻中央关于做好新时期信访工作的精神,最近,全国人大常委会副委员长兼秘书长盛华仁,全国人大常委会机关党组书记、副秘书长王万宾等领导同志,发表了重要讲话。与此同时,全国人大常委会办公厅还专门出台了相关文件,对学习贯彻中央关于新时期信访工作重要指示精神,进一步改进全国人大机关信访工作,作出了具体部署。

当前,我国已进入到改革开放的关键时期,信访工作面临着新形势,出现了一些新情况。在这种背景下，改进全国人大机关信访工作，意义重大。这次对信访工作的改进，核心是贯彻"四个坚持"，即，坚持在党的领导下做好人大信访工作；坚持在中央联席会议的统一协调指导下处理信访突出问题；坚持在中央联席会议统一部署下做好重点信访问题的督查和督办工作；坚持在中央联席会议的统一规划下畅通信访渠道。

从根本上说，改进全国人大机关信访工作，就是按照中央对新时期信访工作的决策部署，使人大信访工作更好地置于党和国家信访大格局之中，用更加有效的方式解决信访突出问题，使人大信访定位更加适当，体制更加顺畅，工作更加有力，作用更好地得到发挥。

需要特别强调指出的是，改进全国人大机关信访工作，并不意味着人大信访的作用有所削弱。相反，这是对人大信访提出了新的更高的要求。因此，我们一定要充分认识改进人大信访工作的必要性和重要性，通过不断的深入学习，把思想和认识统一到中央精神上来，统一到全国人大常委会领导同志的重要讲话精神上来，统一到改进全国人大机关信访工作的新要求上来。要在认真贯彻"四个坚持"的前提下，进一步发挥人大信访的优势和作用。

此外，为了适应人大信访工作面临的新形势和新任务，要积极采取各项有效措施，理顺工作体制，完善相关工作制度，加强干部队伍建设，从而为改进人大信访工作提供坚实的组织保障和制度保障。

总之，只要我们认真学习贯彻中央《意见》的精神，准确把握人大信访工作的定位，主动适应新的要求，就一定能够再创人大信访工作的新局面。

2007年第14期

恪守新闻工作者的社会责任

近些年来,随着民主立法的不断推进,一方面,全国人大及其常委会立法工作的公开化程度越来越高;另一方面,公众对立法活动的参与也正在日渐深入。从物权法、劳动合同法、义务教育法、未成年人保护法、个人所得税法、就业促进法等一些法律的起草、修改中,我们可以强烈地感受到民意在立法活动中起着越来越重要的作用。可以说,近些年通过的很多法律,都是权力机关和百姓之间良性互动的结果。

由于民意大幅度的介入,立法中各种意见相互交织,乃至针锋相对的现象时有出现。这是一种十分正常的现象。因为立法本身,实际上就是各种不同意见在充分表达的基础上,相互碰撞和磨合,最终达成一致的过程。

在立法过程中,每一个群体由于所处的立场不同,对同一问题往往会有不同的看法,并进而形成各种不同的意见。例如,在制定道路交通安全法的过程中,有驾车者和行人两种不同意见;在制定劳动合同法的进程中,有用人单位和劳动者两种不同意见。此外,就一部法律而言,主管部门、专家学者和普通百姓的意见有时也会不完全一致。

让各种不同意见都能在立法过程中得到充分表达,这是民主立法题中应有之义。但是，由于种种原因，并不是每一种意见最终都能在法律中得到体现。我们的法律体现了广大人民群众的根本利益，这是社会主义法律的一种本质属性，但这并不表明每一部法律都绝对地做到让人人满意。从立法技术的角度讲，法律就是在各种不同利益要求都能得到充分表达和相互整合中所达成的一种各方都能够接受的平衡的规则。法律追求的是让绝大多数人的利益得到最大限度的实现，而不单是使个别化的利益得到最大限度的实现。

如何对待立法过程中的各种不同意见，不仅考量立法者的政治智慧，同时也检测新闻工作者的社会责任感和道德水准。一般而言，新闻媒体有权利对立法过程中各种不同意见进行客观、公正、全面的报道。但如果单纯为了吸引读者"眼球"，而对不同意见过分地炒作、渲染、曲解，甚至把它作为哗众取宠的"猛料"，这意味着社会责任的缺失，从某种程度上说，也突破了新闻工作者的道德底线。

"纸包子"假新闻事件虽属个案，但它折射出当下新闻界存在的一种惟恐不悲情、惟恐不离奇、惟恐不轰动的庸俗化倾向。对此，我们每一位新闻从业人员都应保持足够的自觉和警惕。

作为全国人大常委会的机关刊物，我们将在今后的新闻报道中，恪守新闻工作者的社会责任。我们要帮助百姓理解、体谅立法者的良苦用心，从大局出发，而不只是从个人利益出发去评价一部法律；帮助百姓在个人利益无法得到表达时，能够理智地面对；我们愿意和所有新闻界的同仁一道，尽最大的努力，使各种不同的利益群体在尊崇法律权威、严格依法办事这方面，形成共同的价值取向和行为选择，并以此为基础，营造良好的人际环境。

2007 年第 15 期

为代表在闭会期间的工作提供更多的组织保障

根据全国人大常委会领导同志的指示精神和 2007 年全国人大常委会工作要点的部署，今年全国人大代表工作的一项重要任务，就是全面总结本届以来代表履职的经验，从而为新一届代表工作打好基础。为此，全国人大常委会办公厅今年将举办三期代表履职交流研讨班，请各地履职优秀的代表开展交流研讨，总结代表工作经验。

从目前已举办的两期研讨班上，我们可以得出这样一种印象：本届以来代表工作，特别是代表在闭会期间的活动之所以能取得突破性进展，关键在于全国人大常委会通过采取各种有效措施，提高了闭会期间代表工作的组织化程度。对于这一点，许多代表都深有感触。有的代表说，正因为有了必要的组织保障，我们才能从以前的"会议代表"成为"全天候代表"。

对代表在闭会期间的工作提供必要的组织保障，是基于我国代表制度的特点而形成的一项具有中国特色的制度设计。在西方国家，议员对自己的代议行为具有高度的支配力，虽然他们有时也要看选民的眼色行事，但这不过是谋求连任而采取的一种政治策略。至于议会党团，也只能在对待关键问题的表决时，用党纪来控制本党议员的投票行为，而这种控制并不能延伸到会外。因此，代表在闭会期间如何开展工作，不应该也不可能照搬西方的做法。其一，在我们国家，代表工作实际上分成会议期间和闭会期间两大块。由于各级人民代表大会会期很短，所以，大量的、经常性的工作要在闭会期间完成。其中有很多工作只能通过有组织的方式来进行。其二，我国实行的是兼职代表制，代表不因执行代表职务而脱离原来的生产和工作岗位；其经济收入源于本职工作，不因从事代表活动而领取职务工资。正因为如此，代表个人开展活动会受到一些客观条件的限制，需要一定的组织形式作为依托。

长期以来，与会议期间的工作相比，代表在闭会期间的活动一度是一个薄弱环节。据了解，在不少地方，闭会期间的工作经常处于"停摆"状态；还有些地方，闭会期间的代表工作虽然有所开展，但收获不明显，形式上的创新并没有带来实际效果的同步提升。此外，由于缺少相应的"载体"，在一些地方，代表在闭会期间的工作成为一种个人行为，带有很大的随意性，履职中不规范的行为，甚至是"违规越轨"行为时有发生。

为了从根本上解决上述问题，最近几年，全国人大和地方人大都采取了一系列有效的措施。本届以来，全国人大常委会不仅出台了专门的规范性文件，还在省级人大常委会联络部门内设立了专门的机构。同时，通过培训、专题调研、集中视察等一些有效的形式，积极组织代表开展活动。

今年是本届全国人大任期的最后一年，全面总结近年来代表履职经验，将为做好新一届代表工作打下一个很好的基础。此外，我们也希望能以此为契机，研究如何进一步完善相关的制度设计，从而把代表在闭会期间的工作纳入到规范化、制度化、有序化的轨道。

2007 年第 16 期

态度为大

一次会议，有四项议程与环保有关。很明显，日益严峻的环保形势已经引起最高国家权力机关的高度重视。

所以，水污染防治、节约能源、发展循环经济……这样一些人们关注的热点问题，就自然而然地成为十届全国人大常委会第二十九次会议委员们热议的话题。

就在这次会议上，一位常委会委员说，该做的都做了，为什么情况依然没有好转？我们应该全面审视我们的工作，看看还存在哪些不足；面对大自然，应该扪心自问，我们还缺少什么。

坦率地说，我们并不缺少法律。经过二十几年的努力，环保立法已趋完备。当然，有的法律还需进一步完善，有的还暂付阙如。但在一些主要环节上，我们已实现了有法可依。当然，我们也不缺少口号和目标，而各类媒体的强势宣传，也使全社会对环保工作的意义有了深刻的认识。我们更不缺少行动。近年来，党中央和国务院针对环保工作，作出了一系列的决策和部署。而一轮又一轮的"环保风暴"，也让人们看到了国家"治污也须用重典"的决心。

那么，我们究竟缺少什么？

"态度为大"，当下流行的这样一句表述，如果用在环保工作上，显然是再恰当不过。的确，我们缺少的就是态度，一种对大自然所怀有的深情的赞美和崇高的敬畏的态度。赞美，使我们在感受大自然美丽神奇的同时，心生爱意，悉心呵护。敬畏，使我们对周遭的一山一水、一草一木，时刻保持着足够的谨慎和虔诚，有时甚至还带有那么一点点诚惶诚恐，并在此基础上，与它们和谐相处。

　　法律也好，政策也好，它们是通过特定的方式来规制人与自然的关系。但它们的作用不是无限的，不可能覆盖人类生活的每一个细节。在更多的情况下，人们的行为往往取决于他们对待大自然的态度。就环保而言，态度也许不能决定一切，但至少可以影响一切。

　　一部法律，从酝酿到出台，也许只需要几年，或者十几年的时间，一个目标或一项措施的提出，所需时间更短。但一种态度的涵养，却需要长期的积淀和数代人的传承接引。因此，通过立法来帮助人们重拾"天人合一"的传统理念，培育尊崇大自然、善待大自然的科学态度，绝非一日之功。

　　所幸的是，从十届全国人大常委会第二十九次会议委员们的审议发言中，我们看到了希望。

2007 年第 17 期

用法律刻画人与自然和谐相处的最优模式

循环经济法草案的提请审议,在我国立法史上,注定要成为一件具有标志性意义的事件。因为循环经济不仅是一种社会增长的模式,更是一种社会发展的模式,也是一种社会的形态。所以,制定这样一部法律,不仅对于我们进一步加强环保工作,同时对于促进我国经济可持续发展,将产生积极而深远的影响。

一般认为,人类社会在经济发展过程中经历了三种模式,代表了三个不同的层次。第一种是传统经济模式。它不考虑环境因素,一味强调对环境的征服,缺乏保护环境的意识,是一种"资源—产品—污染排放"的单向线性开放式经济过程。第二种是"生产过程末端治理"模式。它开始注意环境问题,但其具体做法是"先污染,后治理",强调在生产过程的末端采取措施治理污染。结果,治理的技术难度很大,不但治理成本畸高,而且使生态恶化日益严重,经济效益、社会效益和生态效益都很难达到预期目的。第三种是循环经济模式。它强调以循环发展模式替代传统的线性增长模式,表现为以"资源—产品—再生资源"和"生产—消费—再循环"的模式有效地利用资源和保护环境,最终达到以较小发展成本获取较大的经济效益、社会效益和环境效益。

早在新中国成立之初，我国就开始了发展循环经济的探索，只不过按照当时的提法，叫资源综合利用。对此，毛泽东主席和周恩来总理都专门作过指示。

进入上世纪八十年代以来，我国经济快速增长，各项建设取得巨大成就，同时也付出了很大的资源和环境代价，经济发展与资源环境的矛盾日趋尖锐。这些问题与我国资源利用效率相对低下密切相关。于是，人们开始认识到只有走以最有效利用资源和保护环境为基础的循环经济之路，可持续发展才能得以实现。可持续发展，就是要促进人与自然的和谐，实现经济发展和人口、资源、环境相协调，坚持走生产发展、生活富裕、生态良好的文明发展道路，保证一代一代地永续发展。随着人们对循环经济认识的加深，循环经济法制建设日益受到重视。

在十届全国人大常委会第二十九次会议上，常委会组成人员对循环经济法草案给予了很高的评价，认为这部法律草案的立法指导思想和内容，不仅具有鲜明的中国特色，而且还处于世界领先地位。应该说，这样的评价恰如其分。例如，国外关于循环经济的立法，多由经济专门机构负责，往往带有很重的单项法的色彩。而我国在立法时，是由全国人大环资委牵头，协同全国人大法律委、财经委、常委会法工委、国家发改委和国家环保总局的有关部门共同参加起草工作，表明我国的循环经济法并非单一法，而是涉及众多相关部门的综合性管理法律。并且从立法的目的看，也是为了实现"投入最小化、废物资源化、环境无害化"，达到以最小发展成本获取最大经济效益、社会效益和环境效益的综合目的。

通过立法来刻画人与自然和谐相处的最优模式，这是立法工作者的追求，也是国人的期待。我们相信，最高国家权力机关会交出一份让人民满意的答卷。

地方人大要把学习宣传法律作为一项重要任务

为了使各有关方面全面准确地了解掌握反垄断法的精神实质和主要内容，学习好、宣传好、贯彻实施好这部法律，全国人大常委会办公厅于9月29日在北京举行了学习贯彻反垄断法视频报告会。

在报告会上，全国人大常委会副委员长兼秘书长盛华仁就如何学习宣传反垄断法作了讲话。盛华仁副委员长在讲话中强调，地方各级人大的一项重要职责就是在本行政区域内保证宪法、法律的遵守和执行。学习宣传法律是保证法律贯彻实施的一项重要的基础性工作。地方各级人大常委会特别是省级人大常委会要把学习宣传法律作为人大工作的一项重要任务，纳入工作日程。今后，全国人大及其常委会通过的法律，特别是关系改革发展稳定大局和群众切身利益、社会普遍关注的重要法律，地方各级人大常委会都要负起责任来，积极督促、推动和帮助有关部门采取多种形式开展学习宣传活动，为保证法律在本地区得到切实遵守和执行创造良好的条件。

盛华仁副委员长的讲话，对地方各级人大常委会特别是省级人大常委会提出了一项重要任务。认真完成好这项任务，对于进一步提高全社会的法律意识，确保宪法和各项法律的遵守和执行，积极推进依法治国的进程，具有十分重要的作用。

人大工作的政治性、法律性、程序性非常强。所以说，人大工作本身就是法制教育的一种实践活动，是法制教育的重要阵地。改革开放以来，为了保证宪法和法律切实得到贯彻实施，改变有法不依、执法不严、违法不究的状况，增强广大干部、群众的法制观念，各级人大一直都把法制宣传教育作为一项重要工作来抓，在普及法律知识、弘扬法治精神、培养法治观念、引导法治行为方面发挥了重要的作用。

当前，随着依法治国、建设社会主义法治国家进程的不断推进，立法工作日益受到关注。与此同时，由于改革的逐步深化和利益多元化趋势日趋加剧，公众之间不可避免地会出现一些利益上的摩擦，思想观念上的碰撞。反映在立法工作上，有时对待某一部法律，不同的利益群体，可能会有不同的理解和评价。面对这种情况，只有加强学习宣传工作，才能够使公众正确地理解法律的精神实质，并且能够使各种不同的利益群体在尊崇法律权威，严格依法办事这方面，形成共同的价值取向和行为选择。

地方人大是地方国家权力机关。宪法和有关法律对地方人大的职权作了具体规定。从某种程度上说，地方人大行使职权的过程，实质上就是向广大人民群众进行法制宣传教育的过程。所以，地方人大要把加强学习宣传法律同依法行使职权紧密结合起来。例如，要进一步增强工作的透明度，扩大公民的有序参与。特别是享有立法权的地方人大在制定地方性法规的过程中，要坚持开门立法，使公众通过亲身参与立法，来了解法律知识，提高法律意识。再如，地方各级人大常委会可以通过听取和审议工作报告、开展执法检查等，积极督促、推动和帮助有关部门开展学习宣传活动。此外，地方各级人大常委会还可以通过新闻媒体、网络、报刊书籍和举办法制讲座、培训班等多种方式，宣传法律知识。地方各级人大常委会还要充分发挥人大代表在学习宣传法律中的作用，把学习宣传法律作为代表工作的一项重要内容。

总之，地方各级人大常委会要把学习宣传法律作为一项重要任务，要加强组织，制定计划，真正把这项工作落到实处，从而为确保法律在本行政区域内的遵守和执行创造良好的条件。

学习贯彻党的十七大精神是人大工作者的重要职责

党的十七大是在我国改革发展关键阶段召开的一次十分重要的大会。大会高举旗帜、继往开来、求真务实，是一次团结的大会、胜利的大会、奋进的大会。胡锦涛总书记的报告描绘了在新的时代条件下全面建设小康社会、加快推进社会主义现代化的宏伟蓝图，为我们继续推动党和国家事业发展指明了前进方向，是全党全国各族人民智慧的结晶，是我们党团结带领全国各族人民坚定不移走中国特色社会主义道路、在新的历史起点上继续发展中国特色社会主义的政治宣言和行动纲领，是马克思主义的纲领性文献。

按照中央要求，学习贯彻党的十七大精神是全党和全国各族人民当前和今后一个时期的首要政治任务。为此，在前不久召开的十届全国人大常委会第三十次会议上，吴邦国委员长专门就全国人大如何学习贯彻党的十七大精神发表重要讲话。我们要认真按照中央的要求和吴邦国委员长的重要讲话，扎扎实实抓好贯彻落实。

按照中央要求和吴邦国委员长的讲话，认真学习贯彻党的十七大精神，首先要认真研读党的十七大文件，原原本本学习党的十七大报告和党章，全面准确领会党的十七大精神。其中，要着重把握中央提出的七个

"深刻领会"的要求。这就是：要深刻领会党的十七大主题，坚定不移地高举中国特色社会主义伟大旗帜；要深刻领会党的十六大以来党和国家取得新的重大成就，更加自觉地贯彻党的理论和路线方针政策；要深刻领会改革开放的伟大历史进程和宝贵经验，深刻领会中国特色社会主义道路和中国特色社会主义理论体系；要深刻领会科学发展观的科学内涵、精神实质、根本要求，增强贯彻落实科学发展观的自觉性和坚定性；要深刻领会实现全面建设小康社会奋斗目标的新要求，为夺取全面建设小康社会新胜利而奋斗；要深刻领会社会主义经济建设、政治建设、文化建设、社会建设等方面的重大部署，努力促进各项事业协调发展、共同进步；要深刻领会以改革创新精神推进党的建设新的伟大工程，使党始终成为中国特色社会主义事业的坚强领导核心。通过认真的研读和深入的讨论，充分认识学习宣传贯彻党的十七大精神的重大意义，全面准确学习领会党的十七大精神，切实把思想和行动统一到党的十七大精神上来。

全国人大及其常委会是最高国家权力机关，是担负宪法赋予的各项职责的工作机关，是保持同人民群众密切联系的代表机关。胡锦涛总书记的重要报告，对人大工作提出了新的更高的要求。因此，学习贯彻党的十七大精神是人大工作者的重要职责。我们学习贯彻党的十七大精神，一定要坚持理论联系实际，紧密联系党和国家工作的大局，紧密联系人大工作的实际，做到学以致用，用以促学。

吴邦国委员长在讲话中指出，要坚持走中国特色社会主义道路，把人民代表大会制度坚持好、完善好；要坚持以中国特色社会主义理论体系为指导，把人大工作提高到一个新水平。吴邦国委员长的这一重要指示，紧密联系人大工作实际，准确把握党的十七大精神，思想性、理论性、针对性都很强，对于我们学习贯彻党的十七大精神，努力做好人大工作，具有很好的指导作用。

我们一定要认真学习吴邦国委员长的讲话，按照用党的十七大精神武装头脑、指导实践、推动工作的要求，深刻领会邓小平理论和"三个代表"重要思想以及科学发展观等重要战略思想的科学内涵、精神实质和根本要求,牢记社会主义初级阶段基本国情,始终不渝地贯彻执行党的基本理论、基本路线、基本纲领、基本经验,进一步增强坚持和发展中国特色社会主义道路和中国特色社会主义理论体系的自觉性和坚定性,坚持以中国特色社会主义理论体系指导人大的各项工作,使人大通过的法律和作出的决定切实体现党的主张、更加适应我国国情、真正符合最广大人民的根本利益,把人大工作提高到一个新水平。

2007 年第 21 期

理论的指南　行动的纲领

党的十七大报告明确强调要坚持和完善人民代表大会制度，并就如何坚持和完善人民代表大会制度作出了重要部署。这就对人大工作提出了新的更高的要求。可以说，十七大报告是在新的历史条件下，坚持和完善人民代表大会制度，努力做好人大工作的理论指南和行动纲领。

十七大报告的一大突出贡献，是对科学发展观的时代背景、科学内涵和精神实质进行了深刻阐述。科学发展观是党的十六大以来我们党从新世纪新阶段党和人民事业发展全局出发提出的重大战略思想，是立足社会主义初级阶段基本国情，总结我国发展实践，借鉴国外发展经验，适应新的发展要求提出来的。科学发展观是我国经济社会发展的重要指导方针，对人大工作也有很强的指导性。科学发展观的第一要义是发展，核心是以人为本，基本要求是全面协调可持续，根本方法是统筹兼顾。而人大工作涉及社会主义经济建设、政治建设、文化建设、社会建设各个方面，关系到国家各项事业的全面协调可持续发展。所以，人大工作必须以中国特色社会主义理论体系为指导，全面落实科学发展观。这样才能使人大的立法、监督等项工作切实体现党的主张，更加适应我国的国情，真正符合最广大人民的根本利益。

十七大报告强调，人民当家作主是社会主义民主政治的本质和核心。人民代表大会制度作为我国的根本政治制度，是实现人民当家作主的最好组织形式。是中国特色社会主义道路的内在要求和重要组成部分。坚持和完善人民代表大会制度，最根本的是要把坚持党的领导、人民当家作主、依法治国有机统一起来。为此，十七大报告提出要坚持中国特色社会主义政治发展道路，坚持党的领导、人民当家作主、依法治国有机统一，坚持和完善人民代表大会制度、中国共产党领导的多党合作和政治协商制度、民族区域自治制度以及基层群众自治制度，不断推进社会主义政治制度自我完善和发展。

如何坚持和完善人民代表大会制度，是当前我国社会主义民主政治建设中面临的一个十分重大的课题。为此，十七大报告提出了明确要求：一要支持人民代表大会依法履行职能，善于使党的主张通过法定程序成为国家意志。人民代表大会是国家权力机关，国家行政机关、审判机关、检察机关都由人民代表大会产生，对它负责，受它监督。人民代表大会制度是我们党领导国家、执掌政权的重要制度载体，要善于运用国家政权实施党对国家的领导。二要保障人大代表依法行使职权，密切人大代表同人民的联系。人民通过民主选举产生行使国家权力的各级人民代表大会，人民代表大会对人民负责、受人民监督，这是人民当家作主的最根本、最重要的权利。人大代表要密切联系群众，倾听人民呼声，代表人民意愿，依法行使职权，发挥代表作用，同时要接受人民监督。三要完善人大代表的选举制度。民主选举是人民代表大会制度的基础。党的十七大报告提出，建议逐步实行城乡按相同人口比例选举人大代表。这是顺应我国城镇化建设步伐不断加快的新形势，按照统筹城乡发展的要求提出来的，具有重大政治意义。四要加强人大常委会制度建设，优化组成人员知识结构和年龄结构，以进一步提高履职能力。

总之，党的十七大报告对于我们坚持和完善人民代表大会制度，做好新形势下的人大工作，具有很强的指导作用。我们要以中国特色社会主义理论体系为指导，深入贯彻十七大精神，把人大工作提高到一个新水平。

坚持和完善人民代表大会制度是扩大人民民主的重要途径

党的十七大报告指出，人民当家作主是社会主义民主政治的本质和核心。社会主义民主政治是一个不断发展、不断完善的过程。社会主义愈发展，民主也愈发展。为了发展社会主义民主政治，党的十七大报告提出，要健全民主制度，丰富民主形式，拓宽民主渠道，依法实行民主选举、民主决策、民主管理、民主监督，保障人民的知情权、参与权、表达权、监督权。

这是人民当家作主的基本要求。而要切实保障人民当家作主的民主权利，就必须坚持和完善十七大报告提出的各项民主制度，包括坚持和完善人民代表大会制度、坚持和完善中国共产党领导的多党合作和政治协商制度、坚持和完善民族区域自治制度、坚持和完善基层群众自治制度、完善民主决策制度。其中坚持和完善人民代表大会制度，是扩大人民民主，保证人民当家作主的重要途径。

我国现行宪法总纲第一条规定："中华人民共和国是工人阶级领导的、以工农联盟为基础的人民民主专政的社会主义国家。"这里明确的是我们国家的国体，即我们国家的性质。由这一国家性质所决定，在我国，人民，只有人民，才是国家和社会的主人。因此，十七大报告强调，人民民主是社会主义的生命。而宪法则规定："中华人民共和国的一切权力属于人民。"不论是党的文件，还是国家根本大法，都言简意赅地揭示了我们的国家制度的核心内容和基本准则。

人民当家作主的途径和形式多种多样，但最根本、最重要的是掌握国家政权、行使国家权力。人民掌握国家政权、行使国家权力必须通过一定的组织形式和制度来实现、来保证。这一组织形式或制度就是人民代表大会制度。为此，宪法规定："人民行使国家权力的机关是全国人民代表大会和地方各级人民代表大会。"人民当家作主是社会主义民主政治的本质和核心，而人民代表大会制度又是人民当家作主的最重要的形式。所以说，人民代表大会制度是我国的根本政治制度，是全国各族人民管理国家的基本组织形式，是我们党在政权建设中走群众路线的最好的、最有效的形式。

我国的人民代表大会制度主要从以下三个方面确保了人民当家作主：一是各级人大都由民主选举产生，对人民负责、受人民监督。二是各级人大及其常委会集体行使职权，集体决定问题，集中人民的共同意志，代表人民的根本利益。三是国家行政机关、审判机关、检察机关都由人大产生，对人大负责，受人大监督。我们这种国家政权组织形式，从制度上保证了人民当家作主，是实现好、维护好和发展好最广大人民根本利益的可靠保证，也是我们国家经受住各种风险考验、克服各种困难的可靠保证。

我国的人民代表大会制度已经走过了五十多年的历史征程。五十多年的实践证明，人民代表大会制度是一项具有中国特色的、体现中国社会主义国家性质的、符合我国国情的根本政治制度。它深受广大中国人民的拥戴，在国家政治生活中发挥了不可替代的、越来越重要的作用。在新的历史条件下，我们一定要按照十七大报告的要求，把人民代表大会制度坚持好、完善好。在坚持的基础上不断完善，在完善的过程中更好地坚持，使其发挥更大的历史功效。

2007 年第 23 期

坚持和完善人民代表大会制度必须坚持正确的政治方向

党的十七大报告明确提出："深化政治体制改革,必须坚持正确政治方向,以保证人民当家作主为根本,以增强党和国家活力、调动人民积极性为目标,扩大社会主义民主,建设社会主义法治国家,发展社会主义政治文明。"坚持和完善人民代表大会制度是深化政治体制改革题中应有之义,所以,也必须坚持正确的政治方向。

坚持和完善人民代表大会制度,必须坚持正确的政治方向。这是在总结五十多年来人民代表大会制度建设经验的基础上得出的一条重要启示,是长期以来我们在人大工作中一以贯之强调和坚持的重要思想观点和重要指导方针。

坚持正确的政治方向,首先就是要坚持党的领导。这是我国社会主义民主政治建设的必然要求,是我们对中国特色社会主义事业的规律性认识。没有中国共产党的领导,人民代表大会制度就失去了灵魂,人民当家作主的地位就可能丧失。在任何时候,都必须坚持党对国家政权机关的领导,从制度和法律上维护和保证中国共产党在国家中的执政地位,保证党在国家政权组织的领导核心作用,保证党对国家大政方针和全局工作的政治、思想和组织领导。要坚持党总揽全局、协调各方的领导核心作用,各级政权机关,包括国家权力机关、行政机关和司法机关,都必须自觉接受党的领导。国家权力机关要善于使党的主张通过法定程序成为国家意志。

坚持正确的政治方向，就是要以保证人民当家作主为根本。中国共产党执政，就是领导、支持、保证人民当家作主，维护和实现最广大人民的根本利益。人民代表大会制度是中国人民当家作主的重要途径和最高实现形式，是中国社会主义政治文明的重要制度载体。人民代表大会制度的先进性和生命力，在于它深深植根于人民群众之中。我们要抓住坚持和完善人民代表大会制度这个重要环节，进一步健全民主制度，丰富民主形式，拓宽民主渠道，扩大公民有序政治参与，最广泛地动员和组织人民依法管理国家事务和社会事务、管理经济和文化事业。

坚持正确的政治方向，就是要从我国的国情和实际出发，走中国特色社会主义政治发展道路。一个国家走什么样的政治发展道路，实行什么样的政治制度，必须与这个国家的国情和性质相适应。中国的社会主义民主政治，之所以是最适合中国国情的民主政治，是最能够把中国十三亿人民的意志和力量凝聚起来共同奋斗的民主政治，关键在于它植根于中华民族几千年来赖以生存和发展的广阔沃土，产生于中国共产党和中国人民为争取民族独立和国家富强而进行的伟大实践。现实发展是历史发展的继续。我们要坚持和完善人民代表大会制度，必须立足于中国实际，坚定不移地走中国特色社会主义政治发展道路，坚持中国共产党的领导，坚持人民当家作主，坚持社会主义制度的特点和优势。对人类社会创造的一切文明成果包括政治文明的有益成果，我们要积极借鉴，但不照搬别国政治体制的模式。我们绝不搞多党轮流执政，不搞"三权鼎立"，不搞两院制。对于一些西方敌对势力对我国实施西化、分化的政治图谋要时刻保持足够的警惕，不要自乱阵脚，要有主心骨，这样才能保证人民代表大会制度建设始终沿着正确方向不断向前推进。

2007 年第 24 期

2008年

用正确的舆论引导公众是确保法律实施的重要前提

作为献给劳动者的新年大礼,劳动合同法和就业促进法已于今年1月1日开始正式实施。此外,在年前召开的十届全国人大常委会第三十一次会议上通过的劳动争议调解仲裁法,也将于今年5月1日开始实施。由于这三部法律和广大人民群众密切相关,所以引起了社会各界的普遍关注。

我们知道,在现代社会,劳动权是公民的一项重要权利,劳动关系是一个基本的社会关系。因此,和谐社会关系需要和谐的劳动关系。正是从这个意义上说,以规范、调节劳动关系为主要内容的劳动合同法等三部法律的出台,对于进一步完善劳动法律制度,构建和谐的劳动关系,并在此基础之上,营造良好的人际环境,具有十分重要的意义。

为了深刻认识三部法律的重要意义,准确把握三部法律的基本精神和主要内容,推动全社会学习好、宣传好三部法律,保证三部法律得到全面正确的贯彻实施,2007年12月29日,全国人大常委会法工委等六部门联合召开座谈会。会上,全国人大常委会副委员长兼秘书长盛华仁就加强三部法律的学习、宣传和培训工作,作了具体部署。

去年年底以前,也就是劳动合同法的实施前夕,由于少数媒体的误导,使一些人,特别是一些用人单位的负责人,对这部法律的相关内容产生了误解，从而引发了一轮企业裁员风波。透过这场风波，我们可以感受到，舆论的引导将会直接影响人们对一部法律的理解，进而影响到法律的实施。

众所周知，法治社会不仅需要完备的法律，同时，法律还要得到公众广泛的认同，这是法律得以实施的情感基础。法律能否获得公众的认同，除了取决于法律本身是否反映广大人民群众的利益，是否体现公平正义原则，是否符合社会发展的实际需要以外，大众传媒的引导，尤其是主流媒体的导向作用至关重要。新闻媒体对社会舆论有反映、影响和引导的功能。从某种程度上说，传媒通过对大众舆论的影响，直接左右人们对一部法律或法律中某些核心条款的态度。特别是一些专业性、技术性很强的法律，传媒的影响力表现得更为明显。可以说，正确的舆论引导，是一部法律得以实施的重要前提。

当前，随着改革的不断深化、体制的逐步转换和利益格局的广泛调整，公众之间不可避免地会出现一些经济利益的摩擦，思想观念的碰撞，各种矛盾随之增多，利益多元化趋势日趋加剧。利益多元化使人们对法律的评价不再像以前那样千篇一律，众口一词，不同的声音越来越多。有时对待某一部法律，不同利益群体的态度甚至会大相径庭。面对这种情况，新闻媒体在进行法制宣传报道时，应该以客观的、理性的、公正的态度去引导、影响公众，化解矛盾、理顺情绪，尽量消除或减少社会舆论中存在的各种不和谐的因素，而不能以一己的好恶和判断去误导公众，更不能单纯为了追求新闻效应，而刻意制造情绪上的对立。为此，从事法律宣传报道的新闻工作者要经常分析社会心态和群众情绪，注意了解各阶层人民生活现状和思想动向，善于捕捉立法工作中热点问题背后所隐含的社会矛盾和利益冲突，从而使各种不同的利益群体在尊崇法律权威，严格依法办事这方面，形成共同的价值取向和行为选择。

立法工作必须更加坚定不移地走群众路线

党的十七大报告指出,推进决策科学化、民主化,完善决策信息和智力支持系统,增强决策透明度和公众参与度,制定与群众利益密切相关的法律法规和公共政策原则上要公开听取意见。按照十七大报告的要求,在今后的立法工作中,我们将继续坚持开门立法,更加坚定不移地走群众路线。这对于推进科学立法、民主立法,进一步提高立法质量,确保法律的有效实施,具有十分重大的意义。

在立法工作中,坚定不移地走群众路线,这是由我们国家的本质所决定。在我们国家,人民是国家的主人,国家的一切权力属于人民。而立法权是国家权力的重要组成部分,所以,立法权也应属于人民。我们的法律是广大人民的根本利益的集中体现,因此,从根本上说,立法就是为了人民,就是为了进一步把广大人民的根本利益实现好、维护好、发展好。这就决定立法工作要紧紧依靠人民群众,要准确把握广大人民群众的政治意愿,要积极适应人民群众政治参与积极性的不断提高。切忌闭门造车,少数人说了算。

坚定不移地走群众路线,有利于我们妥善地处理好各种利益关系,进一步提高立法质量。当前,随着依法治国、建设社会主义法治国家进程的不断推进,立法工作日益受到关注,越来越多的民众开始把法律作为一个重要的利益表达机制。同时，由于改革的深化和利益多元化趋势的加剧，不同利益群体，在立法中往往会出现一些分歧，有时甚至是针锋相对。面对这种情况，只有进一步畅通民意表达渠道，尊重公民的表达权，让各种不同意见都能够得到充分的反映，才能在此基础之上，妥善地处理好各种利益关系，化解矛盾，消除分歧，求得共识，营造一个宽松和谐的人际环境。特别是一些和群众利益密切相关的法律，往往关注度高，立法难度也比较大，更应该全面听取各方面意见，增强公众的参与度。说到底，立法质量的提高，离不开公众的广泛参与，离不开坚持走群众路线这个法宝。从物权法、劳动合同法等法律草案的全民讨论，到个税法修正案草案立法听证会的举行，再到道路交通安全法的修改，透过本届全国人大常委会一个又一个成功的立法范例，我们可以强烈地感受到这一点。

坚持走群众路线，有利于确保法律的实施。法律的生命力在于实施。而一部法律能否得到很好的实施，不仅取决于法律的内容是否符合实际需要，不仅取决于相关的保障机制是否建立，不仅取决于必要的客观条件是否具备，同时还取决于公众对法律是否认同。而公众对法律的认同感往往源自于他们对立法活动的实际参与。俗话说，立法本身就是最好的普法教育。实践证明，广大人民群众通过全民讨论、立法听证、论证会、座谈会等形式，亲身参与立法活动，更容易培育对法律的认同感，更容易准确地了解立法宗旨、立法精神和核心条款的立法原意。而这恰恰是一部法律得以实施所必不可少的主观要件。物权法出台后，之所以能在一片赞誉声中得到很好的实施，就是因为通过一场规模浩大的全民讨论，使人们对这部法律的重要性有了深刻的认识。

总之，坚持走群众路线，既是我们党的优良传统，也是多年来立法工作的经验总结，更是在新的历史条件下，提高立法质量的关键所在。

把解决民生问题作为立法工作的重点

最近几年,民生已成为中国社会发展的一个主题。而"关注民生、重视民生、保障民生、改善民生"则成为中国共产党执政的主要着力点。党的十七大报告指出,必须在经济发展的基础上,更加注重社会建设,着力保障和改善民生,努力使全体人民学有所教、劳有所得、病有所医、老有所养、住有所居,推动建设和谐社会。这是我们党从全面建设小康社会和构建社会主义和谐社会高度,从解决人民最关心、最直接、最现实的利益问题出发,在社会建设方面提出的目标和作出的承诺。在这样一个大的背景下,人大工作更与民生结下了不解之缘。在许多和民生有关的领域中,都有人大立法的身影。而人大立法在这些领域中的每一次出手,都会给百姓留下一份又一份的温馨和感动。从劳动合同法、就业促进法的制定过程中,我们便可以清晰地感受到这一点。

就在本届全国人大常委会的任期行将届满之时,中国百姓又收到了一份厚实的民生大礼——社会保险法草案提请全国人大常委会初次审议。八章、六十三条的社会保险法草案,将社会保险分为基本养老保险、基本医疗保险、工伤保险、失业保险和生育保险五个险种。国家将以此保障公民在年老、患病、工伤、失业、生育等情况下获得必要的物质帮助。国务院总理温家宝曾这样表述这部法律的立法目的:"要让全国人民共享改革发展的成果。"

正因为社会保险法承担着如此神圣的使命,所以,在十届全国人大常委会第三十一次会议期间,常委会组成人员一致认为,制定社会保险法很有必要,并希望该法能早日出台。而在此次会议后举办的专题讲座上,全国人大常委会委员、著名劳动法专家郑功成所说的一句话,表达了大家的一致心愿:"让经济增长真正转化为国民福利,并且向福利社会迈进,是人类社会普遍追求的发展目标,我国当然更不会例外。"

当然,社会保险法草案还是初次审议,尚需进一步完善。并且一部社会保险法并不能解决现实中的所有一切。因为我们知道,解决民生问题,不可能一蹴而就、一劳永逸。但改善民生,只要我们永不停步,既量力而行,又尽力而为,即使是一年一小步,也必定能积跬步至千里,使老百姓的幸福感日益增强,让社会变得更加和谐。

所以,解决民生问题将会继续成为今后立法工作的重点。在这方面,新一届的最高国家权力机关一定会给我们带来新的惊喜。

2008 年第 3 期

让温暖成为一种记忆

家住大连市中山区的王伟今年四十七岁，他从十四岁那年就知道有一个全国人大，只不过那一年召开的四届人大一次会议是秘密举行的，所以，人代会让他感到挺神秘，离他很遥远。十一届三中全会后，人大制度逐步恢复和发展，人代会也公开举行，王伟可以从广播报纸中知道有关人代会的消息，但人代会和他究竟有什么关系，他那时也说不清。对他来说，人代会还只是个新闻。最近一些年，王伟感到人代会离他越来越近，就像发生在他身边的事。尤其是这两年，全国人大制定的物权法、劳动合同法、就业促进法，特有人情味，让他感到很温暖。

从挺神秘的，到公开的新闻，再到身边的事，这不仅勾勒出了我国民主发展的轨迹，同时，也见证了人大和百姓之间关系演变的进程。

的确，过去几年间，最高国家权力机关在不断拉近与百姓的心理距离的同时，更为他们留下了一个又一个温暖的记忆。

一部劳动合同法，以其极具人性化的制度设计，感动无数中国人。其实，令国人感动的又何止劳动合同法。物权法、行政许可法、就业促进法、个税法、道路交通安全法、义务教育法、未成年人保护法、食品安全法、社会保险法……透过一个个成功的立法范例，我们可以清晰地感受到最高国家权力机关的亲民本色。

　　过去几年间，人大监督与民生结下了不解之缘。在许多和民生有关的领域中，都有人大监督的身影。而人大监督在这些领域中的每一次出手，都是送给百姓的一份厚实的民生大礼。与此相呼应，和谐、人文关怀、温情、体贴、支持等一些词语，渐成人大监督流行语汇。而从这些流行语汇中，我们分明可以读出民主的时代精神。

　　随着人大制度的不断完善，履职、重点建议、滚动督办、专题调研、培训等成为代表工作中的热词。而每一个热词都代表着一份责任，每一份责任背后都有许多感人的故事，每一个故事都在诉说着人大代表对人民利益义无反顾的坚守。

　　有专家称，开放是当前人大工作的一个鲜明品格。正是因为开放，才使最高国家权力机关和百姓形成一种良性的互动；正是因为开放，才使民主成为一种时尚，成为一种日常生活，成为一种无所不在的社会氛围。

　　十届全国人大的任期虽然就要结束。但是我们相信，在过去五年间，人大工作中发生的许多事情，注定要成为民主前行的脚步；成为一个又一个温暖的记忆，永远定格在人们的内心深处。

2008 年第 4 期

"两会",中国民主的一张名片

一位外国通讯社的记者说,他对中国的"两会"一直都很感兴趣,因为通过它可以全面了解中国的民主。

这番话出自外国人之口,便显得格外的意味深长。

其实,在现今国人的语汇中,"两会"已成为民主的代名词,它是中国民主的权威读本,是中国民主的一张名片,是向世人展示中国式民主魅力的大舞台。

最近几年,"两会"持续升温,一热再热,受到国人,甚至包括外国人士的高度关注,其影响力也越来越大。耐人寻味的是,当前,"两会"的影响已超越议程本身。特别是在发展社会主义民主政治,建设社会主义政治文明这样一个宏大的背景下,"两会"已成为中国民主最重要的增长点。可以说,"两会"在传播民主精神、培育民主意识、创新民主理论方面,发挥了巨大的作用。"两会"的每一个细节中包括的民主精神,对人们的行为方式和价值观念都会产生深刻的影响。

谈及民主,"两会"期间一位网友的言论颇有代表性。这位网友说,民主不应是抽象的、深不可测的,它应该是具体的,和我们的日常生活有关,这样民主才会有吸引力。的确,对学者而言,民主往往体现为一些高深的原理和抽象的原则;对决策者而言,民主是一整套衔接细密的制度安排和程序设计。而对百姓而言,民主始终是一个和民生有关的话题,甚至从某种程度上说，民主就是他们生活的一部分。他们一般都是从日常生活的角度去认识民主、理解民主、评价民主。因此，通过"两会"来解决一系列民生问题，凸显了以人为本这一民主的时代特征。这不仅使我国的民主变得更加生动、鲜活，同时也会激起百姓的参与热情。

当然，民主不仅需要公众的参与热情，更需要他们的智慧，而智慧则是建立在必要的方法训练和相应的经验储备之上。我们知道，"两会"实质上是一个利益表达的平台。是把原始的、感性的利益诉求，用理性化的方式加以表达，再通过严格的法定程序，转化成相关的制度设计。这是一个十分复杂的过程，需要参与者具备一定的法律素养和专业知识。我们不应苛求每一个普通公民都成为政治家、社会活动家或法律专家。但至少可以通过必要的训练，让他们掌握一些有关现代民主最基本的技能，从而使他们在民主决策的过程中拥有更大的活动空间和更多的话语权。通过2008年的"两会"，我们欣慰地看到，几十年来的民主训练和经验积累，使广大公民在政治上日渐成熟，他们已能够熟练地运用民主规则和现代科技手段，来合理、有效地表达自身的利益诉求。可以说，"两会"使他们由民主的"旁观者"彻底变成民主的"参与者"。这是"两会"为我国民主发展所做的一大贡献。

此外，2008年"两会"还让人看到另一个积极的变化，那就是官员和代表各自角色的"复位"：从官员身上，看不到以往那种"居高临下"，他们更多的是把自己摆在被监督者的位置上，在代表面前也表现出足够的谦恭甚至是诚惶诚恐；而在代表口中，过去通行的"学习"、"汇报"、"体会"、"感受"、"感动"等客套话，逐渐被"我希望"、"我认为"、"我要求"、"我想问××长"、"请回答"、"请解释"等一些刚性语言所替代。这种"复位"是对"国家一切权力属于人民"这一宪政原则的强劲回归。这也是"两会"对我国民主发展所作出的另一大贡献。

2008年第6期

办理代表建议是一项光荣的任务

"办理代表建议是一项直接面对全国人大代表的光荣任务,也是一项直接对人民群众负责的艰苦细致的工作。""各承办单位回去后及时部署,抓紧落实,把代表建议办理好,给全国人大代表一个满意的答复。"

李建国副委员长在十一届全国人大一次会议代表建议交办会上所说的这番话,给与会者留下很深的印象,让人感到精神为之一振。从这番掷地有声的话语中,人们不仅可以感受到最高国家权力机关对代表建议办理工作的高度重视,也可以感受到一份沉甸甸的责任和庄严的承诺。

的确,十一届全国人大常委会尚处履新之际,就从高层领导口中听到这样的表态,这让我们完全有理由对新一轮的代表建议办理工作充满期待。

对国家机关的工作提出建议、批评和意见,是代表的一项法定职权,也是他们代表人民行使国家权力的重要途径。办理好代表建议,就是尊重和支持代表依法履行职权,就是尊重和支持人民当家作主。这是国家机关的法定义务,也是最高国家权力机关必须承担的政治责任。

十届全国人大一次会议以来,全国人大代表建议的办理工作得到了很大的改进和加强。特别是 2005 年 5 月中央 9 号文件下发以后,全国人大代表提出的建议、批评和意见受到了各方面的高度重视。而全国人大常委会办公厅则专门制定了相关的工作文件，逐步形成了一套行之有效的制度和方法，使代表建议的提出、交办和承办等工作走上了制度化、规范化、程序化的轨道。代表建议质量稳步提高，办理实效明显增强，推动解决了一大批人民群众最关心、最直接、最现实的利益问题，得到了代表们的好评。

在一个很高的起点上，十一届全国人大的代表建议办理工作将会采取哪些新的举措？如何迈上新的台阶呢？为此，全国人大常委会办公厅于2008年4月9日召开了十一届全国人大一次会议代表建议、批评和意见交办会。吴邦国委员长对开好这次会议非常重视，作出了重要指示。全国人大常委会副委员长兼秘书长李建国，全国人大常委会副秘书长、机关党组书记王万宾出席会议并讲话。两位领导同志在讲话中对十届全国人大以来代表建议办理工作进行了总结，对今年代表建议办理工作进行了部署。李建国副委员长在讲话中还就如何做好今年的代表建议办理工作提出了四项要求，即要进一步统一思想；要加强组织领导；要密切协调配合；要增强办理工作实效。这四项要求既是对过去几年代表建议办理工作经验所作的概括总结，也符合当前代表工作的实际需要，对我们做好今年的代表建议办理工作具有很强的指导性。

今年是十一届全国人大的开局之年。做好今年的代表建议办理工作，意义重大。我们相信，只要我们深入贯彻十一届全国人大一次会议精神，认真学习常委会领导同志的讲话，全面落实此次建议交办会上提出的各项具体工作要求，就一定能够向全国人大代表交上一份满意的答卷。

2008年第8期

加强机关建设是做好人大工作的基础

十一届全国人大一次会议以来,吴邦国委员长发表了一系列重要讲话,对坚持和完善人民代表大会制度,做好新形势下人大工作,加强人大常委会自身建设和人大机关建设,提出了明确要求。为了切实贯彻十一届全国人大一次会议精神和吴邦国委员长的讲话精神,4月29日,全国人大机关召开处级以上干部会议,就学习贯彻中央精神,搞好机关建设和机关工作做了全面部署。全国人大常委会副委员长王兆国、副委员长兼秘书长李建国先后在会议上作了重要讲话。换届伊始,新一届全国人大常委会领导就对机关建设给予了高度重视,用意颇为深刻。

机关建设是人大工作的重要组成部分,也是做好人大工作的基础。全国人大机关是全国人大及其常委会依法履职的集体参谋助手和服务班子,要为全国人代会、常委会会议、委员长会议、专门委员会会议提供参谋、服务和保障,要为全国人大代表、全国人大常委会和专门委员会组成人员依法履职提供参谋、服务和保障。人大及其常委会工作中大量的前期性、基础性、服务性工作,都是由机关来具体承担的。做好机关各项工作,对于全国人大及其常委会依法履行职权,顺利完成各项任务,有着不可替代的重要作用。为此,全国人大常委会历来十分重视机关建设。特别是过去的五年，十届全国人大常委会按照吴邦国委员长提出的"政治坚定、业务精通、务实高效、作风过硬、团结协作、勤政廉洁"的总要求，切实加强政治建设、组织建设、制度建设、思想作风建设和素质能力建设，机关工作取得了可喜的进展。

今年是贯彻落实十七大重要战略部署的第一年，也是十一届全国人大及其常委会依法履职的开局之年，全国人大及其常委会在立法、监督、代表工作、对外交往等方面面临的任务十分繁重。为了更好地完成这些任务，不仅需要全国人大常委会全体组成人员及全国人大代表的共同努力，同时，也需要全国人大机关提供优质高效的服务和保障。为此，在机关干部会议上，常委会领导同志对今年机关建设和机关工作提出了明确要求：全国人大机关一定要坚持正确的政治方向；一定要围绕党和国家工作大局和人大常委会中心任务开展工作；以素质能力建设为重点，全面加强机关建设，为全国人大及其常委会依法行使职权提供有力保证。这些要求既是对长期以来机关建设经验的概括总结，也符合当前人大工作的实际需要，具有很强的针对性和指导性。

我们要以全面贯彻落实十一届全国人大一次会议精神为契机，认真学习常委会领导同志关于机关建设的一系列重要讲话，进一步增强责任感和使命感，锐意进取，开拓创新，为坚持和完善人民代表大会制度，不断开拓人大工作新局面，作出应有的贡献。

2008 年第 9 期

危难之际尽显权力机关亲民本色

汶川大地震，一场突如其来的灾难，不仅给人们留下了刻骨铭心的记忆，同时，也印证了"危难之际尽显权力机关亲民本色"这句在抗击"非典"斗争中曾流行的话语。

人大是一个什么样的机关？它有什么样的作用？它和百姓的关系如何？诸如此类的问题，如果用法言法语来表述，也许会让人们感到抽象、艰深，甚至有些枯燥。但在抗震救灾这场伟大的斗争中，我们一下子找到了一个生动而形象的答案。

在这场巨大灾难面前，在声势浩大的举国救援行动中，到处都可以看到人大的身影。从全国人大，到地方人大；从灾情最严重的四川省，到全国其他各个地方，每一位人大工作者，都在用自己的方式向灾区人民表达爱心，用具体行动诠释着"权力机关为人民"的庄严承诺。

地震发生后不久，在全国人大和地方各级人大，人们纷纷通过捐款捐物、交纳"特殊党费"等方式，向灾区人民送去了温暖。而在受灾最严重的四川省，许多人大代表和人大机关的干部职工更是挺身而出，冲在救灾抢险的第一线。"天大的灾难让我们一起扛！""让我们与灾区人民风雨同舟，万众一心，众志成城，共渡难关，重建美好家园。"这不仅仅是一些豪言壮语，更是每一位人大代表和人大工作者的自觉行动。

5月22日，在抗震救灾工作进入到关键时刻，十一届全国人大常委会举行第四次委员长会议，专门听取了国务院关于四川汶川大地震抗震抢险及救灾工作情况的汇报。吴邦国委员长在这次会议上表示，全国人大常委会全力支持抗震救灾工作！支持国务院集中财力投入抗震救灾的安排。对今年预算支出结构做出相应调整，以抗震救灾、保障灾区人民生活为根本，一切从抗震救灾工作实际情况出发，需要多少给多少。

5月26日，吴邦国委员长又前往四川灾区，先后到震中所在的汶川县映秀镇和受灾严重的都江堰市等地，实地察看受灾情况，考察物资的储备情况和社区的防疫情况，慰问灾区干部群众和广大救援人员，指导抗震救灾工作。

当前，按照中央的部署，抗震救灾工作进入到灾后重建阶段。此时，人大的作用将得到进一步的发挥。作为最高国家权力机关，全国人大常委会将充分运用自身的优势，从立法、监督等方面入手，支持灾区人民，为夺取抗震救灾工作的最后胜利，作出应有的贡献。按照工作计划，接下来召开的十一届全国人大常委会第三次会议，将听取和审议国务院有关抗震救灾情况的报告。如何在全面总结抗震救灾工作经验的基础上进一步提高依法应对突发事件的能力？如何为我们的救灾理念注入更多的理性成分和法律元素？如何把救灾体验以及在救灾过程中形成的强大的精神力量转化成衔接细密的制度设计？这些都将会是常委会组成人员所关注的问题。与此同时，全国人大常委会还将研究修改突发事件应对法、防震减灾法等相关法律，为今后抵御各种灾害提供坚实的法律保障。

汶川大地震虽然终将成为一段历史，但相信它一定会在我们每个人心中刻上这样一段话：危难之时，权力机关永远同人民在一起！

中国法律的一次特殊抽检

五年前,一场突如其来的"非典"催生了一部法律;

五年后,在一场更为惨烈的地震灾害面前,这部法律向国人展示了她的威力。

两场灾害,一部法律,记录了一段特定的历史时期,并见证了我国法治的进步。

毫无疑问,由于和两场灾害联系在一起,突发事件应对法的制定和实施,注定要成为我国立法史上一个具有标志意义的事件。

汶川地震已经过去很多天,让人们凝聚力量的悲伤和感动还在心间继续激荡。当我们循着一幕幕难忘的场景,回顾和梳理抗震救灾细节的时候,一定会强烈地感受到:在巨大的灾害面前,中华民族之所以表现得如此临危不乱和应对有序,除了源于超强的精神力量和国家对民生的极度关注之外,更离不开强有力的法律支持。

突发事件应对法不仅使抗震救灾工作始终在法治的框架内运行,同时,也为我们的抗灾理念注入了更多的理性成分。不仅如此,面对更为复杂的灾后重建工作,我国政府再度把法律作为一个重要的选项。离地震发生仅仅20余天,就出台了《汶川地震灾后恢复重建条例》。把抗震救灾工作的每一个环节都纳入到法制轨道，这是一种法律意识的递进和升华。它充分表明我国依法行政的水平有了大幅度的提升，依法行政的观念深入人心。

灾后重建是一个庞大的系统工程。它不仅包括各种建筑物的重建；还包括生活秩序和社会秩序的重建；同时也包括相关制度，尤其是法律制度的重建。从某种程度上说，汶川大地震是对中国法律所作的一次抽检。它通过一种特殊的方式，检测了立法机关的立法水平和政府依法行政的能力。从总体上评价，这次检测结果是令人满意的。但也应该看到，面对突如其来的灾害，我们的法律还尚未做到无懈可击，有一些空白需要填补，有一些内容需要修改。特别是灾难制造了一些新的法律问题，需要通过立法来破解。为此，大难过后，相关法律制度的重建也应迅速跟进。

令人欣慰的是，面对无情的灾害，立法机关在第一时间内就作出了反应。据了解，汶川大地震发生后不久，全国人大常委会就开始启动相应的工作机制，把突发事件应对法、防震减灾法的修改提到了议事日程。国务院及其他有关部门也将就灾后重建工作制定更为具体的规范性文件。此外，社会各方还将从法理的层面上关注在此次震灾中出现的一些新的法律问题。

"让我们每一座建筑物都能经得起八级地震的考验。"随着灾后重建工作的全面铺开，我们频频听到这样的呼吁。其实，何止是建筑物，我们的法律也应具备这样的"抗震"能力。惟其如此，才能在灾害来临之时，为百姓设置一道坚固的制度防线。

2008 年第 12 期

让防灾成为一种常态

从某种程度上说，汶川大地震使我们有机会全面审视我们对待灾害的态度，以及在此基础之上形成的抗灾模式。

我国是一个灾害频发的国家吗？我国是否已进入到了灾害多发期？下一场灾害离我们究竟有多远？它会以何种方式出现？我们应该做好什么样的准备……这样一些曾经非常专业的问题，随着汶川大地震的发生，一下子成了百姓关注的话题。

的确，"非典"、低温雨雪天气、强地震，接踵而来的灾害让国人突然意识到：其实，灾害离我们很近，它就像达摩克利斯悬剑一样，随时可能会落下来。

任何灾害，就其本质而言，都具有突发性。所以，在对待灾害的态度上，我们历来强调临危不惧，处变不惊。与此相对应，我国历史中的一些著名的抗灾传说，往往都和史诗般的壮阔场面、可歌可泣的英雄故事联系在一起。这已经成为中华民族的优良传统。

当然，面对灾害，确实需要一种超强的民族凝聚力，需要力挽狂澜的英雄气概、大爱无疆的道德品格和自强不息的精神力量。

但是，在应急型的抗灾模式之外，有没有一种更好的抗灾模式，能化灾害于无形之中，或者能最大限度地抵消灾害的破坏力呢？答案当然是肯定的。

在前不久召开的十一届全国人大常委会第三次会议上，就有委员提出常态化的防灾理念。还有一些委员则从灾害意识的培育、抗灾知识的普及与推广、专门人才的培训、相应机构的设置、专业设施的储备、有关制度的建立等方面，使这一理念具体化。

从委员们的审议发言中，我们可以推演出这样的意思：平时若灾时，灾时若平时。我们要把抗灾治灾看成一种生活方式，一种生活态度，一种复杂而漫长的历史过程。我们要使波澜壮阔的举国抗灾行动春风化雨般地渗入到我们生活的每一个细节中，从点滴做起，从身边的琐事做起。

其实，这样的抗灾模式，古已有之。大禹治水就是一例。与历史上其他的先贤不同，大禹治水讲究寻根溯源、未雨绸缪。虽然从有关他的治水传说中，我们看不到挽狂澜于既倒的壮观场景，也体味不出惊天地泣鬼神般的英雄主义意蕴。但从一个个看似平淡无奇的治水故事中，我们可以感受到前人在应对灾害挑战过程中所形成的伟大智慧。

最近，有许多人士呼吁，要在汶川建立一个纪念碑，以纪念那些在地震中逝去的生命，并向世人昭示在抗震救灾过程中淬火而成的我们伟大民族的时代精神。这样的提议能否被采纳，我们先存而不论。但我们每个人都应在内心深处竖起一个警示碑，碑文这样写着：

防灾抗灾，从现在做起！

2008 年第 13 期

理论素质是机关干部思想政治素质的灵魂

十一届全国人大一次会议以来，吴邦国委员长的一系列重要讲话，高举中国特色社会主义伟大旗帜，运用中国特色社会主义理论，进一步回答了为什么和怎么样坚持和完善人民代表大会制度这一根本政治制度问题。特别是吴邦国委员长在十一届全国人大常委会第一次会议闭幕会上的讲话，进一步深刻揭示了在我国实行人民代表大会制度的历史必然性，明确提出了坚持正确政治方向是做好人大工作的根本，并从立法、监督、自身建设等几个方面对新一届全国人大常委会工作作出了具体部署。吴邦国委员长的讲话理论性、指导性都很强，是对党的十七大以来胡锦涛总书记关于发展社会主义民主政治、坚持中国特色社会主义政治发展道路重大战略思想的阐发、深化、完善和丰富，是我们认真贯彻党的十七大精神和十一届全国人大一次会议精神，全面落实科学发展观，不断坚持和完善人民代表大会制度，努力做好新形势下人大工作的重要的指导性文献。

为了深入学习和贯彻落实吴邦国委员长的重要讲话精神，7月29日，全国人大机关召开了理论学习经验交流会。在这次会议上，全国人大常委会副委员长兼秘书长李建国，全国人大常委会机关党组书记、副秘书长王万宾发表了重要讲话。此外，机关党组成员和机关各有关部门负责同志也都结合各自工作畅谈了学习体会。此次会议，既是对机关理论学习成果的一次检阅，也是对深入贯彻落实党的十七大精神和十一届全国人大一次会议精神的有力推动。换届伊始，就召开这样一次会议，意义非同寻常。正如李建国副委员长所指出的那样：通过对党的十七大精神的学习，通过对吴邦国委员长一系列重要讲话的学习，大家对坚定不移发展社会主义民主政治、坚持走中国特色社会主义政治发展道路、坚持好完善好人民代表大会制度、努力做好全国人大和人大机关工作，进一步明确了方向，增强了信心。

吴邦国委员长多次强调，人大是国家权力机关，是十分重要的政治机关。人大工作的政治性、法律性都很强。坚持正确政治方向是做好人大工作的根本。人大工作的实践证明，正确的政治方向源自理论上的清醒和理想、信念的坚定。所以，我们要通过不断加强政治理论学习，进一步增强高举中国特色社会主义伟大旗帜、坚持中国特色社会主义道路和中国特色社会主义理论体系、深入贯彻落实科学发展观、坚持和完善人民代表大会制度的自觉性和坚定性，始终坚持正确的政治方向，在重大原则问题上头脑清醒、立场坚定。

由于人大工作涉及国家政治、经济、文化和社会建设各个方面，特别是随着经济的发展和科技的进步，使得人大工作的"知识含量"越来越高。因此，我们每一位人大工作者在加强政治理论学习的同时，还需要学习人大制度理论，学习法理和其他法律专业知识，学习人大工作的规则和程序，学习当代经济和科技方面的最新知识。

"理论素质是机关干部思想政治素质的灵魂。"李建国副委员长在4月29日全国人大机关干部大会上所讲的这句话，精辟地概括出了加强理论学习的重要性。因此，我们希望能以此次经验交流会为契机，在全国人大机关掀起一个理论学习的热潮。通过学习，广大机关工作人员能进一步增强理论素质，不断提高工作水平，充分发挥集体参谋助手作用，为坚持和完善人民代表大会制度作出新贡献。

2008年第15期

让调查研究之风渗透到人大工作的每一个环节中

本届全国人大换届伊始，吴邦国委员长就强调要深入调查研究，提高人大工作质量和水平。前不久，吴邦国委员长提出，要组织机关干部实地考察，直接体验、深刻认识改革开放的巨大成就，进一步增强坚持改革开放，走中国特色社会主义道路的坚定性，进一步增强贯彻科学发展观的自觉性，进一步增强坚持和完善人民代表大会制度的责任感。为了贯彻吴邦国委员长的重要指示精神，全国人大机关开展了以考察改革开放成就，学习和实践科学发展观为主题的专题调研活动。从8月初开始，先后派出由五位副秘书长带队，有近百名领导干部参加的调研组，分赴全国各地进行调查研究。围绕一个主题，开展规模如此之大的调查研究活动，这在全国人大机关尚属首次。此举对于加强机关建设，转变工作作风，进一步提高广大干部的思想政治素质，将产生积极影响。

重视和善于调查研究，是理论联系实际、坚持求真务实的基础，是我们党的一个极为重要的优良传统。从以毛泽东、邓小平、江泽民同志为核心的中央三代领导集体，到以胡锦涛同志为总书记的党中央，历来高度重视调查研究。在领导中国革命、建设和改革的伟大实践中，我们党的中央领导集体，不仅大力提倡、身体力行调查研究，以实际行动为全党树立了光辉的典范，形成了优良的传统和作风，而且在深刻总结实践经验的基础上，对调查研究作出了许多重要论述，形成了一整套独具特色的调查研究思想方法。这些思想方法精辟、深刻，贯穿着求真务实、与时俱进的科学精神，历经实践、群众和历史的检验，始终闪耀着真理的光芒，成为我们党宝贵的精神财富。当前，我国已进入一个非常关键的发展时期。这一时期既是发展机遇期，又是矛盾凸显期，新事物、新情况、新问题层出不穷，搞好调查研究更为重要，更为迫切，要求更高。加强调查研究的任务又一次历史地摆在我们面前。

人大作为密切联系人民群众的代表机关，其主要作用就是通过调查研究来深入了解民情，充分反映民意，广泛集中民智。这就决定了调查研究是人大工作不可或缺的一部分，是人大最重要的一项基础性工作，是人大工作一道必经的流程，是每一位人大工作者必须掌握的基本功。

正因为如此，全国人大常委会历来重视调查研究，特别是吴邦国委员长主持全国人大常委会工作以来，反复强调调查研究的重要性。与此同时，他还率先垂范，身体力行，多次深入基层调研，了解经济和社会发展情况，广泛听取人民群众对人大工作和民主法制建设的意见和建议。在吴邦国委员长的领导下，调查研究在全国人大蔚然成风，并且从自觉的工作作风上升到了制度意义上的工作程序。调研成果被广泛地运用到了立法、监督、代表、制度建设等项工作中。调研的方式也日益多样化。换届以来，调查研究工作再度被提到了很高的位置上，吴邦国委员长、王兆国副委员长和李建国副委员长兼秘书长多次就调研工作作出重要指示，提出具体要求。此次组织领导干部进行专题调研，就意味着在一个更高的层面上，调研工作被稳步地向前推进。

调查研究是我们党的一个优良传统，但同时它又必须符合时代要求，把握时代规律，体现时代特征。因此，在今后的工作中，我们应该积极探索在新的形势下，如何为调查研究注入更多的时代元素；如何创新调查研究的方式，拓展调查研究的内容，增强调查研究的实效；如何让调查研究之风渗透到人大工作的每一个环节中，成为一种无所不在的工作氛围。

人大工作见证社会进步

在前不久结束的十一届全国人大常委会第四次会议上，几项议程引起了人们的关注。因为透过这几项议程，我们不仅可以看到人大工作在不断向前推进，更可以强烈地感受到社会的进步。

一般而言，人类对待大自然的态度，决定着人类文明的程度。一部循环经济促进法的出台，不仅为我们刻画了一个人与自然和谐相处的最优模式，同时，也必将会在国人中培育一种全新的、符合经济发展和社会进步双重需要的生态文明和环保理念。

从吃得饱，到吃得好，再到吃得安全，随着社会的进步，有关吃的话题在不断地升级换代。此番对食品安全法的二次审议，其目的就是让人们不再承受假冒伪劣之苦；不再为食而忧，谈食色变。

法律是时代的产物。法律的内容总是随着社会关系的变化而变化。所以，对刑法修正案（七）草案和保险法、专利法等两个修订草案的审议，就是为了使我们的法律能具有鲜明的时代特征。

听取和审议计划报告，是全国人大常委会的一项例行工作。但在我国经济社会发展经受近几年最为严峻的挑战和重大考验之际，这项工作便有了特殊的意义。令人欣慰的是，从常委会组成人员的审议发言中，我们看到了权力机关在困难面前所表现出来的高超的政治智慧。

在过去的几年间，每次对审计工作报告的审议，总会引起一场不大不小的"风暴"。如今，风暴虽然不再，但风暴所引发的相关制度建设和长效机制的建立，却一刻也没有停止。由此可以得出这样的结论：审计监督已完成了"从风暴中来，到制度中去"这一历史性的转变。

"三农"问题始终是最高国家权力机关关注的一个重点问题。为了增强实效，人大监督总是选择最恰当的时机出手。如果说秋天是一个收获的季节，那么，此时听取和审议关于促进农民稳定增收情况的报告，无疑是送给广大农民朋友的一份金秋大礼。

未成年人代表着希望，代表着未来。让未成年人在法律的关爱下茁壮成长，是制定未成年人保护法的根本目的。而听取和审议有关未成年人保护法的执法检查报告，从某种程度上说，则是在畅想共和国美好的未来。

今年是改革开放三十年。如果我们把三十年来的人大工作置于改革开放这样一个宏大的背景下进行梳理和回顾，就会发现，人大工作总是和社会发展息息相关。社会发展为人大工作增添活力；人大工作见证社会发展。

2008 年第 17 期

用中国特色社会主义理论武装全党的重大举措

根据党的十七大部署，中央决定从 2008 年 9 月开始，用一年半左右时间，在全党分批开展深入学习实践科学发展观活动。

党的十六大以来，以胡锦涛同志为总书记的党中央立足社会主义初级阶段基本国情，总结我国发展实践，借鉴国外发展经验，适应新的发展要求，提出了科学发展观。科学发展观，是对党的三代中央领导集体关于发展的重要思想的继承和发展，是马克思主义关于发展的世界观和方法论的集中体现，是同马克思列宁主义、毛泽东思想、邓小平理论和"三个代表"重要思想既一脉相承又与时俱进的科学理论，是我国经济社会发展的重要指导方针，是发展中国特色社会主义必须坚持和贯彻的重大战略思想。

9 月 19 日，在全党深入学习实践科学发展观活动动员大会上，胡锦涛总书记又发表了重要讲话。胡锦涛总书记的重要讲话，从战略和全局高度科学分析了世情、国情、党情的发展变化，深刻阐明了贯彻落实科学发展观的重大意义，对在全党开展深入学习实践科学发展观活动提出了明确要求，是指引全党搞好学习实践活动，推动科学发展观深入贯彻落实的纲领性文件。我们要认真学习、深刻领会、全面贯彻，切实把思想认识统一到中央的决策部署上来，充分认识开展学习实践科学发展观活动的重大意义，正确把握学习实践活动的指导思想、主要原则和目标要求，明确学习实践活动要着力解决的突出问题，把学习实践活动作为一项重大而紧迫的政治任务，切实抓紧抓好，确保取得实实在在的成效。

在全党开展深入学习实践科学发展观活动，这是用中国特色社会主义理论体系武装全党的重大举措，是深入推进改革开放、推动经济社会又好又快发展、促进社会和谐稳定的迫切需要，是提高党的执政能力、保持和发展党的先进性的必然要求。

当前我国发展正处在一个新的历史起点上，发展形势总的来说是好的，但也面临着不少突出矛盾和问题，如果不抓紧采取措施解决，必将对我国经济社会发展特别是长远发展产生重大影响。这就迫切要求我们深入学习实践科学发展观，着力把握发展规律、创新发展理念、转变发展方式、破解发展难题，坚持速度和结构质量效益相统一、经济发展与人口资源环境相协调。这样，我们才能推动经济社会又好又快发展，让广大人民群众共享改革发展成果，进一步凝聚人民群众推动科学发展的智慧和力量。

总之，开展学习实践科学发展观活动，是全党当前一项重要而紧迫的政治任务。让我们紧密团结在以胡锦涛同志为总书记的党中央周围，高举中国特色社会主义伟大旗帜，坚持以邓小平理论和"三个代表"重要思想为指导，深入贯彻落实科学发展观，以认真负责的态度、改革创新的精神、求真务实的作风，牢固树立符合科学发展观的思想观念，深刻理解和全面把握科学发展观的科学内涵、精神实质、根本要求，切实增强贯彻落实科学发展观的自觉性和坚定性，努力提高领导科学发展的能力素质，促进解决制约科学发展的突出问题，构建有利于科学发展的体制机制，积极投入到学习实践活动中来，精心谋划安排，认真组织实施，圆满完成这次学习实践活动。

2008 年第 19 期

把科学发展观贯彻落实到人大工作的每一个方面

2008年10月16日，全国人大机关召开深入学习实践科学发展观活动动员大会。全国人大常委会副委员长兼秘书长李建国，全国人大常委会机关党组书记、副秘书长王万宾，中央深入学习实践科学发展观活动第十三指导检查组组长项宗西作了重要讲话。此次会议的召开，标志着全国人大机关深入学习实践科学发展观活动正式启动。这不仅是全国人大机关的一件大事，同时，也是当前人大工作的一项中心任务。它对于我们做好新形势下人大工作，进一步坚持和完善人民代表大会制度，具有十分重要的意义。

吴邦国委员长对全国人大机关开展深入学习实践科学发展观活动非常重视，多次听取汇报，要求全国人大常委会机关党组和各级党组织认真学习胡锦涛总书记的重要讲话，贯彻落实党中央的决策部署。前不久，他就《全国人大机关深入学习实践科学发展观活动实施方案》作出批示，指出方案符合中央要求，符合人大机关工作实际，希望认真实施，取得实效。

全国人大机关是全国人大及其常委会依法履职的集体参谋助手和服务班子，要为全国人民代表大会会议、常委会会议、委员长会议、专门委员会会议提供参谋、服务和保障，为全国人大代表、全国人大常委会和专门委员会组成人员依法履职提供参谋、服务和保障。全国人大及其常委会工作中大量的前期性、基础性、服务性工作，都是由机关来具体承担的。

可以说，做好机关各项工作，对于全国人大及其常委会依法履行职责，顺利完成宪法、法律赋予的各项任务，有着不可替代的重要作用。

当前，随着全面建设小康社会进程的不断推进和社会主义民主政治的不断发展，人大在国家政治生活中的地位和作用越来越重要，承担的任务越来越繁重。这就对机关工作提出了新的更高的要求。而深入学习实践科学发展观，对于全面加强机关建设，并在此基础之上，提高集体参谋助手和服务保障工作水平，则是一次重要的机遇。为此，在深入开展学习实践科学发展观的活动中，我们要全面贯彻党的十七大精神，高举中国特色社会主义伟大旗帜，以邓小平理论和"三个代表"重要思想为指导，自始至终突出科学发展这个主题，紧紧围绕党员干部受教育、科学发展上水平、人民群众得实惠这个总体要求，着力转变不适应不符合科学发展要求的思想观念，着力解决影响和制约科学发展的突出问题以及党员干部党性党风党纪方面群众反映强烈的突出问题，着力构建有利于依法保障和促进科学发展的体制和机制。

为了使学习实践活动能够与人大工作和机关工作的实际紧密结合，并取得实实在在的效果，全国人大机关还把学习实践活动的实践载体确定为"服务科学发展，全面提高全国人大机关集体参谋助手和服务保障工作水平"。并要求机关各部门、各单位要围绕这个实践载体开展活动，结合本部门、本单位的工作特点，重点是深化对贯穿落实科学发展观的认识，推动深入贯彻落实党的十七大和十一届全国人大一次会议精神，在提高党员领导干部素质能力和工作水平上下功夫，在切实解决突出问题上下功夫。

我们相信，只要以科学发展观为指导，并把它贯彻落实到人大和人大机关工作的各个方面，就一定会不断提高工作水平，更好地发挥集体参谋助手和服务保障作用，为坚持和完善人民代表大会制度作出更大的贡献。

2008 年第 20 期

2009 年

政治是多彩的

从某种程度上说，杂志就是关于一个时代的记忆。

所以，任何一本杂志，都会让人们真实地感受到一个时代所特有的气质和韵律。

上个世纪 80 年代初期，一本素面朝天的刊物问世，这就是《中国人大》的前身——《人大工作通讯》。应该说我们是幸运的：由于生逢盛世，因此，我们见证了我们古老民族的新生，见证了我们年轻的共和国历经磨难之后的复兴，见证了一个具有伟大历史功效制度不断完善的进程。

多少年来，基于对民主与法治所怀有的那份无比的虔诚和对广大读者的挚爱，我们一直在努力，一直希望做得更好。虽然我们的杂志远非精美，我们的办刊水平也差强人意，但至少我们是真诚的、是勇于担当的。我们希望通过日复一日的坚守，年复一年的追求，不断提高刊物质量，并与广大读者朋友们共同分享我们在办刊过程中所收获的每一份感动、每一份喜悦、每一份温馨、每一份怀想和每一份期许。

作为全国人大常委会的机关刊物，《中国人大》无疑具有很强的政治性，它所关注的大多都是一些政治话题。所以，有人说，《中国人大》是一本"很政治"的刊物，庄重、严肃应该是它的专属表情。但是，当我们重拾那些散落在记忆深处的文字和画面时，我们突然发现，政治固然是庄重和严肃的，但透过那些庄重和严肃的话题，我们不难发现，政治同时又是朴素和温暖的。它就像一道优美的风景；它可以使我们如沐春风；它使我们生活的每一角落都弥漫着幸福感；它把无限的精彩留存在我们的心绪感受中。

激扬着古老中华的改革开放已经走过了 30 个春秋，在一个新的更高的起点上，我们又开始了新一轮的远行。也就是在这样一个伟大的时刻，我们的刊物非常有幸以一种全新的面孔与读者见面。面对新的征程，我们将义无反顾地坚守我们的使命；我们将继续向读者朋友们讲述中国式民主的传奇；我们将继续开掘凡人琐事中所蕴涵的法治理念和人文情愫；我们将继续记录着无数人大工作者开拓创新的步履；我们将继续用我们的文字、用我们的镜头、用一个又一个感人的故事去告诉读者：政治是多彩的。

2009 年第 1 期

坚守劳动合同法的权威性

三年多前,劳动合同法草案一进入审议程序,便在社会上引起了很大的反响。

三年多后的今天,有关劳动合同法的讨论依然在持续。

从某种程度上说,劳动合同法就是在公众关注和各种观点互相碰撞中向我们一路走来的。

有关劳动合同法的大讨论,为我们引出了一个十分有意义的话题,那就是如何评价一部"有争议"的法律。我们知道,不同的利益群体,由于所处的立场不同,对同一问题会有各自的理解,进而会提出不同的利益主张。立法的过程,既是利益表达的过程,也是对各种利益进行协调和规范的过程。权力机关正是通过立法这种途径,为百姓搭建一个畅所欲言、表达各种意见的平台,并在此基础之上,消除分歧,化解矛盾,求得共识。

需要指出的是,消除分歧,化解矛盾,求得共识,这是立法工作追求的目标,但这并不意味着对每一部法律都能绝对地做到毫无争议。特别是当法律关系的双方利益处在此消彼长的情势之下,争议可能还会表现得比较激烈。因此,我们决不能因为有争议,就否定立法者在立法过程中所作出的种种努力，就对一部法律作出不客观、不全面的评价，就动摇了对法律的信心。

坦率地说，由劳动关系的特点所决定，劳动合同法是一部立法"难度系数"很高的法律。而正是从这部法律的制定过程中，我们感受到了权力机关高超的立法智慧和从善如流、广纳民意的风范。为今之计，是要认真贯彻实施这部法律。

当前，我国经济发展面临严峻挑战，许多企业，尤其是中小企业受到了很大冲击，接踵而来的诸多新情况、新问题给劳动关系带来了严峻挑战。在这一非常时期，处理好劳动者和企业的关系，在劳动者就业、企业生存、社会稳定、经济发展数者之间寻求平衡，是摆在我们面前的一个重大课题。

全国人大常委会副委员长华建敏在前不久召开的十一届全国人大常委会第六次会议上作关于劳动合同法实施情况的报告时指出，"当前形势下，贯彻实施劳动合同法，促进劳动关系的和谐稳定，同舟共济，共克时艰，比任何时候更加重要。"

因此，我们要认真贯彻劳动合同法，坚守法律的权威性，更加重视保护劳动者的合法权益，更加重视企业的生存发展，更加重视社会的和谐稳定。在此基础上，实现劳动者和企业的共赢。

2009 年第 2 期

加强对网络民意的有效引导

自 2008 年 12 月 28 日社会保险法（草案）向社会全文公布征求意见以来，社会反响热烈，各界群众纷纷通过网络、报刊等媒体和来信提出意见和建议。截至 2009 年 2 月 9 日，共收到意见 62200 多件。其中通过中国人大网提出的意见 60070 多件。此外，新浪、搜狐、腾讯、网易等网站有网民跟帖几万条，相关博客文章数百篇。全国人大常委会法工委也对网民们提出的意见进行了认真的分析和梳理。

从社会保险法（草案）以及此前的物权法、劳动合同法等法律草案征求意见的情况看，网络已成为权力机关了解舆情民意的一个重要窗口，而网络民意本身在立法中的作用也逐渐得到显现。

网络民意作为一种原生态民意，在一定程度上反映了不同群众的利益诉求，为公共决策的价值取舍、利弊权衡提供了重要依据。

当前，随着法律草案向社会公布的常态化，将会有越来越多的普通百姓通过网络来参与立法。这就给立法机关提出了一个十分重要的问题：怎样采取有效方式加强对网络言论的规范和引导，使其以一种有序、合理和公正的方式表达，并在此基础上把广大网民的政治参与热情纳入到现行的法律框架内。

在这方面，至少有三个问题需要我们很好地加以研究。其一，如何对广大网民原始的利益诉求，通过认真分析和梳理，进行合理地取舍或整合。由网络的特点所决定，网络民意有时可能是感性的、激情的；有时可能带有明显的个人倾向；有时会失之偏颇；有时甚至会与现代法治理念相冲突。因此，开门立法、尊崇民意，并不意味着对网络民意不加取舍地吸纳。取舍之间，往往体现着立法者的立法技巧。其二，如何建立网上的对话与沟通机制，变目前单向的信息发布为人大与网民的良性互动，并藉此实现对网络民意的有效引导。其三，如何把握立法中的"多数人意见"。我国目前虽然拥有近2.6亿的网民，并且网民总数跃居世界第一，但与13亿人口相比，这还只是个少数。所以，网络中的"多数人意见"，并不见得就是真正意义上的"多数人意见"。这就需要我们通过其他渠道来获取民意，与网络民意相互补充。

总之，在网络时代，如何正确对待网络民意，并通过积极有效的引导，把其纳入规范化、法律化的轨道，不仅检测立法机关的民主作风，更考量立法机关的立法水平。

2009年第3期

努力在人大监督工作上迈出新步伐

最近,吴邦国委员长就如何进一步加强和改进人大监督工作发表重要讲话。吴邦国委员长在讲话中指出,客观形势对做好人大监督工作提出了新的更高的要求。要紧紧抓住常委会工作报告确定的监督重点,从人大监督工作的特点出发,灵活运用这些年形成的行之有效的工作机制和方法,坚持依法行使职权,积极开展监督工作,争取今年在提高监督水平,加大监督工作力度上迈出新步伐。吴邦国委员长的重要讲话对于我们做好新形势下的人大监督工作具有十分重要的指导意义。

近年来,人大监督工作取得了明显的进展:监督法的出台,标志着人大监督制度更加完善。与此同时,各地都按照监督法的规定,对相关的规范性文件进行了修订和清理,从而使人大监督工作更加规范。在总结经验的基础上,吴邦国委员长又提出了"围绕中心、突出重点、讲求实效"的总体要求,使人大监督工作思路更清晰,目标更明确。根据这一总体要求,人大监督工作不断向前迈进,实效明显增强,特别是在"三农"、环保、教育、司法、就业、公共卫生、食品安全、安全生产等方面,督促解决了一大批人民群众普遍关注的社会热点问题。

针对我国经济发展面临的严峻形势和艰巨任务,如何迈出人大监督工作的新步伐，从而更好地发挥最高国家权力机关的作用，这是人大监督工作当前面临的一个重大课题。为此，吴邦国委员长就如何进一步加强人大监督工作提出了明确要求。从吴邦国委员长的讲话中，我们可以感受到今年全国人大的监督工作将呈现出以下几个新特点：第一，在处理好监督和支持这一关系的基础上，要更加强调积极、主动地搞好监督工作。全国人大常委会在开展监督工作时，既要支持国务院的工作，又要发挥监督职能。要在听取国务院专题工作报告的同时，有针对性地选择一些专题，主动地开展工作，加大监督力度。第二，紧紧围绕党和国家的中心工作。吴邦国委员长在十一届全国人大二次会议所作的全国人大常委会工作报告中指出，全国人大常委会要把推动中央重大决策部署的贯彻落实作为人大监督工作的重中之重，全面贯彻实施监督法，综合运用多种监督形式，督促和支持"一府两院"按照各自工作报告提出的目标任务做好工作，确保中央重大决策部署的贯彻落实，确保全年经济社会发展任务的顺利完成。当前，有效应对金融危机，保证经济平稳较快发展，是我们党和国家的一项重要任务。为此，全国人大常委会把"保增长、调结构、重民生"作为今年监督工作的重点，要围绕十一届全国人大二次会议批准的政府工作报告、计划报告和预算报告的落实情况开展监督，特别是要围绕四万亿元投资的使用情况，包括项目是否选准、资金是否到位、实际效果如何，以及对拉动经济增长产生了哪些作用来进行监督。第三，要创新监督工作形式。在这方面，要充分发挥专门委员会的作用。要有针对性地选择一些社会热点问题，进行专题调研。通过调研，提出有分量的意见和建议，以点带面，推动改进工作。今年，全国人大常委会共确立了五个专题，包括农村社会保障体系建设、保障性住房建设、教育和卫生等方面的民生工程、技术改造和科技创新、农田水利建设。围绕这五个专题，分别由有关专门委员会和工作委员会牵头，进行专题调研。常委会对调研报告要进行审议。对调研报告和审议调研报告时提出的意见和建议，国务院及其有关部门应该予以反馈。

今年是进入新世纪以来我国经济发展最为困难的一年，改革发展稳定任务十分繁重。客观形势对人大监督工作提出了新的更高的要求，人大监督工作不仅要有所作为，而且也大有可为。因此，我们一定要认真贯彻落实吴邦国委员长的讲话精神，积极探索，不断创新，努力迈出人大监督工作的新步伐。

2009 年第 8 期

增加人大监督工作的透明度

吴邦国委员长强调，要增加人大监督工作的透明度。这不仅对做好人大监督工作，同时，对加强和改进人大新闻宣传工作，也提出了新的、更高的要求。

监督权是宪法和法律赋予人大及其常委会的一项重要职权。在我们国家，国家的一切权力属于人民，人民行使权力的机关是全国人民代表大会和地方各级人民代表大会。所以，就本质而言，人大监督是国家权力机关代表人民行使管理国家权力的一个重要方式，是实现公民有序政治参与的有效途径。从法律的角度说，公开是监督的基本属性，是监督的题中应有之义。增加人大监督的透明度，既是人大自觉接受人民群众监督的内在需要，同时，也有利于增强人大监督的实效，更好地发挥人大监督的作用。

最近一些年，随着人大新闻宣传工作的不断加强，人大监督工作的透明度也在不断增加。从每年人代会听取和审议政府工作报告、计划和预算报告，到每次常委会会议听取和审议专项工作报告，再到执法检查，借助各种现代传播手段，人大监督越来越引起公众的关注，社会影响力也越来越大。

当前，随着依法治国进程的不断推进，人民代表大会制度的不断完善，社会各界对人大工作的关注度在不断提高。在这样一个背景下，如何通过进一步加强和改进人大宣传工作，来增加人大监督工作的透明度，是摆在我们面前的一个重大课题。为此，吴邦国委员长就如何做好人大监督工作的宣传报道提出了具体要求。根据吴邦国委员长的讲话精神，日前，全国人大常委会办公厅又出台了《关于加强和改进人大新闻宣传工作的若干意见》。该意见就做好新形势下人大宣传工作进行了全面部署，并把增强人大监督工作的透明度，作为加强和改进人大宣传工作的一个着力点。

我们要认真贯彻吴邦国委员长的讲话精神，积极落实《关于加强和改进人大新闻宣传工作的若干意见》中提出的各项具体措施。要以增加人大监督工作的透明度、提高人大监督的实效为出发点，探索在新的历史条件下，人大宣传工作的规律和特点。要按照监督法的规定，将人大监督的主要成果，包括执法检查报告、专项工作报告及审议意见等，及时向社会公开。对人大的一些重大监督事项要加强跟踪报道，要进行全部的、有重点的持续性报道。要尽量减少程序性报道，多报道实质性内容，将人大监督工作的宣传报道向深度拓展。要不断创新观念、创新内容、创新形式、创新方法、创新手段，努力使人大宣传工作体现时代性、把握规律性、富于创造性，不断提高舆论引导的权威性、公信力、影响力。为推动人大监督工作迈出新步伐，发挥应有的作用。

2009 年第 9 期

充分发挥调查研究在人大监督中的作用

吴邦国委员长最近强调提出,要加强调查研究,希望通过对今年中央投资安排五个题目的专题调研,提出有分量的意见和建议,以点带面,推动改进工作,督促各地区各部门严格把握政府投资和政策导向,坚持政府投资量力而行,防止重复建设和城市盲目扩张,确保中央保增长、调结构、重民生的一系列决策部署落到实处。没有调查就没有发言权。调查研究既是我们做好人大工作的内在需要,其本身也可以起到推动有关方面改进工作的作用。吴邦国委员长的这一重要讲话,对于我们正确认识调查研究的本质特征,并在此基础之上,充分发挥调查研究在人大工作,特别是在人大监督工作中的作用,具有十分重要的意义。

人大作为密切联系人民群众的代表机关,其主要作用就是通过调查研究来深入了解民情,充分反映民意,广泛集中民智。这就决定了调查研究是人大工作不可或缺的一部分,是人大最重要的一项基础性工作,是人大工作一道必经的流程。

正因为如此,全国人大常委会历来重视调查研究,特别是吴邦国委员长主持全国人大常委会工作以来,反复强调调查研究的重要性。与此同时,他还率先垂范,身体力行,多次深入基层调研,了解经济和社会发展情况，广泛听取人民群众对人大工作和民主法制建设的意见和建议。在吴邦国委员长的领导下，调查研究在全国人大蔚然成风，并且从自觉的工作作风上升到了制度意义上的工作程序。调研成果被广泛地运用到了立法、监督、代表、制度建设等项工作中，调研的方式也日益多样化。

今年是我国进入新世纪以来经济发展最为困难的一年，改革发展稳定的任务十分繁重。为了加强对经济工作和解决民生问题的监督，督促和支持"一府两院"按照各自工作报告提出的目标任务做好工作，确保中央重大决策部署的贯彻落实，确保全年经济社会发展任务的顺利完成，前不久，全国人大常委会从政府工作报告提出的今年中央政府投资总额9080亿元的五个方面安排中，选择五个题目，组织开展专题调研。目前，这项工作已经启动。从吴邦国委员长的讲话中，我们可以感受到，此次专题调研与传统意义上的调查研究相比，有了一些积极的变化：一是注重发挥专门委员会的作用，充分利用他们的经验和专业优势。二是专题调研要形成高质量的调研报告，全国人大常委会要专门对调研报告进行审议。"一府两院"及其有关部门要根据审议情况进行整改，并将整改情况及时向常委会报告，常委会可根据情况进行跟踪调研。三是增加了透明度，从方案出台到调研、从审议到反馈，媒体要进行全程的、有深度的持续性报道。这些变化意味着专题调研被赋予了一些"刚性"的元素，更侧重督促解决问题。这是一个重大的跨越。通过这样的"升级换代"，人大调研在一个更高的层面，被稳步地向前推进，并已成为推动人大监督工作不断向前发展的一个重要手段。

我们衷心地希望专题调研能在人大监督中发挥更大的作用！

2009年第10期

加强跟踪检查　增强监督实效

吴邦国委员长指出，要搞好跟踪监督。跟踪监督是这些年我们推动解决重点难点问题的一个好办法。这是因为，人大确定的重点监督事项，都是一些事关全局而又长期得不到解决的问题，这就需要我们抓住这些重点难点问题，综合运用听取审议专项工作报告、开展执法检查等多种形式，深入开展跟踪监督，督促有关方面抓紧整改，力争取得实实在在的效果。吴邦国委员长的这番重要讲话，既是对过去一些年来人大监督工作经验所作的概括性总结，同时，也为我们进一步增强监督实效指明了方向。

如何增强实效性，一直是人大监督工作面临的一个重大问题。人大监督，就其本意而言，是为了督促"一府两院"解决工作中存在的问题。所以，能不能解决实际问题，能解决多少实际问题，是衡量人大监督实效的一个重要标准。为此，吴邦国委员长曾指出，"人大监督工作容易搞虚，不容易做实。增强实效是做好人大监督工作的关键。从这些年的经验来看，要增强人大监督工作实效，很重要的一条，是要围绕中心、突出重点、一抓到底。"在今年作全国人大常委会工作报告时，吴邦国委员长又指出，为增强人大监督工作的针对性和实效性，我们要着重加强两方面的工作：一是加强调查研究，深入了解实际，抓住主要矛盾和矛盾的主要方面，提出好的意见和建议。二是综合运用多种监督形式，加强跟踪监督，抓住代表普遍关注的重点难点问题，推动有关方面切实改进工作，建立健全解决重点难点问题的长效机制。研读吴邦国委员长的讲话，我们可以得出这样的结论：抓住重点问题，加强跟踪监督，是增强人大监督实效的一个有效途径。

最近一些年，在吴邦国委员长主持下，全国人大常委会紧紧围绕党和国家的中心工作，抓住人民群众反映强烈的一些重点难点问题，综合运用各种监督手段，加强跟踪监督，取得了明显的实效。例如，前些年通过人大监督推动解决的拖欠出口退税、拖欠农民工工资和超期羁押等问题，都是经过几年的跟踪监督检查，最后取得了满意的结果。

实践证明，跟踪监督是最高国家权力机关顺应时代要求而作的新的探索。它通过合理地配置监督资源，实现了人大监督效能的最大化；它使人大监督工作完成了一次重要的跨越；它对于提高监督工作水平、加大监督工作力度，发挥了重要的作用。

按照吴邦国委员长的指示精神，前不久针对今年中央政府重大公共投资而确定的四个专题调研题目，全国人大常委会还将继续采取跟踪监督的方式。在我国经济发展面临严峻挑战之际，人大监督此番出手，必定会给我们带来佳音。

2009 年第 11 期

中国立法进入"收官"阶段

到 2010 年形成中国特色社会主义法律体系，这是党的十五大提出的新时期立法工作总体目标，是依法治国、建设社会主义法治国家的重大战略举措。经过各方面共同努力，到上届末，以宪法为核心，法律为主干，包括宪法及宪法相关法、民法商法、行政法、经济法、社会法、刑法、诉讼与非诉讼程序法七个法律部门和法律、行政法规、地方性法规三个层次法律规范构成的中国特色社会主义法律体系已基本形成，国家经济、政治、文化、社会生活的各个方面基本做到有法可依。

本届全国人大常委会结合新形势和新任务，确定了以形成中国特色社会主义法律体系为目标、以提高立法质量为重点的立法工作思路，及时制定了五年立法规划，坚持"两手抓"，一是抓紧制定在法律体系中起支架作用的重要法律，二是集中力量开展法律清理工作，以确保到 2010 年形成中国特色社会主义法律体系。

法律清理工作是加强和改进立法工作，保证法律体系自身科学、统一、和谐，如期实现立法目标的一项重要举措。按照常委会的工作部署，从去年开始，全国人大有关部门就开始着手进行法律清理的准备工作，在广泛听取意见、反复研究论证的基础上，区分不同情况，提出了分类处理的建议。一是废止部分法律，二是用一揽子打包方式修改一批法律规定，三是要求国务院和有关方面尽快制定现行法律的配套法规。十一届全国人大常委会第九次会议通过了关于废止部分法律的决定，审议了修改部分法律的决定草案。下一步的工作，除继续审议需修改的部分法律外，重点是督促国务院及其有关部门抓紧法律配套法规的制定工作，力争在今年底前取得实质性进展。

随着中国特色社会主义法律体系这一目标日渐清晰，适时地开展法律清理工作意义重大，可以说，此次法律清理，既是对我国现行法律所作的一次集中盘点，同时也是对新中国立法工作所作的一次全面回顾和总结，由此我们可以得出一些有益的启示：立法工作应以科学发展观为指导，应更加强调与改革发展进程相适应；应更加重视法律的可操作性；应更加重视法律之间的协调；等等。

今明两年是形成中国特色社会主义法律体系的"收官"阶段，立法工作的任务艰巨而繁重。为此，吴邦国委员长就如何做好今明两年的立法工作，确保中国特色社会主义法律体系如期形成，提出了总的原则和具体要求。我们相信，认真贯彻吴邦国委员长的讲话精神，以此次法律清理工作为契机，在进一步提高立法质量的前提下，再接再厉，加紧工作，全国人大一定会向党和人民交上一份满意的答卷。

2009 年第 13 期

厉行法治是维护新疆繁荣稳定的重要保障

前不久，全国人大常委会副委员长司马义·铁力瓦尔地就乌鲁木齐"7·5"事件和新疆发展接受国外媒体采访时强调，我们是法治国家，我们用法律来解决我们的事情。这样一番掷地有声的话语，向世人昭示了我们国家运用法律手段来维护社会稳定、维护各民族大团结、维护人民群众的根本利益的坚定信心。

从法律的角度说，"7·5"打砸抢烧事件是一起由"三股势力"在境外煽动境内实施的严重暴力犯罪事件，是对国家法律的严重践踏。它给各族群众生命财产造成重大损失，给当地正常秩序和社会稳定造成严重破坏。新疆维吾尔自治区严格依照法律规定，采取果断措施，使事态得到控制，社会秩序迅速恢复正常。这充分显示了法律的力量，显示了我们国家依法办事的能力和水平。

在我们国家，法律是全国各族人民共同利益的集中体现。维护法律的权威和尊严，就是维护人民的利益。而损害法律的权威和尊严，就是损害人民的利益。所以，不管是什么人，不管是哪个民族，不管出于何种动机，都必须遵纪守法，都必须在法律的范围内行动。任何人践踏国家法律、破坏社会秩序、侵害人民生命财产，都要受到法律的制裁。法律的尊严和法律面前人人平等的原则，正是法治的要义和法律的权威所在。依法打击暴力犯罪、惩处犯罪活动，是维护法律尊严、伸张公平正义的需要，是维护社会稳定、促进民族团结的需要，更是确保人民生命财产安全的需要，体现了一个法治社会对生命和人权的尊重。

作为国家权力机关，人大在维护法律尊严，保证法律实施方面负有重要职责。日前，新疆维吾尔自治区人大常委会主任艾力更·依明巴海接受记者采访时说，自治区人大始终坚定不移地捍卫宪法和法律的尊严与权威，并将加快与反分裂斗争相适应的地方立法工作。他特别强调，人大就是要履行好宪法、法律赋予的职权，从制度上和法律上保证中央和自治区党委关于维护稳定的决策部署的贯彻落实，要支持和督促政府和公安机关依法从重从快打击各种分裂破坏和暴力恐怖犯罪活动。

新中国60年来的历史充分证明，厉行法治是维护各民族繁荣稳定的重要保障。因此，只要我们严格依法办事，新疆的明天一定会更加美好。

2009年第14期

要充分发挥专门委员会的专业优势

从 5 月 26 日正式启动以来，全国人大常委会"部分政府重大公共投资项目实施情况专题调研活动"持续了两个多月，现已进入收尾阶段。按照部署，接下来的主要工作就是汇总各方面情况，并在此基础上撰写调研报告，提交全国人大常委会会议审议。

从目前的情况看，整个专题调研活动由于计划周密、部署得当、围绕中心、突出热点、深入基层、讲求实效，所以，引起了各方的好评，产生了良好的社会效果，达到了预期的目的。

此次专题调研活动之所以如此成功，一个很重要的原因就是充分发挥了专门委员会的作用。单从各专题调研组的人员构成看，就汇集了有关专门委员会的各方面人才，他们当中有些同志长期担任党政部门主要负责人，有着丰富的实践经验；有些同志长期担任行业领导，专业优势明显；有些同志则是某一领域的专家，有着扎实的理论功底。正因为如此，这些同志对此次专题调研的相关题目非常熟悉。在调研过程中，他们情况摸得清，问题抓得准，原因分析得透，所提出的意见和建议往往一针见血，一语中的。可以说，此次专题调研活动使专门委员会的人才优势和专业优势得到了淋漓尽致的发挥；同时，也为今后如何更好地发挥专门委员会的作用，提供了一个成功的范例。

众所周知，我国全国人民代表大会每年举行一次例会，常委会每两个月举行一次会议。所以，全国人大许多经常性的工作主要靠各专门委员会来承担。从某种程度上说，全国人大的地位和作用往往就是通过各专门委员会的工作来体现的。而充分发挥专门委员会的作用，也有利于提升全国人大的地位和作用。当前，随着经济的发展，社会的进步，以及科技的不断创新，人大工作的专业性越来越强。这就需要我们充分发挥专门委员会的专业优势，这样才能不断提高人大工作质量和水平。为此，吴邦国委员长曾强调指出，我们的专门委员会人才荟萃、知识密集，不少委员是顶尖专家，很多委员是长期主管一方的高级领导干部，有扎实的理论功底，有丰富的实践经验，希望能充分发挥这一特点和优势，紧紧围绕关系改革发展稳定全局和人民群众关注的重大问题，每年选一两个课题，进行深入调查研究，提出有真知灼见、真正有分量的调研报告。这样既可以充实自己，提高人大工作质量和水平，又可以为中央决策提供参考。

我们要认真贯彻吴邦国委员长的这一讲话精神，全面总结这次专题调研的成功经验，积极探索在新的历史条件下，如何充分发挥专门委员会的专业优势，把人大工作提高到一个新的水平。

2009 年第 15 期

化解经济难题，人大将出良策

自6月底以来，全国人大常委会技术改造和科技创新专题调研组先后赴陕西、辽宁、湖北、上海四地，对中央投资中技术改造和科技创新项目实施情况进行调研。对此，全国人大常委会十分重视，派出了高规格的阵容。调研组由全国人大常委会副委员长华建敏亲自带队，全国人大财经委主任委员石秀诗任组长，全国人大财经委和教科文卫委也分别派出了部分组成人员参与调研工作。

当前，经过各地区、各部门的共同努力，中央应对国际金融危机一揽子计划和政策措施的效果逐步显现，经济运行出现了趋稳向好的趋势，积极因素和有利条件在增加。在肯定成绩的同时，我们应该清醒地看到，国际金融危机对我国的不利影响并没有减弱，国内经济自身存在的一些深层次体制性、结构性问题短期内难以根本解决，经济发展面临的困难仍然很多，经济回升的基础尚不稳固，需要继续作出更大的努力。所以，在这样一个大的背景下，全国人大常委会开展技术改造和科技创新专题调研，其意义就显得格外重大。

人类社会发展的历史表明，每一次大的危机常常伴随着一场新的科技革命，孕育着新的产业的兴起，新的经济增长点的形成。从这个意义上说，全国人大常委会之所以选择技术改造和科技创新为专题调研题目，就是要化"危"为"机"，为中国经济又好又快发展寻求新的增长点。

在开展专题调研过程中，调研组通过听取汇报、召开座谈会、个别走访、实地考察、随机抽查等多种形式，对陕辽鄂沪四地技术改造和科技创新项目的推进进行了深入的调查研究。并从中发现，中央及地方各级政府部门采取了多种措施和手段，积极推进技术改造和科技创新项目建设，取得了非常大的成效。但是，目前尚存在五大症结，很大程度上影响和滞缓我国科学技术和自主创新实现更大的跨越。按照计划，有关方面正在对专题调研情况进行全面总结，并在此基础上形成专题调研报告，提请全国人大常委会会议审议。

我们期待通过此次专题调研进一步推动技术改造和科技创新工作，也期待最高国家权力机关为化解经济难题，再出新的良策。

2009 年第 16 期

让公众能更多地听到来自人大的声音

前不久,《中国人大》第十五期有关当前我国经济形势的几篇文章被编发上网后,引起有关方面的关注,有多家网站予以转载。其中有的文章被一百七八十家网站转载,短短几天,跟帖数就达到几千条;有的文章在央视、东方卫视等电视台相关栏目中播出;有的文章甚至还被外国的通讯社转载。可以说,《中国人大》首次"触网"便引起了一定的反响。

作为办刊者,刊物能引起公众的关注,自然会感到愉悦。因为一本刊物的受关注程度往往是和其影响力大小成正比,而影响力指数又是评价一本刊物质量高低的重要标准。所以,"让有影响力的人,说有影响力的话",就成为当下许多时政类刊物所追求的办刊取向。

但是,作为最高国家权力机关的机关刊物,《中国人大》能引起读者们的关注,不仅仅取决于我们的办刊水平,更重要的是取决于它的特殊地位。确切地说,公众关注《中国人大》,就是希望通过它,能够了解人大工作,能够听到来自人大的声音,特别是在我国经济处在困难之际,能够听到人大工作者对我国当前经济形势所作出的理性判断和分析。说到底,公众的关注包含着对最高国家权力机关的信赖与尊崇。一位网友说得好:"文章敢讲实话,充满了真知灼见,让人感到温暖,因为它传递给我们的是信心、力量和智慧。"

　　几篇文章引起公众的关注，这也许是一件微不足道的小事。但正是从这件小事中，我们不难看出，社会对人大工作的关注度在提高，人大的社会影响力在扩大，公众的人大意识也在不断增强。今年是新中国成立六十周年，站在这样一个时间的节点上，我们回望六十年来中国民主法制建设的伟大进程，就会强烈地感受到人大工作发生了巨变。若干年前，人们常常说人大是"橡皮图章"，在一些重大问题上往往处于"失语"状态。最近一些年来，随着我国人民代表大会制度的不断完善，人大的作用越来越突出，特别是在一些人民群众普遍关心的重大问题和社会热点问题上，人大的话语权越来越重。

　　人大地位的不断提升，也对我们的办刊工作提出了新的更高的要求。如何使我们的刊物所拥有的社会影响力能够与最高国家权力机关的地位相适应，将是我们在今后一段时间内所面临的一个重大课题。为此，我们要充分发挥网络这一新兴媒体所特有的传播速度快、信息容量大、覆盖面广的优势，把更多来自人大的声音传递给公众，让公众通过这些声音来了解人大工作、关心人大工作、支持人大工作。

　　这是时代所赋予我们的神圣职责！

2009 年第 17 期

开创人大对外交往新局面

今年9月1日至9月12日,全国人大常委会委员长吴邦国应邀对美国、古巴和巴哈马进行正式友好访问。

在12天的时间里,吴邦国委员长与往访国的政府、议会和政党领导人以及社会各界人士广泛接触,叙友情、谈合作、议发展,引起了积极反响。国内外媒体高度关注吴邦国委员长的此次访问,用大量篇幅进行追踪报道,称这次重要访问是在国际政治形势发生复杂深刻变化、世界经济复苏迹象尚不明朗的背景下,中国主要领导人对上述三国采取的一次重大外交行动,对推动中美关系健康发展,加强中古团结合作,扩大中巴友好交往,具有十分重要的意义。

特别是吴邦国委员长应邀对美国进行正式友好访问,是中国全国人大常委会委员长近20年来首次正式访美,也是美新一届政府和新一届国会就职以来我国党和国家主要领导人首次访美。它不仅是中国全国人大与美国国会关系史上的一件大事,同时也掀开了中美关系新的一页,具有里程碑意义。

美、古、巴三国议会,在各自国家政治生活中都有着重要地位,发挥着重要作用。进一步密切中国全国人大同三国议会的友好交往,是吴邦国委员长此访的重要目的之一。访问期间，吴邦国委员长与三国议会领导人、政党领袖和议员进行了广泛接触交流，就加强议会交往、增进相互理解、促进务实合作深入交换意见。他反复强调，通过密切议会交往，使议会成为国家关系健康稳定发展的建设性力量。

吴邦国委员长出访美国、古巴与巴哈马三国获得巨大成功，充分展示了人大对外交往的地位和作用。全国人大的对外交往，是国家总体外交的重要组成部分，也是人大工作的重要组成部分。长期以来，全国人大对外交往紧密配合党和国家工作大局，从"服务国家总体外交，服务国内经济建设，服务人大自身工作"出发，注重发挥自身特点和优势，在与各国议会的交流中，增进了解，加强信任，扩大共识，发展合作，为国家关系的发展不断充实新的内容，增添新的活力，在我国外交舞台上日益发挥着不可替代的重要作用。

与一些大国议会建立定期交流机制，是全国人大对外交往的一项开创性工作，也是十届全国人大常委会成立以来对外工作的重点。胡锦涛主席、吴邦国委员长对此项工作非常关心和重视，多次作出重要指示，既体现了对全国人大与外国议会定期交流机制的充分肯定，又是中央在新形势下对全国人大对外交往工作提出的明确要求。议会定期交流机制具有关系较稳定、对话较深入、影响较广泛等特点。它为国家之间、议会之间增进相互了解、扩大共识、促进合作搭建了一个有效的平台，增强了人大对外交往的针对性和实效性。到目前为止，全国人大已分别与包括美国参众两院、俄罗斯联邦委员会和国家杜马、日本众参两院、韩国国会、印度人民院、澳大利亚众议院、加拿大议会、英国议会、德国联邦议院、法国参议院、意大利众议院、南非国民议会、埃及人民议会、巴西众议院在内的14个国家的议会和欧洲议会建立了定期交流机制。

当前，随着世界多极化和经济全球化的深入发展，以及议会在各国政治生活中的作用越来越重要，人大对外交往的地位和作用也越来越重要。因此，只要充分发挥人大的自身优势和有利条件，遵循"服务国家总体外交、服务国内经济建设、服务全国人大自身工作"这样一个方针，人大对外交往一定会大有所为，一定会开创新的局面。

2009 年第 18 期

维护食品安全是一项长期任务

一部食品安全法的制定,引发了国人对食品安全问题的热议。时过几个月后,人们对这一问题的关注仍在持续。的确,由于食品安全涉及每一个公民,再加上这个问题的特殊性和复杂性,所以,在很长一段时间内,它都会成为一个公共话题。而通过法律来维护食品安全,将更是一项长期的任务。

对此,最高国家权力机关有着十分清醒的认识。食品安全法刚一出台,全国人大常委会就把对该法实施情况的检查列入到今年的执法检查计划中。按照计划,全国人大常委会组成了高规格的执法检查组,检查组分为5个小组,分别由5位副委员长带队,于9月至12月赴北京、河北、山西等地进行检查,并委托其他所有省区市人大常委会对本行政区域内的实施情况进行检查。2010年2月,执法检查组将向十一届全国人大常委会第十三次会议报告检查情况。

对于此次执法检查,全国人大常委会十分重视。吴邦国委员长专门作出批示。吴邦国委员长在批示中指出,食品安全是关系群众切身利益的重要民生问题。在食品安全法实施的当年就在全国范围内开展执法检查,主要目的是支持和督促各有关方面进一步加强法律宣传,确保法律有效实施，着力改善食品安全状况，切实保障人民群众切身利益。9月22日，全国人大常委会食品安全法执法检查组举行第一次全体会议，全国人大常委会副委员长王兆国在会上说，要认真分析食品安全法实施以来的情况，找出存在的困难和问题，有针对性地开展执法检查，努力推动解决法律实施中的困难和问题。

从目前初步了解到的情况看，食品安全法的实施情况总的来说是好的，并且这部法律的实施对改善食品安全状况确实发挥了重要作用。但在充分肯定成绩的同时，我们也要看到，由现阶段经济社会发展和生产力水平所决定，我国已经进入食品安全隐患、风险凸显期和食品安全事故高发期，食品安全形势不容乐观。因此，如何运用法律手段来应对各种食品安全问题，来重塑国人的食品安全意识，还有很多工作要做。

从这个意义上说，对食品安全法实施情况的检查，既是执法检查的过程，也是一次普法的过程。

2009 年第 19 期

选举法修改见证我国民主进程

前不久举行的十一届全国人大常委会第十一次会议对选举法修正案草案的审议,引起了国人的高度关注。毫无疑问,选举法的修改,不仅是立法工作的一件大事,同时也必将成为我国民主发展中一个标志性的事件。特别是在统筹城乡发展、共建和谐社会这样一个宏大的主题下,其意义显得尤为重大。

选举制度是我国人民代表大会制度的基础,选举权是实现人民当家作主、管理国家事务的一项最重要的权利。为此,早在1953年,我国就制定了选举法,1979年对这部法律重新进行了修订,其后又先后四次对该法进行了修改。可以说,选举制度随着我们的共和国共同成长,它见证了我国民主法制建设的风雨历程。

当前,我国城乡经济社会快速发展,城镇化进程不断推进,农村经济文化水平大幅提高。与此同时,我国各级人大已经历了十几届选举,积累了丰富的经验,社会主义民主政治建设和法制建设取得巨大成就。因此,为贯彻落实党的十七大的要求,有必要在深入总结选举工作实践经验的基础上,对选举法及时进行适当修改。此次修改选举法的指导思想是,以邓小平理论和"三个代表"重要思想为指导,深入贯彻落实科学发展观，按照党的十七大的要求，总结实践经验，完善选举制度，实行城乡按相同人口比例选举人大代表，更好地体现人人平等、地区平等和民族平等原则，扩大人民民主，保证人民当家作主，为坚持和完善人民代表大会制度、发展社会主义民主政治提供坚实的制度保障。

一般认为，选举是一个国家民主政治的窗口。透过它，可以了解一个国家的民主状况。回望我们国家选举法制定和修改的过程，我们可以看出我国民主的发展脉络和基本走势。从"城乡按不同人口比例"到"城乡按相同人口比例选举人大代表"，这意味着在新的历史条件下，我国选举制度将实现重大的跨越式发展，从中我们可以强烈地感受到民主的脉动和时代的节律。

党的十七大提出，要坚定不移地发展社会主义民主政治，扩大人民民主，保证人民当家作主，建议逐步实行城乡按相同人口比例选举人大代表。此次修改选举法，就是通过衔接细密的制度设计，将党的主张转化成为国家意志。我们相信，通过对选举法的修改，我国的人民代表大会制度将更加完善，我国的社会主义民主也将焕发出新的生机和活力。

2009 年第 21 期

"城乡同比"将会给人大工作带来积极变化

在现代社会中，选举对政治资源的配置起基础性作用。所以，选举法的修改，是积极稳妥推进政治体制改革的一项重要举措。

我国宪法规定，国家一切权力属于人民。人民行使国家权力的机关是全国人民代表大会和地方各级人民代表大会，全国人民代表大会和地方各级人民代表大会都由民主选举产生，对人民负责，受人民监督，国家行政机关、审判机关、检察机关都由人民代表大会产生，对它负责，受它监督。由此可以推断，完善选举制度，不仅有利于坚持和完善人民代表大会制度，同时，也有利于人大更好地发挥作用。

一般认为，作为民意表达机关，人大讨论和决定问题的过程，也是妥善协调和处理各种利益关系的过程。而人大制定的法律法规和通过的决定决议，实际上就是在各种不同利益诉求都能得到充分表达和相互整合中所达成的一种社会各方能够普遍接受的平衡的规则。从这个意义上说，建立通畅、合理、公平的利益表达机制，是人大更好地发挥作用的一个重要前提。在选举人大代表时实行"城乡同比"，就是让不同的利益群体拥有平等的表达机会，拥有相同的话语权，从而完全实现人人平等、地区平等和民族平等，这就为人大的科学决策提供了坚实的民意基础。

优化代表结构，提高代表素质，也是人大更好地发挥作用的一个重要前提。为此，作为"城乡同比"的配套措施，选举法修正案草案专门规定："全国人民代表大会和地方各级人民代表大会的代表应当具有广泛的代表性，应当有适当数量的基层代表。"这一规定颇具深意。当前，随着农村经济文化水平的大幅度提高，广大农民的政治参与热情日渐高涨，政治素质不断提高，那种"因基层代表多会影响代表素质"的担心完全没有必要。更何况，代表的参政议政能力和受教育程度有一定的关系，但这又不是绝对的。在很大程度上，代表的参政议政能力取决于他们对待履行代表职务的态度，为选民服务的意识以及自身的经验等。事实上，有一些受教育程度不是很高的人，也有很强的议政能力。从更积极的意义上说，适当增加基层代表的数量，让决策层能够更多地听到"原生态"民意，会使人大工作更加贴近实际，贴近基层，贴近百姓，这也符合人大工作的本质。

总之，从选举法修正案草案现有的规定看，它必定会给人大工作带来一些积极的变化。所有的人大工作者都应该为之而感到高兴！

2009 年第 22 期

2010年

信心是一份最珍贵的新年礼物

2009年渐行渐远，已成为一个背影，并终将成为一段厚重而温暖的记忆。

但是，国人在这一年所表现出的坚忍、执着、从容、淡定和超强的自信，将固化为一种民族精神和国家气质。

这也是我们献给2010年一份最好的礼物！

而前不久召开的十一届全国人大常委会第十二次会议，则为这份新年大礼注入了更加实在的内容。

没有救济，便没有权利。基于这样一种现代法治理念，侵权责任法把对公民权利的关注和尊重转化为一个又一个极具人性化的条款设计。更重要的是，这部法律还向世人昭示，最高国家权力机关在不遗余力地把更多的利益和愿望变为权利的同时，还将为这些权利提供坚实的制度保障。

"用法律为百姓编织一张安全的网。"这既是立法者的宣言，同时，也表达了他们对百姓的深情祝福。社会保险法虽然尚在打磨之中，但草案透射出的人文精神，足以感动无数中国人。

一部村委会组织法，催生了一个中国式的"草根"民主。我们期待这部法律经过"大修"之后，能给我们带来更多的有关中国民主的传奇故事。

  身居寒冬，倍思春暖。当中国经济正在步出寒冬、开始企稳向好之际，我们又从就业和中小企业发展这两个话题中，感受到了春天的气息。

  用我们今天的努力，为广大农民朋友的明天埋单。全国人大农委关于农村社会保障体系建设情况跟踪检查报告，清晰地体现出了这样一种价值预设，它也让我们对社会主义新农村的美好未来充满了期待。

  的确，2010年值得期待。因为我们在历经磨难之后，收获了信心。而信心则是我们再创辉煌的一种最重要的精神力量。

  所以，信心就是一份最珍贵的新年大礼。

2010年第1期

村民自治　越走越好

30年前,当广西和寨村村民第一次选举他们自己的"村官"时,也许他们还没有完全意识到这一举动所包含的意义。但不管怎样,就是这样一个今天看来十分平常的村委会选举,却开启了一个时代。

可以毫不夸张地说,从那时开始,中国的农民开始书写一段属于他们的历史。

30年后的今天,村委会组织法的开卷重修,使我们有机会回眸村民自治30年来的发展路径,并从中感受它所独有的魅力。

作为村落视野中的"草根民主",村民自治带有浓郁的乡土气息,它向世人展示了中国农民对权利所怀有的虔敬、尊崇和渴望。更为重要的是,村民自治为我们提供了一个崭新的视角,使我们能够重新感受蕴涵在广大农民朋友身上的民主热情和政治智慧,重新认识中国人在民主领域里的创造力。

民主既是一种崇高的人文价值和政治信仰,同时也是一种实际的运作程序和实用技术。村民自治使广大农民历经了一次又一次极为重要的民主实践,并从中得到了必要的方法训练和经验储备,这就为他们在今后获享更多的民主权利打下了一个坚实的基础。如果说土地承包和乡镇企业造就了一大批优秀的农民实业家，那么，村民自治则造就了一大批杰出的"草根政治家"，而正是这些"草根政治家"在推动基层民主一步一步地向前发展。

当前，随着改革开放的不断深化和社会主义新农村建设的逐步推进，村民自治面临着一些新情况新问题。在这样一个大的背景下，对村委会组织法适时适当地作出修改，无疑具有十分重要的意义。这有利于推动基层民主政治建设，有利于改善基层治理环境，有利于促进农村基层的社会和谐。

在已向社会公开征求意见的修订草案中，无论是在完善选举程序、民主议事制度上，还是在健全民主监督制度等方面，人们看到了更多令人欣喜的进步。我们衷心地希望在修订后的村委会组织法的护佑下，村民自治能越走越好。

2010 年第 2 期

呈现给公众一个生动的人大

前些日子，一位读者朋友在给本刊来信时说，最近几年，《中国人大》的"面孔"发生了很大的改变。这种改变不仅体现在外包装上，也体现在内容上。翻看现在的《中国人大》，"内部痕迹"少了，八股式的文章少了，抽象的理论文章少了，代之以对一些社会热点问题特别是民生问题的关注。

的确，最近一些年来，我们一直致力于消除刊物的"内部痕迹"，并在此基础之上，实现由公开发行的"内部刊物"向有特色、有权威、有较大社会影响力的时政类大刊的转变。我们希望通过一个个鲜活的事例、一个个感人的故事、一个个百姓关注的社会热点问题，让公众能更真切地感受到人大的地位和作用。

正如读者朋友所说，这种改变实际上是一种办刊理念的调整。了解人大制度，了解人大工作，需要从一些概念、原理、制度设计和运作程序入手。这些都是我们描述人大工作所不可缺少的要素。但人大工作又不仅仅体现为这些概念、原理、制度设计和运作程序。在更多的情形下，人大工作是具体的、生动的，它就在你我身边，就在百姓的生活中。

从更大的背景说，我们的办刊思路的调整，完全得益于人大工作所取得的新进展新变化。最近几年，全国人大及其常委会紧紧围绕党和国家的中心工作，围绕人民群众普遍关注的热点问题开展工作。特别是2009年，当我国经济社会发展面临最为严峻挑战之际，全国人大常委会又围绕保增长、重民生、调结构这一工作大局，采取专题调研等各种形式，推动中央重大决策部署的贯彻落实。人大工作所取得的这一新进展新变化，使我们的宣传报道工作面临着前所未有的机遇。

可以说，人大工作的不断发展，为我们提供了更多的新闻素材，而我们有责任把一个更生动的人大呈现给读者。

2010年第3期

新的起点　新的出发

对于现今的中国人而言,"两会"其实就是一个中国式民主的制度化平台。因为"两会"使普通百姓能够有机会全面、直观地了解我国的民主,了解我国的政治制度,了解我国的人大工作。

更为重要的是,"两会"在让国人感受民主魅力的同时,又为民主的发展提供了不竭的动力。可以说,"两会"在弘扬民主精神、传播民主理念、普及民主知识、推进民主建设方面,正发挥着越来越重要的作用。

今年是共和国六十华诞后的第一年,也是新世纪第二个十年的开启之年。在一个新的起点上,我国民主又开始了新一轮的远行。那么,今年的"两会"将会为今后一段时期民主发展带来哪些积极的影响呢?

提及这个问题,必然要说到选举法。一部选举法的制定和修改,见证了我国民主的发展和完善。从8∶1到4∶1再到1∶1,向世人展示了我国民主不断走向成熟的历史进程。此番选举法的开卷重修,虽然立足于更好地体现选举的平等原则,但由于选举对政治资源的配置起基础性作用,所以,修改选举法所产生的积极影响,将大大超越平等这个范畴。它将进一步提升选举质量,优化代表结构,提高代表素质,拓展民意表达渠道,并在此基础之上,完善我国的人民代表大会制度,更好地发挥权力机关的作用。

　　监督权是人大的一项重要职权，是现代民主一个重要的价值体现。在现实生活中，无论是普通百姓，还是"一府两院"的官员们，往往更多的是从监督工作中来感受权力机关的权威，感受民主的力量。吴邦国委员长在全国人大常委会工作报告中提出要"依法开展专题询问和质询"。同时强调询问和质询是人大对"一府两院"实施监督的法定形式。吴邦国委员长的讲话不是对宪法条文的简单重复，而是对人大监督形式的郑重确认，对人大监督固有属性的力挺，对宪法所赋予的神圣职责的坚守。它体现了一种姿态，一种主动行权的意识自觉。它同时也意味着在去年已取得明显实效的基础上，今年的监督工作将再度发力。联想到温家宝总理提出的"创造条件让人民批评、监督政府"，可以预见，在未来几年的政治话语体系中，监督这个词将占有越来越重的分量。

　　今年是形成中国特色社会主义法律体系的冲刺之年，这标志中国立法已进入"收官"阶段。为此，吴邦国委员长在十一届全国人大三次会议上对今年的立法工作作出了全面部署，立法工作的集结号已经吹响。随着中国特色社会主义法律体系的形成，我国社会主义民主法制建设将进入一个崭新的阶段，依法治国的进程也将向着一个更高的层面推进。

　　每一次"两会"都是一次新的起点；每一次"两会"都是一次新的出发；每一次"两会"都会为民主发展提供新的动力。我们相信，以今年的"两会"为契机，中国民主将会以更崭新的面貌向前迈进。

2010 年第 6 期

永远同人民在一起

又是一场突如其来的自然灾害；又是一幅众志成城的壮阔画面；又是一次民族大义的激情迸射；又是一曲荡气回肠的生命礼赞；又是一段刻骨铭心的深度记忆。青海玉树4·14地震，再次点燃了人们心中爱的火种，再度竖起了一座爱的丰碑。

"在这一困难时刻，我需要尽快赶回国内，同我国人民在一起，投入抗震救灾工作。"玉树强震发生后，胡锦涛总书记提前结束访问回国，亲赴灾区指导抗震救灾工作。"同我国人民在一起"这句饱含深情的话语，不仅反映了中央领导集体心系人民的博大情怀，更向世人生动地诠释了中国共产党人"以人为本、执政为民"的核心理念。

在这场巨大灾难面前，从震源所在地的青海，到祖国各地的每个地方，每一位人大工作者，都在这场声势浩大的举国救援行动中，以不同的方式、用实际的行动，表达着对抗震救灾的无比关切，倾注着对灾区人民的拳拳爱心。

地震发生后不久，正在吉林调研的全国人大常委会委员长吴邦国匆匆结束行程。返京的当天下午，他就主持召开了委员长会议，对在青海玉树地震中遇难的各族同胞表示沉痛哀悼，向遭受严重地震灾害的灾区人民群众表示诚挚慰问，向奋战在抗震救灾第一线的人民解放军指战员、武警官兵、公安干警和广大干部群众致以崇高的敬意。紧接着，吴邦国委员长、王兆国副委员长等常委会领导同志和全国人大机关的干部职工，都踊跃捐款，以此向灾区人民奉献一片爱心。

国家权力机关，是人民行使当家作主权力的神圣地方。所以，作为国家权力机关的工作人员，在危机来临之际，心系灾区，情牵受灾群众，想灾区人民之所想、急灾区人民之所急，与灾区群众同呼吸、共命运，心手相连、骨肉情深，乃神圣职责之所在，乃庄严使命之所系，不仅鲜明地昭示着"权力机关为人民"的深刻内涵，而且生动地践行着"与人民在一起"这一思想的理论精髓。

当前，随着抗震救灾斗争取得阶段性成果，灾后重建工作也将提到议事日程。灾后重建是一个庞大的系统工程。它不仅包括各种建筑物的重建，还包括生活秩序和社会秩序的重建，同时也包括相关制度，尤其是法律制度的重建。为此，如何在全面总结抗震救灾工作经验的基础上进一步提高依法应对突发事件的能力？如何为我们的救灾理念注入更多的理性成分和法律元素？如何把我们的救灾体验以及在救灾过程中形成的强大的精神力量转化成衔接细密的制度设计？这都将成为最高国家权力机关关注的问题。

对于国家权力机关来说，"同人民在一起"，这不仅是一句深情的宣示，而且是每一位人大代表和人大工作者的自觉行动，更是各级人大永恒的价值追求，需要一以贯之地浸润到日常的每一项工作细节之中，常思"同人民在一起"，以此为座右铭，危难艰险之际如此，平和安宁之时也如此。唯有如此，才会永葆国家权力机关的人民本色！

"同人民在一起"，是我们战胜一切艰难险阻、闯过一切险滩恶浪，由小到大、由弱到强，取得一个又一个胜利、铸就一个又一个辉煌的信心之基、力量之源。历史已经这样证明，历史并将继续这样证明！

2010 年第 8 期

让百姓感受法律的温暖

十五年前,当国家赔偿法通过时,许多媒体称之为"中国法制建设的里程碑"。应该说,这样的评价恰如其分。因为在现代社会,实体权利总是对应于特定的救济制度,并以其作为最终的保护手段。所以,两者总是相伴而生,没有救济,便没有权利。在一个权利备受关注和尊重的时代,以权利救济作为主要内容的国家赔偿法的出台,就注定要成为法制建设中一个标志性的事件。当然,由于种种原因,国家赔偿法的出台,象征意义要大于实体意义。并且囿于当时的社会发展水平,以现在的法治理念衡量,该法在内容上也确实存在着一些不足。但不管怎么说,这部法律确实开启了一个新的时代。

十五年后,当修改后的国家赔偿法通过时,又有媒体称"这标志着我国法制建设迈上了一个新的台阶"。从里程碑到新台阶,十五年间,国家赔偿从制度的层面上完成了一次历史性的跨越。

如果我们把十五年作为一个完整的历史周期,那么,以国家赔偿法的制定、实施和修改为线索,不仅可以勾画出公民权利发展的线路图,进而可以看出我国民主的发展脉络和未来走势。

在这十五年间,随着依法治国进程的不断推进,社会主义民主法制建设的不断加强，公民的权利体系日益完善；权利保护机制更加完备；公民的权利意识日趋强化；尊重权利、善待权利，已成为全民共同的精神信仰和价值追求。更为重要的是，我们党提出了以人为本的执政理念，为公民权利提供了更为坚实的保障。

从修改后的国家赔偿法的内容看，赔偿的范围更加明确，赔偿程序、赔偿标准更加科学和完善，普遍关注的精神损害赔偿也正式纳入赔偿范围。同时，法律对赔偿费用的支付保障机制作出进一步完善，明确了赔偿金支付期限，畅通了赔偿渠道。这些规定不仅有利于公民更好地运用法律武器维护自身的合法权益免受公权力的侵犯，而且严格限定了国家机关行使公权力的法律责任，有利于进一步促进国家机关及其工作人员严格依法办事。

由于众所周知的原因，国家赔偿法是一部立法和实施难度都很大的法律。就此次修改而言，历经四审，其间争议不断，可见修法之难；就实施而言，过去十五年的实践已经给出了答案。如果说立法之难考量立法者的政治智慧，那么，实施之难将检测执法者对待人民利益的态度。

就在前不久，有一位网友称，国家赔偿法是一部让人感到温暖的法律。的确，修改后的国家赔偿法以极具人性化的制度设计，让百姓透过抽象，甚至有些枯燥的法律条文，感受到了缕缕温情、丝丝暖意。

希望所有的执法者都能从人民的利益出发，严格依法办事，让所有的百姓都能真正地感受到法律的温暖！

2010 年第 9 期

加强机关素质能力建设是人大工作适应新形势的迫切需要

最近，吴邦国委员长就加强机关素质能力建设作出重要批示，批示指出：人大机关同志能钻研一点问题，写一点文章，这不仅有利于机关工作质量的提升，也有利于个人素质的提高，应予提倡。李建国副委员长就学习贯彻吴邦国委员长重要批示提出了具体要求。吴邦国委员长的重要批示对于进一步加强机关素质能力建设，不断提升机关的参谋助手能力和服务保障工作水平，并在此基础之上，推进人大工作向前发展，具有十分重要的作用。

吴邦国委员长对机关素质能力建设历来十分重视，多次发表重要讲话和作出批示。2003 年 3 月，他到全国人大工作后不久，就在全国人大机关干部大会上提出了全国人大机关干部队伍建设的总体要求，即"政治坚定、业务精通、务实高效、作风过硬、团结协作、勤政廉洁"。2006 年他在出访的专机上对全国人大机关外事工作人员提出了要提高文字表达能力、学习调研能力、沟通协调能力的殷切希望。2008 年，他在十一届全国人大常委会第一次会议上进一步指出，"全国人大机关要以素质能力建设为重点，全面加强机关建设，努力造就一支高素质机关队伍，更好地发挥集体参谋助手和服务班子的作用。"吴邦国委员长的一系列重要讲话和批示，不仅体现了他对机关工作人员的关心和爱护，同时也阐明了加强机关素质能力建设的意义和方向。

在我们国家的政权体系中，人大居于核心地位，它是人民当家作主、行使国家权力的机关。由人大的地位所决定，人大工作具有很强的政治性、法律性、专业性。特别是作为最高国家权力机关的全国人大及其常委会，承担着宪法和法律赋予的立法、监督等项职责，讨论和决定国家政治、经济、国防、外交、社会等领域的重大事项。这就要求全国人大机关工作人员应具有较高的政治素质和业务素质。因为机关工作是人大工作的基础，机关的参谋助手能力和服务保障工作水平，从某种程度上也会对人大工作产生一定影响。所以，我们一定要从坚持中国特色社会主义政治发展道路、坚持和完善人民代表大会制度、不断推进人大工作向前发展这样一个高度，来充分认识加强机关素质能力建设的重要性和必要性。要深刻理解提高素质能力是机关干部队伍建设的迫切需要，是人大工作适应新形势新要求的迫切需要，是人大机关落实科学发展观、提高参谋助手和服务保障能力的迫切需要。

在前不久召开的全国人才工作会议上，胡锦涛总书记指出，人才资源是第一资源，人才问题是关系党和国家事业发展的关键问题，人才工作在党和国家工作全局中具有十分重要的地位。就人大工作而言，人才问题同样重要。当前，随着依法治国进程的不断推进，民主法制建设的日益加强，全国人大的地位和作用越来越重要，面临的任务也越来越繁重。为此，培养和集聚一大批高素质的专业人才，特别是法律方面的专业人才，就显得尤为重要。而加强机关素质能力建设，是大力开发人才资源的一项重要举措。

为了贯彻吴邦国委员长的批示精神，全面落实全国人才工作会议的要求，全国人大机关正在着手制定人才培养发展规划。我们相信，只要不断加强机关素质能力建设，就一定能造就一批高素质的专业人才，人大工作也一定会再创新的辉煌！

2010年第11期

问答之间彰显人大监督新境界

"全国地方政府债务的规模到底有多大?严重程度如何?造成政府债务的原因是什么?有何解决思路?""我问一个数十年如一日都在提,却始终没有改好的问题,财政预算支出的进度不均衡问题究竟怎么改,咱们共同来想想办法。""省直管县的财政试点改革步伐能不能加快点?""在加大'三农'投入、农民增收方面,财政部有什么打算?""公款出国、公款用车、公款接待是人民群众关注的热点,公开进展缓慢,怎样为'三公'公开创造条件,'三公'公开有无可操作、可检查、可监督的进展时间表?""财政部对进一步提高民生福利投入有何打算?""我们要如何加强和改革预决算管理工作?""优化转移支付结构有何措施?""预算资金的拨付怎样才能做到均衡?""保障和改善民生的投入是不是可以进一步加大?"……

这样一些开宗明义、直击要害的提问,出自十一届全国人大常委会第十五次会议专题询问现场。从这些提问中,我们不仅可以感受到常委会组成人员高超的议政水平,同时,也可以感受到人大监督的力度。

应该说,在我国现行的监督体系中,询问是一种比较"温和"的监督方式。但它依然具备人大监督的某些属性:就问者而言,询问本身实际是对政府工作的一种检测和督促;对答者而言,回答常委会组成人员的提问，体现了政府工作人员对国家权力机关的尊崇和虔敬。一问一答，将宪法所设定的"政府对人大负责、向人大报告工作、受人大监督"这样一种法律关系具体化、形象化。此番全国人大常委会将人民群众普遍关心的"钱袋子"问题作为首次专题询问的话题，意义非同寻常。一方面希望藉此推动财政公共化改革取得实质性的进展，另一方面也希望能通过专题询问全面盘活人大监督。从目前的情况看，这次专题询问产生了良好的社会效果，得到了包括人大、政府、新闻界和百姓在内的各方好评。

从更高的层面上说，此次专题询问为我们如何处理监督和支持的关系，提供了一个成功的范例。

就法律属性而言，人大监督是一种制约，如果没有制约，监督就不成其为监督。但制约不是人大监督的全部，更不是它的终极目标。人大监督的终极目标是通过必要的支持，与"一府两院"形成良性互动，从而建立一种和谐稳固的权力运行机制，确保国家机关按照人民的意志行事。如果说监督是一种外部表现形式的话，那么支持就是它的内在价值追求。与其他监督方式相比，专题询问有着自身独有的优势，更加突出"互动性"。正是通过"面对面"地对话、交流，使人大能够通过必要的监督来达到支持政府开展工作的目的。因此，专题询问使人大监督实现了境界上的跨越。

作为一种重要的监督形式，专题询问始于"问"，但决不应止于"答"。如果说"问"意味着督促，那么"答"则代表着一种承诺、一种担当、一种责任。我们在关注专题询问的同时，更应该关注通过专题询问能解决什么问题。吴邦国委员长在十一届全国人大常委会第十五次会议闭幕会上说，将这次专题询问中大家比较关注的问题进行梳理，选择其中一两个突出问题，加强跟踪监督，力争尽快得到解决。

这应该是此次专题询问的一个很重要的目的。

2010年第13期

提高抗灾能力，应从保护生态环境做起

去冬今春以来，我国遭遇了一系列极端天气，从低温到大旱，从高温到洪涝，动辄几十年之最、上百年之最。一时间，大自然似乎变得喜怒无常，令人捉摸不透。

由于极端天气引发的各种自然灾害给人们的生命财产造成极大伤害，因此，如何认识和把握自然规律？如何与大自然和谐相处？怎样才能准确预测灾害的发生，怎样才能最大限度地减轻自然灾害给人类造成的损害……诸如此类的问题，就成了人们热议的话题。

正是在这样一个背景下，本期《中国人大》编发了一组和生态有关的文章。我们试图通过这组文章，来传递人大工作者对环境问题的关注。

"大灾考验中国粮食安全。"单从标题中我们就可以品出生态与粮食的关系。在这篇文章中，包括全国人大农委委员、中国社科院农村发展研究所所长张晓山在内的一些专家指出，由于水利设施的欠缺，使气候、气象条件成为制约我国粮食产量进一步提高的一大障碍。因此，他们呼吁，通过加强农业基础设施建设，来减少气候变化带来的不利影响。

"要像重视耕地保护那样重视草原生态建设。"这是全国人大农委副主任委员孙文盛在接受本刊记者采访时所阐释的一个重要观点。他指出，草原是我国面积最大的绿色生态屏障和大江大河的主要发源地，与森林一起构成了陆地生态系统的主体。它与耕地、林地、海洋等自然资源一样，是我国非常重要的战略资源。同时，它还是农牧民赖以生存的基本生产资料，是生态畜牧业的主要载体，一直在维护国家生态安全、保障食物安全、促进牧区民族团结、巩固边疆稳定等方面发挥着不可替代的作用。所以，保护草原生态，既重要，又迫切。

在今年3月召开的全国人代会上，有68名代表联名提出了有关生态补偿机制的建议，该建议已被全国人大确定为今年的重点处理建议。从我们记者的文章中可以看到，全国人大和国务院正在共同推进生态补偿法律制度的建立健全。

"让未来'天府'更美丽。"这不仅是一句美好的祝福，更是一次具有重大意义的立法实践。根据来自四川的报道，前不久该省人大常委会通过了关于加强城乡环境综合治理的决议。我们相信，与法治同行，灾后四川必将绽放最美容颜。

记得前不久有一位全国人大代表说过这样一句话：面对频频发生的自然灾害，我们应该很好地反思一下，"天"到底该承担多少责任，"人"又应该承担多少责任。这句话实际上是在提醒我们，应重新审视灾害发生的原因。的确，长期以来，每当灾害来临，我们往往过多地强调自然的作用，而忽视人的因素。天不下雨必然干旱吗？暴雨又必然成灾吗？其实不然。以今年为例，同样面临大旱，有的地方颗粒无收，有的地方五谷丰登；同样面临暴雨，有的地方洪涝成灾，有的地方却秩序井然。自然灾害的来临也许无法避免，但通过人为的因素，却可以将它的破坏力放大或者减轻。我们无法改变自然规律，但我们却可以改变自己。正如有的专家所说的那样，防灾减灾有时很简单，它其实就需要我们从每一个细节做起，从改变我们一些不良的生活和工作习惯做起，从保护好我们周遭的生态环境做起，以此来提高防灾减灾能力。

这既是专业人士的善意忠告，也是我们试图通过《中国人大》向广大读者所表达的一个真诚的期待！

再创代表工作新辉煌

十八年前,在代表法通过前夕,一位人大代表说过的一句话,给我留下了深刻的印象。这位人大代表说:"我们就像盼望春天一样盼望代表法的出台。"

把代表法和春天联系在一起,这是一个非常有意思的比喻,从中我们可以品味出这部法律在人大工作者心中的地位,以及它的出台将会产生怎样的影响。

后来的实践也确实证明,代表法真的给代表工作带来了春天所特有的那份生机和活力!

十八年后的今天,当代表法进入"维修"期,使我们有机会重温那一时期的代表工作,并感受十八年来人大工作的发展变化。

在代表法颁布实施的十八年间,随着依法治国、建设社会主义法治国家进程的不断推进,人民代表大会制度的日趋健全和完善,人大工作发生了日新月异的变化,代表工作也取得了重大进展。十八年来,代表的履职水平不断提高,履职意识明显增强,在国家政治、经济、社会生活等各个方面发挥了越来越重要的作用。与此同时,代表工作已逐步实现制度化、规范化、程序化,对代表的各项保障措施日趋完备,代表的社会地位大大提升，人民群众与人大代表的联系也越来越密切。可以说，代表法不仅真实地记录了上个世纪九十年代初期代表工作的原貌，同时，也见证了其后十八年间代表工作取得的新进展。

当前，随着经济社会的发展和社会主义民主政治建设的不断推进，人民群众政治参与的热情日渐高涨，这就对代表的履职提出了新的更高的要求。同时，由于代表的构成、素质及履职环境、条件等都发生了较大变化，这也使代表工作面临着一些新情况、新问题。正是在这样一个背景下，对代表法适时地作出修改，就显得尤为必要。

从目前的情况看，此次修改代表法的一个主要思路，就是围绕支持、规范和保障各级人大代表依法履行职责这个重点，统筹兼顾，着力完善制度，充分发挥人大代表作用，增强人民代表大会的生机和活力，坚持和完善人民代表大会制度。根据这样一个思路，有以下三个问题是此次修改的重点：一是从操作的层面上，明确代表的权利和义务，并在此基础上，细化代表的履职规范，以增强代表的责任意识和履职的自觉性。二是规范代表的履职方式，把代表的履职活动纳入到程序化的轨道上，使其成为真正意义上的职务行为，而非"个人行为"和"任意行为"。三是进一步加大对代表的保障力度，从经费、时间、物质、组织、知情知政、人身等各个环节提供更完备的保障措施，为代表履职创造充足的客观条件。

如果说，十八年前代表法的制定，标志着一个时期的开始，那么，此番代表法的修改，则意味着我国代表工作进入到了一个更新的历史时期。我们希望以代表法的修改为契机，我国代表工作能再创新的辉煌。

2010年第16期

细节之中感受人大监督时代品格

一次会议，三大看点。

最高国家权力机关又一次通过一些看似寻常的细节之变，向世人展示了中国民主的时代品格。

如果说去年全国人大常委会对应对国际金融危机冲击一揽子计划的中央政府公共投资计划部分项目进行专题调研，是人大监督在新的历史条件下所作出的一次有益探索，那么，从十一届全国人大常委会第十六次会议的议程设置看，随着本届全国人大常委会的任期进入到"中盘"，人大监督也渐入佳境，新意频显。

看好百姓的"钱袋子"，这是人大的职责所在，也是预算监督的一个最重要的价值选择。但是，怎样才能看好百姓的"钱袋子"？这不仅需要价值选择上的自觉，更需要制度设计上的执着。按照以前的惯例，全国人大常委会在每年 6 月审议上年决算报告的同时听取审议当年以来预算执行情况报告。这样做的不利之处在于：一是预算执行的时间太短，尚不能全面反映全国预算执行情况；二是将预算执行报告同上年决算报告一起审议，常委会组成人员关注的重点是决算和审计报告，对当年预算执行情况的审议不够深入。从今年起，全国人大常委会打破惯例，特地将听取审议上年决算报告与当年预算执行情况报告分开，并安排在 8 月份听取审议预算执行情况报告，同时听取审议今年以来国民经济和社会发展计划执行情况的报告。这有利于常委会组成人员在充分了解预算执行情况的前提下，对预算执行情况报告进行深入细致的审议；有利于他们对国民经济运行情况进行全面的分析和判断。从"一并"到"分开"，通过一个细节之变，人大监督工作实现了一次重要的跨越。

有计划、有组织、有针对性地选择一些议题进行专题询问，是全国人大常委会为进一步丰富监督形式所采取的一个重大举措。就法律属性而言，专题询问不是一般的解疑释惑，它实际上是通过一种公开、透明的方式，将公权力的运行置于阳光之下，置于百姓的监控之下。答问之间，彰显了权力机关的权威和行政机关对权力机关的尊重。与6月份通过分组会议的形式进行专题询问有所不同，十六次常委会会议采取联组会议的方式进行专题询问。从场面上看，联组会议气氛更热烈，透明度更高，这就使专题询问的监督属性得以突显，监督实效也大大增强。

审查批准国民经济和社会发展规划，也是全国人大的一项重要职责。按照宪法和有关法律规定，明年3月召开的全国人代会将审查批准"十二五"规划纲要。为了做好前期准备工作，全国人大常委会提前介入。今年人代会一结束，就选择了14个课题，分别由3位副委员长及有关机构负责同志带队，78位常委会委员和专委会委员、部分全国人大代表参加，分赴22个省区市深入调查研究，广泛听取意见，形成了一批有水平、有分量的调研报告。围绕国民经济和社会发展五年规划的编制工作，采取主动出击的方式开展专题调研活动，这在全国人大历史上还是第一次。从"殿堂论道"到"主动出击"，既为"十二五"规划纲要的制定出谋划策，又为审议"十二五"规划纲要做好准备，人大监督工作又迈出了坚实的一步。

历史经验证明，推动民主的发展，不仅需要史诗般的宏大叙事，也需要细节的积累。从最近几年的人大工作看，正是通过一个又一个细节之变，人大监督才实现了观念的递进、境界的攀升和务实的前行。

2010年第17期

为代表履职提供更多保障

为代表执行职务提供必要的保障,这是基于我国代表制度的特点而作出的一种制度性安排。

我国实行的是兼职代表制。这就是说,代表不因执行代表职务而脱离原来的生产和工作岗位。这种体制是我国的一大政治优势,它体现了政权的民主本质,它有利于密切代表同人民群众的联系,它有利于权力机关能更好地汇集民智、反映民愿、表达民意。

但这种体制在实行运行的过程中,也还存在一些问题,需要我们从法律的层面加以解决。例如,如何为代表执行职务提供必要的时间保障和物质帮助;如何加强对代表人身的特别保护,使其不因执行代表职务而遭受打击报复;如何采取有效的形式,组织代表开展活动;如何为代表履职提供服务等。

针对这些问题,代表法设专章对代表执行职务的各项保障措施作了具体规定,其中包括司法保障、时间保障、物质保障和组织保障等,形成了一个较为完备的保障体系。这些保障措施对于代表认真履行职责,充分发挥代表作用,起到了积极的作用。

但是,由于代表法的制定主要是着眼于当时的社会发展水平和代表工作的实际状况,因此,随着时间的推移,它所设定的各种保障措施已不能完全应对代表工作中出现的新情况、新问题。例如，由于知情知政的渠道不通畅，许多代表对于本行政区域的经济社会发展情况以及人大常委会和"一府两院"的工作情况不能全面了解，这就给履职带来了困难；经济社会的发展，科学技术的进步，使人大工作的专业性越来越强，"技术含量"越来越大，这就迫切需要代表通过学习和培训，来补充新的知识，提高履职水平。此外，随着人大工作的不断发展，代表活动的内容不断拓展，形式也日趋丰富，这也对时间、经费、组织和服务等提出了更高的要求。

为了解决这些问题，全国人大和地方人大都积极探索，寻求良策。从全国人大的情况看，近些年来主要采取了以下一些举措：一是保障代表知情知政，在形势报告会和向代表寄送有关公报的同时，大幅增加向代表提供书面材料的种类，帮助代表更多地了解全局的情况。二是在大会前组织代表审阅和讨论准备提交大会审议的重要议案和报告，并根据代表的意见对报告和议案作出修改。三是扩大代表对常委会活动的参与，并使之规范化、制度化。参加常委会执法检查和立法调研等活动的代表人数，也有较大幅度的增长。四是在继续组织代表集中视察的同时，统一组织代表开展专题调研。五是加强代表履职培训。六是增加经费。地方人大在这方面也采取了一些积极有效的措施。应该说，全国人大和地方人大所采取的这些举措，为代表法的修改提供了丰厚的素材。

从此次提交审议的代表法修正案草案内容看，充分吸收了各地好的经验和做法，着重在知情知政、履职学习、人身保护许可程序、建议的办理、履职的组织服务和物质支持等方面，加大了对代表的保障力度。

可以肯定，随着代表执行职务的保障体系日趋完备，代表的地位将大大提升，履职水平和作用将大大增强，代表工作也将由此进入一个新的历史阶段。

规范代表履职行为是发挥代表作用的重要前提

对代表的履职行为加以规范,是由这一行为的法律属性决定的,它符合我国代表工作的实际需要,是确保代表充分发挥作用的一个重要前提。

就法律属性而言,代表的履职行为是一种职务行为,而非"个人行为"或"任意行为"。这种行为具有两个重要的法律特征:一是这种行为是一种法律义务和政治责任,具有不可放弃性和不可转让性,代表必须履行,不履行就是不作为,就是失职。二是程序的法定性,也就是说,代表必须按照法定的方式来履职,否则,就是违规,就是乱作为。

在我们国家,代表工作分为会议期间和闭会期间两大块。比较起来,代表在会议期间的履职行为相对容易规范一些;而闭会期间的履职行为由于灵活性比较大,所以,规范起来难度也大一些。考虑到这一点,代表法对会议期间和闭会期间的代表工作采取了不同的方式加以规范。其中,对闭会期间代表工作除了规定几种基本的组织形式外,又为各地灵活把握预留了很大的"空间"。客观地说,这样一种立法模式,也确实符合当时代表工作的实际情况。

近几年来,随着民主法制建设的不断推进和人大工作的日益发展,代表的履职水平有了很大提高,代表工作也随之取得了长足进步。但我们在充分肯定成绩的同时，也要看到代表工作中出现了一些新情况、新问题，需要通过修改代表法加以解决。其中有两方面问题比较突出：一是一些代表履职意识比较淡薄，仅看到当代表的光荣，没有意识到担任代表的神圣责任和历史使命，责任心不高，缺乏履职热情，履职不够积极主动。有的在会议上很少发言或者几乎不发言，也不提议案和建议；有的借口工作忙，几乎不参加闭会期间的代表活动，甚至连大会也不出席，不作为的情况比较突出。二是有的代表对履职的方式和规范把握不准，没有严格依照法律的规定执行代表职务，存在"乱作为"的情况。有的利用代表职务干预司法机关处理个案；有的将代表职务作为自己开展企业经营活动、扩大个人影响的平台，利用代表职务为个人职业活动牟取便利等。

为了从根本上解决这些问题，进一步规范代表的履职行为，代表法修正案草案作出了一些有针对性的规定。例如，"代表应当按时出席本级人民代表大会会议。""代表在闭会期间的活动以集体活动为主，以代表小组活动为基本形式。""代表应当严格区分从事个人职业活动与执行代表职务，不得利用执行代表职务干涉具体司法案件或者招标投标等经济活动，不得利用执行代表职务牟取个人利益。"

规范代表的履职行为，无论是从立法的角度看，还是从实践的角度看，都有着重大意义。从立法的角度看，规范代表的履职行为，使代表法的结构更合理，层次更分明，条理更清晰，我国的代表制度也随之更加完备。从实践的角度看，规范代表的履职行为，实际上就是将代表的职责进一步具体化、明细化，并向全社会作了一次郑重的宣示。这不仅有利于代表增强履职的自觉性和自律性，同时，也有利于加强公众对代表的监督。所以，从这个意义上说，代表法的修改对于代表的履职意识和履职水平也是一次很好的考量和检阅。

2010 年第 19 期

把立法工作推向新的高度

近日，第十六次全国地方立法研讨会在武汉召开，中共中央政治局委员、全国人大常委会副委员长王兆国出席会议并发表重要讲话。王兆国副委员长在讲话中对形成中国特色社会主义法律体系的若干问题作了全面分析，并着重阐述了中国特色社会主义法律体系的基本特征和中国特色社会主义法律体系形成的重要意义。王兆国副委员长的讲话对我们全面准确地理解中国特色社会主义法律体系的形成，并在此基础上进一步做好立法工作，具有重要的指导作用。

到2010年形成中国特色社会主义法律体系，是建设中国特色社会主义伟大事业的重要组成部分，是党的十五大提出的新时期立法工作总目标。这一目标的提出，立足中国国情，符合中国实际。一方面，是立足于我国社会主义初级阶段的国情，从改革开放和社会主义现代化建设的实际需要出发的；另一方面，是基于我国社会主义民主法制建设的实际，按照依法治国、建设社会主义法治国家的内在要求确定的。围绕这一目标，改革开放三十多年来，在中国共产党领导下，经过各方面坚持不懈的努力，截至目前，已制定宪法和现行有效法律共237件、行政法规690多件、地方性法规8600多件，我国经济建设、政治建设、文化建设、社会建设以及生态文明建设的各个方面总体上做到了有法可依。一个立足中国国情、适应社会主义初级阶段要求、体现党的主张和人民意志统一、符合改革开放和社会主义现代化建设需要，以宪法为统帅的多层次、多部门的中国特色社会主义法律体系即将形成。

今年是中国特色社会主义法律体系的形成之年，也是立法工作的冲刺之年。为确保中国特色社会主义法律体系的如期形成，全国人大及其常委会开展了积极有效的工作：一是按照立法工作计划，抓紧做好起支架作用法律的制定工作；二是积极推动行政法规、地方性法规的集中清理工作，以保证法律体系的科学和谐统一；三是大力开展法律体系的理论研究和宣传工作，从理论上、思想上、舆论上为法律体系的形成做好准备。

形成中国特色社会主义法律体系，这是全面实施依法治国基本方略所取得的历史性成就，是我国社会主义民主法制的一个重要里程碑。这样一个法律体系的形成，无论是对于全面落实依法治国方略、建设社会主义法治国家，还是对于推动科学发展、促进社会和谐、全面建设小康社会、实现中华民族的伟大复兴，都具有十分重大的现实意义和深远的历史意义。

同时，我们应该看到，中国特色社会主义法律体系的形成，并不意味着我们现有的法律完美无缺，也不意味着这个法律体系静止不变。相反，随着社会实践的不断发展变化，中国特色社会主义法律体系也需要不断完善。当前，随着改革开放的日益深化，依法治国进程的不断推进，对立法工作提出了新的更高的要求。应该说，中国特色社会主义法律体系的形成使我国的立法工作站到了一个新的历史起点上，如何完善这一法律体系将是一项长期而艰巨的任务。正如王兆国副委员长在讲话中所指出的那样，法律体系形成之后，立法的要求将越来越高，立法的难度将越来越大，立法工作任务依然繁重，对此我们要有充分准备。

不断完善社会主义法律体系是一项永无止境的任务，也是党和人民赋予各级立法机关的神圣使命。只要严格履行宪法和法律赋予的职责，认真贯彻吴邦国委员长、王兆国副委员长等常委会领导同志关于立法工作的一系列重要讲话精神，坚持科学立法、民主立法，我们就一定能不负历史的重托，人民的期望，从而把立法工作推向新的高度。

2010年第22期

2011 年

百姓的关切就是人大监督的着力点

看病难和看病贵，这是当下公众十分关切的一大民生问题。而致力于这一问题的解决，不仅是相关部门工作的重点，也是人大监督的一个着力点。在前不久召开的十一届全国人大常委会第十八次会议上，全国人大常委会采取联组会议的方式，就有关医改的情况进行了专题询问。

此举可谓意义重大：一方面，表明最高国家权力机关正尝试用一种更为有效的监督方式来推进医改的进一步深化；另一方面，在岁末年初这样一个特殊的时间节点上，常委会组成人员通过专题询问来传递对民生问题的深度关切，从而使这次专题询问更像是献给百姓的一份贺岁大礼。

我们知道，经过改革开放30多年的快速积累，我国的综合国力大大提升，全社会财富的"蛋糕"迅速做大。这不仅为中国经济在更高层级上的发展奠定了坚实的基础，同时也为解决医疗等民生问题提供了相对充裕的物质保障。正是在这样一个大的背景下，2009年4月，《中共中央　国务院关于深化医药卫生体制改革的意见》和《国务院关于印发医药卫生体制改革近期重点实施方案（2009—2011年）的通知》相继发布，医药卫生体制改革全面启动。这次医改凝聚了各方智慧，立足基本国情，全面对我国医药卫生体制改革进行了整体设计和长远谋划，确立了把基本医疗卫生制度作为公共产品向全民提供的核心理念，明确了到 2020 年基本建立覆盖全体居民的基本医疗卫生制度，实现人人享有基本医疗卫生服务的目标，提出了配套建设比较完善的公共卫生服务体系、医疗服务体系、医疗保障体系和药品供应保障体系，以及医药卫生管理体制和运行机制的主要任务。

目前，从总体情况看，此次医疗卫生体制改革进展顺利。特别是在加快推进基本医疗保障制度建设、稳步推进国家基本药物制度实施、加强基层医疗卫生服务体系建设、促进基本公共卫生服务逐步均等化、积极推进公立医院改革试点等方面，取得了初步成效。

在充分肯定成绩的同时，我们也要清醒地看到，医改决非一日之功。特别是随着改革的逐步深入，利益格局开始调整，医药卫生领域长期积累的深层次矛盾集中显现，一些新情况、新问题不断涌现，更凸现了医改的复杂性和艰巨性。所以说，医药卫生体制改革是一项长期而艰巨的任务，需要坚持不懈的努力，需要社会各界的共同参与。在这方面，人大的监督就显得尤为重要。

在十一届全国人大常委会第十八次会议上，吴邦国委员长强调指出，让广大人民群众切实得到医改带来的实惠。这既是一个郑重的承诺，也是一句充满深情的祝福。它清晰地表达了常委会领导同志对医改问题的高度关注，从中我们可以感受到信心和希望。因此，我们有理由相信，虽然医改之路不可能一帆风顺，但在人大监督的护佑下，经过各方的共同努力，看病难和看病贵的问题有望从根本上得到解决，医改本身也必将真正成为一项造福千家万户的惠民工程。

2011 年第 1 期

一次历史性的伟大跨越

中国特色社会主义法律体系的形成，注定要成为一个彪炳史册的重大历史事件！

因为它承载了国人的世纪法治梦想，汇集了以中国共产党人为代表的中华儿女所共有的政治智慧，凝聚了一代又一代立法人的心血和热情，展示了中国人民崇尚法律的姿态，见证了依法治国、建设社会主义法治国家的宏大进程。

几番沧海桑田，几多风雨兼程。从拨乱反正、改革开放起，中国特色社会主义法律体系的建设走过了波澜壮阔的三十多年；如果上溯至1949年颁布的《共同纲领》，新中国法律体系的建设，更是历经了一个甲子的艰辛探索。其间有过成功的欣喜，更有过惨痛的教训。改革开放的历史性抉择，改写了中国的命运，也让中国的法制建设步入康庄大道。六十多年来，特别是改革开放三十多年来，在中国共产党领导下，经过各方面坚持不懈的努力，到2010年底，已制定宪法、现行有效法律共236件，行政法规690多件，地方性法规8600多件，并全面完成了对现行法律和行政法规、地方性法规的集中清理工作。目前，涵盖社会关系各个方面的法律部门已经齐全，各法律部门中基本的、主要的法律已经制定，相应的行政法规和地方性法规比较完备，法律体系内部总体做到科学和谐统一。我国经济建设、政治建设、文化建设、社会建设以及生态文明建设的各个方面实现有法可依。一个立足中国国情、适应社会主义初级阶段要求、体现党的主张和人民意志统一、符合改革开放和社会主义现代化建设需要，以宪法为统帅的多层次、多部门的中国特色社会主义法律体系已经形成。

这是一次历史性的伟大跨越。从无法无天，到有法可依，到形成法律体系，我国用三十多年的时间完成了其他国家需要几百年才能完成的立法任务。中国在创造一个又一个经济奇迹的同时，再次向世人展示了什么叫"中国速度"。

成绩来之不易，经验弥足珍贵。回眸几十年来我国立法工作的历程，有很多经验需要我们很好地加以总结，这当中最重要的经验有五条：一是坚持党的领导。这是人民当家作主和依法治国的根本保证，也是加强民主法制建设、做好立法工作的根本保证。二是坚持以中国特色社会主义理论体系为指导。这是加强民主法制建设、做好立法工作的根本前提。三是坚持从中国国情和实际出发。这是加强民主法制建设、做好立法工作的客观要求。四是坚持以人为本、立法为民。这是加强民主法制建设、做好立法工作的根本目的。五是坚持社会主义法制统一。这是加强民主法制建设、做好立法工作的内在要求。

社会主义法律体系的形成，是我国社会主义民主法制建设史上的重要里程碑，具有重大的现实意义和深远的历史意义。正如吴邦国委员长所指出的那样，中国特色社会主义法律体系是中国特色社会主义永葆本色的法制根基，是中国特色社会主义创新实践的法制体现，是中国特色社会主义兴旺发达的法制保障。

我们要认真学习和贯彻吴邦国委员长在形成中国特色社会主义法律体系座谈会上的重要讲话，在新的历史起点上不断完善中国特色社会主义法律体系，为加强社会主义民主法制建设，实施依法治国基本方略，建设社会主义法治国家作出新的更大的贡献！

建设法治国家我们还在路上

中国特色社会主义法律体系的形成,不仅使我国的立法工作站在了一个新的起点上,同时也使我国的法治建设步入了一个新的历史阶段。在这一历史阶段,如何不断完善社会主义法律体系,如何进一步确保法律的有效实施,将是法治建设面临的两大任务。

法律源于实践,实践是法律之母。社会向前发展,实践永无止境。中国特色社会主义法律体系的形成,并不意味着立法任务的全面完成,也不意味着立法活动的终结。相反,随着建设中国特色社会主义伟大实践的不断发展,立法工作也应该不断向前推进。正如吴邦国委员长所说:"建设中国特色社会主义是一项长期的历史任务,完善中国特色社会主义法律体系也是一项长期的历史任务,必须随着中国特色社会主义实践的发展而发展。"

当前,我国正处于一个深刻变革的历史进程中,经济体制的变革,社会结构的变动,利益格局的调整,思想观念的变化都会愈加剧烈和深入。在这样一个大的背景下,如何调整好各种利益关系,是立法工作面临的一个重大课题。

此外,今年是实施"十二五"规划的开局之年,中央提出牢牢抓住和用好重要战略机遇期，确保科学发展取得新的显著进步，确保转变经济发展方式取得实质性进展。如何从制度上、法律上推动中央重大决策部署的贯彻落实，是立法工作面临的又一新的重要课题。

当然，随着中国特色社会主义法律体系的形成，我国立法工作的重心也将作出调整：将从注重制定与修改并重，逐步转向更加注重法律法规的修改完善；将从注重经济领域立法，逐步转向更加注重社会领域立法和其他领域立法的均衡发展；将从注重创制法律规范，逐步转向更加注重提高立法质量。而这一调整也标志着我国立法进入到精细化时代。

法律的生命力在于实施。中国特色社会主义法律体系的形成，对法律的实施提出了新的更高的要求。

我们知道，完整意义上的法治包括有法可依、有法必依、执法必严、违法必究这四个环节。中国特色社会主义法律体系的形成，从总体上解决了有法可依的问题。但这只是朝着全面落实"依法治国、建设社会主义法治国家"基本方略迈出的坚实一步，距离真正实现有法必依、执法必严、违法必究的目标还有很长的路要走。如何维护宪法和法律的权威，确保宪法和法律的有效实施；如何坚持依法行政和公正司法；如何把法律的原则、精神和核心价值渗透到每一个公民的内心深处，内化为人们的思想意识和理念，并最终变成全社会共同的价值选择和行为准则。在这些方面，我们还有很多工作要做。

也正是从这个意义上说，建设依法治国，我们依然还在路上。

2011 年第 3 期

法治化进程中的中国经验

中国特色社会主义法律体系的形成,不仅创造了立法史上的"中国奇迹",同时,也用一个又一个经典的成功范例,向世人诠释了奇迹背后所包含的"中国经验"。

什么叫"中国经验"?"中国经验"何以具有那么大的功效?

中国经验的核心就是立法工作必须坚持党的领导。中国共产党是中国特色社会主义事业的领导核心,是我们国家的执政党。党的领导是人民当家作主和依法治国的根本保证,也是加强民主法制建设、做好立法工作的根本保证。只有坚持党的领导,才能确保立法工作始终坚持正确的政治方向。30多年的实践证明,中国特色社会主义法律体系的形成,靠的是我们在立法工作中坚持党的领导,服从服务于党和国家工作大局,使党的主张经过法定程序成为国家意志,成为全社会一体遵循的行为规范和准则。

中国经验就是立法工作必须坚持以中国特色社会主义理论体系为指导。中国特色社会主义理论体系是包括邓小平理论、"三个代表"重要思想以及科学发展观等重大战略思想在内的科学理论体系,是马克思主义中国化的最新成果,是我们党最可宝贵的政治和精神财富,是全国各族人民团结奋斗的共同思想基础，是必须长期坚持的指导思想，是我们做好一切工作的根本指针。在立法工作中，我们始终坚持以中国特色社会主义理论体系为指导，并以此统一思想认识、确定立法思路。可以说，社会主义法律体系形成的过程，就是用中国特色社会主义理论体系统一思想、凝聚共识的过程，是深化对中国特色社会主义理论体系的理解和增强运用自觉性的过程，也是不断丰富中国特色社会主义理论体系内涵的过程。

中国经验就是立法工作必须坚持从中国国情和实际出发。法律属于上层建筑，是由经济基础所决定并为经济基础服务的。坚持从我国国情和实际出发，是加强民主法制建设、做好立法工作的客观要求。从我国国情和实际出发，就是始终正视我国正处于并将长期处于社会主义初级阶段这一最大的实际，将改革开放和社会主义现代化建设的伟大实践作为立法基础，使立法有的放矢。在这个前提下，还要注意研究借鉴国外的立法经验，从中吸取那些对我们有益有用的东西，但绝不照抄照搬。

中国经验就是立法工作必须坚持以人为本，立法为民。体现人民共同意志、保障人民当家作主、维护人民根本利益，是中国特色社会主义法律体系的应有之义。坚持以人为本、立法为民，是加强民主法制建设、做好立法工作的根本目的。正所谓，民之所呼，法之所立。回眸过去，我们可以深切感到，正是由于我们在立法过程中深入了解民情，充分尊重民意，广泛集中民智，才使得中国立法更加贴近百姓生活，更加贴近群众期待；才使得每一部法律都得到了最广大人民群众的衷心拥护。与此同时，随着对立法活动的广泛参与，公众也历经了一次又一次的民主实践，并从中得到了必要的方法训练和经验储备，从而为日后在立法工作中获享更多的话语权，打下了一个坚实的基础。

中国经验就是立法工作必须坚持社会主义法制统一。要坚决维护宪法作为国家根本法的权威地位，严格依照法定权限，遵循法定程序开展立法工作，保证法律、法规的规定之间衔接协调，促进法律体系的科学和谐统一。

"成绩来之不易,经验弥足珍贵。"吴邦国委员长这样一句意味深长的表述,道出了总结立法工作经验的重要性。的确,以上这些经验,凝聚着几代中央领导集体的心血,闪耀着几代立法者的智慧,浓缩了中华儿女对民主的尊崇与追求。正因为有了这些经验,我国的立法工作才取得巨大的成就。可以肯定的是,这些经验也将同样成为推动立法工作取得新的辉煌的重要精神动力。因此,在"后法律体系时代",如何善用这些经验来指导新一轮的立法工作,将成为一个重要课题。

再过一些天,"六五"普法将正式启动。这就是说,站在一个新的更高的起点上,我国的法制建设将再度吹响"集结号",开始新的出发。在这样一个特殊的时刻,重温历史,总结经验,对于进一步加强社会主义民主法制建设,积极推进依法治国进程,坚定不移地走中国特色社会主义政治发展道路,无疑具有十分重大的意义。

2011 年第 7 期

理性看待个税法修改

在刚刚结束的十一届全国人大常委会第二十次会议上，个人所得税法修正案（草案）引起了常委会组成人员的热议。与此相关联的是，今年以来，个税改革一直是一个热门话题。可以说，此番个税法的开卷重修，使这个话题再度升温。"两会"落幕不久，个税法的修改就被提到了议事日程上，这是一个积极的信号，它传递出最高国家权力机关正努力通过立法来表达对民生问题的深度关注。

根据"十二五"规划纲要关于"逐步建立健全综合与分类相结合的个人所得税制度，完善个人所得税征管机制"的要求，此次修改个税法只是完善个人所得税制的第一步，其重点是通过进一步提高工资薪金所得减除费用标准，调整工薪所得税率结构和个体工商户及承包承租经营所得税率结构，来降低中低收入者税收负担，加大对高收入者的调节。

按照最近几年的通行做法，此次经常委会会议初次审议后，个税法修正案（草案）还要通过媒体向社会广泛征求意见。相信随着民意的广泛介入，个税法将会修改得更加完善。

从法律的层面看，个税法的修改实际上就是对收入分配领域中各种利益关系所进行的一次法律调整。这就引出一个问题：是不是每一个群体甚至公民个人的利益主张都能在个税法的修改过程中得到体现？

  我们知道，我们的法律体现了广大人民群众的根本利益，这是社会主义法律的一种本质属性，但这并不意味着每一部法律都绝对地做到让人满意。从立法技术的角度讲，法律就是在各种不同利益要求都能得到充分表达和相互整合中所达成的一种各方面能接受的平衡的规则。法律追求的是让绝大多数人的利益得到最大限度的实现，而不单是使个别化的利益得到最大限度的实现。所以，对百姓个人来说，他（她）关注的往往是法律能为他（她）带来多少好处，而对立法者来说，则更关注有多少人能从立法中获益。就个税法的修改而言，不同的收入阶层往往会从自身的实际情况出发，对征收标准提出自己的看法，而立法者则要站在全局的立场上，既考虑如何减轻百姓的税负，又要确保政府有足够的财力用以改善民生，以实现"还富于民"的目的。或者更确切地说，纳税人关注的是"纳不纳""纳多少"这类问题，而立法者则要通盘考虑如何"少取多予"。

  正因为如此，我们不能简单地要求普通百姓忽略自身的利益而从大局出发考虑问题，但又确实需要他们对税收本身所具有的"为百姓提供公共服务"这一属性给予足够的关注。在这种情势下，希望每一位公民既要从自身的利益出发，关注个税法的修改；同时，也要理解立法者的良苦用心。要善于从大的利益格局中，寻求实现自身利益最大化的有效办法；要学会在自身的利益诉求无法完全得到实现时，能够以理性、客观的态度面对。这是一种成熟的公民精神，也是构建法治社会所必不可少的法律素养。

2011 年第 8 期

普法，从日常生活开始

如果回眸新中国成立 60 多年来，特别是改革开放 30 多年的民主法制建设，就不能不提到普法。作为由人治走向法治的一个重要标志，普法展示了中国人民尊崇法律的姿态，昭示了我们党和国家倡行法治的决心，记录了公民法律意识的生长过程。与此同时，普法本身也成为推动依法治国、建设社会主义法治国家进程的重要动力。

可以毫不夸张地说，普法改变了我们的生活，它拉近了法律与百姓之间的距离，它使法律从"制度文本"变成一种具体的行为方式，成为一种无所不在的生活氛围。

今天，随着中国特色社会主义法律体系的形成，新一轮的全民普法业已启动。如何通过总结多年普法工作的实践经验，来更好地谋划未来五年的普法之路，就显得尤为必要。

普法是我们党在一个伟大的历史转折时期所作出的一项重大决策。着眼于当时特定的历史条件，普法初期的主要任务是普及法律知识、弘扬法治精神、传播法治理念。当前，随着依法治国进程的不断推进，普法工作的重心也将随之作出调整。强调普法的针对性和实效性，并在此基础上，进一步增强全民的法律素养，将是今后普法工作的重点。前不久，李建国副委员长在安徽考察工作时指出，增强全体公民的法律素养是落实依法治国基本方略的最重要的基础工作。这一精辟的论述对于我们准确把握"六五"普法工作的重点，具有十分重要的指导意义。

一般而言，普法是指向公众普及基本的法律常识。但如果将普法工作置于依法治国这样一个语境下进行考量，它还应包括法律意识的塑造和法律信仰的培育。熟读一部法律，掌握一些重要的法律原则，也许并不需要多长时间。但法律意识的提升和法律信仰的生成，则需要一代人甚至几代人的努力，这将是一个长期的历史过程，其中既包括系统的专业训练，也包括持之以恒的坚守。

更为重要的是，要想把法律的原则、精神和核心价值渗透到人们的内心深处，内化为人们的思想意识和理念，真正做到"把法律刻在人们的心中"，还需要把普法融入到我们的日常生活中，融入到法治实践中。法律的公信力往往源于我们对日常生活中一切合法行为的追捧，源于对一切秉公执法行为的推崇。一次成功的司法实践，胜过无数次空洞的宣讲和说教。反言之，对哪怕一件违法违规行为的放纵，有时都会动摇人们的法律信仰，从而消解了普法的作用。所以，普法固然需要传播法律知识，但不能止步于此。普法还要从日常生活做起，从法治实践做起。

2011 年第 9 期

社会主义民主政治建设的一次重要实践

根据宪法和选举法等有关法律的规定，从今年上半年开始，县乡两级人大换届选举工作在全国各地陆续推开。这次换届选举是选举法修改后首次实行城乡按相同人口比例选举人大代表。这是我国政治生活中的一件大事，是社会主义民主政治建设的一次重要实践，是坚持完善人民代表大会制度的重大举措。做好这次换届选举工作，对于巩固党的领导地位，增强党的执政能力，保障人民当家作主，加强国家基层政权建设，推动科学发展，促进社会和谐，具有十分重要的意义。

当前，随着经济发展和社会全面进步，人民群众的政治参与意识不断增强，热情不断高涨，这就对选举工作提出了新的更高的要求。与此同时，我国的社会结构、社会组织形式、社会利益格局正在发生深刻变化，各种矛盾和问题复杂多发。再加上国际形势复杂多变，这些都增加了换届选举的难度。在这种形势下，如何确保换届选举工作顺利进行呢？多年来的选举实践证明，坚持党的领导，充分发扬民主，严格依法办事，是选举工作必须遵循的三条基本原则，也是选举工作不断取得成功的最宝贵的经验。

坚持党的领导是做好换届选举工作的根本保证。中国共产党是执政党,是领导中国特色社会主义事业的核心力量,是我国政治制度的最大特点和优势。选举工作是一项政治性、政策性、法律性都很强的工作,对于人民代表大会制度建设和社会主义民主政治建设起着基础性作用。因此,换届选举要坚持党的领导,这样才能保证换届选举坚持正确的政治方向,坚定不移地走中国特色社会主义政治发展道路。特别是在当前的形势下,更要强调坚持党的领导,要把党的领导贯穿于换届选举工作的全过程,体现在换届选举工作的各个方面。要充分发挥各级党组织总揽全局、协调各方的作用,确保换届选举依法有序地进行。

充分发扬民主是我国选举制度的本质要求。我国是人民民主专政的社会主义国家,国家的一切权力属于人民。而选举则是人民行使国家权力的一种最重要的形式,是社会主义民主的具体体现,也是扩大公民有序政治参与的重要步骤。为此,我们要把发扬民主贯穿于换届选举的各个环节中,使县乡直接选举建立在广泛、有序而又坚实的民主基础之上。要尊重和保障选民的选举权和被选举权,保障人民的知情权、参与权、表达权、监督权。调动选民积极性,最广泛地动员人民群众参加选举。使选举的过程成为充分发扬民主的过程。

严格依法办事是换届选举得以顺利进行的重要保障。随着中国特色社会主义法律体系的形成,突出有法必依,严格依法办事,切实保障宪法和法律有效实施,将是今后我国法制建设的一大重点。选举权是宪法和选举法所确立的一项最重要的公民政治权利,选举的过程实际上也就是宪法和选举法等法律的具体实施过程。尊重公民的选举权,就是尊重宪法和法律的权威。宪法和选举法、代表法等对选举的原则、组织、程序和方式都作了规定,各级人大常委会和选举工作机构应认真行使宪法和法律赋予的职权,严格按照法律的规定,确保换届选举各项工作在法治的轨道上运行。任何组织和个人都必须在宪法和法律的范围内活动;任何干扰、破坏选举的行为,都是法律所不允许的。

总而言之,此次换届选举涉及面广、时间紧、工作量大,又面临许多新情况和新问题,但只要以邓小平理论和"三个代表"重要思想为指导,深入贯彻落实科学发展观,坚持党的领导、人民当家作主、依法治国三者有机统一,周密部署,稳步推进,就一定能使换届选举工作取得圆满成功,从而为坚持和完善人民代表大会制度作出新的更大的贡献!

2011 年第 10 期

整治食品乱象，绝非一日之功

两年前，在一轮强劲的食品安全风暴中，食品安全法高调出台并实施。可以说，是一起又一起食品安全事件催生了这部法律。所以，当时就有媒体称，食品安全法的出台，将使乱象频现的食品安全形势从根本上得到扭转。

这样一种判断表达了人们对食品安全法的信赖与期待。事实上，公众也确实有理由对这部法律抱有信心。且不论内容，单就该法横跨两届全国人大常委会、经过四次审议才予通过这一点，就足以看出立法者的审慎与严谨。更为重要的是，该法通过当年，全国人大常委会就开展了执法检查，今年更是派出了由三位副委员长带队的高规格的执法检查阵容。

但是，从食品安全法实施两年来的实践看，虽然食品安全出现向好的势头，但形势依然严峻，公众的信心并没有转化成美好的现实，"瘦肉精""染色馒头""毒豆芽""甲醛血旺"等食品安全事件不仅一次又一次地刺痛了人们的神经，同时也引发了一场全民性的反思：食品乱象为何难以根治？食品安全究竟是法律问题、体制问题、技术问题，还是道德问题？是"治乱用重典"，还是"教育和惩戒并重"？扭转食品困局，我们还能做些什么……

就立法而言，以食品安全法为主体涉及食品安全的法律共有20多部，还有近40部行政法规、150多部部门规章，各个地方的地方性法规和规章则更是不计其数。最新生效的刑法修正案（八）也增设食品监管渎职罪，并且加重了刑罚。可以说，在维护食品安全方面，我们做到了法网密织，疏而不漏。"相关制度的缺失"，再也不能成为借口。

此外，我们的监管体制虽然尚处在调试和理顺阶段，但基本功能已经具备，足以起到防范和惩戒作用。再加上各种技术标准和规程陆续出台。应该说，在硬件设施方面，我们已经是比较完备，其中在某些方面还处于国际领先地位。现在的问题是，所有这些硬件措施在实践中往往运转不灵，有时甚至"归零"。这显然是人的问题。

近些年来，几乎每发生一起重大的食品安全事件，都会引起一次诚信危机和公众普遍性的道德焦虑。甚至有人称，每一次食品安全事件，都是一次人性的灾难。的确，食品安全事件的频频出现，折射出价值体系的混沌、社会诚信的缺失、道德水准的下滑和底线的失守。因此，如何采取各种有效措施，提高食品行业从业人员、执法者以及其他相关人员的道德素养，就显得十分必要，而这注定是一个长期的历史过程。

道理很简单，一部法律的制定，一种制度或体制的建立，乃至一项技术标准的提出，少则几个月，多则几年、十几年；而一种能为全社会共同认可并接受的价值体系、道德水准和行为规则的形成，则需要几十年甚至上百年时间的涵养与培育，需要几代人的传承接引。

因此，从根本上解决食品行业中存在的各种问题，绝非一日之功。在这方面，我们固然要强调硬件设施建设，要强调法律和制度的作用，但又不能仅就法言法，就制度论制度，还要注重人的因素，因为再好的法律也是靠人来执行和遵守的。如果不解决人的问题，不从根本上提高公民的道德素质，不仅法律有被虚置的危险，食品安全也无从谈起。

2011年第11期

个税法修改的标本意义

几年前,一场立法听证会的举行,使个税法的修改成为公众关注的焦点。

几年后,由于民意的强势介入,这部法律的修改再掀民主立法新潮。

如果我们把个税法的两次修改串联起来,时间跨度虽然不大,但依然可以从中看出中国社会的发展和立法工作所呈现出的积极变化。更重要的是,公民在立法中开始扮演着越来越重要的角色。

一个多月共收到意见 23 万多条;将工薪所得减除费用标准由初审草案每月 3000 元提高至 3500 元;将工薪所得税率结构由 9 级超额累进税率修改为 7 级,并将第一级税率由 5% 降至 3%。这样一组数字,从一个侧面量化了民意在立法中的作用,虽然 500 元的增幅尚未达到一部分网民的心理预期,但这毕竟使民意得到了回应和应有的尊重。仅就这一点而论,个税法的修改具有很强的标本意义,它必将在今后的立法工作中产生很好的示范效应。

尊崇民意,是开门立法的题中应有之义,也是实现民主立法的一条重要路径。但尊崇民意,不仅需要相应的程序设计,更重要的是要确保民意在法律的内容中得到充分体现,这也是开门立法的终极目标。从现实情况看，民意的表达有时是感性的，有时甚至还会失之偏颇，但这不应该成为我们排斥民意的理由。我们不能苛求普通百姓都具备专家式的思维，都有专业的眼光。相反，往往是一些原生态的民意表达，对一些专业性的意见起到了补充作用，从而使我们的立法能够很好地"接地气"。

当然，立法是一项专业性很强的工作，不能简单地跟着百姓的感觉走。以个税改革为例，由于这项工作涉及面广，综合性强，远非单纯提高起征点这么简单。所以，特别需要从专业的角度，进行周密的论证，从大局出发，统筹考虑。但个税改革又涉及人民群众的切身利益，所以，我们又不能不照顾百姓的关切，不能不考虑百姓的感受。因为百姓的感受不仅包含着合理的成分，同时，百姓的感受又左右着他们对一部法律的判断和评价，进而影响法律的实施效果。

令人欣慰的是，最高国家权力机关对民意作出了积极的回应，这充分展示了尊崇民意、从善如流的气度和风范。因此受到百姓的拥戴，也就理所应当。

从更深的层次说，此次个税法的修改，引出了一些新的问题，需要我们很好地面对。例如，就百姓而言，如何才能既从个人利益出发考虑问题，又能以理性、客观的态度参与立法；就专业人士而言，如何才能放下身段，从朴素、原始的民意表达中，获取合理的元素；就法律起草部门而言，如何才能既统筹大局，又充分照顾百姓的感受；就权力机关而言，如何在不断拓宽民意表达渠道的基础上，更好地研究民意、把握民意、善待民意……

如果这些问题能够在立法实践中得到很好的解决，科学立法、民主立法将会大大地向前推进。

2011 年第 13 期

中国立法的又一次升级换代

随着我国进入后法律体系时代，立法工作的重心也相应地作出战略性调整，其中一个重要的变化就是从注重创制法律规范，逐步转向更加注重提高立法质量，更加注重保障和促进法律规范的有效实施。适应这一变化，全国人大常委会也开始把如何提高立法质量作为立法工作的重中之重。而立法后评估就是在这方面所采取的一项重要举措。

法律源于实践，实践是法律之母。一部法律的质量如何，只能通过实践来加以检验。对实施一段时间的法律制度进行评估，对法律制度的科学性、法律规定的可操作性、法律执行的有效性等作出客观评价，就是让实践对一部法律的优劣作出评定。这不仅为修改完善法律、改进立法工作提供参考依据，同时，也有利于进一步加强和改进立法工作，不断提高立法质量，促进法律制度的有效实施。

实际上，早在几年前，全国人大常委会就着手进行立法后评估工作的各项准备。在2010年的全国人代会上，吴邦国委员长在作常委会工作报告时提出，"结合常委会执法检查中发现的问题和法律实施中出现的新情况新问题，有针对性地选择一到两件事关群众切身利益的法律，开展立法后评估试点工作。"在今年的全国人代会上，吴邦国委员长再次提出，要把立法后评估作为加强和改进立法工作的一项新举措，在总结试点经验基础上有序展开，通过多种形式，对法律制度的科学性、法律规定的可操作性、法律执行的有效性等作出客观评价，为修改完善法律、改进立法工作提供依据。

根据吴邦国委员长的指示精神，全国人大常委会有关部门经过反复研究，确定了选择评估对象的工作思路：一是围绕社会发展关键问题选择具有关键意义的法律制度；二是突出重点，注重现实性和可操作性；三是评估指标能够量化，以区别于执法检查和其他形式的法律监督。结合常委会监督工作计划有关科学技术进步法执法检查的安排，从2010年3月份开始，先后两次组织召开有17个地方人大、国务院有关部门以及部分国内外专家参加的立法后评估研讨会，派人参加路甬祥、陈至立副委员长率领的科学技术进步法执法检查组的活动并开展试调研工作，与科技部、农业部等单位反复进行沟通协商，最后确定对科学技术进步法中的两项制度和农业机械化促进法中的三项制度进行评估。

虽然此次立法后评估的对象仅限于科学技术进步法和农业机械化促进法，但它所产生的意义却远远超越这两部法律。一方面，它向世人昭示了最高国家权力机关为提高立法质量所作出的不懈努力；另一方面，它标明中国立法开始了又一次的升级换代。

当然，由于立法后评估工作刚开始起步，尚有一些问题还需要作进一步的研究，例如，如何整合各方资源，特别是扩大公众和有关专业人士对此项工作的参与；如何把最新的理论研究成果和科学技术手段运用到这项工作中来；如何建立具有普适性的立法后评估规则或程序；如何与执法检查、专题调研相衔接；如何为修改法律提供素材和依据……

但不管怎么说，立法后评估是继"开门立法"之后，我们在科学立法、民主立法方面所取得的又一重大进展，相信它一定会为立法工作带来新的生机和活力。

2011年第14期

透过真相的拷问

随着"7·23"甬温线特别重大铁路交通事故进入善后处理阶段,事故的真相也将很快浮出水面。

寻找真相,不仅是要告慰死者和抚慰家属,同时也是在检测中国高铁的安全性能;不仅是要平息人们的怀疑和不满,更是要显示出政府在事故处理和责任追究方面的诚意和魄力,并以此来修复已经受损的社会信任体系。

一般而言,给出真相和追究责任,是处理安全事故的最后一道工序。但就此次事故来论,事情绝不应止于此。因为围绕这次事故前后所发生的一些事情,需要我们作出进一步的追问。

第一,为什么被认为是最安全的动车会发生撞车的恶性事故?

第二,为什么多重可以避免的事故防御措施偏偏在这一时刻同时完全失效?

第三,为什么事发之后,不能第一时间公布有关信息并及时回应公众关切?为什么我们有的官员对百姓缺乏谦卑之意和敬畏之心,话语之中透着冷漠与傲慢?

第四,救援工作是否真正体现了以人为本?如何解答围绕"掩埋受损车头"和"小伊伊获救"这两件事公众所产生的疑虑？

第五，从最初的 50 万元，到后来的 91.5 万元，事故的赔偿有无明确标准？是否依法而定？

第六，能不能以此次事故为契机，建立一个公开透明、且能一视同仁的安全事故问责体系，从而消除社会上流传已久的"安全事故处理中因人而异"的各种传闻。

……

对上述问题的解答和回应，实际上也是一种反思。无论如何，我们不能把对这次事故的处理，作为平息民怨的权宜之计和危机公关策略。而是要通过深刻的反思，找到各类安全事故频发的原因。

谈到这个话题，我们还应全面审视一下我们的发展观。作为治国理政的基本方针，科学发展观已提出了多年，但在实践中贯彻得如何呢？随着中国经济以动车般的速度向前发展，社会风险的系数也在不断提高。现代化在带给人们更多"文明的成果"时也难以避免地让"文明的风险"相伴而生。这需要我们有足够的风险意识，足够的应对之策，为高速发展时代系上一根牢固的"安全带"。相反，我们有些领导没有意识到这一点，为发展不计代价，一切为发展让路，片面追求速度，要速度不要命。这正是各类安全事故高频率、大范围发生的重要原因。

但愿面对一个又一个血淋淋的事故，我们的某些领导能够猛醒，我们整个国家能进行一场深刻的反思。并以此为契机，彻底告别唯速度是举的发展观，真正走上以人为本、科学发展的轨道。

2011 年第 15 期

要全面理解刑诉法的修法意图

在现代社会中，实体权利总是对应于特定的诉讼程序，并以其作为最终的救济手段。因此，两者总是相伴而生，没有诉讼，便没有权利。基于这样一种逻辑关系，此次刑诉法的大修，引发了一场关于权利问题的公共大讨论。透过公众的权利话语，我们可以感受到现今中国公民权利意识的逐渐强化以及与此相呼应的权利体系和权利保护机制正不断走向完善。

众所周知，刑诉法不仅涉及对国家权力的调整配置，更关系到公民个体权利的保障。所以，如何处理好公权力与公民个体权利的关系，是刑诉法立法和修法面临的一个最为关键的问题。从提交全民讨论的刑诉法修正案草案中，我们可以清晰地看出此次修法的意图十分明确，就是进一步保障人权、规范公权力。尤其是在正确处理惩罚犯罪与保障人权的关系方面，草案增加了不少以人为本的制度设计，修改方向与我国法制建设的方向，与公众对法治要求的方向，明显保持了一致，并充分吸收了司法改革和相关理论研究的成果。正因为如此，草案不仅得到了常委会组成人员的普遍认同，社会舆论也给予了较高的评价。

当然，也有一些人士对草案提出了不同意见，特别是对其中的"拘留通知"、"技术侦查"等条款表示了担忧。应该说，这种担忧是有一定道理的。因为作为公权力运作的密集领域，刑事诉讼活动最易产生权力滥用或失控问题，而滥用或失控的结果，往往会使公民的个人权利遭受严重侵害。并且在现实生活中，也确有这样的事例发生。立法者显然注意到了这一点，试图通过一系列合理的程序设计，将司法权的行使纳入规范的轨道，使其保持理性与适度。虽说刑诉法修正案草案尚需进一步修改完善，但仅就现有的规定而言，对各类枉法行为的发生，也足以起到防范作用。

现在的问题是，应该通过一场具有科学精神和理性态度的公开讨论，使公众能够全面、准确地理解立法者的修法意图，并进而化解担忧情绪，重新建立对草案乃至我国司法的信心。而不是在误读草案有关条款的前提下，用一些极端化的语言，引燃公众的担忧情绪，使其成为一种普遍性的"权利焦虑"。更不应该用一些个案，来否定党和国家为推进司法公正所作出的种种努力。

所以，我们应该在科学、民主的精神指导下，通过更为公开、透明的方式，在公众中展开充分的博弈与商讨，以在打击犯罪与保障人权的双重价值目标中寻求均衡，让人权保护的理念在刑诉法中进一步彰显。

这应该是讨论各方都愿意看到的一种结果。

2011 年第 17 期

为民主发展注入新的活力

根据宪法和选举法等有关法律的规定，从今年开始，县乡两级人大换届选举工作在全国各地陆续推开。到现在为止，全国已有六个省区基本完成了此项工作，有一些省区市则正在进行，还有一些地方将从明年开始。就目前的情况而言，此次换届选举可谓开局良好，进展顺利，广大选民踊跃参与，新产生的县乡两级人大代表结构更加合理，整体素质明显提高。许多从事换届选举工作的同志反映，此次换届选举不仅使亿万人民群众经历了一次重要的民主实践，同时，也使我国的人民代表大会制度得到了进一步加强。

此次换届选举之所以能够赢得"开门红"，从一些地方的经验和做法看，主要是因为在加强党的领导、充分发扬民主、严格依法办事这三个环节上做足了"文章"。

我们党是执政党。选举工作具有很强的政治性、政策性和法律性。所以，只有加强党的领导，才能保证换届选举工作在坚持正确的政治方向的基础上，依法有序地开展。坚持党的领导是换届选举工作的基本原则，也是历年来我们做好换届选举工作最重要的经验。为此，各地党组织高度重视这次换届选举工作，把它列入重要议事日程，作为当前的中心工作来抓。党委的主要领导都亲自抓，及时研究解决换届选举工作中出现的问题，从而为换届选举工作提供了坚强的政治、思想和组织保证。各级人大常委会严格按照宪法和有关法律的规定，充分发挥国家权力机关的作用，全力以赴，认真履职，精心组织，加强指导，确保换届选举各个阶段和各个环节的工作能够按照统一部署和要求顺利完成。

在我们国家，选举是人民行使国家权力的一种最重要的形式，是社会主义民主的具体体现，也是扩大公民有序政治参与的重要步骤。换届选举能否取得成功，在很大程度上取决于在选举的过程中是否能充分发扬民主。所以，各地都把充分发扬民主作为一项重要原则，贯穿到选举的整个过程中。从主动上门进行选民登记、方便流动人口在工作地参选，到组织选区选民小组讨论、协商代表候选人的名单；从组织选民和代表候选人见面，到实行委托投票和设立流动票箱。通过采取各种措施，保障选民的知情权、参与权、表达权、监督权。为了充分调动广大选民的参选积极性，许多地方还利用报刊、广播、电视、板报、标语、宣传车、文艺演出等形式。

严格依法办事不仅是选举工作必须遵循的一项重要原则，同时也是换届选举得以顺利进行的重要保证。宪法和选举法、代表法等对选举的原则、组织、程序和方式都作了规定，各地在进行换届选举工作时，严格遵守这些规定。从选举时间的决定到选举委员会的组成，从选区划分到代表名额分配，从选民登记到推荐和确定代表候选人，每个阶段、每个环节、每个程序，都做到依法办事。为了提高选举工作的组织者和相关人员的法律素养，各地还都举办了各种形式的讲座、培训班，并印发了有关选举工作的法律读本或讲义。所有这一切，都为换届选举工作依法有序进行提供了强有力的保障。

总之，此次换届选举虽正在进行中，但已显现出良好的势头。只要我们及时地总结经验，继续坚持加强党的领导、充分发扬民主、严格依法办事这三者的有机统一，就一定能使换届选举工作取得圆满成功，从而为社会主义民主的不断发展注入新的活力。

2011 年第 19 期

加强保障性住房建设需人大监督的持续跟进

加强保障性住房建设，不仅是个民生问题，同时也是个社会问题，因为这不仅关系到人民生活的提高和改善，同时也关系到经济社会发展全局。当前，我国还有许多城镇的房价一直在高位运行，相当数量的中低收入群体住房问题难以得到解决。因此，加强保障性住房建设，就自然而然地成为破解住房难题的良策。

实际上，近年来，党和国家十分重视保障性住房建设。党的十七大明确提出，要努力使全体人民住有所居。为了实现这一战略目标，国家出台了许多措施，特别是今年召开的十一届全国人大四次会议通过的"十二五"规划纲要确定了实施城镇保障性安居工程的约束性指标，即今后五年建设城镇保障性住房和棚户区改造住房3600万套。

作为最高国家权力机关，全国人大常委会对加强保障性住房建设也十分关注，继全国人大财经委员会在2009年和2010年连续开展专题调研，并提出了许多有针对性的意见和建议后，十一届全国人大常委会第二十三次会议又在分组审议的基础上，于10月27日召开大联组会议，就我国城镇保障性住房建设进行了专题询问。这表明，全国人大常委会正在通过持续不断的努力，积极推进这项工作，以从根本上解决一些群众住房难的问题。

从此次会议审议的情况看，全国人大常委会组成人员认为，在各方面的共同努力下，保障性住房建设取得了积极进展和一定成效，低收入和部分中等偏下收入家庭住房困难有所缓解。同时也要清醒地看到，我国人口众多，正处于工业化、城镇化加快发展的进程中，保障人民群众基本住房需求的任务艰巨而繁重。要认真落实中央决策部署，坚持立足国情和实际，努力走出一条中国特色的住房保障路子。

在这次会议上，吴邦国委员长还就保障性住房的建设和管理，明确提出了三点要求：一要科学制定建设规划，合理确定保障性住房的范围、方式和标准。在确定保障性住房范围时，要充分考虑各级政府财政承受能力，在对现有居民住房状况充分调研的基础上，严格区分保障性住房和改善性住房的界限，真正使低收入住房困难户得到实惠。二要继续加大公共财政支持力度，充分发挥市场机制作用，建立可持续的资金投入机制。三要建立健全分配和运营监管机制，逐步纳入规范化法制化轨道，确保公平公正透明。认真贯彻落实吴邦国委员长的讲话精神，对于做好住房保障工作，具有十分重要的意义。

由多种原因决定，保障性住房的建设和管理是一项十分艰巨和复杂的任务，它不仅需要各级政府的积极努力，同时也需要相关方面的大力支持，其中特别需要人大监督的持续跟进。从最近几年的情况看，围绕社会热点问题，加强跟踪监督，是增强人大监督工作实效的一条重要经验。所以，只要充分运用这一经验，积极主动地开展监督工作，最高国家权力机关一定会在住房保障工作方面，向国人交上一份满意的答卷。

2011年第21期

让民主在我们笔端更加生动

前不久，李建国副委员长兼秘书长就加强和改进机关工作发表重要讲话。李建国副委员长在讲话中要求全国人大机关工作人员干事要"抓地"，要扎扎实实、踏踏实实、专心致志、聚精会神；要以好的精神状态，好的工作态度，创造出一流的工作业绩。

为了贯彻落实李建国副委员长的重要讲话精神，结合落实中宣部关于新闻单位走基层、转作风、改文风的部署，我们组成了一支精干的采访队伍，就县乡人大换届选举进行实地采访。为了使我们的采访能够"抓地"，为了使我们的采编人员能够零距离地感受原汁原味的中国式民主，为了逐步培养一种脚踏实地的工作作风，我们深入基层，从农村到牧区，从企业到街道，走村入户，与最质朴的选民交谈，听最普通的代表讲述。

在内蒙古草原腹地，我们看到有的牧民在崎岖的土路上行走60多里路，就为了能选出自己信任的人当代表；在青藏高原，我们看到设在帐篷里的投票处；在贵州农村，我们看到一位86岁的残疾老人，坐着轮椅到现场投票；在中原某地，我们看到为了使一位在外务工人员及时参选，工作人员一连十几天打了几十个电话；在甘肃弱水河畔，我们看到当选代表向选民立下"军令状"；在京津沪社区，我们看到一个个候选人从"纸上"

走到选民面前……

这样一幅幅生动的画面，一个个来自村落视野中的"草根"细节，使我们的采编人员深受感动：因为他们看到了中国民主最真实的一面。

长期以来，围绕中国选举，总会有这样或那样的非议。这些非议，有的出自本能敌意；有的则缘于对实践缺乏了解，从而得出错误的结论。

此次采访活动告诉我们：呆在办公室里，看不到中国选举的丰富表情；从书本到书本，也品味不出中国选举所独有的"韵味"；坐而论道、夸夸其谈，更解决不了当前选举工作中存在的困难和问题。只有深入实践、走进基层，我们才能读懂看清中国选举，并从中感受中国人民对民主所怀有的那份虔敬与执着。

当然，由我们尚处在社会主义初级阶段这一国情所决定，中国的选举制度并非完美无缺。尤其是人口流动之势不断加剧，给选举工作带来了很大的困难。因此，选举制度需要在实践中不断完善，这将是一个长期的历史进程。

作为最高国家权力机关的机关刊物，我们就是要见证和记录这一历史进程，我们要把中国选举最真实的一面完整地展示给读者，我们要让中国式民主在我们笔端变得更加生动和鲜活。

这是时代赋予我们的神圣使命！

2011 年第 23 期

2012 年

让百姓幸福是经济发展的永恒目标

2011年正渐行渐远，并已成为一道背景。但这一年的中国经济，却颇值得我们回味。

这一年，是我国加强和改善宏观调控的重要一年，是加快转变经济发展方式的一年，也是中国经济在危机中不断成长的一年。特别值得一提的是，随着中国发展告别"数据时代"，保障和改革民生，增强广大人民群众的幸福感，成为过去一年经济工作的主旋律。

对于这一点，我们可以从前不久召开的十一届全国人大常委会第二十四次会议上感受到。在这次会议上，国家发改委主任张平受国务院委托，作了关于加快转变经济发展方式工作进展情况的报告。在审议这份报告时，民生问题被反复提及。许多与会者认为，要着力扩大内需特别是消费需求，把扩大内需的重点更多放在保障和改善民生、加快发展服务业、提高中等收入者比重上来，推动经济增长更多地依靠内需拉动。有的委员提出，我们现在要弄清为什么发展、为谁发展的问题。否则经济增长了，民生的质量不往上升，这个增长是打折扣的。还有的委员说得更直白：发展生产的目的就是为了老百姓生活质量的提高。常委会组成人员的发言，实际上是对中国经济所作的一次全面会诊和重新定位。从这些言论中，我们可以看出最高国家权力机关对解决民生问题表现出了最大的诚意。

与此相呼应的是，张平在其所作的报告中，也把民生问题放在很重要的位置上。特别是在谈到下一步的工作重点时，提出了很多具体措施，其中包括：扩大就业，让城乡居民通过劳动获得更多收入。加大养老、医疗等社保体系建设力度，继续深化医药卫生体制改革，加快教育改革与发展，减轻居民消费的后顾之忧，扎实推进保障性安居工程建设，等等。应该说，这些措施非常具体、实在，对于一度"跑偏"的中国经济而言，无疑具有很强的针对性。

按照科学发展观的要求，保障和改善民生，让百姓生活得更加幸福，这是经济工作的出发点，是经济发展的永恒目标，也是中国经济的独特品格和应有气质。近些年来，党和国家对民生问题高度重视，采取了一系列措施，取得了显著成绩。但也应该看到，由于历史欠账较多，我们在民生领域还存在着许多尚待破解的难题。再加上明年我国经济增长存在下行压力，推动物价上涨的因素很多，部分企业生产经营困难加重，这也给解决民生问题增加了不小的难度。

令人欣慰的是，选择在这个时候听取和审议关于加快转变经济发展方式工作进展情况的报告，显示出党和国家力图从根本上解决民生问题的信心和勇气。这对广大百姓来说，无疑是一个福音。此外，在岁末年初这样一个特殊的时间节点上来讨论民生问题，又使我们对新的一年充满了期待。

我们期待在新的一年里，收入再高一点，税负再轻一点，房价再降一点，吃得再放心一点，就业、上学、看病再容易一点，空气再清新一点，生活的压力再少一点……说到底，就是让幸福指数再高一点。

怀揣着这样一种美好的期待，让我们共同祝福2012年，祝福中国经济在这一年一路走好！

地方立法剑指食品监管"软肋"

在我国现行的食品监管体系中，小作坊、小摊贩一直是一个"软肋"，是各类食品安全事故频发的"高危地带"。这主要缘于食品小作坊、小摊贩具有规模小、分布散、条件差的特点，从而给监管工作带来了极大的不便。在某些地方，它们甚至成为监管的"真空"。正因为如此，如何加强对小作坊、小摊贩的有效监管，更好地应对它们所带来的食品安全挑战，是当前食品安全工作面临的一个很重要问题。

实际上，全国人大常委会对这个问题始终是十分关注的。在制定食品安全法时，就对此作了专门规定。例如，第二十九条第三款规定：食品生产加工小作坊和食品摊贩从事食品生产经营活动，应当符合本法规定的与其生产经营规模、条件相适应的食品安全要求，保证所生产经营的食品卫生、无毒、无害，有关部门应当对其加强监督管理，具体管理办法由省、自治区、直辖市人民代表大会常务委员会依照本法制定。这一规定为地方立法预留了很大的空间。

2011年，全国人大常委会在开展食品安全法执法检查时，专门将食品生产加工小作坊和食品摊贩管理办法等地方性法规制定情况作为检查重点之一。从检查的情况看，各地对这项工作都十分重视。但由于小作坊、小摊贩的情况复杂，监管难度大，所以，除极少数地方出台了地方性法规外,大部分地方还处在起草或者研究探索阶段,整个立法工作推进缓慢。为此,2011年6月,全国人大常委会副委员长路甬祥在代表全国人大常委会食品安全法执法检查组作执法检查报告时指出:"对于食品小作坊、小摊贩的监管,各地应加快工作进度,及早出台相应管理条例,同时建议全国人大常委会对地方这一立法予以指导和督促。"

为了深入贯彻食品安全法,切实落实全国人大常委会执法检查报告的相关建议,研讨食品生产加工小作坊和小摊贩管理的地方立法问题,充分交流地方立法中的经验和重点、难点问题。去年底,由全国人大教科文卫委员会牵头,在海南三亚召开了食品安全地方立法研讨会。在食品安全形势仍然十分严峻的形势下,这次会议的召开,具有十分重要的意义。它对于整合各方立法资源、加快地方立法进程,从制度上解决小作坊、小摊贩监管难的问题,将起到积极的推动作用。从某种程度上说,"三亚会议"是一次食品安全地方立法总动员。

从"三亚会议"的情况看,各地对加快食品生产加工小作坊和食品摊贩监管立法的重要性及如何立好这部法,认识更清楚、思路更明确了。同时,针对在立法中要注意处理好的几个关系,要解决好的几个重点、难点问题等方面,也形成了共识。这是一个积极的信号,它预示着继制定食品安全法和开展食品安全法执法检查之后,全国人大常委会协同地方人大常委会,为解决食品安全问题,将展开又一轮的"亮剑"行动。

食品安全法实施两年半多的实践告诉我们,解决食品安全问题,远比我们预想的要复杂。所以,单靠一部食品安全法,是根本不够的,还需要地方立法的协同配合。当然,法律的作用也不是无限的,不可能解决现实中的所有问题,但它至少可以为我们解决问题提供必要的办法。

套用一句俗语:法律不是万能的,没有法律是万万不能的。

为政之要,其枢在水

水是生命的摇篮,是文明的根基。中华文明正是在水的孕育和滋养下形成与发展起来的。甚至可以说,一部中华文明史,就是一部气势恢宏的治水害、兴水利的巨型史诗。所以,中华民族对水有着特别深刻的理解和感悟。

"为政之要,其枢在水。"纵观我国历史,举凡善治国者均以治水为重,善为国者必先除水旱之害。从先古时代的大禹,到秦皇汉武、唐宗宋祖,再到康熙乾隆,每一个试图有所作为的统治者都把治水作为富民安邦的重要手段。而在我国历史上曾出现过的一些"太平盛世",也往往都和水有关,都会留下一些先人治水的著名传说。从这些传说中,我们可以感受到中华民族在与水共存、顺水而为、抗击水害过程中所形成的伟大智慧。

作为先进文化和先进生产力的代表者,中国共产党人对水利建设十分重视。早在1934年,毛泽东同志就作出了"水利是农业的命脉"这一著名论断。这一论断不仅指明了水利在农业生产中的重要地位,同时,也宣示了中国共产党人力图通过加强水利建设来造福百姓的坚定信心。新中国成立后,党和国家掀起了大规模兴修水利的热潮,动员亿万群众开展水利建设,开创了治山治水的新局面,使水利为经济社会发展、人民安居乐业作出了重要贡献。特别是近年来,中央坚持把农田水利建设作为保障农业稳定发展和国家粮食安全的重要基础,不断完善政策支持体系,加大各项工作力度,推动农田水利进入新的发展阶段。我国以占世界6%的淡水资源、9%的耕地,解决了占世界21%人口的吃饭问题,农田水利发挥了至关重要的作用。

回望中华民族五千多年的文明历程和新中国六十多年治水的伟大实践,我们不难看出,水利建设对于一个民族、一个国家具有十分重要的意义。可以说,水利兴而天下定,水利兴而百业旺,水利兴而人心稳,水利兴而百姓富。

当前,改革开放的不断深化,经济社会的快速发展,给水利工作提出了新的更高的要求。在这种背景下,全国人大常委会听取审议国务院关于农田水利建设工作的报告,并围绕这个报告开展专题询问,就显得恰逢其时。实际上,人大监督锁定农田水利建设,既是对几十年来我国治水实践的总结,又是对农田水利建设现状的"会诊",同时,也是对中国特色农村水利建设之路的展望。

从国务院提交审议的报告中可以看出,虽然我国农田水利发展形势总体看好,但农田水利建设历史欠账多、薄弱环节多、积累矛盾多的问题仍然十分突出。随着工业化、城镇化快速推进,我国人增地减水缺的矛盾日益突出,保障粮食等农产品供求平衡的任务更加艰巨,农田水利建设滞后问题将愈加凸显。

令人欣慰的是,常委会组成人员对此有着清醒的认识,并从改革创新农田水利发展体制机制、加大财政投入的力度、完善管理服务体系、加强节约用水和水土保持工作的力度等方面提出了许多很好的意见和建议。

由我们国家的国情水情所决定,加强农田水利建设,将是一项长期的历史任务,不可能一蹴而就。但只要我们认真贯彻中央一号文件精神,切实加强人大监督,就一定能迎来农田水利建设的又一个春天!

2012年第9期

珍惜人民赋予的权力

随着炎热的夏季如期而至，2012 年已经近半。应该说，从这时起，十一届全国人大的任期开始进入最后的"收官"阶段。

众所周知，人大工作具有很强的周期性。一般说来，五年一个周期，头一年主要是熟悉情况，制定各种规划；第二年开始进入角色；第三年和第四年逐渐发力，工作也渐入佳境；第五年是"收官"阶段，工作节奏放缓，同时也为换届作准备。正因为如此，每到任期的最后一年，往往容易出现松懈情绪。在地方人大就曾流行着这样一种说法："一年二年看，三年四年干，最后一年等着换。"

从眼下的情况看，虽然本届人大的任期剩下不到十个月，但我们不仅丝毫感觉不到松懈情绪的出现，相反，各项工作正热火朝天地展开，并且随着夏季的到来而逐步升温。例如，按照年初拟订的立法工作计划，相关部门正在抓紧进行有关法律草案的起草、论证或调研工作；前不久，由几位副委员长带队，分赴各地开展执法检查；各专门委员会和工作委员会，也都围绕各自的职责，开展专题调研和各类研讨活动，代表视察、培训及议案建议办理工作正在紧锣密鼓地进行。

据了解，在本月下旬将要召开的十一届全国人大常委会第二十七次会议上，将至少有五六部法律草案提交审议。另外，还将审查和批准中央决算报告，听取和审议审计工作报告和其他有关工作情况报告及执法检查报告。从这样一份议程表中，我们可以强烈地感受到扑面而来的工作热潮，感受到十一届全国人大的各项工作不仅没有受到换届的影响，反而呈现出一路走高的态势。

这是一种积极的变化。它标明，随着民主法制建设进程的不断推进，常委会组成人员履职的自觉性和责任心不断增强，最高国家权力机关的作用得到进一步发挥，人民代表大会制度越来越健全和完善。

从地方各级人大的工作中，我们也可以看到这样一种变化。去年和今年，是地方人大的换届之年。从目前的情况看，有的地方已完成换届选举，新一届人大常委会的各项工作已全面铺开；没有换届的地方，则抓紧最后的时间，积极做好工作。可以说，以换届为契机，地方人大的工作也掀起了新一轮的热潮。

今年"两会"期间，一位全国人大代表在接受本刊采访时说，五年的任期时间很短，我们不应该有任何懈怠，必须争分夺秒，珍惜每一天，善待人民给予的权力，直到任期届满。只有这样，才能不辱使命，不负重托。

这是一个人大代表的责任宣言，也是一种庄严的承诺，它表达了人大工作者的共同心愿。的确，认真履行职责，直到任期届满，这是对人民权力的珍重，也体现了对人民高度负责的精神。在这方面，十一届全国人大常委会作出了表率。我们希望在这种精神的引领下，人大工作将再创新的辉煌！

2012年第11期

让百姓喝上放心水，是政府最基本的责任

前不久召开的十一届全国人大常委会第二十七次会议，审议了国务院关于保障饮用水安全工作情况的报告，并就这个议题进行了专题询问。此举表明，饮用水安全问题，已渐入人大监督视野，这对广大百姓而言，无疑是一个福音。

饮用水安全关乎百姓健康，事关千家万户，正如一句流行的广告语所说的那样，水的质量决定生命质量。近些年来，继食品安全之后，饮用水安全问题也一再升温，成为又一个热门话题。一些"水事件"的相继发生和各种各样的说法，引燃了人们的担忧情绪，甚至在有些地方造成了普遍性的恐慌。与此相对应的是，有关部门的辩白，和一些专家们的"权威"解释，不仅没有从根本上消除公众的焦虑，相反，还引发了更多的猜疑。正是在这样一种背景下，人大监督的适时出手，就显得尤为必要。

从表面上看，公众的担忧和焦虑是由一个又一个个案引起的。但从更深的层面上看，是缘于公众的知情权得不到保障。再把饮用水安全和食品安全这两个问题联系起来看，就不难发现，公众对饮用水安全的过度担忧，实际上是食品安全问题所引发的焦虑情绪的扩展和延续。如果我们不能及时回应公众的质疑，化解他们的焦虑情绪，有可能使问题扩大化，从

而引发一次信任危机。

因此，用一种最权威、最公开的方式，给公众一个交代，让他们对中国的水情有一个全面的了解，而不是欲言又止，遮遮掩掩，在这个时候，比什么都重要。因为公开才会有公信，公开才会让各种说法的真实性得到检测，公开才会在百姓和政府之间建立一种真正的互信关系。

所以，此次人大监督直面饮用水安全问题，意义特别重大。其一，由于正面回答了长期以来公众的一些猜测和疑虑，使他们对我国饮用水安全现状有了一个真实的了解，有助于化解恐慌情绪；其二，向世人传递出我们党和国家解决饮用水安全问题的诚意和决心。

从此次常委会会议的审议发言和专题询问中，我们可以感到，近年来，各级政府在解决饮用水安全方面，采取了许多措施，做了大量的工作。但由我国的水情所决定，从根本上解决饮用水安全问题，需要一个过程。现在的关键是，我们应该把这个问题摆在什么位置上？拿出多少精力、财力、物力和人力？说到底，让百姓喝上放心水，这是一个最基本的民生问题，和其他一些问题相比，轻重缓急，自当分明。改革开放三十多年来，我国的经济、政治、社会、文化和生态文明建设取得了巨大的成就，国际地位越来越高，国力越来越强，财富的蛋糕越做越大，但如果还继续让相当数量的百姓为饮水安全问题担忧，这显然是说不过去的。

所以，无论如何，让百姓们喝上放心水，这应该成为政府一项最基本的责任！

2012年第13期

勿忘回家的路

最近一段时间，文物保护问题频频进入公众视线：在六月底召开的十一届全国人大常委会第二十七次会议上，路甬祥副委员长代表全国人大常委会执法检查组作了关于检查文物保护法实施情况的报告。从报告中可以看出，当前我国文物保护工作面临的任务依然艰巨而繁重。与此相关联的是，各地接连曝出了名人故居遭拆毁的传闻，这不仅令公众深感担忧，同时也引发了一片质疑声。

可以说，文物保护问题正以一种沉重的方式摆在了国人的面前。

文物是历史的影子，是灿烂文明的载体，是一个国家传统文化的记忆基因，是特定民族的历史根脉。中国是有着5000多年历史的文明古国，流传至今的每一件文物都曾历尽风雨沧桑，它们凝聚着中华民族所独有的精神品格、思维理念和创造力，蕴藏着巨大的感召力和民族向心力。

作为一个文物大国，我国对文物保护工作历来十分重视，早在30年前，就制定了文物保护法，其后又于2002年和2007年，先后两次对该法进行了修改。从文物保护法实施30年来的情况看，随着我国经济发展和社会进步，文物保护事业与时俱进、开拓创新，取得了显著成绩，形成了许多好的经验和做法。

当前，随着经济发展和城市化进程的不断推进，文物保护工作面临着前所未有的挑战。其中，如何处理好经济发展与文物保护的关系问题，是一个无法绕开的话题。这个问题的核心，实质上就是在经济利益与文物保护之间究竟如何取舍。说得更确切些，就是谁为谁让步。这一点，常常令有些地方政府感到纠结。

其实，只要我们能够真正地认识到文物的价值，就不难作出取舍。文物是先人留给我们的一笔最珍贵的财富。对于我们而言，文物最重要的价值在于它们是民族根性的延续，告诉我们从哪里来，何以能走到今天；它们是我们民族情感与性格的基因，使我们能够在现代化和全球化的进程中，在市场经济的大潮中，坚守中华民族最优良的秉性，不迷失自我；它们能够让我们与先人对话，看清通往祖先辉煌过去的通道，寻找到回家的路。

文物对于一个国家的贡献，绝非楼堂馆所、高档社区可相比拟，也无法用统计数据测算出来。当我们基于政绩冲动，或为了追逐经济利益和所谓的发展速度，而损掉文物时，实际上就是在撕裂一个民族的历史与现在，就是在摧毁人们的记忆与思绪，就是在切断历史的根脉，就是忘了回家的路。

所幸，最高国家权力机关充分认识到了文物保护工作的重要性和迫切性。为此，在今年四至五月间，组成由五位副委员长挂帅的高规格的执法检查组，在全国范围内，对文物保护法的实施情况进行了检查。由于文物保护工作牵扯的面比较广，所以，仅靠一次执法检查，是不能解决所有问题的。但我们至少可以通过这次执法检查，重新认识文物的价值，重新审视我们对待文物乃至历史的态度，并以此为契机，掀起一场全民的文物保护运动！

这也许是文物保护法执法检查的意义所在。

2012 年第 14 期

应对灾害，法律能为我们做些什么

一场突如其来的强降雨，给北京这座现代化的国际大都市带来了光荣、感动、温馨、悲怆、痛楚、遗憾，以及一个又一个刻骨铭心的记忆片段。关于这场大雨，我们有许多东西需要总结，其中，从法律的层面进行反思尤为重要。因为在现代社会中，能否有效地运用法律资源应对各种自然灾害，最能反映一个国家的法治化程度。

可以说，北京7·21强降雨，是对我国灾害防御体系及相关的法律制度所作的一次突击检验，它验出了我国灾害防御体系中的一些致命"硬伤"。

依法防灾治灾，并非是一个新话题。早在抗击"非典"的过程中，就有许多法律工作者呼吁，"不要等到灾害来了才想起法律。"也正是"非典"这场灾难，催生了突发事件应对法。但令人遗憾的是，与出台时的高调相比，突发事件应对法问世不久，便渐渐淡出人们的视野，直至被彻底"边缘化"。

但如果因此说我们完全忽略法律在应对自然灾害中的作用，显然是不客观的。实际上最近几年，每当一次自然灾害过后，人们在总结经验教训时，总会谈到如何完善法律制度，如何依法抗击各种自然灾害。问题是这仅限于口头上，在实践中，人们更习惯于强化精神力量、行政权威和技术手段在防灾减灾中的作用，法律难以扮演主要角色。

正是由于平时对法律的怠慢，才导致灾害来临之际，我们仓促上阵，穷于应付。

以北京7·21强降雨为例，虽然这座城市从管理者到普通市民都尽了最大努力，他们的表现也的确令人称道。但如果从法律的视角进行审视，就不难发现，我们的工作仍存在着一些纰漏：

为什么我们的预警系统在最关键的时候失灵？为什么灾害已然来临，但许多市民却浑然不觉，缺乏最基本的避险意识，丝毫看不出平时受过防灾训练？为什么在一些危险的路段和地点，只见市民自救的身影，而原本早该到场的公安、交通、消防、防汛、排水、急救等部门迟迟不现身，反应比市民还慢？为什么城乡规划法已有硬性规定，但北京一些"高危"地段的排水系统长期以来不符合防灾减灾的要求？为什么有的地方公然违反防洪法的规定，在河道、湖泊管理范围内建设妨碍行洪的建筑物、构筑物，倾倒垃圾、渣土，从事影响河势稳定、危害河岸堤防安全和其他妨碍河道行洪的活动？为什么我们的灾害善后工作总是因时因地因人而异，无章可循，带有很大的随意性……

上述这些问题，突发事件应对法、气象法、城乡规划法、防洪法等都有规定，只不过这些规定并没有引起我们的重视。有一句流行的说法，叫态度决定一切。正因为我们对待法律缺乏应有的尊重，所以，必然要付出惨痛的代价。

实践告诉我们，仅仅依靠精神力量、行政动员和技术手段，是不足以应对自然灾害的。只有依靠法律，才是最有效的。法律虽然不能从根本上杜绝灾害的发生，但它至少可以最大限度地降低灾害的破坏力。所以，我们应该积极探索应对灾害的制度路径，要学会在法律的框架内谋划我们的防灾减灾工作，要把我们在长期的抗灾斗争实践中形成的宝贵经验转化成为法律规范，要让法律成为防灾减灾中最重要的力量！

但愿此次水灾，能让我们彻底转变对待法律的态度。

2012年第15期

公平是一块最有价值的金牌

伦敦奥运已渐行渐远，新一轮的奥运备战又将开始。奥运金牌数和奖牌数均排名世界第二，这是中国体育一个最新的定位。对此，我们应该感到高兴。但这种高兴应该是有节制的。因为在这样一份成绩单的背后，我们可以看到中国体育依然面临着许多亟待解决的问题：

如何评价过去几年我们的奥运战略的利弊得失；如何审视我们的竞技文化和体育精神，以及其中包含的价值观；如何看待体育在国家中的地位（体育，尤其是竞技体育，无关乎国计民生，在人财物的投入上，应该适度）；如何防止由于对金牌的过度追求，使体育退化为"奖牌生产线"和一种新的"面子工程"；如何让体育与商业利益保持适当的距离；如何让体育为百姓服务，而非百姓为体育服务；如何让中国体育在完成"一雪百年耻辱"这样一个历史重任后，轻装上阵，回归体育原有的属性，多一些欢乐和清纯，少一些沉重和悲情；如何培育与我国的国际地位相适应的大国体育所应有的气度和风范，而不是斤斤计较，不择手段；如何运用一些精神层面的元素，而不只是依靠一些仅有数据意义的金牌来展示我们的国家形象……

对于这样一些问题，在奥运期间就有很多议论，与以往不同的是，人们不仅关注金牌的多少，同时也开始用一种多元的、理性的目光来观察中国体育。我们也听到了一些不同的声音。

这应该是伦敦奥运所带给我们的一个重要收获。

谈到收获,最大的莫过于我们对公平有了更深刻的理解。从"面对外媒关于我国游泳运动员服用兴奋剂的无端质疑时,我们所表现出的淡定、坦然和大气",到"女羽双打选手因消极比赛而被取消比赛资格所引发的铺天盖地批评",再到"对女子举重选手奥运选拔规则的追问",越来越多的人开始用一种公平的而非功利的视角来评价运动员们的表现。这是一种积极的变化。

实际上,不止体育领域,在当今中国社会,崇尚公平,已成为整个国家一种主流的价值取向和文化认同。我们从近年来的人大工作中,就可以感受到这一变化。例如,去年上半年,个税法的修改引起了社会各界的普遍关注,就是因为这个问题的核心实际上是如何运用公平的方式来对社会财富进行合理地再分配。再往前推,在道路交通安全法、劳动合同法的制定和修改过程中,公平始终是一个关键词。此外,近年来人大监督所涉及到的教育、卫生、保障性住房、就业、收入分配等,也都是关系到在社会成员之间,如何对公共资源进行公平地分配。可以说,在我们国家,追求公平,不仅是一种治国理念,也是一种得到人们普遍认同的社会法则,更是一种无所不在的社会氛围。

回到开始的话题。作为一项最有影响力的体育赛事,奥运会的每一项比赛都要分出胜负。但胜负又不是最重要的。只有公平,才称得上是奥运精神之魂,才是最重要的。就今日中国而言,我们已在包括体育在内的各个领域取得了骄人的成就。如果我们能在精神层面上表现出大国应有的气度,为世界作表率,这才是真正的为国争光。相反,为了一块金牌,放弃公平精神,不择手段,只能使国家的形象受损。所以,公平才是最值得我们珍惜、也是最有价值的一块金牌。

2012年第16期

经济下行带来的不只是压力

如何评价当前中国的经济形势？现在有各种各样的说法，其中不乏一些悲观性的言论，主要依据是跌破两位数的经济增长速度。

的确，中国经济今年遇到了很大的困难，增长速度大幅下滑，下行压力凸显，面临的环境极为复杂严峻，何时能走出颓势，尚难预料。对此，我们应该有清醒的认识。但就此对中国经济形势作出过于悲观的判断，也大可不必。

长期以来，我们往往把GDP作为判断经济形势的一个重要甚至是唯一的参数。似乎只要GDP上去了，便可"一俊遮百丑"。实际上，经济具有多面性，分析判断经济形势，也需要建立一个完整的指标体系，这既要有包括GDP在内的各种数据，也要有百姓的实际感受。单纯依靠GDP，并不一定能够带来经济的良性发展和百姓生活水平的提高。一个看似有些怪诞的逻辑是，有时百姓的幸福感并不与GDP同比增长，特别是当某些官员基于政绩冲动而不顾一切地追逐GDP时，两者甚至还会呈现逆向运行的模式。

所以，我们要善于透过GDP去观察中国经济最真实的一面。GDP固然重要，但其重要性不体现在数据上，而是体现在它的增长究竟能够为百姓带来多少实惠上。

就今年的情况而言，虽然经济增长速度放缓，对中央和地方财政会产生一定负面影响。但对事关百姓生活质量的两大民生指标——就业和居民收入，则影响要小得多。据统计，今年前7个月，城镇新增就业812万人，同比多增39万人。农村外出务工劳动力比去年同期增长2.6%。今年上半年城镇居民人均可支配收入和农村居民人均现金收入同比实际分别增长9.7%和12.4%，都超过当期GDP增速，实现了年初提出的城乡居民收入实际增长与经济增长保持同步的要求。其中农村居民收入增速已连续10个季度快于城镇。这表明，增幅回落并没有给百姓的生活质量带来大的影响。

更为重要的是，适当放缓经济增长速度，使我们能够赢得一个休整期，静下心来，在总结经验的基础上，重新谋划我国经济今后的发展道路。中国经济就像一列高速运行的动车，既需要速度，更需要安全和舒适。而实现这一点，离不开定期检修。

在前不久召开的十一届全国人大常委会第二十八次会议上，全国人大常委会对国家发改委主任张平所作的关于今年以来国民经济和社会发展计划执行情况的报告进行了审议。这是最高国家权力机关对我国当前经济形势所做的一次全面会诊。在审议中，许多委员认为，中国经济最关键问题并不是经济增速，而是结构。当前正是解决中国经济长期积累的结构性问题的历史机遇。而解决这些问题就要付出代价。要把经济下行压力变成中国经济结构调整的动力。从长远来看，如果结构调整好了，速度就不会是大问题。但如果增速回落了，而调整结构和深化改革却没有实质性进展，这才是令人担心的。

从委员们的发言中，我们可以感到，经济下行带给我们的不只是压力，同时还有机遇。因此，如何化压力为动力，抓住机遇，趁势而上，将是中国经济面临的一次大考。

2012年第17期

地方立法续写辉煌

从1979年地方组织法赋予省、自治区、直辖市人大及其常委会制定地方性法规的权力，到今天为止，地方立法已经走过了三十多年。三十多年来，地方立法见证了中国特色社会主义法律从奠基到形成，见证了我国人民代表大会制度从恢复到发展、到不断完善，见证了依法治国、建设社会主义法治国家这一伟大历史进程不断向前推进。

三十多年来，有立法权的地方人大及其常委会坚持以邓小平理论、"三个代表"重要思想为指导，深入贯彻落实科学发展观，坚持党的领导、人民当家作主、依法治国有机统一，坚持中国特色社会主义政治发展道路，以形成并不断完善法律体系为目标，积极开展立法活动，立法工作取得辉煌成就。在实践中，各地从本地改革开放和经济社会发展的实际需要出发，认真履行宪法和法律赋予的地方立法职权，重点开展与国家法律相配套的实施性立法，着力推进体现地方特色的自主性立法，积极探索创新实践的先行先试性立法，为地方推动科学发展、促进社会和谐提供了法律保障，为国家立法提供了大力支持，有力保障了宪法、法律和行政法规在本行政区域内的实施，为确保法律体系如期形成并不断完善作出了重要贡献。

多年来，各地在开展立法工作时，始终把维护广大人民群众的根本利益作为出发点，以提高立法质量为目标，坚持科学立法、民主立法，形成了许多好的经验和做法：科学编制立法规划和立法工作计划；改变由政府部门单独起草的传统做法，形成政府部门、人大专门委员会、常委会办事机构、研究机构等多渠道起草的制度，并逐步增加以人大常委会为主组织起草法规草案的数量；在法规草案审议环节，充分发挥常委会、各专门委员会的作用；建立健全以常委会为主导的立法协调机制；形成了保障人大代表、常委会组成人员在立法工作中依法行使职权的机制；拓展了立法调研、座谈会、论证会、听证会、公布法规草案征求意见等多种方式方法，不断扩大公民对立法工作的有序参与。这些经验和做法，为丰富立法理论，进一步完善立法制度，不断提高立法水平，提供了鲜活的素材。

为了总结近年来地方立法工作的经验和成就，探讨今后一个时期加强和改进地方立法工作的具体措施，前不久，第十八次全国地方立法研讨会在京召开。会上，中共中央政治局委员、全国人大常委会副委员长王兆国作了重要讲话，全国人大常委会法工委负责人作了总结发言。这次地方立法研讨会的召开，对于下一步贯彻党的十八大精神，积极推进新形势下立法工作，不断完善中国特色社会主义法律体系，具有十分重要的意义。

特别值得一提的是，随着我们进入后法律体系时代，立法工作面临的任务依然相当繁重，立法工作的难度更为突出，完善法律体系任重道远。所以，此次地方立法研讨会的召开，实际上是一次地方立法的总动员。这有利于我们认清形势、明确任务、统一思想、提振信心。从会议的情况看，已达到了这一目的。

我们相信，以这次地方立法研讨会为契机，只要认真履行宪法、法律赋予的职责，地方立法就一定能够续写新的辉煌，从而为坚持和完善人民代表大会制度作出更大的贡献！

2012年第19期

坚持国企改革的方向不动摇

如何认识国企在经济社会发展中的地位和作用？如何评价过去三十多年来国企改革的成效？如何谋划国企改革未来之路……这样一些看似简单的问题，从未像现在这样引人注目。特别是随着经济全球化和国际化竞争的挑战日趋严峻，我国改革涉入"深水区"，这些问题的重要性更加凸现。

改革开放以来，国企改革作为经济体制改革的中心环节，不断深入推进，可谓风雨兼程，一路走来。三十多年来，国企发生了历史性的变化，控制力和竞争力明显增强、发展质量和运行效率明显提升，为国民经济持续快速增长和社会和谐稳定作出了重大贡献，已成为中国经济的一张"名片"。当然，作为一个世界性难题，我国的国企改革还在进行中，一些深层次矛盾和问题尚未根本解决，部分国有企业生产经营面临新的困难和挑战，改革发展的任务仍然艰巨而繁重。尤其是近些年来，社会上的批评、诘难、质疑甚至误解，使国企屡屡处在风口浪尖，面临着前所未有的舆论压力。

正是在这样一个特殊的背景下，全国人大常委会听取和审议国务院关于国有企业改革和发展工作情况的报告，就显得恰逢其时。人大监督此次聚焦国企改革，既是对三十年来国企改革历程的梳理，又是对国企现状的一次全面"会诊"，更是对国企改革方向所作的一次科学定位。

在当下中国，如何把握国企改革的未来走向，最基本的前提是要科学地认识国企的地位和作用。实践证明，国有企业是坚持基本经济制度的坚强基础，是发展国民经济的坚强主体，是维护社会稳定的坚强力量，是保障和改善民生的坚强依靠，是增强国家竞争力的坚强支柱。

可以毫不夸张地说，没有国企的担当和付出，就没有新中国六十多年的成就与辉煌，就没有改革三十多年来创造的"中国奇迹"，就没有在全球经济持续低迷的背景下我国经济依然稳健发展的良好势头。国企的力量显示着中国的力量，显示着中国特色社会主义所独有的魅力。

因此，我们应该全面、客观地评价国企的地位和作用，对它们目前面临的困难多一点宽容和理解，对社会上的一些非议要有清醒的认识。不要因为国企改革出现了一些问题，就全盘否定国企的地位和作用，就唱衰国企，并进而动摇改革的信心。

在审议国务院关于国有企业改革与发展工作情况的报告时，常委会组成人员提出了许多很好的意见和建议，这充分体现了最高国家权力机关对国企改革的关心与支持。从这些意见和建议中，我们可以看出，国企改革虽然困难重重，但依然充满希望。所以，我们要将人大监督转化为国企改革的动力，把国企改革不断推向深入。

2012 年第 21 期

自信是做好人大工作的强大动力

党的十八大是在我国改革发展关键阶段召开的一次十分重要的大会，大会高举旗帜、继往开来、求真务实，是一次团结的大会、胜利的大会、奋进的大会。胡锦涛同志的报告描绘了在新的时代条件下全面建成小康社会、加快推进社会主义现代化的宏伟蓝图，为我们继续推动党和国家事业发展指明了前进方向，是全党全国各族人民智慧的结晶，是我们党团结带领全国各族人民坚定不移走中国特色社会主义道路、在新的历史起点上继续发展中国特色社会主义的政治宣言和行动纲领，是马克思主义的纲领性文件。

报告指出，中国特色社会主义道路，中国特色社会主义理论体系，中国特色社会主义制度，是党和人民 90 多年奋斗、创造、积累的根本成就，必须倍加珍惜、始终坚持、不断发展。全党要坚定这样的道路自信、理论自信、制度自信。这里的制度，包括作为根本政治制度的人民代表大会制度。这三个自信的提出，特别是制度自信的提出，对于坚持和完善人民代表大会制度，努力做好新形势下人大工作，具有十分重要的意义。

作为一种精神力量，自信是做好人大工作的重要前提，是做好人大工作的强大动力。惟有自信，我们才能有持之以恒的执着与坚守，才能有行动上的自觉，才能坚持人民代表大会制度不动摇，才能坚持中国特色社会主义政治发展道路不动摇，才能坚持人大工作正确的政治方向不动摇，才能全身心地投身到人大工作的实践中，更好地发挥参谋助手作用。

自信是一种价值认同，是建立在正确的认识之上。我们之所以对人民代表大会制度抱有强烈的自信，就是因为我们对我国为什么实行人民代表大会制度有着正确的认识，对人民代表大会制度有哪些优势有着深刻的理解，对人民代表大会制度与西方议会制的区别有着清醒的把握。

人民代表大会制度是我国的根本政治制度，在我国实行人民代表大会制度，是我们党把马克思主义基本原理同中国具体实际相结合的伟大创造，是近代以来中国社会发展的必然选择，是中国共产党带领全国各族人民长期奋斗的重要成果，反映了全国各族人民的共同利益和共同愿望。

近 60 年的实践告诉我们，人民代表大会制度是一个具有伟大历史功效的制度，是我们国家和人民能够经得起各种风浪、克服各种困难、沿着社会主义道路前进的可靠制度保证，也是我们全面建成小康社会、实现中华民族伟大复兴的可靠制度保证。近年来，我们能够战胜一系列突如其来的自然灾害，有效应对外部经济风险，就充分说明了这一点。因此，我们应该对人民代表大会制度充满信心，应该为拥有这样一个伟大的制度而感到骄傲和自豪。

当然，我国的人民代表大会制度还是一个年轻的制度，一个在不断发展中逐步走向成熟的制度。虽然它在发展中还面临这样或那样的问题，但不应该因为有问题就动摇信心，进而否定这项制度。正如习近平总书记所指出的那样，中国特色社会主义制度是特色鲜明、富有效率的，但还不是尽善尽美、成熟定型的。中国特色社会主义事业不断发展，中国特色社会主义制度也需要不断完善。

我们要认真贯彻落实十八大精神，在以习近平为总书记的党中央领导下，化自信为动力，努力做好人大工作，为坚持和完善人民代表大会制度作出新的更大的贡献。

2012 年第 22 期

实现伟大梦想的制度保障

习近平总书记在首都各界纪念现行宪法公布施行30周年大会上指出，全面贯彻实施宪法，是建设社会主义法治国家的首要任务和基础性工作，宪法是国家的根本法，是治国安邦的总章程，具有最高的法律地位、法律权威、法律效力，具有根本性、全局性、稳定性、长期性。全国各族人民、一切国家机关和武装力量、各政党和各社会团体、各企业事业组织，都必须以宪法为根本的活动准则，并且负有维护宪法尊严，保证宪法实施的职责。任何组织或者个人，都不得有超越宪法和法律的特权。一切违反宪法和法律的行为，都必须予以追究。

这段讲话开宗明义、掷地有声。它传递出新一届中央领导集体维护宪法权威、捍卫宪法尊严、保证宪法实施的强烈意愿。同时，向世人昭示了我们党和国家依法治国的决心，展示了中国人民尊崇法治的姿态。这一重要讲话对全面贯彻实施宪法，加快建设社会主义法治国家，发展社会主义政治文明，具有重大的现实意义和深远的历史意义。

宪法是我国的根本法，是治国安邦的总章程，是中国特色社会主义的法律基础和法制保证，是一切组织和个人活动的根本准则。现行宪法作为国家的根本法，以法律的形式确认了全国各族人民奋斗的成果，规定了国家的根本制度和根本任务，全面体现了党在社会主义初级阶段的基本路线，集中反映了全国各族人民的共同意志和根本利益。

我国现行宪法从 1980 年开始起草，1982 年 12 月 4 日正式问世，至今已走过 30 年的光辉历程。30 年来，现行宪法与改革携手并行，与时代同频共振，以其最大的权威性和最高的法律效力，成为维护人民当家作主地位的坚强后盾，成为保持国家统一、民族团结、经济发展、社会进步和长治久安的法律基础，成为中国共产党执政兴国、团结带领全国各族人民建设中国特色社会主义的法制保障。

30 年来，随着依法治国、建设社会主义法治国家进程的不断推进，宪法从"纸上"走进"现实"，由制度文本成为一种国家生活，成为一种无所不在的社会氛围。越来越多的中国百姓感受到宪法给他们带来的实惠，因而维护宪法权威，确保宪法实施，已由被动变为自觉，由共识变为行动。

30 年来的实施充分证明，现行宪法是一部符合中国国情、具有中国特色，建立了巨大历史功效、深受亿万中国人民爱戴的好宪法。它是我们国家和人民能够经得起各种风浪、克服各种困难、沿着中国特色社会主义道路前进的可靠制度保障。同时，也是我们站在新的历史方位，全面建成小康社会、实现中华民族伟大复兴的可靠制度保障。

如果说过去的 30 年，因为有了一部好宪法，因为这部宪法得到了有效实施，我们才创造了一个又一个"中国奇迹"，留下了一段又一段"民主传奇"，那么，在实现中华民族伟大复兴这一伟大梦想的历史进程中，只要我们全面贯彻实施宪法，恪守宪法原则，弘扬宪法精神，履行宪法使命，就一定能再创新的辉煌！

2012 年第 23 期

温故，是为了更好地出发

从 2003 年到 2012 年，全国人大又走过了一段不平凡的历程。过去十年，我们经历了辉煌与荣耀，收获了成功与喜悦，体味了崇高与感动，更留下了一个又一个刻骨铭心的记忆。

过去十年，对科学立法、民主立法持之以恒的执着与坚守，使人大立法迎来了收获的季节，在一场波澜壮阔的立法攻坚战之后，中国特色社会主义法律体系如期形成，一幅恢宏壮锦的法治中国新图景展现在世人面前。与此同时，以人为本、立法为民的理念深入人心，并被融进了每一部法律中。随着民意的深度介入，一部又一部法律精品相继问世。每一部法律都在讲述着中国的民主传奇；每一部法律都在诉说着中国人民对于法治所怀有的那份虔敬与渴望；每一部法律都在展示着立法者高超的政治智慧。

过去十年，和着民主的脉动，人大监督又翻开了新的一页。监督法的出台，不仅成就了二十年磨一剑的立法佳话，也使人大工作者终于拥有了一部"监督宝典"。以此为契机，随着观念的递进和境界的攀升，人大监督实现了由"软"到"硬"的升级换代。在继续保持原有特色的前提下，"围绕中心、突出重点、讲求实效"的思路更加清晰。专题询问、专题调研等新的监督形式的出现，不仅为人大监督注入了更多的时代元素，也为进一步完善监督制度提供了鲜活的素材。

过去十年，"履职"成为人大代表使用频率最高的词，被挂在嘴上，搁在心上，担在肩上，融化在血液里。正是有了人大代表的付出与担当，人大地位才会越来越高，社会影响力才会越来越大；正是有了人大代表的牵挂与惦念，百姓的诉求才会转化成为制度设计和执政行为；正是有了人大代表的联系与沟通，才会拉近最高国家权力机关和公众之间的距离。

过去十年，全国人大通过积极开展高层交往、稳步推进机制交流、充分利用多边舞台等形式，充分展现我国家形象、阐述我方针政策和立场观点、交流治国理政和民主法制建设经验，有力地维护了国家安全和发展利益，开创了全国人大对外交往的新局面。

过去十年，开放已成为人大工作最鲜明的时代品格。法律草案公开征求意见常态化、团组开放、网上新闻中心、网络访谈、电视网络直播、专题询问同步跟踪报道、新闻发言人制度……这样一些原本很专业的表述，也越来越为普通百姓所熟悉。

当站在新的起点上，行将开始新的出发之际，我们温故过去，可以强烈地感受到：过去十年，我们走过的每一步，都会成为依法治国进程中一个耀眼的路标；我们取得的每一点成就，都会成为人大工作不断向前发展的推动力量；我们所获取的每一份经验，都会成为中国民主不断增量的催化剂。

所以，温故过去，就是为了更好地出发。

2012年第24期

2013年

民主永远年轻

对于绝大多数中国人来说,每年一度的全国人代会有着特殊的意义。因为通过人代会,他们开始知道什么叫民主,并实实在在地感受到了民主的魅力所在。

不仅如此,人代会又给人们带来了节日所特有的喜庆气氛,它使普通百姓能有机会近距离地了解国家大政方针的出台过程,清晰地观察国家的发展方向。

更为重要的是,随着中国国际地位的不断提升,人代会拥有了世界性的影响。不但外国政要关注我们的人代会,就连一些普通外国人也通过人代会熟悉中国,进而走进中国。

可以毫不夸张地说,人代会就像一部宏大的叙事,把一个真实的中国呈现在世人面前。

正因为人代会有着如此重要的地位,所以,它对中国民主的发展起着积极的推动作用。

人代会就是中国民主的一张名片,因为只有它才最能体现中国民主的本质,最能反映中国民主的全貌,理解了人代会,就等于理解了中国民主。所以,通过它的推介,越来越多的人认识了中国民主。

人代会就是民主的嘉年华，它为民主注入了更多的"流行"元素和欢乐气氛，它用节日庆典的方式，把中国民主最精彩的一面展示出来，它本身也成为春天里一道最亮丽的风景线。

人代会就是民主的风向标，它在引领民主风范、传播民主精神、培育民主意识、创新民主理论方面，具有很强的示范效应。人代会每一个细节中包含的民主精神，都会对人们的行为方式和价值观念产生深刻的影响。

人代会就是一本活的民主教材，它将精深的民主原理、缜密的制度设计，还原成为一种百姓生活，从而实现民主的普及与推广；它使广大中国公民通过必要的方法训练和经验储备，从民主的"旁观者"变成民主的"参与者"。

当前，随着人大地位的不断提升，公众对人大工作的关注度越来越高，人代会的影响力也越来越大。在这种背景下，如何实现人代会"示范效应"的最大化；如何更进一步发挥人代会对民主发展的推动作用；如何把人代会作为一个重要的政治现象加以解读，并从中提炼出一些规律性的东西，是我们面临的一个重大课题。

如果从1954年召开的一届全国人大一次会议算起，明年全国人代会将迎来它的六十华诞。

近六十个春秋，人代会风雨兼程，一路走来。它见证了我国社会的发展变化，见证了新生的共和国成长历程，见证了人民代表大会制度的不断发展与完善，见证了中国特色社会主义政治发展道路是怎样走出来的。

六十，对于一个人来说，已接近老年。但对于一项制度来说，还处在成长期。从这个意义上说，我国的人代会也正处在一个成长阶段，它显示出了勃勃生机与活力，它每年都在发生着改变，每年都在上演着不一样的精彩，每年都在给我们带来新的惊喜。

当我们回归原点，重新梳理人代会发展沿革的历史脉络，找寻人代会上所发生的那些动人故事，重拾散落在人们记忆深处的经典瞬间，使我们对人民代表大会制度有了更为深刻的认识，对中国民主更加充满了信心。

在十二届全国人民代表大会一次会议行将召开之际，让我们对我国的人民代表大会制度和人代会献上衷心的祝福：

制度之树常绿，民主永远不老！

2013 年 3 月 1 日增刊

用人大监督守护我们的梦想

2012 渐行渐远，2013 如期而至。

从十届全国人大，到十一届全国人大，阳光十年，风雨十年，人大监督伴我们一路走来。

回眸十年，最高国家权力机关通过一个又一个鲜活的事例，向世人展示了人大监督的亲民底色；同时，也给我们留下了一个个写满人间温馨、饱含时代温度的动人故事。

可以说，亲民已成为人大监督最耀眼的一个标签。

我们无法忘记，十年前，正当"非典"肆虐之际，刚刚履新的十届全国人大常委会当机立断，果断调整会议议程，提前启动监督机制，专门听取和审议了国务院副总理吴仪同志所作的《关于非典型肺炎防治工作的报告》。这一举措不仅使十届全国人大的监督工作拥有了一个极具人性化的开局，同时也为其后十年的人大监督定下了一个亲民的基调。

果然，在接下来的十年中，人大监督和民生结下了不解之缘。从食品安全、社会保障、就医、就业，到收入分配、社会救助、入学、养老，从安全生产、抗灾救灾、工资清欠、保障房，到传染病防治、消防减灾、交通安全、饮用水，从老年人权益保障、妇女权益保障、未成年人权益保障,到残疾人权益保障、职工权益保障、农民工权益保障。在许多和民生有关的领域中,都有人大监督的身影。而人大监督在这些领域中的每一次出手,都是送给百姓的一份厚实的民生大礼。

正因为人大监督对民生问题给予了深切的关注,所以,它赢得了好的"口碑"和"人缘"。在百姓看来,人大监督不再是那么遥不可及,那么神秘,也不再是一些艰深的法条、生涩的原理和抽象的概念。相反,它是生动的、具体的,它触手可及,它就在你我身边,它关乎着我们的生活品质和幸福感,它使"人有普保、劳有应获、学有良教、病有适医、老有颐养、住有安居"从政治理想变为社会现实。

如今,伴着新年的钟声,带着美好的回忆,我们迈入了 2013 年。

在新的一年,我们每个人都有自己的梦想。对孩子来说,梦想就是明亮的教室和精美的书包;对老人来说,梦想就是能够颐养天年;对劳动者来说,梦想就是有保障的工作和稳定的收入;对消费者来说,梦想就是在尽享美味的同时,不再受假冒伪劣之苦;对患者来说,梦想就是医护人员的笑脸;对农民工来说,梦想就是能讨回原来属于自己的那份工资;对城市居民来说,梦想就是一套体面的住房;对我们所有人来说,梦想就是能生活在碧水蓝天之间,安宁、祥和,远离疾病、贫困、灾祸、罪恶,让幸福时时刻刻都弥漫在生活的每一个角落。

因此,我们要祝福人大监督,并期待在它的守护下,我们能好梦成真。

2013 年第 1 期

当一名人民满意的人大代表

随着各地人代会的密集召开,十二届全国人民代表大会代表也已全部产生。在经过资格审查程序后,新代表们将在3月5日召开的十二届全国人民代表大会第一次会议上正式亮相。

十二届全国人大代表的荣耀登场,意味着在经过一次激动人心的传承接引之后,中国民主又将开始了新一轮的远行。

对于新代表而言,新的角色不仅给他(她)们带来强烈的自豪感和神圣感,同时,也给他(她)们带来一份沉甸甸的责任:如何才能不负重任、不辱使命?如何才能向人民交上一份满意的答卷?

我们在向新代表表示祝贺的同时,也对他(她)们充满了期待,期待在未来的五年间,他(她)们能给我们带来更多的精彩。

怎样才能当一名人民满意的人大代表?这会是十二届全国人大代表履新后面临的第一个问题。当前,随着依法治国进程不断推进、人大地位不断提升,公众对人大工作的关注度和对人大代表的期望值越来越高,这就对代表工作提出了新的更高的要求。再加上科技发展和社会进步,使代表工作的专业性越来越强,技术"含量"越来越高。因此,掌握相关的法律知识和其他专业知识,就自然而然地成为新代表必须具备的"基本功"。说到底,从事代表工作,不仅需要热情,更需要雄厚的知识储备。从某种程度上说,学习,应该从当选那一刻开始。这是许多老代表们的经验之谈。

"履职",这将是接下来的几年间新代表们使用最频繁的一个词语。多年来,这个词被代表们挂在嘴上,搁在心上,担在肩上,融化在血液里。可以说,"履职"是一篇大文章,是代表工作的核心命题。"履职"不是一种个人行为,而是一种职务行为,是一种崇高的责任,是一种对承诺的兑现,是一种对人民利益的自觉担当。为此,在全国人民代表大会这个庄重的舞台,人大代表所做的每一次发言,所投的每一张票,所提出的每一份议案和建议,都意义重大,无比神圣,都是在代表亿万人民行使当家作主、管理国家事务的权力。

"密切联系人民群众",这是新代表们在其任期内必须要经常做的一个"常规动作"。密切联系人民群众,是人大工作的本质体现,是代表发挥作用的一个重要前提。它不仅是一种工作作风,也是一种履职方式。只有密切联系人民群众,代表们才能听到"原汁原味"的百姓声音,才能真正做到了解民情、反映民声、汇集民智,才能使最高国家权力机关制定的法律和作出的决策拥有坚实的民意基础。

在五年任期行将开始之际,我们相信,十二届全国人大代表一定会用一个个经典的范例来诠释什么叫人大代表;一定会通过一次次努力,使更多的权利诉求得到回应,使更多的百姓利益得到维护,使更多的民生问题得到解决,使人大工作更加充满活力。

作为全国人大常委会的机关刊物,《中国人大》杂志愿意成为新代表们最忠实的朋友。我们愿意分享他(她)们履职的感悟和体会,我们愿意为他(她)们的每一次精彩表现喝彩,我们愿意把他(她)们对民主发展所作的每一份贡献记录下来,我们愿意把他(她)们的风采展示给读者,我们愿意在他(她)们和百姓之间架起一座联系的桥梁。

我们衷心祝愿他们能成为人民满意的代表!

2013 年第 3 期

百姓的幸福应由百姓做主

在过去的一年间，对幸福的追问，成了一个公共话题。特别是央视记者的一句"你幸福吗"的发问，更是引发了热烈的回响。这其中，也夹杂着一些不同的声音。

因此，我们应该重新审视我们对待幸福的态度，反思一下在通往幸福的路上，我们还应做些什么。

什么叫幸福？怎样实现幸福？这绝非一句简单的提问所能弄清楚的。从理论上说，什么叫幸福，这是一个十分宏大而厚重的命题，也许永远无法找到一个让所有人都能接受的标准答案。但在现实生活中，幸福又是十分具体的。对百姓而言，一次愉快的旅行、一张期待已久的入学通知书、一份有保障的劳动合同、一套体面的住房，甚至像同事间的赞美、邻里间的和睦、通畅的交通和清新的空气，都足以让他们脸上绽放出幸福的笑容。

可以肯定的是，百姓的幸福虽然与财富有关，但财富的增长并不能引起幸福指数的同比增长。耀眼的政绩、表面的繁荣与奢华，也不能必然地给百姓带来幸福。尤其是当我们全然不顾百姓的实际感受，单纯地追求发展速度时，可能我们已经离幸福渐行渐远啦。

说到底，幸福不幸福，只有百姓最清楚。百姓的幸福理应由百姓自己来做主。

所以，在"两会"这样的舞台上讨论有关幸福的话题时，我们需要听到代表委员们的真知灼见，需要看到政府的承诺。但同时更需要听到百姓的声音。百姓的声音是朴素的，有时甚至可能是片面的，但却是最真实的。与那些所谓专业机构的评定和权威人士的空泛议论相比，它更能让我们了解幸福的真谛。

基于这样一种判断，"两会"前夕，我们的记者分赴各地，深入基层，与百姓交流，听他们讲述。通过采访，我们听到了原汁原味的百姓心声，感受到了他们对幸福的渴望以及为之所付出的种种努力。现在我们把所看到的和听到的呈现出来，我们希望更多的百姓心声汇集起来，成为"两会"期间的"中国好声音"。

春天是一个播种的季节，同时，春天又是一个充满希望的季节。踏着春天的节律，"两会"正在向我们走来。我们衷心地祝福"两会"，同时期待它能给我们带来有关幸福的答案，期待它能成为通往幸福之路的新起点。我们衷心希望以此次"两会"为契机，所有的人在享受前所未有的物质上的富足的同时，精神充满愉悦、权利得到保障、内心远离恐惧，不再为当下焦虑，不再为未来担忧。

我们愿意时刻守护你的幸福，分享你的快乐！

2013 年第 4 期

书写人大工作新辉煌

一次历史性的伟大接力！

一次激动人心的传承接引！

以十二届全国人大一次会议的胜利闭幕为标志，中国民主又站在了一个新的起点上，法治中国又要开始新一轮的远行。

在接下来的几年间，新一届的全国人大常委会将会有什么样的精彩表现？人大工作将会有哪些新的变化？最高国家权力机关在实现中国梦的伟大进程中将会发挥什么样的作用？人民代表大会制度将会展示出什么样的魅力？国人在关注，世人在关注。

"我们深知使命崇高、责任重大。我们将同全体代表一道，以对国家、对人民高度负责的精神，忠实履行宪法和法律赋予的职责，恪尽职守，勤勉工作，为发展社会主义民主政治、保证人民当家作主、建设社会主义法治国家贡献全部智慧和力量，决不辜负全国各族人民的重托。"

张德江委员长在十二届全国人大一次会议闭幕式上所讲的这段话，既是履新宣言，也是向近3000名全国人大代表和亿万中国人民所作出的郑重承诺。从这样一段开宗明义、掷地有声的话语中，我们感受到了对人民利益高度负责的情怀和对使命勇于担当的自觉；感受到了一种自信，一种坦诚，一种力量。这也让我们对新一届的全国人大工作充满了期待。

　　实际上，新一届最高国家权力机关领导层从产生那一刻起，便被寄予了厚望。舆论普遍认为，新当选的张德江委员长和各位副委员长们，阅历丰富、政绩显赫、作风务实、深孚众望。特别重要的是，他们在原来的工作岗位上，都展示出很高的治国理政水平。所以，在他们的带领下，十二届全国人大常委会肯定能够不负全体代表和全国人民的重托与希望，把人大工作提高到一个新的水平。

　　随着"两会"的落幕，十二届全国人大常委会的工作已全面铺开。3月19日，也就是十二届全国人大一次会议结束的第三天，十二届全国人大常委会就召开了第一次会议，张德江委员长在会上发表了重要讲话。这篇讲话对新一届的全国人大常委会工作作了全面部署。从这篇讲话中我们可以看出今后几年全国人大工作的基本思路和重点。

　　如果说，"两会"是一次集结待命，如今，怀抱梦想，中国再出发。我们相信，在以习近平同志为总书记的党中央领导下，新一届的全国人大常委会一定会在实现中国梦的伟大进程中发挥更大作用，一定会书写新的辉煌，一定会交上一份让人民满意的答卷。

2013 年第 6 期

法治让梦想更精彩

在前不久召开的十二届全国人大常委会第一次会议上，张德江委员长发表讲话。张德江委员长在讲话中深刻阐述了人民代表大会制度的内涵、特点和优势，揭示了在我国实行人民代表大会制度的历史必然性，特别强调要"全面推进依法治国，维护宪法和法律的权威"，并就如何充分发挥国家权力机关在全面推进依法治国、建设社会主义法治国家中的作用提出了明确要求。从张德江委员长讲话中可以清晰地看出，全面推进依法治国、建设社会主义法治国家，将是本届全国人大常委会工作的总基调和主要着力点。认真学习张德江委员长的讲话精神，对于我们在新的形势下坚持和完善人民代表大会制度，实现人大工作"迈上新台阶""迈出新步伐"，具有十分重要的意义。

法运即国运，法治兴则国家盛，法治废则国家衰。新中国成立以来六十多年的历史充分证明，法治同国家、民族和百姓的命运息息相关。什么时候我们厉行法治，国家就繁荣，民族就强盛，百姓就幸福。正如张德江委员长所指出的那样，依法治国之路，是实现国家繁荣昌盛、社会和谐稳定、人民幸福安康的必由之路。

实现中华民族伟大复兴的中国梦，也同样需要法治的护佑。今天，我们比任何时候都更接近梦想。但也应该看到，越接近梦想，我们面临的困难就越多，风险就越大。所以，只有依靠法治，我们才能克服一切困难，排除一切艰难险阻，顺利抵达梦想的彼岸。只有依靠法治，才能让人人平等地追逐人生出彩的机会；让"改革红利"真正成为所有百姓的公共福利；让我们每一个人在尽享丰盈的物质生活的同时，权利一一兑现，尊严得到保障，精神更加愉悦，内心远离恐惧。说到底，中国梦也是法治梦，法治让我们的梦想更精彩、更豪迈。

作为最高国家权力机关的常设机关，全国人大常委会承担着制定法律和保证法律实施的职责，处在社会主义民主法制建设的第一线，对于全面推进依法治国、建设社会主义法治国家负有重要使命。为此，张德江委员长郑重地表示，历史重任落到了我们的肩上，我们必须增强使命意识和责任意识，接力前进、接续奋斗，走好自己的路、做好自己的事，做到无愧于历史、无愧于人民。此外，张德江委员长还从立法、监督、代表工作、法制宣传教育等几个方面，就如何充分发挥国家权力机关在全面推进依法治国、建设社会主义法治国家中的作用，作出了全面部署。张德江委员长的讲话主题明确、重点突出、思路清晰、要求具体，对于做好今后一个时期的人大工作具有很强的指导性和针对性。

法治守护梦想，道路就在脚下。只要我们紧密团结在以习近平同志为总书记的党中央周围，深入学习贯彻党的十八大精神，高举中国特色社会主义伟大旗帜，以邓小平理论、"三个代表"重要思想、科学发展观为指导，认真落实张德江委员长作出的各项工作部署，我们就一定能够在依法治国、建设社会主义法治国家中大有作为，就一定能够为夺取全面建成小康社会新胜利、实现中华民族伟大复兴的中国梦作出更大贡献！

2013 年第 7 期

履职，从学习开始

4月22日，十二届全国人大常委会举行第一次履职学习专题讲座。这次讲座产生了良好的社会反响。其一，从讲座的内容看，都是和全国人大常委会的工作有着最直接的关系，包括全国人大常委会的组织制度和议事规则、中国特色社会主义法律体系以及常委会的立法、监督工作等。很显然，这是为新一届的常委会组成人员量身定制的，具有很强的针对性。其二，讲座被安排在常委会第二次会议召开的前一天举行，而在第二次会议上，十二届全国人大常委会的立法、监督等项工作全面启动。这表明，新一届全国人大常委会把学习作为尽快适应新的工作岗位和工作任务、努力提高履职水平的一种重要手段。

如果我们再把前不久举办的地方人大常委会负责同志学习班联系起来，就不难看出，新一届全国人大常委会领导同志对学习给予了前所未有的重视。

的确，从"两会"结束到现在，在仅仅一个多月的时间内，张德江委员长在不同的场合多次强调学习的重要性。在主持第一次履职学习专题讲座时，他全面阐述了学习的意义，并就如何加强学习、进一步改进学风，提出了具体要求。张德江委员长还特别强调，加强学习，增强本领，不仅仅是我们个人的事情，更是依法履行职责、做好人大工作的需要，归根结底是推进党和国家事业发展的需要。把加强学习贯穿于各项工作的全过程，努力把全国人大常委会建设成为学习型人大常委会。认真学习张德江委员长的重要讲话，对于常委会组成人员在加强学习的基础上，不断提高履职水平，努力做好新形势下人大工作，具有十分重要的意义。

人大工作具有很强的政治性、法律性和专业性。因此，为了做好全国人大常委会的工作，必须具备很高的政治理论水平、深厚的法律素养，必须熟悉人大工作的程序和规则，必须掌握和人大工作有关的法律知识和其他有关方面的专业知识。新一届的全国人大常委会组成人员中，很多都在党政部门或其他岗位担任过要职，他们有着丰富的人生阅历和执政经验，政绩显赫。但对他们中的相当一部分同志来说，人大工作又是一个全新的领域。所以，只有加强学习，才能尽快了解人大工作的特点和规律，才能掌握做好人大工作的"基本功"，才能完成角色的转换。

作为最高国家权力机关的常设机关，全国人大常委会的工作涉及社会主义经济建设、政治建设、文化建设、社会建设、生态文明建设的方方面面，再加上当今社会知识总量成倍增长，更新周期大大缩短。因此，常委会组成人员在履职过程中，经常会碰到一些新知识、新情况、新问题。所以，学习将成为一个"常规动作"，贯穿于人大工作的全过程。

由人大工作的性质和常委会组成人员所担负的职责所决定，学习不单是一种个人行为，它直接决定一个人的履职水平，并进而影响全国人大常委会的工作水准。从更高的层面上说，加强学习，体现了对党的事业认真负责的态度，对人民利益认真负责的态度，对人大工作认真负责的态度。正如张德江委员长所指出的那样，我们唯有努力学习，增强本领，才有可能做到恪尽职守、不辱使命。

为了认真履行宪法和法律所赋予的职责，不辱使命、不负重托，还是从认真学习开始吧！

提高立法质量是依法治国的逻辑起点

在当今社会，旅游和人们的生活有着密切的关联。而随着我们步入大众旅游时代，旅游已超越了传统意义上的"游山玩水"，它在提升人们生活品质的同时，被赋予了更多的意义。因此，通过立法来开掘旅游的幸福价值，充分发挥其在经济、文化、社会等领域中的作用，显得尤为重要。

在前不久召开的十二届全国人大常委会第二次会议上，旅游法高票通过。这对于推动旅游业的繁荣发展，显然是一个福音。在"五一"黄金周前夕通过这部法律，更像是为即将到来的新一轮旅游高峰所作的一次"揭幕剪彩"。

此外，作为十二届全国人大常委会在立法中的"首秀"，此番对旅游法草案的审议，也使我们对今后几年的立法工作充满了期待。

按照惯例，法律草案实行三审制。一般来说，草案经过两次审议后，到三审时不会再作大的修改和调整。但此次对旅游法草案的第三次审议，却让人们感受到了扑面而来的"热度"。虽然草案拟在此次会议上表决通过，但常委会组成人员依然认真审议，踊跃发言。据统计，共110人发表了意见。法制工作委员会对这些意见进行了认真梳理，归纳出针对81

个条款的上百条意见。法律委员会逐条认真研究了常委会组成人员的审议意见，对草案又作了 40 余处修改。

为了充分听取各方意见，使旅游法制定得更加周全。4 月 17 日，也就是草案提请审议前几天，法律委员会还邀请了全国人大代表、旅游者和旅游经营者、专家学者召开座谈会，对旅游法草案进行了立法前评估，根据张德江委员长的指示精神，这一做法有望常态化。

从以上两个方面足可以看出，新一届全国人大常委会正在为提升立法质量作出积极的努力。

关于这一点，从张德江委员长的几次讲话中也可以得到证明。换届以来，张德江委员长多次在讲话中提出要注重提高立法质量。在十二届全国人大常委会第一次会议上，他指出，立法质量直接关系到法律的实施效果，是加强和改进立法工作、完善法律体系的永恒主题。人民群众对立法的期盼，已经不是有没有，而是好不好、管用不管用、能不能解决实际问题；越是强调法治，越是要提高立法质量。在山东调研时，他进一步强调，全面推进依法治国，重点是提高立法质量。

我们知道，法治社会不仅需要完备的法律，同时，法律还要得到公众广泛的认同，这是法律得以实施的重要前提。而法律能否获得公众的认同，在很大程度上取决于立法质量。依法治国，需要的是良法之治。而提高立法质量，则是依法治国的逻辑起点。

如何提高立法质量，是一篇大文章，也是摆在新一届全国人大常委会面前的一道重大课题。在这方面，旅游法草案的第三次审议为我们提供了一个很好的范例。坚持下去，一定会有更多的法律精品问世。

重振消费信心，我们还有很长的路要走

20年前，在国人关注的目光中，消费者权益保护法高调出台，中国的广大消费者们从此拥有了属于自己的"维权指南"。由于饱受假冒伪劣之害，人们对这部法律寄予了厚望。当时就有媒体称，在经历"假风假雨"之后，消费权益保护法的颁布实施，让我们有拨云见日之感。

从20年来的实践看，消费者权益保护法的问世，对保护消费者的合法权益，维护社会经济秩序，促进社会主义市场经济健康发展，发挥了重要作用。特别值得一提的是，随着依法治国进程的推进，该法在提升公民法律素养、增强权利意识方面，发挥了不可替代的作用。

但是，在充分肯定成绩的同时，我们也应该看到，当前，消费领域依然乱象频现，不仅有些老问题没有解决，还出现了很多新问题。特别是近年来屡屡发生的食品安全事件，一次又一次刺痛公众的神经，让人们望"食"而忧。如此一来，不仅使"中国制造"被蒙上了阴影，也使我们的国家形象受到了伤害。

正是在这样一个背景下，此番对消费者权益保护法进行大修，意义重大。从提交审议的修正案草案看，立法者根据当前我国消费领域出现的新情况、新问题，对法律作出了有针对性的修改。特别是秉持以人为本的

立法理念，把保护消费者权益作为修法的核心，推出了一系列的制度设计，充分体现了最高国家权力机关对消费者的关心。

从某种意义上说，消费者与经营者之间的关系，是整个社会关系的一个缩影。因此，当前消费领域发生的一个又一个公共事件，表面上看是一种商业行为，但实际上反映出一些社会问题，反映出道德底线的失守、价值观的混沌，以及由此引发的社会信任体系的破损。有一个现象非常耐人寻味：每当消费领域出现重大问题，专家的解释、有关部门的澄清，不仅无法消除公众的疑虑，反而会进一步强化排斥心理和对立情绪。哪怕有时专家的解释是真实的，有关部门的态度是真诚的。这说明了社会信任体系运转失灵。

在当今社会，人人都是消费者。如果我们不能正确处理消费者和经营者之间的关系，人人又都可能成为潜在的受害者。你今天坑害别人，实际上就是在为别人明天坑害你埋下伏笔。当我们无时无刻不在为如何才能免受假冒伪劣之苦而发愁时，人与人之间起码的信任在流失，党和政府的威信在流失，几千年来形成的中华民族的传统美德在流失。所以说，保护消费者权益，不仅是一个经济问题、民生问题，更是一个政治问题。

加强消费者权益保护，重振消费信心，需要法律的强力支持，但更需要诚信文化作支撑。因为经验告诉我们，法律不是万能的，法律的作用是有边界的。再好的法律，如果没有相应的法律文化作依托，也难免被虚置。一部法律的制定，需要几年甚至更短的时间。但信任体系和诚信文化的构筑，则是一个漫长的历史过程。

因此，重振消费信心，并在此基础之上构筑市场经济条件下的诚信文化，我们还有很长的路要走。消费者权益保护法的修改，应是一个新的开始。

我们需要什么样的城镇化

在中国人的语汇中，城市往往是和繁华、文明、富庶联系在一起，它似乎代表着一种现代化的生活方式。所以，"能过上城里人的日子"就成了一代又一代农民的梦想。甚至从某种程度上说，改革开放三十多年的历史，就是一部亿万中国农民进城脱贫致富的创业史。

为了实现广大农民的城市梦，让他们和城里人享受着相同的生活条件，从根本上提高他们的生活质量，党和国家提出要积极稳妥推进城镇化，这是全面建成小康社会的题中应有之义，也是现代化的必由之路。

作为本届政府的新政，城镇化被寄予了厚望。人们普遍认为，它是中国当前最大的结构调整，是扩内需的最大潜力所在，它不仅有望成为中国经济新的增长点，同时也将给我们带来最大的改革红利。

在一片赞扬声中，我们也听到了一些担忧。早在今年初，就有全国人大常委会委员在接受本刊记者专访时指出，当前我国城镇化趋利避害要五防：一防有城无市的过度城镇化，避免使新市民变游民、新城变空城的"拉美化陷阱"；二防有速度无质量的城镇化，不能一哄而起搞运动，一味追求城镇化高速度和规模扩张；三防城镇化的"房地产化"，避免城市过度依赖土地财政使地价过高从而推高房价；四防地方以地生财消灭村庄迫使农民被上楼；五防特大都市"大城市病"，避免大中小城市布局失衡而导致特大城市人口过度膨胀。

　　这样的担忧是有根据的。且不说国外的例子，单就中国目前的情况而言，在一些地方，由于贪大求快，一哄而起，使城镇化变成了"造城运动"，成为一种新的政绩工程。

　　我们需要什么样的城镇化？城镇化的路究竟应该怎样走？在过热的造城运动中，我们应该冷静地面对这样的问题。城镇化不是钢筋混凝土的简单堆砌，也不是单纯的居住地的搬迁，而是农民生活质量实实在在的提升，是随着他们身份的转变而发生的生产方式、生活方式、福利待遇的同步改变。说到底，城镇化核心是"人"的城镇化，应以改善民生、提高百姓的生活质量为目标，应成为惠民工程、造福工程。否则的话，城镇建得再漂亮，也只能是"烂尾工程"。正因为如此，城镇化不是简单的盖楼修路，涉及土地、户籍、就业、教育、社保、医疗等一系列体制性、政策性问题，需要国家层面统筹考虑，做好顶层设计。

　　全国人大常委会对城镇化建设十分重视，并把它列入今年的监督工作计划中。按照计划，马上召开的十二届全国人大常委会第三次会议将专门听取和审议国务院关于城镇化建设情况的专项工作报告。为了配合全国人大常委会做好这项工作，全国人大财经委在今年4月成立了调研组，就城镇化问题开展专题调研。人大监督的适时介入，对于确保城镇化建设沿着正确轨道向前推进，具有十分重要的意义。

　　有一句国人耳熟能详的比喻，叫"城里的人想出去、城外的人想进来"，这说的是人们对待婚姻的态度。如果用它来描述现在都市人的生存状态，也再恰当不过。一方面，越来越多的农民希望变成城里人，另一方面，城里人却整日为日渐拥堵的交通、日趋恶化的环境、谈之色变的食品安全和高强度快节奏的工作压力头疼不已。所以，在积极推进城镇化的进程中，如何克服"城市病"，如何把现代化的生活方式与宁静优美的自然环境和闲适惬意的生活情趣结合起来，如何在钢筋水泥中间保留一点"田园的味道"，是需要我们认真考虑的问题。

2013 年第 11 期

讲述中国民主的故事

张德江委员长指出，全国人大常委会加强同地方人大常委会的工作联系，密切工作协同、开展工作交流，这有利于紧紧围绕党和国家工作大局推进人大工作，有利于形成人大工作的整体合力，有利于增强人大工作的整体实效。为了贯彻落实张德江委员长的讲话精神，集中展示地方人大工作的风貌，从而为各地各级人大之间加强沟通、开展经验交流提供服务，从今年5月底开始，我们启动了题为"地方人大巡礼"的系列采风活动。

为了使我们的采访能够"接地气"，为了能够采集到第一手素材，并从中发现地方人大工作出现的新进展、新变化，领略中国民主最真实、最活跃的一面，我们将陆续分赴全国各地，深入基层，走近代表，走近群众。我们将随时把我们看到的和听到的呈现出来，我们将随时把我们在采访中收获的体会和感动与读者分享，我们将用记者的口吻和情怀，去讲述中国民主的故事。

地方人大在我国政权体系中占有重要的地位。地方人大工作是人大工作的重要组成部分。努力做好新形势下地方人大工作，对于坚持和完善人民代表大会制度，推进依法治国、建设社会主义法治国家进程，具有十分重要的意义。虽然从法律的角度说，全国人大和地方人大没有领导被领导关系，但两者从机构的性质，到组织活动原则，再到所承担的责任都是相同的。这就决定了全国人大和地方各级人大之间具有非常密切的关系，是一个整体。全国人大与地方人大加强联系，密切工作协调，开展工作交流，有利于取长补短、相互借鉴、共同提高，从而形成人大工作的整体合力，提高人大工作的整体效能。

多年来，地方各级人大常委会认真履行宪法和法律赋予的各项职责，在探索中前行，在创新中发展，在规范中完善。特别是在长期的实践中，积累了丰富的经验，这些经验如果很好地加以总结，一定会成为民主发展的重要推动力。

"最美的风景在基层！"这是我们的记者在采访中得到的第一印象。的确，采风活动虽然刚刚开始，我们就感受到了扑面而来的民主热潮，感受到了人大工作所呈现的勃勃生机与活力，感受到了基层人大工作者对人大工作的投入与专注，感受到了人大代表对职责的执着与坚守。

正如我国的人民代表大会制度处在不断发展完善的伟大历史进程之中，地方人大工作也需要不断发展完善。因此，如何在坚持党的领导的前提下，在宪法和法律的框架内，勇于探索，不断开拓地方人大工作新局面？如何在实现"中国梦"的伟大进程中，围绕中心、服务大局，发挥更大的作用？如何正确处理好既不失职也不越权的关系，找准位置，拥有更大的作为？如何让所制定的每一部法规、所作出的每一项决策都能体现民意？如何让宪法和法律规定的职权都能一一落地、生根开花……这是当前地方人大工作中面临的问题，也是我们接下来采访所要关注的。

明年是我国人民代表大会制度的六十华诞，也是地方人大设立常委会三十五周年。我们真诚地希望我们的采访能成为一份祝福、一份贺礼！

2013年第12期

特种设备安全法的特别之处

如果单从名称上看,特种设备安全法似乎是一部"小众"的法律。但实际上,这部法律的受众面很广,它和广大人民群众有着非常密切的联系。从电梯、客运索道、大型游乐设施,再到锅炉、压力容器等,很难设想离开了这些特种设备,我们的日常生活将会变成什么样。

据统计,截至 2012 年底,全国特种设备总数达 822 万台。其中,锅炉 64 万台,压力容器 272 万台,电梯 245 万台,起重机械 191 万台,客运索道 845 条,大型游乐设施 1.7 万台(套)。另外还有气瓶 1.4 亿只,压力管道 85 万公里。从增长情况看,以电梯为例,全国电梯数量由 2002 年的 35 万台快速增长为 2012 年的 245 万台,仅 2012 年,全国新增电梯近 45 万台。随着城镇化的不断推进,这个数字还会大幅度上升。

通常认为,特种设备代表了一个国家经济和科技水平,体现了一个国家的现代化程度,它的广泛运用,有利于提升人们的生活品质,促进经济社会的快速发展。但同时,这些设备具有高压、高温、高空、高速等特点,在使用时存在较大的危险。长期以来,由于生产、经营、使用等环节存在着种种问题,再加上监管不到位和相关制度缺失,进一步放大了这种危险,使特种设备成为一把双刃剑,甚至成为埋伏在我们身边的"隐形杀手"。近年来屡屡发生的特种设备安全事故在提醒我们，忽略特种设备的风险，实际上就是蔑视公民的生命财产安全。

所以，如何通过一系列严密的制度设计，来彻底消除特种设备在生产、经营、使用等环节中存在的各种安全隐患，用法律为百姓编织一张安全网，就成为特种设备安全法所要解决的核心问题。

正因为特种设备安全法关系百姓的生命安全，所以，在立法过程中，我们看到了一些特别之处。

其一，委员长亲自赴基层进行调研。5月31日，全国人大常委会委员长张德江专程到广日集团电梯生产车间进行调研，了解电梯的生产情况。在调研期间他强调，特种设备关乎人的生命，产品质量关乎企业的生命。其二，增设立法前评估这一环节。5月31日，全国人大常委会法工委主持召开了特种设备安全法立法前评估会，来自生产单位、使用单位、检测检验机构、行业协会、监管部门以及包括提出相关议案的全国人大代表在内的17位各方代表参会。与会代表围绕制度设计是否合理、内容是否恰当、是否具有可操作性、社会效果好不好等方面，对法律草案进行了总体评估。其三，法律的内容详实、具体，具有很强的可操作性。用法工委一位负责人的话说，蹦极的那根绳这部法管，游乐场的碰碰车这部法也要管。正因为如此，这部法律条文的数量由初审时的69条增至最后的101条。

这些特别之处传递出党和国家对人民生命财产安全的高度重视，以及新一届全国人大常委会正在为提高立法质量付出积极的努力。

可以说，特种设备安全法是用血的教训换来的，是一次又一次惨痛的事故催生了这部法律。再有不到半年的时间，这部法律就要进入到我们的生活中。我们每一个人都应该善待这部法律，认真遵守法律的规定，使它能给我们带来更多的便利，带来更多的欢乐，真正成为我们生命安全的守护神。

2013年第13期

治乱须用重典

作为一部"老资格"的法律,从 1979 年试行,到 1989 年转正,再到现在进入检修期,环境保护法已经走过了 34 年历程。这 30 多年来,我国经济一路高奏凯歌,始终保持高速增长的势头;而与此相对应的是,环境形势日趋严峻,环保之路举步维艰。这就是经济学上所说的"库兹涅茨困境"。

环境问题是由多方面原因造成的,很难归结于环保法。但环保法的许多内容已无法适应形势发展的需要,这也是不争之实。所以,修法势在必行。

现在关键的问题是,我们究竟需要一部什么样的环保法?面对越来越严重的环境污染,我们如何从立法上采取更有效的应对?

从提交审议的二审稿看,比一审稿有了很大进步,有许多可圈可点之处。例如,将保护环境作为基本国策写入法律中,进一步完善了环境保护基本制度,对环境信息公开和公众参与作专章规定,强化了问责制,加大了处罚力度,等等。这些都得到了各方面的肯定。

但是,鉴于环境形势日趋恶化,所以,"治乱须用重典",就成了人们的共识。在审议环境保护法修正案(草案)时,一些常委会委员和列席人员呼吁,在环境治理和环境保护方面要有硬举措,要本着"能具体就具体、能明确就明确"的原则，制定一部世界上最严格的环保法，不下这样的决心，治不了本。有的常委会委员甚至放出这样的狠话："要制定一部高质量的、有威慑力的、'长牙齿'的环保法。"

的确，就目前的情况而言，常规的手段和"温和"的办法，都无济于事，我们需要一些"刚性"的措施，需要一部最严格的法律。

过去30多年来，我们在环境保护方面共制定了30多部法律，90多部行政法规。与此同时，最高国家权力机关始终把环保工作作为人大监督的主要着力点。在党和政府的主导下，在媒体的配合下，在公众的参与下，我们也曾掀起了一轮又一轮的"环保风暴"。但为什么这么多的法律法规却换不来碧水蓝天？为什么人大监督只能管一时一地？为什么一轮轮的风暴只能产生阵风效应？根本原因在于我们对"先污染后治理"这样一个极端错误的观念抱有幻想，并且在这个观念指导下，对各种污染环境和破坏生态的行为有意无意间采取了一种放纵的态度。

近期曝光的一个又一个环境事件，在不断提醒我们，我们正处在最严峻的时刻，我们已没有退路，公众对环境污染的容忍已迫近临界点。如果不采取最严厉的手段，我们将要付出惨痛的代价。

特别应该指出的是，在环境保护方面，由于欠账太多，我们需要为过去的行为"埋单"，这个过程可能是几年、十几年，甚至是几十年。这就决定了让环境从根本上好转，将是一场漫长而艰辛的拉锯战。所以，仅靠一部环保法，是不可能解决所有问题的。但是，这部法律却可以为我们提供解决问题的思路、办法和手段。

更为重要的是，此番环保法的大修，使我们有机会重新审视我们的环保工作，并在此基础上开启新一轮的、也许是真正意义上的"环保革命"，这才是环保法修改的最重要意义所在。

2013年第14期

法律视角中的传染病防治工作

十年前,一场突如其来的"非典",使人们对传染病有了切肤的感受。同时,传染病防治法——这部出台后不久便被"边缘化"的法律,在经历了由"冷"到"热"的过程后,也重新回到了公众的视野中。

可以说,作为一个标志性的事件,"非典"促使国人开始学会用法律手段应对各类传染病。

从2003年到现在,虽然只有短短的十年,我国的传染病防治工作却取得明显进展。十年来,在各方面高度重视和积极投入下,传染病防治体系和工作机制不断完善,传染病监测预警能力和疫情应急反应能力显著提升,防治水平不断提高,部分重大传染病得到有效控制,特别是近年来发生的人感染高致病性禽流感等突发急性传染病得到有力应对,传染病疫情形势总体平稳。

尤为值得一提的是,在总结抗击"非典"经验的基础上,全国人大常委会于2004年8月修订了传染病防治法。根据传染病防治法的要求,国务院相继发布《医疗废物管理条例》《病原微生物实验室生物安全管理条例》《疫苗流通和预防接种管理条例》《艾滋病防治条例》《血吸虫病防治条例》等配套行政法规。各地各部门结合工作实际,先后制定、修订部门规章和规范性文件 20 多件、地方性法规 20 多件、地方政府规章 40 多件。卫生计生部门制定、修订了 50 项传染病诊断标准、30 多个医院感染预防控制相关技术规范。农业、水利、质检、食品药品监管部门出台相关技术规范和行业标准，进一步规范传染病防治各项工作。

从临阵磨枪、仓促应战，到未雨绸缪，把传染病防治工作纳入法制化、规范化的轨道，这是一个历史性的进步。但与日趋严峻的传染病防治形势相比，我国的传染病防治体系远非疏而不漏，工作机制尚需进一步完善，公众的防控意识也有待进一步提高。

众所周知，现代医学上的传染病具有未知性、突发性的特点。下一场传染病离我们究竟有多远？它会在什么时间、什么地点暴发？它会产生哪些危害？这都是我们所无法预知的。从过去几年的情况看，几乎每一场传染病都会以一种完全陌生的面孔出现，所以，仅靠传统的防控手段是难以应对的。我们需要在新的形势下，重新谋划我们的防治工作，这样才会在未来抗击各种传染病的斗争中，拥有更大的胜算。

根据 2013 年监督工作计划，本月下旬召开的十二届全国人大常委会第四次会议将听取审议国务院关于传染病防治工作和传染病防治法实施情况的报告，同时还要就这个问题开展专题询问。在"非典"疫情发生十周年之际，人大监督锁定传染病防治这个话题，实际上是对我国传染病防治工作所作的一次全面"会诊"，对传染病防治体系进行的一次集中"检修"。

我们衷心希望以此次人大监督为契机，我国的传染病防治工作能迈上一个新的台阶！

2013 年第 15 期

"风光"困局如何破解

根据2013年监督工作计划,全国人大常委会于今年6月开展了可再生能源法执法检查。

新一届全国人大常委会对此次执法检查十分重视,张德江委员长专门作出批示:"要通过执法检查,督促可再生能源法的实施,鼓励体制机制和科技创新,完善政策措施,促进可再生能源产业健康发展,为保护和改善环境、推动经济社会可持续发展作出贡献!"检查组分3个小组,分别由陈昌智、沈跃跃、张平副委员长带队,赴甘肃省、江苏省和内蒙古自治区进行了执法检查。同时,全国人大常委会委托北京、河北等11个省(区、市)人大常委会分别对本行政区域内可再生能源法的实施情况进行检查。

当前,我国在能源结构不合理,对外依存度高的同时,还面临着资源约束趋紧、环境污染严重、生态系统退化的严峻形势。而发展可再生能源对优化能源结构、保护和改善环境、应对气候变化具有重要意义,是实现经济社会可持续发展的重要战略选择。正是在这样一个大的背景下,人大监督锁定可再生能源,可谓恰逢其时,意义重大。

从执法检查组了解到,可再生能源法颁布实施以来,我国可再生能源进入全面、快速、规模化的发展阶段。继本世纪初我国水电装机规模超过美国跃居世界第一之后,2012年我国风电装机也超过美国,升至全球榜首。在以水电、风电为主的可再生能源领域，我国发电装机规模雄踞世界第一。截至 2012 年底，我国水电装机容量 2.49 亿千瓦，风电并网装机 6300 万千瓦，太阳能光伏发电装机 650 万千瓦，太阳能热水器总集热面积 2.58 亿平方米，浅层地热能应用面积 3 亿平方米，各类生物质年利用量 3000 万吨标准煤。全国商品化可再生能源年利用量约占一次能源消费总量的 9%。可再生能源发电装机规模占总发电装机比例达 28%，比 2005 年提高了 5 个百分点；可再生能源发电量约占全国总发电量的 20%，比 2005 年提高 4 个百分点。

随着可再生能源发展的不断提速，可再生能源产业已成为新的经济增长点，可再生能源的开发利用也对提高群众生活质量和改善生态环境发挥了积极作用。

但是，由于我们一直习惯于高投入、高能耗、高排放的传统发展方式，过度依赖化石能源的生产和消费方式尚未从根本上转变，所以，可再生能源法的实施不会一路坦途。从此次执法检查中就可以看到，以风能和太阳能为代表的可再生能源在发展中遇到了一些亟须解决的上网、消纳、补贴到位、科学规划等问题。有些地方"弃风弃光""弃风限电"问题日益突出，一方面"风光"无限，另一方面"风光"资源却难以足额输出和消纳。在有的地方，风电场甚至成为景观。

"风光"困境提示我们，发展可再生能源，是一场能源革命。在这方面，我们还有很长的路要走，还有很多工作要做。

按照计划，可再生能源法执法检查报告要提交十二届全国人大常委会第四次会议进行审议。届时，常委会组成人员将就可再生能源的发展进行热议，其中如何化解"风光"困局，会成为一个主要话题。我们期待在人大的监督下，在社会各方面的共同努力下，发展可再生能源之路将会越走越好。

2013 年第 16 期

人大宣传工作必须坚持党性与人民性相统一原则

在前不久召开的全国宣传思想工作会议上，习近平总书记发表重要讲话。习近平总书记站在党和国家全局的高度，深刻阐述了事关宣传思想工作长远发展的一系列重大理论和现实问题，进一步明确了新形势下宣传思想工作的方向目标、重要任务和基本遵循。

习近平总书记在讲话中还重申了坚持党性和人民性相统一的原则，指出："党性和人民性从来都是一致的、统一的。"认真贯彻落实这一讲话精神，对于我们在新的舆论环境中更好地体现党的主张、更好地表达人民群众的意愿，并在此基础之上，进一步增强舆论引导能力，努力做好人大宣传工作，具有十分重要的意义。

从本质上说，坚持党性，就是坚持人民性，坚持人民性就是坚持党性，党性寓于人民性之中，没有脱离人民性的党性，也没有脱离党性的人民性。处理好这两者的关系，人大宣传工作才能找准方向，站稳立场。

人大是国家权力机关，是十分重要的政治机关，人大工作的政治性、政策性、法律性都很强。实践证明，坚持正确政治方向，是做好人大工作的根本。而人大工作坚持正确政治方向，最根本的就是坚持党的领导、人民当家作主、依法治国有机统一。这也是党性和人民性两者之间的关系在人大工作中的体现。

　　人大工作必须坚持党的领导，这是我国社会主义民主政治建设的必然要求，是我们对中国特色社会主义事业规律性的认识。没有中国共产党的领导，人民代表大会制度就失去了灵魂，人民当家作主的地位就可能丧失，人大工作也会迷失方向。因此，我们要理直气壮地宣传党对人大工作的领导，理直气壮地宣传中央有关人大工作的一系列部署，要坚决维护党中央的权威和领导地位。在这一重大原则问题上，我们要牢固树立政治意识、大局意识、责任意识、阵地意识，要增强政治敏锐性和政治鉴别力，坚持正确的舆论导向，绝对做到守土有责。

　　中国共产党执政，就是领导、支持、保证人民当家作主，实现好、维护好、发展好最广大人民的根本利益。人民代表大会制度是中国人民当家作主的重要途径和最高实现形式，是中国社会主义民主政治的重要制度载体。人民代表大会制度的先进性和生命力，在于它深深植根于人民群众之中。人大工作的最大优势是密切联系群众，最大危险是脱离群众。所以，人大宣传工作坚持人民性，就是要走群众路线，密切同人民群众的联系。正如张德江委员长所指出的那样，"必须心里时刻装着老百姓，把群众的呼声当作第一信号，把群众的需要当作第一考虑，把群众的满意当作第一标准。"只有这样，才能更好地传递民声、表达民意、汇集民智。

　　总而言之，坚持党性，使人大宣传工作方向明确，坚持人民性，使人大宣传工作充满生机和活力，两者相辅相成，互相促进。我们要认真学习贯彻习近平总书记的重要讲话精神，贯彻落实张德江委员长、王晨副委员长兼秘书长关于做好人大宣传工作的指示精神，坚持党性和人民性相统一的原则，宣传好中国特色社会主义政治发展道路，宣传好我国的人民代表大会制度，宣传好人大工作所取得的巨大成就。

2013年第17期

人大代表应时刻同人民群众在一起

如何密切人大代表同人民群众的联系，是当前人大工作中面临的一个重大课题，也是全国人大和地方各级人大在开展党的群众路线教育实践活动中所要解决的一个重要问题。

党的十八大报告提出，要"完善代表联系群众制度"。习近平总书记指出："保持同人民群众的密切联系，体现了人民代表大会制度的内在要求，对坚持人民民主的国家权力机关性质具有十分重要的意义。"张德江委员长指出："密切人大代表同人民群众的联系、更好发挥人大代表作用，是坚持和完善人民代表大会制度、做好新形势下人大工作的重要内容。"

人大代表必须同人民群众保持密切联系，这是由我们国家的政权性质和人大代表的法律地位所决定的。我国是人民当家作主的社会主义国家，国家的一切权力属于人民，人民行使权力的机关是全国人民代表大会和地方各级人民代表大会。人民群众是通过人大代表来当家作主、管理国家事务的。从法律地位上看，人大代表来自人民，他们的权利是由人民授予的。所以，他们理应同人民群众保持密切联系，代表人民群众利益，表达人民群众意愿，反映人民群众呼声。

密切人大代表同人民群众的联系，是党的群众路线在人大工作中的具体体现，是我国政治制度的一大优势和特色。实践证明，充分利用这一优势，有利于更好地发挥代表的作用，并在此基础之上，进一步提升人大工作的水平。为此，代表法规定，代表"与原选区选民或者原选举单位和人民群众保持密切联系，听取和反映他们的意见和要求，努力为人民服务"。

应该说，代表法的规定只是确立了一项原则，具体方式还要在实践中不断探索和丰富。从各地的情况看，除了代表小组、视察、专题调研等法定的形式外，代表还通过以下一些形式同人民群众保持密切联系，包括走访、接待来访、通信、电话、召开座谈会、征求意见表和问卷调查、代表网页及电子信箱等。在各级人大机关开展党的群众路线教育实践活动中，应当更加积极地探索创新人大代表密切联系人民群众的方式。

最近一段时间，本刊在开展"地方巡礼"系列采访活动时，了解到了一些这方面的情况。在雪域高原，我们听藏族代表讲他们是如何为农牧民排忧解难的；在六盘山脚下，我们听代表讲他们是如何带领乡亲们脱贫致富的；在齐鲁大地，我们看代表小组是如何听取民声的；在海河之滨，我们看到了代表的民情日记里写满了"家长里短"；在黄浦江畔，我们看到了代表联络室的墙上密密麻麻地记下了代表履职作息表……在我们所到之处，听到最多的一句话就是："人大代表应当时刻同人民群众在一起。"

"人大代表时刻同人民群众在一起。"这不仅是一句口号，一个简单的承诺，它还体现了一种行动上的自觉，彰显了人大代表对使命的执着和对百姓利益的坚守。而只有做到这一点，人大代表才会得到百姓的拥戴，我们的人民代表大会制度才会深深植根于百姓心中，人大工作才会充满生机和活力。

2013年第18期

立法质量如何　百姓最有发言权

最近，围绕如何提高地方立法质量这一主题，我们赴广东省进行采访。

"让公众在立法中有更多的话语权"。这是赴粤采访期间我们听到最多的一句话。近些年来，广东省人大常委会根据本省实际，按照科学立法、民主立法这一总要求，在不断扩大公民对立法工作的有序参与方面，进行了积极的探索。特别是今年以来，又先后制定完善了五个方面的立法公开制度，切实增加立法工作透明度，把立法全过程向社会公开。其中制定《广东省人民代表大会常务委员会立法论证工作规定》，完善贯穿立法全过程的立法论证制度，建立启动机制，明确论证范围，规范论证程序；制定《广东省人民代表大会常务委员会立法公开工作规定》，建立健全立法信息公开制度，改进法规征求意见工作方式，完善对反馈意见的研究处理机制；制定《广东省人民代表大会常务委员会立法听证工作规则》，在总结以往经验的基础上，进一步完善听证规则，采取简易听证和正式听证相结合的方式，扩大公众参与、增强听证实效；制定《广东省人民代表大会常务委员会立法咨询专家工作规定》，完善专家选聘程序，明确咨询事项范围，规范咨询程序；制定《广东省人民代表大会常务委员会立法评估工作规定（试行）》，建立完善法规表决前评估和立法后评估制度，增强地方性法规的针对性和可操作性。

这五项规定从不同角度、不同层面增加群众的话语权，使立法者尽可能多地直接听取人民群众、基层单位和利益相关人的意见。同时，为了增强可操作性，五项规定还就如何听取意见设置了具体程序。

广东省人大常委会的这一做法，从制度的层面上确保了公众对立法工作的有序参与，有利于提高立法质量，充分显示出地方人大为推进科学立法、民主立法所作出的积极努力。实际上，从"地方巡礼"系列采访活动中我们了解到，山东、天津、上海、宁夏、青海等地也都在这方面进行了有益的探索，并取得了明显的成效。

让公众在立法中有更多的话语权，这是党的群众路线在立法工作中的具体体现，也是人大系统开展党的群众路线教育实践活动所要解决的一个重大问题。知房漏者在宇下，知政失者在草野。实践证明，群众中蕴含着丰富的政治智慧，立法质量如何，群众最有发言权。只有依靠群众，法律才能接地气，才能妥善地处理好各方面利益关系。从全国人大到地方人大，几乎每一个成功的立法范例，都离不开公众的参与，离不开群众路线这个法宝。

从更大的意义上说，扩大公众对立法工作的有序参与，有利于确保法律的实施。一部法律能否得到很好的实施，不仅取决于法律的内容是否符合实际需要，不仅取决于相关的保障机制是否建立，不仅取决于必要的客观条件是否具备，同时还取决于公众对法律是否认同。而公众对法律的认同感往往源自于他们对立法活动的实际参与。从某种程度上说，立法本身就是最好的普法教育。广大人民群众通过亲身参与立法活动，更容易培育对法律的认同感，更容易准确地了解立法宗旨、立法精神和核心条款的立法原意。而这恰恰是一部法律得以实施所必不可少的主观要件。

换届以来，张德江委员长对立法质量问题十分重视，多次发表讲话。特别是在广东调研期间，又就如何提高地方立法质量，进行了全面阐述。

张德江委员长的讲话在地方人大引起强烈反响，对各地开展立法工作起到了积极作用。我们相信，在全国人大和地方人大的共同努力下，将会有更多的法律精品问世。

2013 年第 19 期

让调查研究为人大工作不断注入新的活力

按照中央的统一部署,全国人大机关党的群众路线教育实践活动正在全面有序的展开。搞好这次活动,对于加强人大机关建设,提高机关工作水平,更好地发挥集体参谋助手和服务保障作用,具有十分重要的意义。

全国人大机关是全国人大及其常委会的集体参谋助手和服务保障工作班子,其主要职责是为全国人民代表大会会议、常委会会议、委员长会议、专门委员会会议提供参谋、服务和保障,为全国人大代表、全国人大常委会和专门委员会组成人员依法履职提供参谋、服务和保障。全国人大及其常委会大量前期性、基础性、服务性工作,都是由机关来具体承担的。做好机关各项工作,对于全国人大及其常委会依法履行职责,顺利完成各项任务,有着不可替代的重要作用。

在全国人大机关开展党的群众路线教育实践活动,所要解决的一个重要问题,就是通过转变工作作风,密切人大机关同人民群众的联系,并在此基础之上,提高参谋和服务保障水平。

群众路线是党的生命线和根本工作路线,也是人大工作的生命线和根本工作路线。人大工作的最大优势是密切联系群众,最大危险是脱离群众。只有紧紧依靠人民群众，人大工作才能充满生机和活力。实践证明，人大机关密切同人民群众的联系，不仅有利于改进工作作风，提高工作水平，同时，也有利于拉近最高国家权力机关和百姓之间的距离，让更多的人了解人大工作、关心人大工作、参与人大工作，从而为立法、监督等项工作奠定坚实的民意基础。

由人大工作的性质所决定，人大机关密切同人民群众的联系，一个很重要的方式就是调查研究，就是通过调查研究来深入了解民情，充分反映民意，广泛集中民智。从某种程度上说，调查研究是人大机关工作不可或缺的一部分，是人大机关最重要的一项基础性工作，是人大机关工作一道必经的流程，是每一位人大工作者必须掌握的基本功。

本届全国人大常委会十分重视调查研究，换届伊始，张德江委员长就指出，密切联系群众，必须大兴调查研究之风。与此同时，他还率先垂范、身体力行，多次深入基层调研。特别是今年5月31日，他专门到广州广日集团有限公司，深入车间厂房，就特种设备安全法的有关问题，听取企业负责人的意见。张德江委员长以实际行动为我们作出了表率，为大兴调查研究之风开了个好头。

当前，我国已进入一个非常关键的发展时期。这一时期既是发展机遇期，又是矛盾凸显期，新事物、新情况、新问题层出不穷，搞好调查研究更为重要、更为迫切、要求更高。加强调查研究的任务又一次历史性地摆在我们面前。因此，在今后的工作中，我们应该积极探索在新的形势下，如何为调查研究注入更多的时代元素；如何创新调查研究的方式，拓展调查研究的内容，增强调查研究的实效；如何让调查研究从一种自觉的工作作风上升为制度意义上的工作程序；如何让调查研究为人大工作不断注入新的活力。

2013年第20期

中国立法再出发

10月30日,全国人大常委会在北京召开立法工作会议,谋划今后5年的立法工作。这次会议的召开,意味着站在一个新的历史坐标上,中国立法又将开始新的出发。

张德江委员长在立法工作会议上发表讲话。张德江委员长在讲话中全面分析了我国立法工作面临的新形势,深刻阐述了新形势下加强和改进立法的总体要求,并就如何积极推进科学立法、民主立法,认真落实五年立法规划,提出了具体措施。

"提高立法质量是加强和改进立法工作的重中之重。""人民对立法的期盼,已经不是有没有法律法规,而是法律法规好不好、管不管用、能不能解决实际问题。""立法质量直接关系法治的质量,越是强调依法治国,越是要注重提高立法质量。""努力使我们的法律立得住、行得通、切实管用……"张德江委员长在讲话中所使用的这些表述,传递出新一届全国人大常委会对提高立法质量给予了前所未有的重视,显示了高超的政治智慧和严谨务实的工作作风。

提高立法质量,根本途径在于推进科学立法、民主立法。而科学立法、民主立法又必须通过一系列的制度性安排来实现。为此,张德江委员长就如何推进科学立法、民主立法作出了具体部署。张德江委员长指出，要实行科学的立法工作机制。要抓好立法项目论证，在充分论证必要性和可行性的基础上，科学确定立法项目。更加注重提高立法效益，建立健全法律出台前评估和立法后评估制度，使这些工作常态化、规范化。要加强立法调查研究，加强立法评估、咨询、论证，准确认识和把握事物的本质和规律，找准立法的重点难点，探求科学应对之策，提高立法艺术，切实增强法律的可执行性和可操作性。要进一步健全民主开放包容的立法工作机制。要完善立法机关主导，有关部门参加，人大代表、专家学者、企事业单位和人民群众共同参与的立法工作机制，使各方面的意见和关切得到充分表达，调动一切积极因素，广泛凝聚社会共识。要拓展人民有序参与立法途径。要进一步健全公布法律法规草案征求意见机制和公众意见采纳情况反馈机制，重视网络民意表达，认真归纳整理分析，积极回应社会关切。对于涉及公民、法人和其他组织切身利益，尤其是设定普遍性义务的法律法规草案，要适时围绕草案中的主要问题和不同意见，组织有关方面进行深入讨论。要完善法律起草、审议的协调协商机制。要广泛听取并认真对待各方面意见，包括不同意见，充分尊重、合理吸收各种建设性意见和建议。对于立法中的重大问题、意见分歧较大的问题，要在深入研究的基础上加强沟通协商，最大限度地凝聚共识、凝聚智慧……

　　从张德江委员长的讲话中，我们可以品出本届全国人大常委会立法工作的新走向和新特点，其中有些特点在此前几部法律出台的过程中得到了充分体现。我们衷心地希望此次立法工作会议的召开，能为我国立法工作带来又一个春天。

改革为人大工作提供了广阔的空间

在全世界密集关注下，中国新一轮改革，在新的历史起点上启动了。

如果说改革是一部气势恢宏的历史大剧，那么，人大将扮演什么样的角色？将会有什么样的精彩表演呢？

回顾 35 年来波澜壮阔的改革历程，我们不难发现，人大工作与改革开放关系十分密切，两者同频共振，携手走来。35 年来，改革开放为人大工作不断注入活力，而人大工作也为改革开放顺利进行提供了强有力的保障。可以说，一部改革开放的历史，就是我国人民代表大会制度从恢复重建、到不断发展、再到逐步完善的历史，就是人大工作不断向前推进的历史。

今天，在新的时代场景中，改革的历史重任再一次摆在了我们的面前。由于新一轮的改革是在社会结构深刻变动、利益格局深刻调整、思想观念深刻变化、社会思想空前活跃这样一个大的背景下进行，所以，推动改革的复杂程度、敏感程度、艰巨程度，一点都不亚于改革之初，甚至有过之而无不及。

《中共中央关于全面深化改革若干重大问题的决定》（以下简称决定）指出，全面深化改革的总目标是完善和发展中国特色社会主义制度，推进国家治理体系和治理能力现代化。而推进国家治理体系和治理能力现代化，必须坚持党的领导，通过经济市场化、社会法治化、国家政治生活民主化、权力运行制约和监督科学化等途径来实现。其中法治是一个关键环节。为此，决定提出，要"推进法治中国建设"。建设法治中国，必须坚持依法治国、依法执政、依法行政共同推进，坚持法治国家、法治政府、法治社会一体建设。作为国家权力机关的各级人大，处在民主法制建设的第一线，对于全面推进法治中国建设负有重要使命。应有时不我待的历史主动和义不容辞的政治担当。

人大要想在全面深化改革中发挥更大的作用，必须顺应时代的潮流，必须跟上改革的步伐。为此，决定提出要"推动人民代表大会制度与时俱进"。决定还就如何推动人民代表大会制度与时俱进作出了具体部署：健全立法起草、论证、协调、审议机制，提高立法质量。健全"一府两院"由人大产生、对人大负责、受人大监督制度。健全人大讨论、决定重大事项制度，各级政府重大决策出台前向本级人大报告。加强人大预算决算审查监督、国有资产监督职能。落实税收法定原则。加强人大常委会同人大代表的联系，充分发挥代表作用。通过建立健全代表联络机构、网络平台等形式密切代表同人民群众联系。完善人大工作机制，通过座谈、听证、评估、公布法律草案等扩大公民有序参与立法途径，通过询问、质询、特定问题调查、备案审查等积极回应社会关切。

应该说，改革为人大工作提出了广阔的空间，为坚持和完善人民代表大会制度提供了前所未有的重大机遇。可以预见，只要认真贯彻落实决定精神，认真履行宪法法律赋予的职责，各级人大一定会在全面深化改革这一伟大的历史进程中发挥更大的作用，拥有更大的作为！

2013 年第 23 期

共享制度的精彩

日前，在《中国人大》创刊 20 周年前夕，中共中央政治局常委、全国人大常委会委员长张德江来到杂志社调研，看望干部职工，并召开人大新闻宣传工作座谈会。座谈会上，张德江委员长发表讲话。张德江在讲话中全面分析了人大新闻宣传工作面临的新形势新任务，并提出要"增强做好人大新闻宣传工作的责任感使命感，切实改进和加强人大新闻宣传工作，用及时准确、内涵丰富、鲜活生动的宣传报道，进一步增强人民群众的制度自信，推动人民代表大会制度与时俱进"。他还特别强调要构建人大工作的大宣传格局。

张德江委员长的讲话对于推动人大新闻宣传工作迈出新步伐、迈上新台阶、开创新局面，具有十分重要的指导意义。

当前，人大宣传工作又站在了一个新的历史起点上。党的十八大和十八届二中、三中全会作出的重大部署，对改进和加强人大新闻宣传工作指明了新方向；人民群众参与民主政治的热情不断提高，对改进和加强人大新闻宣传工作提出了新期待；思想领域和舆论环境发生深刻复杂变化，对改进和加强人大新闻宣传工作提出了新挑战；人民代表大会制度和人大工作与时俱进，对改进和加强人大新闻宣传工作提出了新要求。

为了更好地把握新方向、满足新期待、应对新挑战、适应新要求，我们必须跳出传统的思维定势，按照时代的要求，重新审视人大新闻宣传工作。

人大工作具有很强的政治性、政策性和法律性，所以，人大新闻宣传工作必须坚持正确的政治方向，必须把握正确的舆论导向。这是人大新闻宣传工作的重中之重，在这一点上，我们不能有丝毫的含糊和动摇。

同时，人大新闻宣传工作也必须遵循传播规律，讲究传播艺术，这样才能赢得公众的信赖，才能建立起公信力，从而收到春风化雨、润物无声的效果。否则，语言生硬、形式僵化，板着面孔说话，只会疏离人大与百姓之间的关系。

说到底，人大新闻宣传就是要让越来越多的人走近人大、了解人大、关心人大、支持人大。人大工作是庄重的、严谨的、规范的，但同时又是朴素的、具体的、生动的。我国人民代表大会制度的优势和魅力，就体现在一部部人大所制定的法律中，体现在一项项人大的监督工作中，体现在人大代表的一次次履职活动中。

所以，我们要创新理念、创新内容、创新形式、创新方法、创新手段，努力使人大新闻宣传工作体现时代性、把握规律性、富于创造性，不断提高舆论引导的权威性、公信力、影响力，增强新闻报道的亲和力、吸引力和说服力。我们要通过积极的努力，把一个鲜活的人大呈现给公众，并和他们共享制度的精彩。

这是时代赋予我们的神圣使命！

2013 年第 24 期

2014年

我们和民主共同成长

还在留恋 2013 的精彩,2014 已如期而至。

作为一个非同寻常的年份,2013 年注定要留下浓重的痕迹。因为一个伟大梦想的浮现,让中国的未来有了清晰的方向和确定的目标,让所有的蓝图都拥有了想象的高度。这个梦想,就是历史视野下的中国梦。

实现中国梦是一项前无古人的宏伟事业。中国梦的实现,需要法治作保障,需要民主的力量来推动。所以,在实现中国梦的伟大历史进程中,人大必定会有更大的作为和更多的担当。

2013 年 3 月,在一次激动人心的传承接引之后,中国民主又站在了一个新的起点上,法治中国又开始了新一轮的远行。

"我们深知使命崇高、责任重大。我们将同全体代表一道,以对国家、对人民高度负责的精神,忠实履行宪法和法律赋予的职责,恪尽职守,勤勉工作,为发展社会主义民主政治、保证人民当家作主、建设社会主义法治国家贡献全部智慧和力量,决不辜负全国各族人民的重托。"张德江委员长的履新承诺,使人们对未来几年的人大工作充满了期待。

果然,新一届全国人大常委会在开局之年便给我们带来了惊喜。

过去一年,张德江委员长把密切联系群众作为人大工作的一项重要内容，并且率先垂范，身体力行，深入基层，问计于民。此举不仅拉近了最高国家权力机关与百姓之间的距离，同时，也使人大工作拥有了厚实的民意基础。

过去一年，秉持民主立法、科学立法的精神，人大立法取得了耀眼的成绩，立法质量大幅度提升，业已出台的几部法律部部堪称精品。

过去一年，按照"推进依法治国、维护宪法和法律权威"的主基调，坚持"选择好角度、掌握好尺度、把握好力度"的原则，人大监督频频出手，实效明显增强，受到了公众的好评。

过去一年，我们时时刻刻都会感受到人大代表对人大工作的投入与专注，感受到他们对职责的执着和对百姓利益的坚守。

过去一年，随着我国人民代表大会制度的不断完善，人大工作的不断创新，制度自信已汇成一种气势磅礴的精神力量和时代品格。

2014年9月，全国人民代表大会将迎来它的六十华诞。

六十个春秋，全国人大风雨兼程，一路走来。它见证了我国社会的发展变化，见证了新生共和国的成长历程，见证了人民代表大会制度的不断发展与完善，见证了中国特色社会主义政治发展道路是怎样走出来的。

六十，对于一个人来说，已接近老年。但对于一项制度来说，还处在成长期。从这个意义上说，我国的人民代表大会制度也正处在一个成长阶段，它显示出了勃勃生机与活力，它每年都在发生着变化，每年都在上演着不一样的精彩，每年都在给我们带来新的惊喜。

特别值得一提的是，2014年1月1日，是《中国人大》杂志创刊二十周年的纪念日。二十年来，基于对民主法治所怀有的那份无比的虔敬，我们一直在努力，我们希望通过日复一日的坚守，年复一年的追求，让人民代表大会制度在广大人民心中生根开花。由于我们处在社会主义民主法治建设的"黄金时期"，我们有幸目睹了人民代表大会制度不断走向完善的伟大进程，所以，从某种意义上说，我们是和民主共同成长。

在即将迎来全国人民代表大会六十华诞之际，《中国人大》杂志再一次以新的面孔同广大读者见面。我们希望通过这种方式来表达我们的祝福：祝福人大工作日新月异，祝福人民代表大会制度充满朝气，祝福我们的民主永远年轻！

2014 年第 1 期

用理论的光辉照亮中国道路

不久前，在中国人民代表大会制度理论研究会成立大会上，张德江委员长发表讲话。张德江委员长站在坚持和完善人民代表大会制度，坚定中国特色社会主义道路自信、理论自信、制度自信的高度，深刻阐发了加强人大制度理论研究的重大意义，明确了人大制度理论研究的基本要求，提出了人大制度理论研究的具体任务。认真学习贯彻张德江委员长的讲话精神，对于我们加强人大制度理论研究，并在此基础之上，进一步做好新形势下人大工作，推动人民代表大会制度与时俱进，推进国家治理体系和治理能力现代化，具有十分重要的作用。

理论源于实践，又指导实践。科学的理论总是与伟大的实践相伴而生。我国的人民代表大会制度理论植根于中国革命、建设和改革的伟大实践，是马克思主义中国化的重大理论成果，是中国共产党和中国人民政治经验和智慧的结晶。它对于人民代表大会制度的创立、完善和不断发展，起到了积极的指导和推动作用。

思想有多远，我们就能走多远。60年的实践证明，理论上的成熟，使我们在中国特色社会主义政治发展道路上，目标执着，步履坚定，高歌猛进。

在新的历史条件下，加强人大制度理论研究，就是要从思想理论上进一步深刻认识在我国实行人民代表大会制度的历史必然性，全面总结60年来人民代表大会制度建设的经验，认真研究并努力回答人大工作面临的新情况新问题，从而不断为人民代表大会制度赋予新的思想内涵和时代特色，为人大工作不断注入新的活力。

我国的人民代表大会制度具有面向未来、面向实践、与时俱进的品格和属性，它总是在克服一个又一个困难，解决一个又一个问题中不断走向完善。当前，人大制度和人大工作面临着一些新情况新问题，需要我们从理论的层面上给出答案。例如，如何在坚持党的领导的前提下，更好地发挥权力机关的作用，不断缩小人大的"实际地位"和"法律地位"的落差；如何积极推进科学立法、民主立法，进一步提高立法质量，充分发挥立法对改革的引导、规范、推动和保障作用；如何正确处理监督和支持的关系，并在此基础上，更好地发挥人大监督的作用；如何更好地发挥代表的主体作用，增强他们的履职意识，提升他们的履职水平，使代表真正完成从"荣誉称号"到"法定职务"的角色转换；如何充分发挥地方人大尤其是基层人大的作用，为其提供必要的理论支持、组织保障和物质帮助；如何加强权力机关与人民群众之间的联系，逐步扩大公众对人大工作的有序参与；如何完善选举制度，使我国的选举既充满活力，又风清气正，从而在政权配置中更好地发挥基础性作用；如何加强人大自身建设，按照"一线"甚至是"火线"的标准，优化人员结构、理顺组织体系、完善议事程序……

实践永无止境，理论研究也永无止境。理论研究的目的不仅在于解释历史，说明当下，更重要的在于为我们描述未来。在实现中国梦的伟大历史进程中，重提加强人大制度理论研究，就是要用理论的光辉照亮中国道路。我国的人民代表大会制度已走过 60 个春秋，它创造了无数的辉煌与荣耀，它受到了亿万中国人民的衷心拥戴。在新的征程中，随着人大制度理论研究成果的不断涌现和广泛应用，人民代表大会制度必然会充满生机和活力，书写新的辉煌！

2014 年第 2 期

开局新气象

随着十二届全国人大二次会议渐行渐近，中国又将迎来"人代会"时间，新一届全国人大常委会开局之年的工作也开始进入验收盘点阶段。

过去一年，是一个充满梦想的年份。党的十八届三中全会吹响全面深化改革的集结号，我们站在了一个新的历史入口。

在以习近平同志为总书记的党中央领导下，经历年初错综复杂、艰难严峻的经济形势，转方式调结构强力推进，中国经济运行实现V型回稳；行政体制改革重点瞄准法治政府建设，简政放权，正排除险阻全力推进；"八项规定"深得民心，给政坛带来浩荡清风；教育实践活动如火如荼，剑指形式主义、官僚主义、享乐主义和奢靡之风；反腐斗争强势来袭，中央高层频频击出重拳；围绕人民群众关心的各种民生问题，党和国家不断出台新政……

在这样一个新的时代场景中，十二届全国人大常委会登场亮相。过去一年，新一届全国人大常委会以时不我待的历史主动、勇毅笃行的履职自觉和锐意开拓的政治担当，坚韧而进，积极创新，用扎实而卓有成效的工作，赢得了一个精彩的开局，向人们交上了一份圆满的答案。

过去一年，踏着蹄疾而步稳的改革节奏，法治中国建设稳步推进，人民代表大会制度不断完善，人大工作取得重大进展。尤其是作为人大工作最重要的组成部分，立法工作和监督工作取得双丰收。

换届伊始，新一届全国人大常委会就把立法工作的重点锁定在提高立法质量上。张德江委员长更是明确指出，立法质量直接关系到法律的实施效果，是加强和改进立法工作、完善法律体系的永恒主题。一年来，从旅游法、特种设备安全法，到商标法、消费者权益保护法、环保法、行政诉讼法，再到集中"打包"修改的文物保护法、海洋环境保护法等19部法律，从一个又一个成功的立法实践中，人们对科学立法、民主立法有了最直观的感受。可以说，新一届全国人大常委会所制定或修改的每一部法律都堪称精品，每一部法律都显示了高超的政治智慧，每一部法律都装满了百姓的心愿，每一部法律都表达了立法者尊崇民意、追求完美的精神境界，每一部法律都是依法治国进程中一个坚定而又有力的足印。随着立法质量的不断提升，中国立法完成了转型升级，步入"精细化"时代。

正确处理监督和支持的关系，是发挥人大监督作用，增强人大监督实效的重要前提。新一届全国人大常委会按照"选择好角度、掌握好尺度、把握好力度"的原则，寓支持于监督之中，有效地处理好了两者之间的关系。一年来，围绕党和国家中心工作，经济社会发展的大局和人民群众普遍关心的社会热点问题，人大监督屡屡出手，频频发力，收获颇丰。在专题询问方面，人大之"问"从"问"开始，但不止于"问"，要"问"出结果，"问"出实效，"问"出最高国家权力机关的权威；在听取和审议工作报告方面，直面问题敢于碰硬，注重整改一抓到底；在执法检查方面，不做虚功、不走过场、轻车简从、深入基层，既找准问题，又开对"药方"。从总体上说，开局之年人大监督工作呈现出积极的变化，给人以耳目一新之感。

盘点昨天的成就，是为了明天的辉煌。党的十八届三中全会对人大工作提出了新的更高的要求，全面深化改革为人大工作提供了新的更广阔的空间。我们相信，认真总结开局之年的工作，并从中提炼出一些经验和规律，新一届全国人大常委会一定会在现有的基础上，拥有更大的作为，取得更大的成就。

"接地气",让代表工作充满活力

人大代表必须同人民群众保持密切联系,这是我国代表制度的一大特色和优势,也是发挥代表作用的一个重要前提。对此,新一届全国人大常委会十分重视这方面工作,采取了一些具有创新意义的做法,盘活了代表工作,取得了明显的实效。

换届伊始,张德江委员长就明确指出:"密切人大代表同人民群众的联系、更好发挥人大代表作用,是坚持和完善人民代表大会制度、做好新形势下人大工作的重要内容。"

不仅如此,张德江委员长还率先垂范,身体力行,深入基层,联系群众。从齐鲁大地山东,到改革开放前沿广东,到鱼米之乡江苏,再到西南边陲云南,委员长深入企业、村镇、社区进行调研,听取普通百姓和基层人大代表对人大工作的意见。在调研期间,张德江委员长指出,尊重代表的主体地位,提高代表素质,发挥代表作用,是做好人大工作的基础。同时他还提出,要建立人大常委会组成人员与代表联系制度,建立密切代表同人民群众的联系制度,使工作规范化、制度化。他特别强调,"人大能不能充分发挥作用,很重要的一点,是看人大代表能不能'接地气',当好政府与人民群众的'连心桥'。"

在张德江委员长的推动下,2013年12月16日,十二届全国人大常委会第十四次委员长会议审议通过了《全国人大常委会委员长会议组成人员联系全国人大代表的意见(试行)》,要求每位委员长会议组成人员直接联系5名以上全国人大代表,并对联系内容、联系方式、联系代表的职责、服务保障工作等作了明确规定。

新一届全国人大常委会还要求委员长会议组成人员、常委会组成人员以普通代表身份回原选举单位参加代表小组活动，同基层代表交流履职情况，共同探讨改进工作思路。过去一年，许多常委会组成人员深入田间地头、农家小院、厂房车间，与普通农民、农村致富带头人、企业职工、基层干部面对面交流，话家常，问民生，听真话，察实情。

为了便于人大代表同人民群众保持密切联系，进一步畅通民意表达渠道，过去一年，新一届全国人大常委会在代表小组的组建及活动安排、专题调研与视察的方式等方面进行了积极探索。例如，将全国人大代表组建成257个小组，以便于开展活动。在进行专题调研和视察时，深入基层面对群众，不搞层层陪同，少听相关部门口头汇报，多到现场，直接听取一线工人、农民和各方面群众意见。专题调研注重实效，不走过场。过去一年，共有1700多名全国人大代表围绕150多个题目进行调研，形成调研报告110多份，为中央和地方决策提供了重要参考。

"知屋漏者在宇下，知政失者在草野。"实践证明，书斋内的冥思苦想、办公室里的文来文往、"权威们"之间的坐而论道，是无法获取真正的社情民意。只有让人大代表深入基层，回到广大人民群众中间，才能真正看清当今社会的真实面孔；才能采集到原汁原味的、不带任何水分的民意；才能在火热的实践中不断提高自己的履职水平；才能让代表工作更加"接地气"，更加充满活力。

从更高的层面上看，人大代表同人民群众保持密切联系，可以拉近最高国家权力机关与百姓之间的距离，可以使越来越多的人走近人大、认识人大、了解人大、关心人大、支持人大，可以使我国的人民代表大会制度在亿万中国人民心中生根发芽。

热点中的人代会

对于任何一个想要以人代会为媒介来认识中国的人而言，有一个非常有意义的现象需要特别注意，那就是每一次人代会都会有一些热门话题，在会场内外引起普遍关注。这就是我们通常所说的人代会热点。

最近一些年来，随着人大地位的不断提高，人代会的作用日益突出，越来越多的人开始通过人代会来寻求更多的利益诉求，从而使人代会成为当今中国一个最重要的公共表达平台。在这样一个背景下，每年人代会都会有一些话题，不仅是代表们审议的重点，也是公众街谈巷议的焦点，甚至有的还引发全民性的讨论。此外，一些新闻媒体所作的会前热点预测和民意调查活动，也对即将召开的人代会起到了预热和升温的作用。

从内容上看，人代会热点往往是国家发展不同阶段面临的一些主要问题，大到国家发展方向、治国理政的思路，具体到衣食住行、生老病死等民生问题，覆盖了政治、经济、文化、社会、生态等诸多方面。把新中国成立以来历次人代会的热点串联起来，则构成了一部完整的共和国成长记录。

因此，从某种意义上说，人代会热点就是一些关键词，借助它们，可以更好地解读中国，可以使人们触碰到社会发展的脉动、感受到时代的气息、看清楚中国道路是怎样走出来的。如果我们把人代会比喻成一部气势恢宏的年代大戏，那么，对热点问题的讨论就是一段段经典的剧情。

更为重要的是，由于每一个热点都对应一个庞大的民意系统，所以，对热点问题的讨论，实际上就是对民意所作出的积极回应。如此一来，不仅拉近了最高国家权力机关与百姓之间的距离，同时，也使越来越多的普通人从关心自身利益出发，来关心人代会，进而关心人大工作。这对扩大公民的有序政治参与，推动民主不断向前发展，具有十分重要的作用。

在十二届全国人民代表大会第二次会议即将召开之际，本刊推出特别策划——我们共同关注。整组策划聚焦一系列当下热门话题，如改革、反腐、法治中国、社会治理、转变政府职能、新型城镇化、环保、食品安全、教育、医疗、养老、保障房、作风建设等等。这就是我们眼中的人代会热点。限于篇幅，有些问题未被列入。在全国人代会召开前夕，我们把这些问题呈现出来，以期和广大读者一道，听到人大代表们的真知灼见。

问题是时代的声音。60多年来，我们的国家就是在问题密布的时空中穿行，在解决一个又一个问题的过程中不断走向强盛。今天，为了梦想，我们又一次踏上了改革的征程，开始了新一轮的远行。改革不是优雅如歌的行板，也拒绝诗意和浪漫。在改革的过程中，我们还会遇到难以预料的困难和问题，还会有各种各样的热点出现。但是，有人民代表大会制度作保障，在党和政府、人大代表、全体人民的共同努力下，所有问题最终都会解决，中国梦也会早日实现。

对此，我们充满希望！

2014年第5期

坚守生命至上的立法理念

十二年前，安全生产法的出台，在社会上引起了广泛的关注。在经历了无数次触目惊心的生产安全事故之后，国人对这部法律寄予了厚望。

可以说，这是一部用血的教训换来的法律！它的每一个条款都浓缩了一个个刻骨铭心的记忆，每一段表述都寄托了立法者对那些已经逝去的生命的追思，每一段文字都表达了人们对安全的渴求。

十二年后，随着安全生产法进入检修阶段，这使我们有机会对十二年来我国的安全生产工作作一次全面的盘点，从而筑牢法治根基，补齐制度短板，并在此基础之上，进一步重申生命至上、安全发展的立法理念。

安全生产法施行十多年来，对预防和减少生产安全事故，保障人民群众生命财产安全发挥了重要作用。从总体上看，全国安全生产形势呈现出"三个大幅下降、一个明显提升"的特点：事故总量大幅下降，重特大事故大幅下降，主要相对指标大幅下降；安全生产整体水平明显提升。

但是，由于我国正处于工业化快速发展进程中，安全生产基础仍然比较薄弱，安全生产责任不落实、安全防范和监督管理不到位、违法生产经营建设行为屡禁不止等问题较为突出，生产安全事故还处于易发多发的高峰期，特别是重特大事故尚未得到有效遏制，安全生产的各方面工作亟须进一步加强。尤其是近年来发生的一系列重特大生产安全事故，不仅屡屡地刺痛人们的神经，同时，也一而再再而三地提醒我们，安全生产形势依然严峻，我们要做的工作还很多，要走的路还很长，要做好打攻坚战和持久战的心理准备。

当前，安全生产领域面临的核心问题就是如何处理好安全生产和发展的关系。生命最宝贵，安全大过天。保障生命安全是人民幸福的基本要求，是改革发展稳定的基本前提。我们要坚守生命至上、安全发展的理念，并把它内化为价值上的执着和行动上的自觉。绝不要带血的数据，更不要以生命为代价的政绩。

从安全生产法施行十多年的实践看，做好安全生产工作，预防和减少生产安全事故是目标，落实生产经营单位主体责任是根本，强化政府监管是关键，严格责任追究是保障。为此，这次安全生产法修改突出事故隐患排查治理和事前预防，重点强化三方面的制度措施：一是强化落实生产经营单位主体责任；二是强化政府监管；三是强化安全生产责任追究。

这样一个立法思路，得到了社会各方的普遍认同。在对安全生产法修正案草案进行审议时，一些常委会组成人员还进一步指出，修法理念要契合十八届三中全会提出的全面深化安全生产管理体制改革的精神，同时要符合安全生产的内在客观规律。要力求通过这次修法进一步完善安全生产的一些基本法律制度，而且使这些制度具有可操作性，具有规范性，能够着眼于源头治本、防患于未然，而不仅仅是"重典治乱"。

最严格的法律还需最严格的执行。面对当前严峻的安全生产形势，我们需要一部最严格的安全生产法。从业已提请审议的修正案草案看，已经基本做到了这一点。但是，如何将法律规范变成人们的一种日常行为，如何将生命至上、安全发展的立法理念转化为一种无所不在的社会氛围，这显然是一项更重要也更为艰难的工作，对此，需要我们作出更大的努力。

办理代表建议重在解决问题

前不久，十二届全国人大二次会议代表建议、批评和意见交办会在京召开，全国人大常委会副委员长兼秘书长王晨出席会议并发表讲话。王晨副委员长兼秘书长在讲话中对今年的代表建议办理工作提出了四点要求：一是要切实提高认识，增强做好代表建议办理工作的自觉性；二是要加强沟通协调，增强办理实效；三是要加强组织领导，落实承办责任；四是要加大监督检查力度，做好服务工作。这四点要求明确、具体，针对性强，对于做好今年的代表建议办理工作，具有很重要的指导作用。

十二届全国人大二次会议期间，代表们共提出建议8576件，不仅数量创历史新高，质量也稳步提升。从内容上看，代表建议从贯彻稳中求进的工作总基调出发，着眼于推动解决事关改革发展稳定全局的重大问题和人民群众普遍关注的热点难点问题。其中代表们就全面深化改革问题提出的建议较多。例如，关于推进财税体制改革的建议有108件；关于深化金融体制改革的建议有105件；关于健全现代市场体系，提高资源配置效率和公平性的建议有83件；关于深入推进行政体制改革的建议有81件。代表们还就深化国有企业改革，完善收入分配调控体制机制，发展混合所有制经济，积极推进农村改革等方面提出许多建议。反映了广大人民群众对通过全面深化改革推动科学发展、提高发展质量和效益的强烈愿望。此外，保障和改善民生、自然资源和环境保护方面的建议也比较多。

接地气，是今年代表建议的一大亮点。据了解，代表经过专题调研、视察、座谈、走访等形式形成的建议有4935件，占建议总数的57.5%，比去年增加1041件。其他建议也多数是代表结合本职工作，总结实践经验，经过慎重思考后提出的。

在人民代表大会会议期间提出建议，是代表的一项法定权利。但由代表的地位所决定，代表提出建议，不是一般意义上的个人行为，而是代表人民行使国家权力的一种重要方式。因此，代表建议的提出，必须建立在充分调查研究、广泛听取民意的基础之上。只有这样，代表们才能听到"原汁原味"的百姓声音，才能真正做到了解民情、反映民声、汇集民智，才能使最高国家权力机关制定的法律和作出的决策拥有坚实的民意基础。把问计于民作为提出建议的一道前置程序，不仅体现了人大代表对人民负责的精神，同时，也有利于提高建议的质量，更好地发挥代表建议在国家治理中的作用。

我们知道，建议办理工作包括提出和办理两个环节。如果说提出建议是一种民意表达，那么，办理代表建议则是对代表权利的尊重和对民意的积极回应。从法律属性上看，代表建议具有程序和实体双重价值。从程序上说，对代表提出的建议，承办单位必须按照法定的方式、在法定的期限内进行答复。从实体上说，建议表明一种责任，这种责任意味着承办单位不仅要在姿态上对代表表现出足够的尊重，更重要的是要通过一些具体的行动，来对代表们提出的建议作出积极的回应，要切实解决问题。正因为如此，王晨副委员长兼秘书长明确提出，办理代表建议，不是为答复而答复，关键是要解决问题。

令人欣慰的是，国务院对代表建议办理工作给予了高度重视。李克强总理强调，各部门要以改革创新精神和法治理念，进一步做好建议办理工作，把受领、办理建议作为接受人民监督、回应人民呼声的重要渠道，让办理工作成为政府转作风、办实事、解难题的过程,使政府更好服务人民群众。我们相信,在各方的共同努力下,届时一定会向人大代表、向人民交上一份满意的答卷。

2014年第8期

最严格的法律尚需最严格的执行

自环保法进入修改程序以来，重典治乱的呼声就一直不断，有些常委会组成人员甚至放出这样的狠话："要制定一部高质量、有威慑力的刚性的法律，要让环保法长出'牙齿'来。"

历时近两年，经过四次审议，两次公开征求意见，从"小修小补到最终动大手术"，直至高票通过，这无不显示出立法者铁腕治污的决心。

并且从内容上看，新环保法也确实配得上"最严格"这三个字。从强化政府监督管理责任，到加大对违法行为的惩处力度，到生态保护红线入法，再到规定实行全民共治。特别值得一提的是，根据公众意见，针对违法成本低、守法成本高的问题，设计了按日计罚且上不封顶的制度。规定对"未批先建"拒不改正等四种行为，可给予治安拘留处罚；在有关环境服务活动中弄虚作假、对造成的环境污染和生态破坏负有责任的，应当与其他责任者承担连带责任。这些颇具"震慑力"的规定，足以让人们对新环保法充满期待。

可以说，新环保法已最大限度地凝聚了各方的智慧，是现阶段最有力度的一部环保法。它的颁布实施，将对未来的环保工作，对国家整个环境质量提升产生重要作用。

最严格的法律还需最严格的执行。如何使新环保法的规定一一落地生根，在实施的过程中不走样、不变形？如何使新环保法确立的保护优先的立法理念春风化雨、深入人心？如何让保护环境成为一种无所不在的社会氛围，成为价值上的执着和行动上的自觉？如何使违法者闻法丧胆……这是我们接下来要面临的一些重要问题。坦率地说，新环保法的命运如何，在实践中能否得到最严格的执行，不仅取决于法律本身，更重要的是取决于我们对待这部法律的态度，取决于我们的执行力，取决于环保工作在我们心中的真实地位。

从某种意义上说，环保法的命运，就是我们的命运；善待这部法律，就是善待我们赖以生存的家园，就是善待我们自己。

根据以往的经验，我们并不缺少严格的法律，但却缺乏严格执法的决心和手段。有一些法律，在制定时被高高举起，在实施时却又被轻轻放下。正因为如此，最终难逃被虚置的命运。

特别需要指出的是，由多种原因决定，新环保法将是一部执行难度比较大的法律。尤其是其中的一些刚性规定，对违法者而言具有相当大的"杀伤力"，执行起来难度会更大。这就需要有壮士断腕的勇气、铁面执法的魄力和持之以恒的耐心。否则的话，再严格的规定也只能是一种摆设。

再过八个月，新环保法就要进入我们的生活，正式开始实施。为了让这部法律能更好地发挥作用，我们必须达成这样的共识：面对日趋恶化的环境，我们已处在危急时刻，没有退路，别无选择。惟有痛下决心，背水一战，才能达到重典治乱的目的。任何迟疑、放任和软弱，都可能使我们坐失良机。不管怎么说，让百姓能够在碧水蓝天之间，自由、舒畅地呼吸，让他们喝上干净的水，吃上放心的食品，这是最起码的要求，也是政府基本的责任。如果连这一点都做不到，再快的发展速度，再华丽的数据，也是毫无意义的。为了对百姓负责，对子孙负责，对历史负责，我们再也不要以这样或那样的借口，对自然资源不加节制地开采，对环境肆无忌惮地破坏。

如果新环保法将引发新一轮的环保风暴，那就让这场风暴来得更猛烈些吧。让它彻底冲掉我们头上的雾霾和心中的阴影。

2014年第9期

夯实国家根本政治制度的根基

前不久，全国人大常委会委员长张德江赴浙江就乡镇人大工作进行调研。在调研期间，他强调，要深入贯彻落实党的十八大和十八届三中全会精神，从巩固党的执政基础、推进国家治理体系和治理能力现代化的高度，充分认识乡镇人大作为基层地方国家权力机关的地位和作用，切实加强乡镇人大建设，提高乡镇人大工作水平，为促进地方经济社会发展、保障人民安居乐业作出积极贡献，为全面推进依法治国、推动人民代表大会制度与时俱进发挥更大作用。

浙江之行是张德江委员长去年开展县级人大工作调研后，对基层人大工作进行的又一次调研。此举不仅表明委员长对地方人大工作的关心和支持，同时，也传递出一个积极的信号：如何加强县乡人大工作，已引起新一届全国人大常委会的高度关注。一些专业人士认为，新一届全国人大常委会关注县乡人大工作，这是一个利好的消息。它预示着在未来的几年内，县乡人大工作将进入一个"重要机遇期"，有望取得重大进展。

把全国各级人大看成是一个整体，注重同地方人大的联系，关心和支持地方人大的工作，这是本届全国人大常委会给人留下的一个很深刻的印象。在本届全国人大常委会成立后召开的第一次会议上，张德江委员长就指出，坚持和完善人民代表大会制度、推进社会主义民主法制建设，是全国人大和地方各级人大的共同责任。我国的国家体制，中国共产党的领导，人民代表大会制度，中国特色社会主义法律体系，这些都决定了全国人大和地方各级人大之间具有非常密切的关系。全国人大常委会加强同地方人大常委会的工作联系，密切工作协同，开展工作交流，这有利于紧紧围绕党和国家工作大局推进人大工作，有利于形成人大工作的整体合力，有利于增强人大工作的整体实效。

乡镇政权是我国最基层的政权组织，是我们党执政的重要基础。乡镇人大是最基层的国家权力机关，乡镇人大工作关系到国家政权的巩固和发展，关系到国家的长治久安和繁荣昌盛。没有乡镇人大体制的完善，国家政治制度就缺乏坚实的根基；没有乡镇人大的有效运转，基层民主就难以真正落实；没有乡镇人大的积极作为，人大工作就难以实现整体推进。

长期以来，由于种种原因，乡镇人大面临着一些困难和问题，一直没有得到很好的解决。在一些地方，由于重视不够，乡镇人大被边缘化，会期缩水，职权虚置，程序空转，人员配备和工作条件远远不能适应工作的需要。更有甚者，在有些地方，乡镇人大实际上处于停摆状态。这些问题，确已到了非解决不可的地步。无论如何，我们不能让人大工作在基层出现"短路"现象，不能让乡镇成为民主的"盲区"，让乡镇人大成为人大制度建设中的一道"软肋"。

正是在这样一个背景下，张德江委员长提出要切实加强乡镇人大建设，提高乡镇人大工作水平，抓住了当前我国人民代表大会制度建设中的关键环节，意义重大。认真学习贯彻张德江委员长的讲话精神，不仅有利于我们做好乡镇人大工作，提高人大工作的整体水平，推动人民代表大会制度的与时俱进；同时，也有利于巩固党的执政基础，夯实国家治理体系和治理能力现代化的根基。

形成合力才能实现整体推进

如何加强各级人大之间的联系，进而形成合力，实现人大工作的整体推进，这是当前我国人民代表大会制度建设中的一个重大课题。对此，新一届全国人大常委会十分重视。

换届之始，张德江委员长就提出了"两个整体"的工作思路，他指出，全国人大常委会加强同地方人大常委会的工作联系，密切工作协同，开展工作交流，这有利于紧紧围绕党和国家工作大局推进人大工作，有利于形成人大工作的整体合力，有利于增强人大工作的整体实效。我们要加强这方面的工作，共同推进民主法制建设。其后不久，他又就如何做好人大工作赴地方进行调研。特别是云南之行和浙江之行，委员长就加强县乡人大建设，做好基层人大工作，发表了重要讲话。从委员长的调研行程和几次重要讲话中，我们可以清晰地看出，加强全国人大和地方人大的联系，关心和支持地方人大的工作，力求实现人大工作的整体推进，这是新一届全国人大常委会的一个鲜明特色。它充分展示了新一届全国人大常委会领导的战略眼光、大局意识和担当精神。

从法理上说，上下级人大没有领导被领导关系。但彼此之间加强联系、相互配合，特别是在一些重大问题上，上级人大对下级人大给予必要的支持和帮助，对于做好人大工作，具有十分重要的意义。我们国家共有五级人大，各级各地人大由于层级不同，所处的区域不同，所以，工作的重心和工作内容也不尽相同。但从根本上说，机构的性质是一样的，所承担的使命和工作目标是一致的，甚至在有些情况下，面临的困难和问题也是相同的。正因为如此，各级人大加强联系，密切配合，交流经验，沟通情况，有利于相互促进，共同提高。并且从全国范围看，人大工作本身就是一个整体，我们必须要有全国一盘棋的思想，这样才能形成人大工作的整体合力，并在此基础之上，实现全国各级人大工作整体推进，同步发展。

今年是全国人民代表大会的 60 华诞，也是地方人大设立常委会 35 周年。60 年来，特别是近 30 年来，在全国人大和地方各级人大的共同努力下，我国社会主义民主法制建设取得举世瞩目的伟大成就，人民代表大会制度不断完善，人大工作日新月异。尤为值得一提的是，在实践中，地方各级人大锐意开拓，积极探索，形成了许多好经验好做法。为了对这些经验和做法进行认真的总结，从去年上半年开始，我们启动了题为"地方人大巡礼"系列采访活动。我们希望用文字和图片把中国民主最鲜活的一面呈现出来，从而让越来越多的人了解人大工作，关心人大工作，支持人大工作。

同时，我们也希望通过这样一种方式，为密切全国人大和地方各级人大之间的联系搭建平台，提供服务。

历史在发展，时代在前进。人大制度和人大工作不断面临着新形势、新情况，只有不断回答新课题、应对新挑战、解决新问题，才能保持根本政治制度的生机和活力，才能赋予这一制度以新的内涵和使命。党的十八届三中全会提出，要推动人民代表大会制度与时俱进，推进人民代表大会制度理论和实践创新。这是一项历史性的伟大事业，需要全国人大和地方人大的共同努力。我们相信，只要全国各级人大携手同心，密切配合，我们就一定能再创新的辉煌。

2014 年第 11 期

共谋乡镇人大的发展之路

从某种意义上说，张德江委员长的浙江之行，是一个重要的契机，它促使我们对乡镇人大工作作一次全面的会诊，肯定成绩，总结经验，找出问题，并在此基础之上，共谋加强乡镇人大建设、提高乡镇人大工作水平的良策。

我国的乡镇人大产生于建国初期，经历了正式建立、停滞倒退、恢复重建、发展完善四个阶段。可以说，乡镇人大建设与人民代表大会制度建设同频共振，相伴而行，一路走来。改革开放以来，特别是1979年7月以后，我国乡镇人民代表大会得以恢复正常并不断完善，乡镇人大工作进入了一个崭新的发展阶段，职能作用也逐步得到发挥。三十多年来，各地乡镇人大依法履行职责，在推进基层民主政治建设、扩大公民有序参与、巩固基层政权、促进地方经济发展和社会进步、维护长治久安和谐稳定等方面发挥了不可替代的重要作用。

如何认识乡镇人大的地位和作用？如何评价乡镇人大工作的现状？如何看待乡镇人大工作存在的种种问题？如何破解乡镇人大工作面临的难题？对此，我们不能仅从法律定位、制度设计、实际运行等层面来就事论事。更为重要的是，我们应该从巩固党的执政基础、推动人民代表大会制度与时俱进、推进国家治理体系和治理能力现代化的高度，来考量这些问题。说到底，加强乡镇人大建设，不仅是一个技术问题、法律问题，而且也是一个政治问题。

在我国的五级人大中，乡镇人大有着特殊的地位。它在人大系统中居处"末梢"，它是农村基层国家权力机关，是我国根本政治制度的基础环节，是实现基层民主的有效形式，是基层党组织执政的基本载体。由于乡镇人大离实际最近，离百姓最近，离各种社会矛盾最近，所以，乡镇人大工作更容易"接地气"，更容易得到百姓的关注，更容易让广大人民群众直接感受我国根本政治制度的优势。张德江委员长对乡镇人大工作有一个很精彩的比喻：乡镇人大工作归根到底要"顶天立地"。顶天，就是坚持党的领导，巩固党的执政地位，贯彻落实党的路线方针政策。立地，就是要为老百姓办事，反映老百姓的呼声，解决老百姓的困难，促进老百姓安居乐业。这一比喻非常形象地描绘出乡镇人大工作的基本特征，对于我们准确把握乡镇人大工作的主要任务，具有很强的指导作用。

当前，对于乡镇人大工作的现状，以及面临的种种困难，在人大系统，已经形成了比较一致的判断。现在关键的问题是，如何才能找到有效的解决办法。在这方面，也有很多建议，例如，扩大乡镇人大主席团的职能，充实乡镇人大机构，完善乡镇人大会议制度，进一步明确和细化乡镇人大的职权，充分发挥乡镇人大代表的作用，创新闭会期间代表活动方式，改善乡镇人大的工作条件，扩大公众对乡镇人大工作的有序参与，等等。在这里，必须着重指出的是，乡镇人大工作面临的种种困难，是由多方面原因造成的，仅仅依靠乡镇人大自身，是无法解决这些问题的。因此，需要各方共同关注，共同努力，才能真正破解乡镇人大工作的难题。

令人欣慰的是，新一届全国人大常委会对乡镇人大工作给予了前所未有的重视，委员长亲自带队，深入基层进行调研。这对包括乡镇人大工作者在内的所有人大工作者而言，都是一个莫大的鼓舞。为了贯彻落实张德江委员长关于改进和加强乡镇人大工作的重要指示精神，近日，全国人大常委会还派出了几个高规格的调研组，分赴各地进行调研。这再一次向人们释放出一个积极的信号——乡镇人大工作或许将迎来一个新的发展机遇。

对此，我们充满期待！

2014年第12期

审计监督不应止于"指名道姓"

提起审计，人们必然会联想到审计风暴。

"风暴"两字形象地描述出人大监督的强势和它所引起的联动效应。的确，全国人大常委会每一次听取和审议审计工作报告，都会引起人们的关注，都会引发一场不大不小的"风暴"。从多年来的实际情况看，人大的审计监督对于肃贪倡廉，增收节支，降低行政成本，确实起到了积极的作用。在充分肯定成绩的同时，人们更希望审计监督能"从风暴中来，到制度中去"，能完成从"运动战"到常态化的转变，能成为一种长效机制，这样才能实现监督效应的最大化。

在前不久召开的十二届全国人大常委会第九次会议上，人们感受到了审计监督所呈现出的新意：一方面，审计工作报告对审计出来的问题不回避、不掩盖、不采取模糊化的处理方式。特别是对一些部委和下属单位在"三公"经费方面的违规情况，更是进行了点名通告。另一方面，常委会组成人员在审议审计工作报告时，不是就事论事，就问题说问题，而是把着眼点放在如何解决问题上。常委会组成人员普遍认为，审计是为了发现问题，更是为了解决问题。面对审计揭示的种种问题，应该理性分析，注重探究标本兼治、重在治本之策。为了防止问题反复出现，要加强有关部门自身的监督和人大的监督。有的常委会组成人员建议，全国人大要加强监督力度，特别是搞好跟踪监督，将国务院对审计出来的问题进行整改情况的报告提交全国人大常委会审议。使审计监督的链条完整延伸，做到一查到底。

在我国现行的监督体系中，审计监督是一种比较严厉的监督形式，它的主要功能用一句话来概括，就是盯着政府怎样花钱，替百姓看好钱袋子。有人甚至形容审计监督是公共财政的"守护神"。同时，审计监督还有一个显著特点，就是以发现问题作为切入点。所以，审计工作报告更像是一份"问题清单"。正因为如此，审计监督实际上就是对公共财政的运行情况所作的例行检测，对政府所作的定期"体检"。

这里涉及如何处理监督和支持的关系问题。传统的监督理论认为监督就是一种纯粹意义上的制衡。尤其是在西方国家，监督体现了不同利益集团之间的冲突与对立，被认为是一种权力的博弈。而在我们国家，在人民代表大会统一行使国家权力的前提下，各个国家机关既分工明确，又相互协作。这种体制上的优越性，为我们在实践中正确处理监督与支持两者之间的关系，提供了一种现实可能性。但是，强调人大对政府工作的支持，并不意味着将人大监督权虚置，将人大监督权弱化；也不意味着人大对政府工作中存在的问题无原则地回避。相反，发现问题，并督促政府及时地加以改进，这是对政府工作的最大支持。在这方面，审计监督扮演的实际上是一个"医生"的角色。

直面问题、"指名道姓"，体现了审计监督的铁面本色。但"指名道姓"只是审计监督的起点，是"发现问题—解决问题—启动问责"这样一个完整的监督流程中的一个环节。审计监督绝不应止于"指名道姓"。如何让审计监督走出"屡犯屡审、屡审屡犯"的怪圈，这是在实践中必须解决的问题。对此，新一届全国人大常委会做好了充分的准备。张德江委员长在十二届全国人大常委会第九次会议上就明确指出："对审计报告中指出的问题，国务院要责成有关方面认真整改、严肃问责，并在今年年底前将纠正情况和处理结果向全国人大常委会报告。"委员长的这样一段掷地有声的话语，使我们有理由对新一轮的审计监督充满更多的期待。

2014年第13期

从最严厉到最安全

"又是一部'史上最严'的法律。"

这是一些媒体对食品安全法修订草案所作的评价。这种评价隐含着一种特殊的民意期待：面对层出不穷的食品安全问题，人们希望食品安全法能成为一把随时可以撑开的保护伞，让他们重拾久违的安全感。

实际上，本届以来，我们经常可以听到这样的评价，从特种设备安全法、到旅游法、到消费者权益保护法、到环保法，再到现在的食品安全法，这反映了我国立法工作所呈现出的新变化。

所谓"史上最严"，可以从两个方面来理解。一是严密、严谨，这体现出精益求精的立法态度。二是严厉，这是指法律本身在责任条款和惩戒措施的设计上，要有足够的震慑力和杀伤力。用一些常委会组成人员的话说，就是要让法律"硬"起来，让它们长出"牙齿"来。说得再确切些，就是要让法律条文成为任何人都不能触碰的"高压线"，让执法者如履薄冰，让违法者闻法丧胆。不管是严密、严谨，还是严厉，最终都是为了让法律具有可执行性和可操作性，让法律切实管用。这也是张德江委员长反复强调的。如果单从字面上看，管用也许是简单的、朴素的，但它却代表了很高的境界，真正做到这一点，需要我们付出很大的努力。

就内容而言，此次提请审议的食品安全法修订草案的确配得上"最严"二字。无论是立法的指导思想，还是具体条款的设计，都彰显出立法者重典治乱的铁腕气质。

面对乱象丛生的食品安全格局，修订草案进一步强化了生产经营者的主体责任，加大对违法行为的处罚力度，强调要转变政府职能，理顺监管边界，加重对地方政府负责人和监管人员的问责。在法律责任方面，相关条款已经从现行法律的十多条增加到三十多条，数量是原先的近3倍。从生产经营者到政府部门，再到其他社会组织的责任，全部纳入到惩处的体系。这就建立了最严格、最广泛的责任主体。在处罚力度方面，草案对在食品中添加有毒有害物质等性质恶劣的违法行为，规定直接吊销许可证，并处最高为货值金额三十倍的罚款；对明知从事上述行为、仍为其提供生产场所或向其销售违禁物质的主体，规定了最高二十万元罚款等。此外，本次修法还突破了以往传统的单一处罚模式，设置了一种配套责任构架。既有财产罚，也有人身罚，即如果构成犯罪，可以限制人身自由；还有资格罚，比如对造成重大事故的认证人、食品安全的检验人终身禁止进入食品行业。

总之，食品安全法修订草案所体现出的重典治乱的立法意图因顺应了公众的诉求而获得普遍认可。

没有最严厉，何来最安全？只有让法律真正成为任何人都不能触碰的高压线，才有可能营造安全的食品环境。所以，从最严厉的法律，到最安全的食品，两者有着天然的逻辑关系。但是，最严厉的法律并不等于最安全的食品，有了最严厉的法律，也未必就能生成最安全的食品环境，我们不能简单地套用法律上的逻辑关系来解释当下的社会现实。甚至从某种程度上说，一部最严厉的食品安全法，只是为全面实现食品安全提供了一种可能性。只有让食品安全法在实践中能够得到很好的执行，让所有违法者都得到应有的惩处，让懒政懈怠者都受到问责，让全社会每一个成员都对这部法律抱有敬畏之心，我们才能真正吃得放心。

这也许是一个很长的过程，对此，我们要有足够的准备。

2014年第14期

代表都去哪儿了

一句看似很简单的发问,却包含着一个很厚重的话题。

在日常生活中,我们经常可以听到类似的声音:代表都去哪儿了?除了开会,他们都在忙些什么?人大代表有什么用,他们能给我们带来什么?有事找代表管用吗?这样的声音实际上是对代表作用的一种追问,是用百姓独有的话语方式所作出的一种政治表达。这也从一个侧面说明了公众对人大工作的关注。

在我们国家的政治语境中,"代表"和"人民"有着极为密切的关系,这是由我们国家的政权性质和人大代表的法律地位所决定的。我们是人民当家作主的社会主义国家,国家的一切权力属于人民,人民行使权力的机关是全国人民代表大会和地方各级人民代表大会。人民群众是通过人大代表来当家作主、管理国家事务的。从法律地位上看,人大代表来自人民,他们的权利是由人民授予的。所以,他们理应同人民群众保持密切联系,代表人民群众利益,表达人民群众意愿,反映人民群众呼声。

由于我国实行的是兼职代表制,代表不因执行代表职务而脱离原来的生产和工作岗位,这就为人大代表同人民群众保持密切联系提供了体制上的保障。

实际上，人大代表就生活和工作在百姓中间，他们永远同人民群众在一起，他们时刻牵挂着你我的衣食住行、安危冷暖。

实践证明，人大代表只有同人民群众保持密切联系，才能听到"原汁原味"的百姓声音，才能不断提高自己的履职水平，才能使最高国家权力机关制定的法律和作出的决策拥有坚实的民意基础。

前不久，为了认真贯彻落实张德江委员长关于改进和加强人大宣传工作的重要指示精神，我们就如何做好代表工作，深入基层，进行采访。我们希望用一段段质朴的文字，一幅幅真实的画面，一个个村落视野中的草根细节，来告诉我们的读者，代表都去哪儿了，他们在干些什么。

在甘肃，全省五级人大代表联动，为百姓办实事。

在四川，人大创新联系载体，为代表履职搭建平台。

在上海、重庆、浙江、广州、南宁等地，人大代表通过网络平台，打破时空界限，与人民群众进行联系。

在湖南长沙，有问题找代表，已经成为许多市民反映诉求、解决实际困难的主渠道。

在呼伦贝尔大草原，人大代表通过"蒙古包代表之家"为牧民排忧解难。

在福建上杭县才溪镇，也就是毛泽东才溪乡调查所在地，"民情收集点"让代表和百姓实现了"无缝对接"。

在青海海北州刚察县泉吉乡，人大代表才保对记者说出了他的心愿："让牧民在城里生活，在草原上放牧。"

……

在采访期间，一位基层人大代表拿出她的"民情日记"给我们的记者看，只见上面密密麻麻写满了履职日程安排。她告诉记者："我现在每天都很忙，有时也感觉很累，但心里很充实，因为我愿意为百姓办点实事。"

"愿意为百姓办实事"。这表达了全国五级人大代表的共同心愿。这是一种对承诺的兑现，对使命的执着，对责任的坚守，对人民利益的自觉担当。我们应该为拥有这样的人大代表而感到欣慰。

因为他们让我们感受到了人大工作呈现出的勃勃生机，感受到了人民代表大会制度的魅力与优势。

2014 年第 15 期

网络给人大工作带来什么

有一种非常通行的说法：网络改变了世界，改变了人们的行为方式和生活习惯，改变了它所能改变的一切。那么，网络给人大工作带来了哪些变化？这些变化意味着什么？我们应该如何面对？

这显然是一个非常现实并且很有意义的话题。

从国家的层面说，作为一种重要的技术手段，网络广泛应用于国家治理的各个环节，是推进国家治理体系和治理能力现代化的题中应有之义。习近平总书记指出，没有信息化就没有现代化。也就是说，在国家治理体系和治理能力现代化的进程中，如果没有信息化的推进，国家治理体系和治理能力的现代化就难以达成。习近平总书记的这段话，精辟地揭示了网络技术在推进国家治理体系和治理能力现代化进程中的作用。

人大工作是国家治理的关键环节，所以，人大工作需要网络技术的支持。并且从某种程度上说，两者之间的深度融合，对于推动人民代表大会制度与时俱进，具有积极的意义。为此，党的十八届三中全会指出，通过建立健全代表联络机构、网络平台等形式密切代表同人民群众联系。这实际上是针对网络技术不断发展这一大的背景，对人大工作提出新的更高的要求。

前不久，张德江委员长在浙江调研乡镇人大工作时强调，我们现在处于信息时代，加强全国人大工作的信息化建设，发挥好信息化在人大工作中的作用，这是一个大课题，包括乡镇的、县的、市的、省的甚至全国的，将来应该考虑逐渐加强各级人大信息化建设问题。

为了贯彻落实张德江委员长的讲话精神，全国人大常委会专门派出调研组，就地方人大信息化建设情况进行专题调研。通过调研了解到，近年来，许多地方人大充分利用信息化技术支撑的优势，通过搭建网络平台，积极扩大公众对人大工作的有序参与，充分发挥代表作用，密切代表与人民群众的联系，为代表履职提供必要的保障。此举不仅扩大了人大在社会上的影响，同时，也提升了人大工作的水平。据了解，一些地方人大设立代表信箱、代表留言板、网上信访，代表通过网络倾听民意，问计于民、问需于民，代表或人大工作机构及时收集、整理网民的意见和建议，认真给予答复或转交相关部门处理。有的地方人大邀请人大代表、常委会委员和人大工作机构的负责人就公众关心的立法、监督等问题，在线双向交流、讨论，网上回答网民的问题，解疑释惑。有的地方人大设立了代表交流互动专区，经授权认证，代表之间可以充分交流人大工作各方面意见，包括议案和建议的酝酿、草拟、办理结果的评价。许多地方人大都设立了互联网网站，保障人民群众依法、及时、全面获取人大工作信息。同时还公开代表个人基本信息（包括职业、民族、党派、学历和联系方式）、代表履职情况，接受人民群众监督。

从各地的情况看，网络技术的广泛应用，确实给人大工作带来了积极的变化。甚至可以毫不夸张地说，网络改变了当今中国的政治生态，它不仅盘活了现有的制度资源，同时，也实现了民主的增量。更为重要的是，它大大地缩短了权力机关与公众之间的距离。

当然，借助网络平台来推动人大工作不断创新，我们尚处在起步阶段。特别是面对日新月异的互联网技术，我们的应对还"慢半拍"。

不管怎么说，网络技术的迅猛发展，对人大工作而言，既是一次严峻的挑战，也是一个难得的机遇。只要我们提高思想认识，采取积极有效的措施，跟上网络技术发展的节奏，就一定能实现人大工作的与时俱进。

2014 年第 16 期

伟大的制度源于伟大的实践

习近平总书记在庆祝全国人民代表大会成立60周年大会上的重要讲话中，系统回顾了中国近代以来政治发展的历程以及人民代表大会制度建立和发展的历程，深刻揭示了我国实行人民代表大会制度的历史必然性，全面阐明了人民代表大会制度的深远历史影响和重大现实意义，并就如何在新的历史起点上坚持、完善和发展人民代表大会制度，努力做好人大工作，作出了重大战略部署。张德江委员长在庆祝全国人民代表大会成立60周年理论研讨会上强调指出，要认真学习贯彻习近平总书记在庆祝全国人民代表大会成立60周年大会上的重要讲话精神，在以习近平同志为总书记的党中央领导下，坚定不移走中国特色社会主义政治发展道路，坚持和完善人民代表大会制度，充分发挥人民代表大会制度的根本政治制度作用，切实履行宪法和法律赋予的职责，认真做好新形势下人大工作，为社会主义民主政治建设作出新贡献。

习近平总书记的重要讲话，立意高远、主题鲜明、内涵深刻、内容丰富、指向清晰、要求明确，对于我们在新形势下坚持和完善人民代表大会制度、坚定不移走中国特色社会主义政治发展道路、推进社会主义民主法治建设、发展社会主义政治文明，具有十分重要的指导作用。当前，认真学习贯彻习近平总书记的重要讲话，是全国人大和地方人大的一项重要任务。

一个伟大的制度必然地产生于一个伟大的实践中。中华民族是一个具有悠久历史的民族，为人类文明进步作出了巨大贡献。1840年以后，由于西方列强的入侵和封建王朝的衰落，在中国延续了两千多年的封建专制再也难以为继。围绕着在中国建立什么样的政治制度和政权形式，各种社会势力进行了激烈较量，许多仁人志士提出了各种主张，但都没有也不可能找到多数人当家作主的正确途径和有效形式。中国共产党从成立之日起就以领导劳苦大众翻身解放，实现人民民主为己任，对建立新型政权组织形式进行了长期流血抗争和不懈探索实践，终于在古老的中国大地上建立了由工人阶级领导的、以工农联盟为基础的人民民主国家，终于构筑起中国历史上第一个真正由全体人民当家作主的政权组织形式。正如习近平总书记所指出的那样，"在中国实行人民代表大会制度，是中国人民在人类政治制度史上的伟大创造，是深刻总结近代以后中国政治生活惨痛教训得出的基本结论，是中国社会100多年激越变革、激荡发展的历史结果，是中国人民翻身作主、掌握自己命运的必然选择。"

60年砥砺前行，60年成就辉煌。60年来，全国人民代表大会与我们的共和国一道，风雨兼程，携手相伴，一路走来。它见证了我国社会的发展变化，见证了新生共和国的成长历程，见证了人民代表大会制度的不断发展与完善，见证了中国特色社会主义政治发展道路是怎样走出来的。

60年的实践充分证明，人民代表大会制度是符合中国国情、具有中国特色、体现社会主义国家性质、保证人民当家作主、保障实现中华民族伟大复兴的好制度。这一制度已深深地植根于广阔的中国大地上，赢得了广大人民群众的衷心拥戴，发挥了极其重要的作用，并正在显示着越来越大的历史功效。

历史在发展，时代在前进。历经了一个甲子的跋涉与荣耀，我国的人民代表大会制度站在了一个新的历史起点上，又将开始新一轮的远行。

当前，经济社会的发展变化对人大制度和人大工作提出了新课题；人民群众政治参与积极性的不断提高，对人大制度和人大工作提出了新期待；解决前进中面临的诸多矛盾和问题对人大制度和人大工作提出了新挑战；全面深化改革对人大制度和人大工作提出了新要求。人民代表大会制度只有与时俱进，才能在不断回答新课题、满足新期待、应对新挑战、适应新要求的过程中，进一步完善和发展，才能充满生机和活力。

梦想催人奋进，实践永无止境。让我们认真贯彻落实习近平总书记重要讲话精神，坚定道路自信、理论自信、制度自信，充分发挥人民代表大会的根本政治制度作用，在新的历史起点上，努力开创人大工作新局面！

2014 年第 19 期

地方立法步入转型升级新阶段

近期，有两件重大事项将会对今后一段时间的地方立法工作产生积极影响：一是立法法实施14年后进入"检修期"；二是第二十次全国地方立法研讨会在上海召开。

当前，随着经济社会发展和全面深化改革的推进，立法工作中遇到一些新情况新问题，对加强和改进立法工作提出了新要求。所以，对立法法适时作出修改，势在必行。据了解，修正案草案共28条，从发挥人大立法主导作用，健全立法起草、论证、审议等机制，提高立法质量，增加法律通过前评估制度，完善授权立法，赋予设区的市地方立法权，加强备案审查等方面，在现行法律的基础上作了修改和完善。虽然立法法修正案草案还需要在广泛征求意见的基础上不断"打磨"，但它对地方立法所产生的推动作用，已开始显现出来。

而此次地方立法研讨会的主要任务，就是学习领会习近平总书记在庆祝全国人民代表大会成立60周年大会上的重要讲话精神，落实张德江委员长在庆祝全国人民代表大会成立60周年研讨会上提出的各项要求，总结交流国家和地方立法工作中的好经验和改进立法工作的思路和举措。从与会者的发言中可以感受到，处理好立法与改革的关系，是这次研讨会的一个重要话题。

在当前全面深化改革与全面推进依法治国同步进行这样一个特殊的时间

节点上，立法法的首修和地方立法研讨会的召开，更像是中国立法的一次总动员。这也预示着在新的历史条件下，地方立法将步入转型升级新阶段。

地方立法是立法工作的一个有机组成部分。地方性法规是我国社会主义法律体系这个大家庭中的重要成员。由我们国家的国情和立法体制所决定，立法工作必须充分发挥中央和地方两个积极性，这样才能形成合力，使社会主义法律体系更加完善，使社会主义法制更加统一，使法律更具可执行性。

地方立法已经走过 35 年。35 年来，地方立法在推动改革开放、促进经济社会全面发展、改善人民生活、维护社会稳定、加强民主法制建设等方面，发挥了重大作用。特别值得一提的是，地方人大的同志在立法工作中积极探索，锐意创新，为推进科学立法、民主立法积累了许多好的经验和做法，为不断完善我国的立法制度提供了许多鲜活的素材。

全面深化改革的大幕已经开启，全面推进依法治国的集结号又将再度吹响。新形势、新任务，使地方立法站在新的历史起点上，开始新的出发。如何适应、服务改革需要，充分发挥立法的引领和推动作用？如何在依法治国的进程中，拥有更大的作为？如何在维护法制统一的前提下，突出地方特色，提高立法质量，增强法律的可执行性？如何积极推进科学立法、民主立法？这将是今后一段时间地方立法面临的重要任务。

加强和改进地方立法工作，需要顶层设计。为此，修改后的立法法将会作出一系列制度性安排。但同时，实践中的创新也同样不可或缺。可以肯定的是，只要认真贯彻落实习近平总书记的重要讲话精神，以立法法的修改和地方立法研讨会的召开为契机，地方立法一定会在全面深化改革和全面推进依法治国的进程中，拥有更加精彩的表现，书写新的辉煌！

2014 年第 20 期

吹响全面推进依法治国的集结号

36年前,一个伟大的民族从梦魇中醒来,走出"无法无天"的泥潭,开始了一场波澜壮阔的从人治到法治的历史性大转折。

"为了保障人民民主,必须加强法制建设,必须使民主制度化、法律化,使这种制度和法律不因领导人的改变而改变,不因领导人的看法和注意力的改变而改变。"改革开放的总设计师邓小平,在拉开改革开放大幕伊始,便洞察到,唯有民主法制才能实现国家长治久安。

自此,中国的命运被重新改变,中国特色社会主义发展道路深深地打上了"法治"的烙印。

36年来,我们步履从容、目光坚定,行走在依法治国的征程中,留下了一串串耀眼的足迹:在中国共产党的领导下,在人大的主导下,在社会各方的共同参与下,社会主义法律体系的丰碑已经竖立起来,法律已成为治国理政的重要手段;在完成从"管民"到"便民"的华丽转身后,一个清廉务实高效的法治政府正一步步向百姓走来,依法行政已成为各级行政机关最重要的价值取向;多轮司法体制改革,使人民群众从一个又一个具体案件中感受到法律的温暖,感受到公平正义有如春风拂面;尊崇法治已成为一种文化,成为一种理念,成为一种被人们普遍遵循的行为准则,成为一种无所不在的社会氛围，学法知法守法用法敬法护法已蔚然成风。

在全面建成小康社会的关键阶段，在全面深化改革的攻坚时期，党的十八届四中全会吹响了全面推进依法治国的集结号。全会通过的《中共中央关于全面推进依法治国若干重大问题的决定》，是我国历史上第一个关于加强法治建设的专门决定。《决定》立足我国社会主义法治建设实际，直面我国法治建设领域的突出问题，明确提出了全面推进依法治国的指导思想、总体目标、基本原则，提出了关于依法治国的一系列新观点、新举措，回答了党的领导和依法治国关系等一系列重大理论和实践问题，对科学立法、严格执法、公正司法、全民守法、法治队伍建设、加强和改进党对全面推进依法治国的领导作出了全面部署。它凝聚了全党智慧，体现了人民意志，是加快建设社会主义法治国家的纲领性文件，是我们党带领全国人民全面迈向法治时代的政治宣言。

如果说，党的十一届三中全会的召开，为我们打开了尘封已久的"法治之门"；党的十五大提出依法治国基本方略，开启了社会主义法治国家建设的伟大航程。那么，党的十八届四中全会部署全面推进依法治国，则是法治建设征程上的一次历史性伟大跨越。这必将大大提升国家治理体系和治理能力现代化水平，为实现中华民族伟大复兴的中国梦提供强有力的法治保障。

全面推进依法治国，是一次新的长征，是一项宏大的系统工程，是国家治理领域一场广泛而深刻的革命。因此，需要全面谋划、整体推进、统筹安排、协同作战。这其中，作为国家权力机关，人大将会发挥什么样的作用，尤为引人关注。

维护宪法尊严，监督宪法实施，是全国人大及其常委会的一项重要职责。决定提出，完善全国人大及其常委会宪法监督制度，健全宪法解释程序机制。加强备案审查制度和能力建设，把所有规范性文件纳入备案审查范围，依法撤销和纠正违宪违法的规范性文件，禁止地方制发带有立法性质的文件。这就使全国人大及其常委会监督宪法实施的职权被"激活"，使这项职权真正"落地"。

法律是治国之重器，良法是善治之前提。为此，决定指出，建设中国特色社会主义法治体系，必须坚持立法先行，发挥立法的引领和推动作用，抓住提高立法质量这个关键。要恪守以民为本、立法为民理念，贯彻社会主义核心价值观，使每一项立法都符合宪法精神、反映人民意志、得到人民拥护。决定还就如何完善立法体制；如何深入推进科学立法、民主立法；如何加强重点领域立法；如何实现立法和改革决策相衔接，做到重大改革于法有据、立法主动适应改革和经济社会发展需要，作出了全面部署。

法律的生命力在于实施，法律的权威也在于实施。加快建设法治政府，提高司法公信力，需要行政机关和司法机关自身的努力，更需要人大监督的强力跟进。

可以说，新的使命把人大推到了法治建设的最前沿，为人大工作提供了广泛的空间。我们完全有理由相信，只要深入贯彻落实党的十八届四中全会精神，认真履行宪法法律赋予的神圣职责，最高国家权力机关一定会在全面推进依法治国的伟大进程中，拥有更大的作为，书写新的辉煌！

2014 年第 21 期

把宪法刻在人们的心中

国家宪法日的设立，注定要成为我国法治建设史上一个重大的标志性事件。

因为这意味着在全面推进依法治国这一宏大的背景下，宪法的地位被提升到一个前所未有的高度，宪法的实施也由此进入到一个崭新的阶段。

习近平总书记在关于《中共中央关于全面推进依法治国若干重大问题的决定》的说明中指出，宪法是国家的根本法。法治权威能不能树立起来，首先要看宪法有没有权威。必须把宣传和树立宪法权威作为全面推进依法治国的重大事项抓紧抓好，切实在宪法实施和监督上下功夫。

张德江委员长指出，我们还要在法治实施、法治监督、法治保障等各方面工作中坚决维护宪法法律权威，牢固树立"维护宪法法律权威就是维护党和人民共同意志的权威，捍卫宪法法律尊严就是捍卫党和人民共同意志的尊严，保证宪法法律实施就是保证党和人民共同意志的实现"的观念，全面贯彻实施宪法。

习近平总书记的重要讲话，向世人传递出一个极为明朗的信号：充分运用宪法来治国理政，将成为中国政治的新常态。

宪法是国家的根本法，在社会主义法律体系中居于核心地位。依法治国首先是依宪治国，维护宪法的权威，确保宪法的有效实施。设立国家宪法日，就是对宪法至高无上法律地位的郑重确认；就是通过一种庄严的形式，表达人们对宪法的信仰、敬畏和尊崇；就是通过对宪法权威的重塑，让宪法从"纸面"走向"现实"，把它刻在人们的心中。

在审议关于设立国家宪法日的决定草案时，常委会组成人员普遍认为，刚刚举行的党的十八届四中全会，对保证宪法实施提出一系列重要举措，对于全面推进依法治国，确保宪法实施，具有重大的现实意义和深远的历史意义。宪法是我国的根本法，国家以根本法形式确立了中国共产党的领导地位，确定了中国特色社会主义道路和中国特色社会主义理论体系，反映了我国各族人民共同意志和根本利益。我国宪法以至高无上的法律地位，有力推动了社会主义法治国家的进程，有力促进了人权事业的发展，有力维护了国家统一、民族团结、社会稳定。保证宪法实施，重要前提就是增强全社会的宪法意识，维护宪法权威。全国人大常委会以立法形式作出设立国家宪法日决定，反映了党和人民的意志，有利于在全社会加强宪法的宣传教育，树立忠于宪法、遵守宪法、维护宪法的意识，有利于进一步维护宪法权威，捍卫宪法尊严，保证宪法实施，有利于进一步推动社会主义法治国家建设。

法运即国运，宪法强则国家强。新中国成立以来 60 年的行宪实践充分证明，宪法的命运是和国家的命运紧紧联系在一起的。宪法不仅为国家的发展规划方向、提供动力，同时，也是实现国泰民安、政通人和的最可靠的制度保障。因此，我们要像爱护眼睛一样爱护宪法；要把宪法捧在手中，装在心里，使之成为生活中的规则与习惯；要使"维护宪法尊严、保证宪法实施"成为每一位公民的本分，成为一种社会风尚。

这应该是设立国家宪法日的一个重要目的。

强化宪法权威，从国家宪法日开始

1982年12月4日，对于中国法治建设而言，有着极为特殊的意义。正是在这一天，现行宪法在万众期待中正式问世。

从某种程度上说，现行宪法是中国全面走向法治时代的政治宣言。它表达了中国人民对法治的渴求，昭示了中国共产党厉行法治的坚定信心和姿态。

现行宪法通篇闪烁着民主和法治的光辉，它让人民当家作主的地位得到了前所未有的巩固，让国家治理重新回归制度理性，让几近崩溃的社会秩序当以恢复和重建。

用历史的眼光看，现行宪法改变了中国的发展进程。它开启了一个新的时代，它让我们踏上了一条正确的前进道路，它为一个饱经磨难的国家赢得了30多年的稳定发展期。

再过几天，我们就将迎来首个国家宪法日。当我们在这样一个重要的时间节点上，回首共和国民主法治建设走过的曲折历程，盘点我们的国家和我们每一个人所发生的巨大变化，我们必然会对现行宪法心生尊崇和敬畏之情。

宪法兴，则法治兴；宪法强，则国家强。由宪法的地位所决定，宪法的权威能不能树立起来，宪法能不能够得到有效实施，关乎全面推进依法治国的大局，关乎国家的和谐稳定。如果宪法权威缺失或遭受严重冲击，宪法规定无法兑现，必然会直接影响到整个法律体系的权威与运行，整个法治大厦将失去根基，法治国家将会沦为美好的空想。

现行宪法确认了我们党领导人民长期奋斗取得的辉煌成果，规定了人民民主专政国家政权的性质和根本制度，明确了国家未来建设发展的根本任务和总的目标，是新时期党和国家中心工作、基本原则、重大方针、重要政策在国家法制上的最高体现，是实现国家治理体系和治理能力现代化的制度依托，是人民当家作主的最重要的制度保障。

十八届四中全会突出强调加强宪法实施在全面推进依法治国进程中的地位和权威，重申坚持依法治国首先要坚持依宪治国，坚持依法执政首先要坚持依宪执政，这体现了我们党对现代法治发展规律的深刻把握，对社会期待与愿望的积极回应，以及对自身所肩负的全面推进依法治国历史使命和社会责任的深刻醒悟。

从形式上看，设立国家宪法日，是通过一种庄严的仪式，向社会传递执政党依法治国、依宪执政的坚定信心。这有助于弘扬宪法精神，增强宪法观念，培养宪法意识，普及宪法知识，塑造宪法文化，从而使宪法走进百姓，从制度文本成为一种生活习惯和行为准则。

从更大的意义上说，国家宪法日的设立，为我们提供了一个契机，让我们重拾宪法至上的政治口号，重塑宪法的权威，并在此基础上，进一步健全宪法实施和监督机制。

《中共中央关于全面推进依法治国若干重大问题的决定》指出，完善全国人大及其常委会宪法监督制度，健全宪法解释程序机制。加强备案审查制度和能力建设，把所有规范性文件纳入备案审查范围，依法撤销和纠正违宪违法的规范性文件，禁止地方制发带有立法性质的文件。这就为完善具有我国特色的宪法监督制度提供了基本思路。

从目前的情况看，加强宪法监督，应主要从以下几个方面着手：完善相关程序，使有关宪法监督的原则规定能够一一"落地"，便于在实践中操作；彻底激活闲置多年的宪法解释职能，使宪法解释常态化；强化备案审查功能，实现备案审查制度的升级换代；把对宪法实施情况的检查监督纳入人大监督工作的范畴。

　　国家宪法日，一年只有一天。但维护宪法尊严，保证宪法实施，却是一项长期的任务，我们一刻都不能放松。如此，让我们从今年的国家宪法日开始吧！

2014 年第 23 期

国家宪法日过后的思考

近几个月来，在中华大地上掀起了一场前所未有的宪法热。

党的十八届四中全会突出强调"坚持依法治国首先要坚持依宪治国、坚持依法行政首先要坚持依宪行政"，引燃了这场热潮。全国人大常委会决定设立国家宪法日，使宪法热再度升温。到了国家宪法日这一天，从中央到各地各部门各行业，人们以宪法为尊，以法治为上，举办了形式多样的活动，形成了全民学习宪法，宣传宪法，普及法律知识，弘扬法治精神的浓烈社会氛围。

毫无疑问，宪法热不仅提升了宪法的地位，同时，也拉近了宪法和公众之间的距离，让人们真正感受到宪法就在他们的身边，时刻在守望着他们的幸福与安宁。

这场宪法热将会给中国社会带来哪些积极的变化？将会对中国的民主法治建设产生什么样的深远影响？这需要通过时间来加以检验。但目前可以肯定的是，它对于弘扬宪法精神、增强宪法观念、培养宪法意识、普及宪法知识、塑造宪法文化，起到了积极的推动作用。它使我们这个有着2000多年封建专制传统的古老民族历经了一次宪法精神的洗礼。

客观地说，通过特定的仪式或形式，来表达人们对宪法的信仰，这在短时间内，可以迅速地提升宪法的地位。但毕竟我们不可能一年365天天天如此。单纯形式意义上的宪法热也会随着时间的推移而减弱。接下来，是不是能保证宪法在人们心中的热度不减，是不是每一个人都能在日常生活中时刻对宪法保持应有的敬畏与尊崇，这才能显示出我们对待宪法的真实态度，这才能体现出宪法的实际地位。

所以，如何避免宪法在学习宣传时被高高举起，在贯彻实施时又被轻轻放下；如何让依宪治国和依宪执政成为国家治理的新常态；如何让宪法精神融入百姓心中，并成为一种国家精神；如何让每一位公职人员在面对宪法宣誓时的承诺转化为价值上的执着和行动上的自觉；如何通过缜密的制度设计让宪法的每一个条款都落地有声，让宪法真正活起来……这是宪法热后我们必须冷静面对的问题。

说到底，为了保证宪法的实施，需要借助一些专门的形式，以此来营造良好的社会氛围。但更需要日复一日的坚守，年复一年的努力。有时甚至需要进行艰苦的权法博弈。

特别应当指出的是，目前我们的宪法实施监督机制还不健全，有法不依、执法不严、违法不究现象在一些地方和部门依然存在，公民包括一些领导干部的宪法意识还有待进一步增强。因此，要从根本上提高宪法的实际地位，确保宪法的有效实施，没有捷径可走，更不能毕其功于一役。

习近平总书记明确指出，要以设立国家宪法日为契机，深入开展宪法宣传教育，大力弘扬宪法精神，切实增强宪法意识，推动全面贯彻实施宪法，更好发挥宪法在全面建成小康社会、全面深化改革、全面推进依法治国中的重大作用。张德江委员长则就如何深入开展宪法宣传教育、推动全面贯彻实施宪法提出了具体要求。从习近平总书记的重要讲话中我们可以清晰地感受到，通过深入开展宪法宣传教育，来推动全面贯彻实施宪法，将是今后一段时间我们党和国家的重要工作。这也向世人充分展示了我们党和国家誓将依宪治国和依宪执政进行到底的坚定信心。

第一个国家宪法日虽然已经过去了，但宪法精神却每时每刻都留在我们的心中。

2014 年第 24 期

2015 年

每一次努力都是一份对百姓的深情祝福

在前不久召开的十二届全国人大常委会第十二次会议上，有多项议程由于和民生有关，所以引起了人们的关注。

从某种程度上说，在新年的钟声即将敲响之际，这些议程的设置，更像是最高国家权力机关献给百姓的新年大礼！

民以食为天，食以安为先。曾几何时，频频发生的食品安全事件屡屡刺痛人们的神经，使人们谈食色变。"究竟吃什么安全？"一度成为一个不断升温的公共话题。应该说，在全社会的共同努力下，食品安全形势确实出现了好转的趋势。但是，江西高安病死猪肉事件再次提醒我们，维护食品安全，一刻都不能松懈。因此，此番食品安全法的修改，不仅传递出立法者重典治乱的决心，同时，也给百姓送上了一颗"定心丸"。

人们每时每刻都离不开清新的空气，但"雾霾"却使我们的这一基本需求受到了前所未有的挑战。它迫使许多城里人成为"宅男""宅女"，甚至在蓝天白云之下尽情地呼吸新鲜空气，也成为一件很奢侈的事情。一句APEC 蓝，不仅表达了人们对蓝天的渴望，同时，也让人们确信，只要痛下决心，雾霾可治，空气好转可待。我们已经有了一部"史上最严"的环保法。现在，我们又将拥有一部"史上最严"的大气污染防治法。我们衷心希望这两部法律能彻底冲掉我们头上的雾霾和心中的阴影。

天有不测风云，人有生老病死。如何为百姓编织一张安全的社会保障之网，一直是人大工作的着力点。此次全国人大常委会听取和审议国务院关于统筹推进城乡社会保障体系建设工作情况的报告，并就这个话题展开专题询问，实际上就是对社保体系建设所做的一次全面会诊。此举也向世人证明，守望百姓的幸福，是人大监督永远不变的主题。

有一种说法，改革开放以来，"三农"问题一直是人大工作中的热点，没有之一。这种说法是否准确姑且不论，但它至少从一个侧面说明了"三农"在人大工作中所处的重要地位。与以前相比，听取和审议推进新农村建设工作情况的报告，实际上是在更高的层面上关注"三农"问题。因为农业强不强、农民富不富、农村美不美，这与全面建成小康社会和实现"中国梦"紧密相关。最高国家权力机关正在通过必要的监督，推动新农村建设迈上新台阶，取得更大成绩，推动"物的新农村"和"人的新农村"建设齐头并进，最终让改革发展成果更好地惠及农村群众。

安全生产是一个历来让人感到沉重的话题。每当我们提及它时，总会想起那一起起惨痛的事故。虽然目前安全生产工作呈现出一派向好的趋势，但是，"不挣带血的钱""不采带血的煤"，绝不应成为一个过时的口号。而人大监督再次聚焦这个问题，实际上也是在提醒人们：切莫好了伤疤忘了疼。

随着中国步入大众旅游时代，旅游对于提高人们生活质量、推动经济社会发展，发挥着越来越重要的作用。如何进一步挖掘旅游的快乐价值，如何让人们"在路上"收获更多的幸福，是全国人大常委会开展旅游法执法检查的一个重要目的。

提到幸福，我们都会有这样的感觉：幸福是宏大的，但又是具体的。过去一年，最高国家权力机关通过卓有成效的工作，让我们每一个人的幸福指数都在不断上升。

2014年渐行渐远，并终将成为一段记忆。我们衷心地希望在新的一年，让百姓越来越多地感受到法律带给他们的温暖，人大监督带给他们的安全感。让最高国家权力机关的每一次努力，都化作一份对百姓的深情祝福！

2015 年第 1 期

最严格的法律传递最美好的祝愿

新年伊始，新环保法如约来到我们面前。

新环保法的问世，回应了百姓对环境问题的深度关切，彰显了我们国家重典治污的坚强决心。从某种程度上说，值此辞旧迎新之际，最高国家权力机关用一种特殊的方式表达了最美好的祝愿：祝愿人们在新的一年能远离污染困扰，尽享碧水蓝天白云。

单就内容而论，新环保法确实配得上"史上最严"这个评价。一是对企业要求更严，特别是首次规定"按日计罚"的严厉措施，将会给污染企业以从未有过的最大违法成本；二是对地方政府要求更严，明确了环保直接与干部考评挂钩；三是对监管部门要求更严，列举了九种失职渎职行为，并规定了严厉的行政问责措施。面对日渐严峻的环境形势，立法者确实下了狠心。甚至在修法的过程中，我们就已经从那些"长出牙齿"的条文中嗅到了法律的"震慑力"。

更加令人欣慰的是，最高国家权力机关对这部法律的贯彻实施高度重视，张德江委员长亲自作出批示。张德江委员长在批示中强调，法律的生命力在于实施，一部好的法律关键是要得到有效实施。要宣传好、贯彻好、实施好环境保护法，切实提高全社会的环境保护意识；要严格执法，依法保护环境，切实改善环境质量；要公正司法，依法严肃查处环境违法行为。让我们共同努力，为建设美丽中国，实现中华民族伟大复兴的中国梦作出贡献！

前不久，全国人大环资委、全国人大常委会法工委、环境保护部联合召开会议，就如何贯彻实施新环保法作出全面部署。

应该说，最高国家权力机关及社会有关方面，为新环保法的贯彻实施作了精心的准备。接下来，这部法律的命运如何？它是否能得到"最严格"的执行？它究竟能发挥多大的作用？它能给我们的生活带来什么样的变化？让我们拭目以待。

多年来的法治实践证明，最严格的法律，只有得到最严格的执行，才能产生最好的社会效果。我们不妨套用这样一种逻辑关系，来描述一下新环保法的实施前景，最严格的环保法，只有得到最严格的执行，才能催生出最美好的生态环境。

所以，"史上最严"只是重典治污的开始。新环保法要实现从纸面到现实的华丽转身，还需要我们付出更大的努力。我们不缺少法律，缺少的是对法律的敬畏之心和铁腕执法的魄力。有一个看似吊诡的现象：一方面，我国的环境法律体系越来越完善；另一方面，环境形势却日趋严峻。如此二元悖论除了说明环保工作的艰巨性和复杂性之外，还从一个侧面折射出实践中的执法不力乃至执法缺位。

APEC 蓝的惊艳登场，不仅给我们带来欣喜，也引发我们对环境问题作一些更深层次的思考。APEC 蓝能够在短期内迅速生成，至少说明环境难题并非无解，关键是需要我们下狠心、出重拳、施猛药，甚至要采取一些看似"反常规"实似很合理的手段。同理，为了将 APEC 蓝长期留住，也需要将"反常规"变成新常态。

环境是典型的公共产品。所以，我们应该形成这样的共识：维护新环保法的尊严，确保新环保法的实施，离不开公众的参与和支持。只要我们共同努力，共克时艰，"史上最严"一定会为我们带来"史上最美"。

接受人民的检验

对于人大工作而言，2014 年无疑是一个"大年"。

喜迎全国人大六十华诞，使我们有机会重温一个甲子的辉煌与荣耀，并向历史表达崇高的敬意。

党的十八届四中全会吹响了全面推进依法治国的集结号，使我们站在了新的更高的起点上，在以习近平同志为总书记的党中央带领下，开始了又一轮的远行。

与此同时，在进入第二个年头后，新一届全国人大常委会全面发力，各项工作渐入佳境。

在这一年中，全国人大常委会通过了设立国家宪法日的决定，这使我们从未有像今天这样和宪法如此亲近。由此开始，宪法真正从"纸面"走进人们的心中，由制度文本变成一种百姓生活。

过去一年，沿着"精细化"的轨道，中国立法再度提速，一部又一部立法佳作已经或行将问世。从环境保护法、行政诉讼法、安全生产法、预算法、反间谍法等，到食品安全法、大气污染防治法、广告法、反恐怖主义法、刑法等；从有关法律问题的决定到"一揽子"修法，再到立法解释。全国人大常委会所制定或修改的每一部法律都堪称经典之作，每一部法律都体现了民主的时代精神，每一部法律都盛满了民意，每一部法律都显示了立法者高超的政治智慧，每一部法律都是全面推进依法治国进程中一个个耀眼的路标。

过去一年，"史上最严"成为立法工作新常态。委员长亲自参加分组审议，"前评估"成为立法工作中的一道必经工序，法律草案两次向社会公开征求意见常态化，增加法律草案的审次和延长会期，增设法律草案审前集中学习环节，审议发言人数屡创新高，立法调研形式更加灵活多样……这些程序上的细节之变，见证着科学立法、民主立法的进程在不断向前推进。

特别值得一提的是，借助立法法的大修，我国立法有望实现新一轮的升级换代。

在过去一年中，按照"围绕中心、服务大局、突出重点、注重实效"的总基调，遵循"选择好角度、掌握好尺度、把握好力度"的原则，人大监督持续发力，频频出手：工作监督直面社会热点问题，真正实现了"让社会热点成为人大监督的重点"；专题询问，问出人大的权威来；作为常态化的监督手段，执法检查不断祭出"新招"；为了看好百姓的"钱袋子"，预算监督更加注重机制创新，以增强针对性和实效性；审计监督由"指名道姓"向"严肃问责"挺进。

在过去一年中，人大代表已成为我国人民代表大会制度建设和人大工作中一个最为闪亮的群体：到处都能看到"人大代表在行动"的忙碌身影，到处都能听到他们为民代言的声音，到处都在传诵着他们的履职故事。作为人大代表的楷模，毛丰美、朱忠华们带给我们的不仅仅是感动，他们也使我们对"人大代表为人民"这一朴素而又经典的表述有了最为深刻的理解。

在过去一年中，人民代表大会制度建设呈现出时代新意：党的群众路线教育实践活动让人大工作更接"地气"；网络打破了代表履职的时空界限，大大缩短了公众与权力机关之间的距离；加强乡镇人大建设被提到议事日程上来，全国人大同地方人大在形成合力的基础上，实现了工作的整体推进；前所未有的开放姿态，让权力机关拥有了更多的"粉丝"，拥有了更加坚实的民意基础；人大制度理论研究会的成立，让人大制度理论研究开始"升温"。

回望2014年，最高国家权力机关成绩斐然。再过一段时间，它将在"两会"这个宏大的舞台上接受人大代表的检验，接受人民的检验。在新的一年中，我们衷心希望它将拥有更大的作为，收获更大的辉煌！

2015年第3期

春天的话题

和着春天的节律,中国开始进入"两会"模式。

对于普通百姓而言,"两会"的重要性已远远超越一般意义上的会议。它已经成为每年一度的政治节日和民主盛宴。它本身所具有的庄重的仪式感,向世人传递出中国人民对于民主的无比热爱。

更为重要的是,作为当今中国最重要的公共表达平台,"两会"就像是一个庞大的声音场和话题"集散地"。人们可以听到从这里传出的对各种各样问题的讨论。可以毫不夸张地说,当前中国社会面临的各种问题,都可以在这里找到相对应的话题,上至国家的发展战略,下至百姓的日常生活。

特别有意义的是,"两会"的话题具有很强的带入感。按照由家而国的思维向度,越来越多的普通人从关心自身利益出发,来关心"两会"的话题,进而关心"两会"以及它给国家和个人生活带来怎样的改变。

由此可见,"两会"的话题就是一个非常有效的媒介,借助它,公众和最高国家权力机关形成了良性互动,并在此基础上,使普通百姓实现了对国家政治生活的深度参与。

正因为"两会"的话题有着如此重要的作用,所以,每年"两会"前夕，对"两会"话题作预测和盘点，就成了本刊的一道"必修课"。我们试图通过这些话题，让广大读者更加全面、清楚地了解我们的国家，了解我们国家在发展中还存在哪些问题，并从中找出解决问题的办法。

今天，当我们再度聚焦"两会"话题时，我们可以清晰地看到大国前行的脚步如此稳健而又有力，听到那些向往美好的心声有如横扫九州的滚滚春潮。

过去一年，全面深化改革推动国家深刻变革、社会深刻变化。从政府简政放权力度不断加大、司法改革稳步推进，到城乡养老并轨破难、二元户籍制度改革破冰、考试招生制度变革破题，一个个触及体制机制深层弊端、打破利益固化藩篱的改革举措，一项项扩大民生保障、促进社会公平的制度安排，一系列鼓励市场竞争、激发社会活力的具体办法，强化着起点公平，拓宽了上升通道，为深化改革、鼓励创新营造出更加有利的环境。可以肯定的是，改革依然是这个春天里最迷人最有温度的关键词。

37年前，一个伟大的民族从梦魇中醒来，走出"无法无天"的泥潭，开始了一场波澜壮阔的从人治到法治的历史性大转折。在全面建成小康社会的关键阶段，在全面深化改革的攻坚时期，党的十八届四中全会又吹响了全面推进依法治国的集结号。全面推进依法治国，是一次新的长征，是一项宏大的系统工程，是国家治理领域一场广泛而深刻的革命。因此，需要全面谋划、整体推进、统筹安排、协同作战。在"两会"期间，我们会听到代表委员们的真知灼见。

我们刚刚度过了雷霆万钧的一年。巡视升级，打虎拍蝇，清理裸官，海外追逃。在一场"输不起"的反腐斗争中，党和政府以"有腐必反"的坚强决心、"严字当头"的勇于担当，涤荡党风政风，净化政治生态。反腐败斗争虽然取得了阶段性的胜利，但形势依然严峻，必须保持高压态势。这应该是全国人大代表和广大民众的共同心愿。

当然，在"两会"这个宏大的舞台上，如何改善和提高百姓的生活质量，如何为他们带来更多的幸福，始终都是一个热门话题。说到底，一个大国的叙事，只有深度契合每一个个体的感受，才会获得更多的政治认同。大时代中有小日子，宏大叙事里有细微生活。对于百姓而言，一次愉快的旅行、一道安全可口的美味、一张期待已久的入学通知书、一份稳定的工作、一套舒适的住房，意味着幸福。办事人员的笑脸、邻里间的和睦、通畅的交通和清新的空气，意味着幸福。而在享受前所未有的物质上的富足的同时，精神充满愉悦、权利得到保障、内心远离恐惧、不再为当下焦虑、不再为未来担忧，则意味着更大的幸福。实现这一切，需要改革的推动和法治的保障，需要人大的护佑和政府的积极作为，当然也需要公民的自身努力。

如果说春天是一个充满希望的季节，那么，"两会"的话题就是充满希望的话题。让我们循着这些话题，共同寻找开启幸福之门的钥匙。

2015 年第 5 期

立法法的冷热之变

和我们耳熟能详的一些法律不同，立法法似乎算不上一部热门法律。

在出台后的一段时间里，它被认为是一部专业性很强的法律，是一部规范立法活动的法律。所以，在许多人的心目中，这样一部"高大上"的法律，和他们的生活无关。

近些年来，随着科学立法、民主立法进程的不断推进，立法法开始慢慢进入公众的视野，这部法律所涉及的一些概念和名词也渐渐被人们所熟知。

但是，立法法真正完成从冷到热的蜕变过程，则是在这次修改中。

实际上，自进入审议程序后，立法法的修改便引起了人们的普遍关注。到了"两会"期间，立法法的修改更是成了一个热门话题，围绕着一些问题的讨论，在会场内外形成了两个舆论场。特别有意思的是，像"税收法定""立法先行""下放地方立法权"等一些原本非常专业的表述，也成了普通百姓热议的话题。

百姓对立法法的关注，实际上是对立法工作的关注。从立法法由冷到热的变化过程，我们可以清晰地看到立法工作所呈现出的崭新变化。

回想三十多年前，我们的民主法制建设尚处在恢复重建阶段，对于普通百姓而言，立法工作还是一件比较神秘的事。随着民主法制建设的不断发展，立法的大门逐步开启，越来越多的专家步入权力机关的殿堂，参与到立法工作中。再到后来，我们在一些法律，尤其是和人们日常生活密切相关的法律制定和修改的过程中，越来越多地听到百姓的声音。特别是近些年来，科学立法、民主立法取得重大进展，民意在立法中的作用日益突显，公众对立法工作的参与真正实现了多维度、深层次、广覆盖。立法法的冷热之变正是反映了这一伟大的历史进程。这也是一个从有法可依到良法善治的发展过程。

有一个很流行的说法："我的地盘我作主。"立法过程是汇集民智、反映民愿、体现民情、表达民意的过程。所以，从某种程度上说，立法工作是属于人民的"地盘"，理应由人民"作主"。但由人民作主，并不意味着要取代权力机关在立法中的作用。立法工作具有很强的政治性、政策性、法律性和专业性，从动议、立项，到起草、修改、论证和听证，再到审议、通过，需要经过严格的法律程序。这些工作只能由专门的机关来完成。并且从技术的角度讲，将汹涌澎湃的民意表达转化成为缜密的制度设计，也必须依靠专业人员。所以，在立法过程中，如何发挥好公众和专门机关的作用，找到两者之间最佳的结合点，是提高立法质量的关键所在。在这方面，立法法的修改为我们留下了一些有益的启示。

需要指出的是，此番立法法的修改之所以能够吸引公众的眼球，还在于立法者对公众关注的一些问题作出了积极的回应。从强调"立法引领改革"，到让"税收法定"原则的落地；从遏制地方红头文件的任性，强调地方立法不能随意减损公民权利，增设公民义务，到放权地方通过立法规范城市管理、环境保护、历史文物保护等；从强化人大主导立法，到拓宽公众参与立法的渠道。修改后的立法法顺应改革的需要，尽现有权不能任性的价值取向和立法为民的法的时代精神。其中关于"税收法定"的规定，关于地方立法不能随意减损公民权利、增设公民义务的规定，更是契合了百姓的利益诉求。

修改后的立法法对于人民代表大会制度建设和人大工作，也有着非同寻常的意义。它对于推动立法工作的升级换代，提升法律在国家治理中的地位，充分发挥人大在"四个全面"中的作用，将产生积极的影响。

此外，以此次修法为契机，公众对立法工作的参与，也将达到一个新的水平。

2015年第7期

人大监督再度发力

作为本年度全国人大常委会监督工作的开场大戏,职业教育法执法检查于近日全面铺开。

引人注目的是,此次执法检查由张德江委员长亲自担任组长,王晨、艾力更·依明巴海、陈竺三位副委员长担任副组长。执法检查组分赴广东、江苏、河南、湖南、吉林、重庆、甘肃、新疆等8个省(区、市)进行检查,同时委托其他23个省(区、市)人大常委会对本行政区域内职业教育法的实施情况进行检查,并提供书面报告。4月12日至15日,张德江率全国人大常委会执法检查组先后到开封、许昌、郑州开展执法检查。

像这样高规格、大规模的执法检查还是前所未有的。此举向外界释放出一个积极的信号,那就是在全面推进依法治国的大背景下,最高国家权力机关乘势而上,再度发力,人大监督也将孕育着更多的大手笔、大动作。

如何不断增强执法检查的实际效果,始终是人大监督工作面临的一个重要话题。尤其是随着依法治国进程的不断推进,通过完备的监督体系,来确保宪法和法律的有效实施,不仅是我国法治建设的一项重要任务,同时也是人大监督的重中之重。从有法可依到良法善治,从法律体系到法治体系，我国法治建设的重心已实现了战略转变，人大工作，特别是人大监督工作也应作出相应的调整。在这样一个大的背景下，如何为执法检查这一常态化的监督手段注入更多的活力，赋予更多的新意，成为当前人大工作面临的一项新任务。

实际上，本届全国人大常委会对执法检查十分重视。张德江委员长多次强调，全国人大常委会要加大执法检查力度，增强执法检查的权威性、针对性和实效性，确保法律正确实施，确保"一府两院"依法行使职权，确保公民、法人和其他组织合法权益得到切实尊重和有效保护。要适当增加每年开展执法检查的项目，选择与改革发展稳定和保障改善民生密切相关的法律以及新制定、新修改的重要法律，组织开展执法检查，抓住有关法律实施中的重点问题、突出矛盾和薄弱环节进行深入检查，查找分析原因，提出高质量的意见建议，督促和推动法律实施工作，完善相关配套制度和政策措施。

在前不久召开的全国人大常委会职业教育法执法检查组第一次全休会议上，张德江委员长又对执法检查工作提出了更进一步的要求：一要深入基层，了解实情。坚持实事求是，注重问题导向，既要总结经验，更要查找不足，敢于直面问题、聚焦问题，不回避矛盾。二要周密组织，统筹安排。坚持依法办事，严格执行监督法等法律的规定，注重把常委会开展职业教育法执法检查同听取审议国务院关于职业教育工作情况报告结合起来，把执法检查、报告工作同开展专题询问结合起来，把监督工作同立法工作、代表工作结合起来，切实增强人大监督工作的针对性和实效性。三要研究问题，增强实效。坚持远近结合，既要立足现实，又要着眼发展，着力推动问题解决，着力研究探索职业教育发展规律，走出一条中国特色职业教育发展之路。

张德江委员长的讲话精神，对于我们做好新常态下执法检查工作，具有十分重要的指导意义。

按照张德江委员长的要求，坚持实事求是，注意问题导向。把执法检查、报告工作同开展专题询问结合起来，把监督工作同立法工作、代表工作结合起来。这有利于在充分整合资源的基础上，增强人大工作的整体效能，实现执法检查监督效益的最大化。这也意味着一个以执法检查为龙头，多种监督手段并用的监督新局正在形成。

可以说，职业教育法执法检查的闪亮登场，给人以耳目一新的感受，同时也让人们对新一轮的人大监督工作充满了期待。

2015 年第 8 期

从"史上最严"到"史上最具可操作性"

在前不久召开的十二届全国人大常委会第十四次会议上，立法工作又一次吸引了人们的眼球：表决通过了两部新修订的法律，通过了一部有关法律问题的决定，"打包"修改了25部法律和有关法律问题的决定，初审了两部法律修订草案和继续审议了两部法律草案。这样一组数据足以表明，紧跟"四个全面"的步伐，人大立法再度提速。

特别值得称道的是，此次提速不是单纯为了求快。相反，在注重速度的同时，最高国家权力机关对立法质量有了更高的追求。

"没有最严，只有更严"。这是修订后的食品安全法、广告法和初次审议的种子法修订草案留给我们的印象。

用最严格的法律应对最严峻的形势。基于这样一种修法本意，大修后的食品安全法祭出了许多"严招""狠招"，招招击中了违法者的"痛点"。例如，首次明确蔬菜、瓜果、茶叶和中草药材等国家规定的农作物禁用剧毒、高毒农药；对婴幼儿配方食品生产实行全程质量监控；对生产经营添加药品的食品，生产经营营养成分不符合国家标准的婴幼儿配方乳粉等违法行为，最高处罚额度由原来的货值金额的十倍提高到三十倍；对在一年内累计三次因违法受到罚款、警告等行政处罚的食品生产经营者给予责令停产停业直至吊销许可证的处罚；新设对食品违法者的行政拘留处罚，对涉嫌犯罪的，由公安部门立案侦查，启动刑事追责……毫无疑问，新修订的食品安全法当得起"没有最严、只有更严"这样的评价。

同样，修改后的广告法也"严"字当头，剑指广告乱象。例如，明确界定何为虚假广告，严禁保健食品夸大其词，烟草广告限制更为严格，违法发送垃圾短信最高罚三万，明星代言须得自己先用，限制涉及未成年人广告，规范广告促进母乳喂养，明确大众媒介发布责任，网络平台纳入新法规范，强化广告监管部门职责。

即便是尚处在修改完善之中的种子法修订草案，也让人们嗅出了"利剑出鞘"的味道。一些全国人大常委会委员甚至放出这样的狠话：让种子法长出"铁齿铜牙"，严厉惩处、有效震慑制假售假者。

很显然，立法者正通过一次次的努力，让"史上最严"成为立法工作新常态，让法律真正成为任何人都不能触碰的"高压线"。

从法理的角度说，"严"字当头是法律的一个基本属性，是法律强制力的重要体现。惟其如此，法律才能对违法者产生震慑力，才能对违法行为形成足够的"杀伤力"。但现实生活又是复杂多样的，解决现实中的所有矛盾和问题，绝非一"严"了之。说到底，法律是否能够发挥作用，关键在于它是否符合实际需要，是否具有可执行性和可操作性。所以，在立法过程中，"史上最严"固然值得推崇，但"史上最具可操作性"才是我们应该追求的更高目标。否则，一味求"严"，"严"而不当，往往会适得其反。

令人欣慰的是，立法者已然充分认识到了这一点，在修改食品安全法、广告法、种子法时，很好地处理了"最严格"与"可操作"之间的关系，把"最严格"作为一种手段，把"可操作"作为工作目标。

实际上，注重法律的可执行性和可操作性，一直是本届全国人大常委会立法工作的一大鲜明特征。张德江委员长就多次强调，要让法律切实管用，要增强法律的可执行性和可操作性。在十二届全国人大常委会第十四次会议上，张德江委员长更加明确地指出，要深入推进科学立法、民主立法，切实增强法律的及时性、系统性、针对性、有效性，注意防止产生法律"好看不管用"的现象。

从"史上最严"到"史上最具可操作性"，是观念的递进和境界的攀升。如果说"史上最严"体现了重典治乱的决心，那么，"史上最具可操作性"则代表了科学的立法精神和高超的立法智慧。

从这个意义上说，此番食品安全法的大修，也许会给我们提供一些有益的启示。

2015年第9期

执法检查工作必须坚持的四项原则

前不久,张德江委员长在河南、重庆开展职业教育法执法检查时,就如何做好执法检查工作发表重要讲话。张德江委员长在讲话中着重提出了执法检查工作必须坚持的四项原则,即坚持党的领导、坚持依法行使职权、坚持问题导向、坚持监督与支持相统一。这四项原则的提出,深刻阐明了执法检查的本质,准确把握了执法检查的规律,紧紧抓住了执法检查的核心,不仅为执法检查工作定了基调,同时,对做好新形势下人大监督工作、进一步增强人大监督实效,也具有十分重要的指导意义。

党的十八届四中全会决定指出,党的领导是中国特色社会主义最本质的特征,是社会主义法治最根本的保证。把党的领导贯彻到依法治国全过程和各方面,是我国社会主义法治建设的一条基本经验。执法检查是法治监督体系的重要组成部分,在建设中国特色社会主义法治体系中发挥着重要作用,所以,必须坚持党的领导。坚持党的领导,就是要坚决贯彻党的方针政策,紧紧围绕党和国家中心任务,抓住人民群众关心的重大问题,开展有针对性的执法检查和监督,推动法律得到正确有效实施,推动中央重大决策部署得到贯彻落实,维护好人民群众的根本利益,保证党通过国家政权机关实施对国家和社会的领导。实践证明,只有坚持党的领导,人大监督才会始终坚持正确的政治方向,才能更好地体现人民当家作主的本质。

人大监督是一项法律性、程序性都非常强的活动,宪法及有关法律对人大监督的指导思想、基本原则、权限划分和运作程序都作了明确规定。所以,人大任何一项监督活动,都必须在宪法法律范围内进行。同时,人大监督又具有很强的实践性。在实践中,为了进一步改进和加强人大监督工作,不断增强人大监督实效,必须进行积极的探索和创新。这就需要我们处理好依法行使职权和探索创新的关系。宪法及有关法律已为执法检查提供了充分的运作空间和充足的制度资源。我们只要在现存的制度空间内,善用已有的法律资源,完全可以为进一步改进和加强执法检查工作,增强执法检查实效,找到一条有效的途径。因此,任何意义上的探索和创新,都必须于法有据,这样才能确保执法检查的法定性和权威性。否则,执法检查就失去了权威作用和法律效力。

作为一种重要的监督手段,执法检查具有很强的纠错功能。从设置这种监督方式的初衷看,就是为了通过发现法律实施中存在的各种问题,督促"一府两院"解决问题、改进工作,从而确保法律的有效实施,确保法律体系的正常运转。所以,执法检查必须坚持问题导向,必须增强问题意识,既要肯定成绩、总结经验,更要发现问题、查找不足,抓住影响法律实施的关键问题、制约事业发展的重点问题、损害群众利益的突出问题,深入研究、对症"下药",从而推动问题解决、工作改进、法律实施。如果回避问题,一味评功摆好,这样的执法检查只能是形同虚设。

如何处理好监督和支持的关系问题,是当前执法检查工作中面临的一个重大课题。就法律属性而言,人大监督是一种制约,如果没有制约,监督就不成其为监督。但制约不是人大监督的全部,更不是它的终极目标。人大监督的终极目标是通过必要的支持,与"一府两院"形成良性互动,从而建立一种和谐稳固的权力运行机制,确保国家机关按照人民的意志行事。如果说监督是一种外部表现形式的话,那么支持就是它的内在价值追求。当然，强调对"一府两院"工作的支持，并不意味着将人大监督权虚置，将人大监督功能弱化，也不意味着人大就此对"一府两院"工作中存在的问题可以无原则地回避。问题的关键是如何处理好监督和支持的关系。为此，张德江委员长指出，人大依法对"一府两院"实施监督，不但是必要的，而且必须落到实处，不能停留在口头上，也不能流于形式。要正确处理监督与支持的关系，寓支持于监督之中，形成推动工作的合力。

张德江委员长提出的这四项原则，既是对多年来执法检查工作经验的概括和总结，也充分体现了人大工作与时俱进的品格，是我们做好新形势下人大监督工作的重要指南。

2015 年第 10 期

推动问题解决　方显监督实效

环境问题一直是人大监督的着力点,特别是近年来随着雾霾的强势来袭,新一届全国人大常委会对大气污染防治给予了前所未有的关注,在2013年开展大气污染防治专题调研和去年对大气污染防治法进行执法检查的基础上,今年又有大的动作。

根据安排,今年对大气污染防治法实施情况进行跟踪监督,可分为三步。

第一步,在全国人代会结束后不久,全国人大环资委便组织召开了"京津冀大气污染防治法执法检查落实情况汇报会",全面了解京津冀区域大气污染防治工作进展,为之后的专题调研和跟踪监督作准备。

第二步,采取"回头看"的方式,对京津冀、长三角、珠三角重点区域开展跟踪监督。全国人大环资委不仅专门组成调研组,由沈跃跃副委员长带队,对京津冀这一大气污染最严重的区域进行跟踪监督,而且还请长三角和珠三角地区人大对本行政区域内大气污染防治法执法检查落实情况进行跟踪监督,以全面了解几个重点区域大气污染防治工作进展。

第三步,在全国人大常委会会议上听取和审议国务院关于研究处理大气污染防治法执法检查报告及审议意见情况的反馈报告。

很显然,全国人大常委会希望通过强有力的跟踪监督,推动政府及社会各方坚持不懈地抓好大气污染防治工作,为百姓守住蓝天白云。从目前的情况看，人大监督的功效，已初步显现出来。

作为一个成功的范例，对大气污染防治法的跟踪检查监督，不仅显示出最高国家权力机关对环境问题的深度关切，更为重要的是，这也为在新形势下进一步增强人大监督工作的实效，提供了一些有益的启示。

如何增强实效性，一直是人大监督工作面临的一个重大问题。人大监督，就其本意而言，是为了督促"一府两院"解决工作中存在的问题。所以，能不能解决实际问题，能解决多少实际问题，是衡量人大监督实效的一个重要标准。为此，张德江委员长强调，执法检查要坚持问题导向，要增强问题意识，既要肯定成绩、总结经验，更要发现问题、查找不足，抓住影响法律实施的关键问题、制约事业发展的重点问题、损害群众利益的突出问题，深入研究、对症"下药"，从而推动问题解决、工作改进、法律实施。

从实际运行看，一个完整的监督流程应该是始于发现问题，止于解决问题。发现问题仅仅是前提，推动问题得到解决，才是最终目的。所以，推动问题解决，方显监督本色。如果人大监督仅停留在发现问题和提出问题这个环节上，这样的监督只能算是"半拉子工程"。长此以往，不仅会使人大监督的功效大打折扣，也会使人大的权威受到严重损害。

必须指出的是，当前，人大监督面临的问题，大都是"疑难杂症"，是一些难啃的"硬骨头"，其中包括像大气污染这样多年来形成的"顽疾"。因此，仅靠一两次执法检查来解决这类问题，是不现实的。有的需要付出多年的努力，有的问题解决以后还会"复发"。因此，要想通过有效的监督来解决更多的社会问题和矛盾，不仅要具备铁腕气质，还要有持之以恒的耐心。

从这个意义上说，综合运用各种监督手段，持续发力，加强跟踪，应成为人大监督的新常态。

监督与支持中的政治逻辑

职业教育法执法检查的示范意义在于，它为我们如何处理好监督与支持的关系，提供了一个经典的样本。

如何处理好监督与支持的关系，始终是人大监督面临的一个重大课题。实践证明，把握好这一关系，不仅有利于实现监督效能的最大化，同时，也有利于实现人大与"一府两院"的良性互动，并在此基础上，形成工作上的合力。

寓支持于监督之中，并把它作为人大监督的内在价值追求，这是多年来形成的一种有效做法，是人大监督所特有的品质，是对马克思主义监督理论创造性的应用。传统的监督理论认为，监督就是一种纯粹意义上的制衡。尤其是在西方国家，监督体现了不同利益集团之间的冲突与对立，被认为是一种权力的博弈。而在我们国家，在人民代表大会统一行使国家权力的前提下，各个国家机关既分工明确，又相互协作。这种体制上的优越性，为我们在实践中正确处理监督与支持两者之间的关系，提供了一种现实可能性。为此，张德江委员长强调指出，我们是中国共产党执政，各民主党派参政，没有反对党，不是西方国家那样"三权分立""多党轮流坐庄"。我们的监督不能像西方国家反对党那样，为反对而反对，为反对而"找茬"。人大与政府、法院、检察院的宗旨和目标是一致的，就是在党的领导下，维护广大人民的根本利益，为建设中国特色社会主义而奋斗。因此，人大依法对"一府两院"实施监督，不但是必要的，而且必须落到实处，不能停留在口头上，也不能流于形式。要正确处理监督与支持的关系，寓支持于监督之中，形式推动工作的合力。

当然，强调支持的重要性，并不意味着将人大监督虚置，弱化它的纠错功能，问题的关键是如何掌握好分寸，把握好尺度。一方面，人大监督不能只局限在发现问题这个层面上，而忽略了它的支持本意；另一方面，又不能单纯为了支持而回避矛盾和问题，追求一团和气，使监督权"空转"，成为摆设。正确有效的监督应该是以发现问题为切入点，以推动问题解决为最终目的，这体现了监督与支持之间的逻辑关系。在这方面，职业教育法执法检查为我们提供了一个成功的范例。

职业教育关乎国家经济转型和竞争力提升，关乎亿万劳动力就业，不仅是教育问题，更是重大民生问题和经济发展问题。大力发展职业教育，是加快转变经济发展方式、主动适应经济发展新常态的客观需要，是把我国巨大的人口数量优势转化为人力资源优势、建设人才强国的重要途径，也是保障改善民生、保证充分就业、实现脱贫致富的根本举措。

可以说，大力发展职业教育，是摆在各级政府案头的大事要事。而人大监督的适时出手，是对职业教育的现状所做的一次全面"会诊"，实际上也是对政府工作的强有力支持。

张德江委员长对开展职业教育法执法检查的目的作了精辟阐述，他指出，开展职业教育法执法检查，要全面了解、掌握职业教育事业发展和职业教育法实施情况，增强问题意识，抓住影响和制约职业教育发展的突出问题，抓住职业教育法实施的薄弱环节，深入分析原因，认真研究提出解决问题的思路和对策，推动改进工作、解决问题、完善法律制度。这番讲话对于我们正确处理监督和支持的关系，也具有十分重要的意义。

职业教育法执法检查刚刚结束，它所产生的深远影响，尚需随着时间的推移才会完全显现出来。但至少从目前的情况看,在人大监督的大力推动下,一股加快发展职业教育的大潮正在兴起。

这也正是监督与支持完美结合所产生的积极效果。

2015 年第 12 期

新常态下新节奏

会期长、任务重、亮点多、关注度高，这是十二届全国人大常委会第十五次会议给人们的印象。很显然，在进入第三个年头、五年任期已近半程之际，本届全国人大常委会的各项工作正以全新的节奏驶入快车道。

从委员长首次担任执法检查组组长、首次主持执法检查组第一次和第二次全体会议、首次带队赴地方开展执法检查、首次代表执法检查组作执法检查报告，再到委员长亲自主持专题询问，这种前所未有的力度，使职业教育法执法检查成为人大监督的一个新的标杆。人们期望此番人大之"问"，不仅在法治轨道上促进现代职业教育事业加快发展，同时，也推动人大监督工作迈出新步伐，再上新台阶。

宪法兴，则国家兴；宪法强，则国家强。宪法的权威性既需要在法治实践中具体化，也需要在人们的精神世界中神圣化。通过宣誓这种仪式，宪法的权威性能够更好地外化于形、内化于心。正因为如此，实行宪法宣誓制度，使每一个公民个体、每一位国家公职人员对宪法的虔敬与尊崇，成为一种国家行为，这有助于弘扬宪法精神、增强宪法观念、培养宪法意识、普及宪法知识、塑造宪法文化，从而使宪法从"纸面"走向社会，从制度文本成为一种生活习惯和行为准则。

维护国家安全,是中国特色社会主义建设事业顺利推进的重要保障,是实现国家长治久安和中华民族伟大复兴的基本前提。国家安全法的制定与实施,对于维护国家安全,保护人民根本利益,协调推进"四个全面"战略布局,保证党和国家长治久安,具有重大而深远的意义。而网络安全法草案提请审议,则预示着最高国家权力机关把网络空间也同样作为维护国家安全的主战场。

面对日渐猖獗的拐卖儿童犯罪,刑法如何弥补"打拐"盲点?资助恐怖活动培训的行为是否为犯罪?行贿罪如何科学量刑?如何惩治超载超速和"医闹"等行为……由于提请十二届全国人大常委会第十五次会议审议的刑法修正案(九)草案二审稿对一些社会热点问题作出了积极回应,因此引起了社会各方的普遍关注,围绕相关的话题,在会场内外形成两个舆论场。

从"APEC蓝"到"北京蓝",再到雾霾的频频来袭。蓝天有时离我们很近,有时又离我们很远。这种失而复得和得而复失的循环往替,实际是在提醒我们,整治大气污染,虽然前景可期,但这注定是一场艰苦的拉锯战。所幸,此次大气污染防治法的再度修改,以及国务院为这部法律的实施所表现出的巨大诚意,让我们对打赢蓝天保卫战有了充足的底气。

看好国家的钱袋子,让政府花好百姓的每一分钱,是各级人大的一项重要职责。因此,预决算监督和审计监督在百姓心中具有很强的"存在感"。它往往能让人们清晰地看出人大监督的"成色",真切地感受到人大监督的"硬度"。可以毫不夸张地说,预决算监督和审计监督已成为人大监督的一张耀眼的名片,成为每年六月份全国人大常委会会议的一个重头戏。

当前,我国工业增长正面临着下行压力和深层次结构性矛盾,同时,新一轮信息技术革命和产业变革的兴起又为工业的转型升级带来新的机遇。如何加快推进两化深度融合,激活并释放新的经济增长潜力,推动中国从"制造大国"向"制造强国"迈进,迫在眉睫。面对举国关切,全国人大常委会将监督的目光锁定在这一经济发展新常态中的关键问题,听取和审议了国务院关于信息化建设及推动信息化和工业化深度融合发展工作情况的专项报告,督促各级政府部门履职尽责,确保中央决策部署落地生根、取得实效。

2015年第13期

县乡人大步入重要发展期

前不久,中共中央转发《中共全国人大常委会党组关于加强县乡人大工作和建设的若干意见》。若干意见在认真总结经验的基础上,就如何在新形势下加强县乡人大工作和建设,作出了全面部署。若干意见的出台,预示着县乡人大工作步入重要发展期。这不仅有利于提高人大工作的整体水平,推动人民代表大会制度和人大工作与时俱进,同时,也有利于巩固党的执政基础,夯实国家根本政治制度的根基,推进国家治理体系和治理能力现代化。

"基础不牢,地动山摇。""郡县治,天下安。"这两句人们耳熟能详的经典表述,形象地概括出县乡人大在我们国家政治生活中的地位。的确,在整个人大系统中,县乡人大有着特殊的地位。它们处在政权结构的"底端",是我国根本政治制度的基础环节,是实现基层民主的有效形式,是我们党执政的基础载体。由于县乡人大离实际最近,离百姓最近,离各种社会矛盾最近,所以,县乡人大工作更"接地气",更容易得到百姓的关注,更容易让广大人民群众直接感受我国根本政治制度的优势。我国的县乡人大产生于建国初期,经历了正式建立、停滞倒退、恢复重建、发展完善四个阶段。可以说,县乡人大建设与人民代表大会制度建设同频共振,相伴而行，一路走来。改革开放以来，特别是1979年7月以后，我国县乡人民代表大会得以恢复正常并不断完善，县乡人大工作进入了一个崭新的发展阶段，职能作用也逐步得到发挥。三十多年来，各地县乡人大依法履行职责，在推进基层民主政治建设、扩大公民有序参与、巩固基层政权、促进地方经济发展和社会进步、维护长治久安和谐稳定等方面发挥了不可替代的重要作用。

长期以来，由于各种原因，县乡人大实际运行过程中还面临着一些困难和问题，一直没有得到很好的解决。有的地方人大代表选举工作不规范不负责，违法违规情况时有发生；有的地方人大会议质量不高，存在"走过场"现象；有的地方人大行使法定职权不充分不到位，存在"虚化"现象；人大代表联系群众的形式和渠道不便利，需要进一步拓展丰富；人大代表和常委会、专委会组成人员结构有待优化，机构和工作力量难以适应需要等。乡镇的情况更为严重。在一些地方，由于重视不够，乡镇人大被边缘化，会期缩水，职权虚置，程序空转，人员配备和工作条件远远不能适应工作的需要。更有甚者，在有的地方，乡镇人大实际上处于停摆状态，这使得人大工作在基层出现"短路"现象。

正因为如此，新一届全国人大常委会对县乡人大工作给予了前所未有的重视，张德江委员长不仅多次就这个问题发表讲话，他还先后多次深入基层进行调研。此外，按照张德江委员长的要求，全国人大常委会工作机构还派出了7个专题调研组，分赴各地进行调研。

为了破解县乡人大面临的各种难题，若干意见从依法做好县乡人大代表选举工作、认真开好县乡人大会议、依法行使重大事项决定权、加强和改进监督工作、认真做好人事选举任免工作、加强同人大代表和人民群众的联系、加强县乡人大自身建设、加强党对县乡人大工作的领导等若干方面，给出了解决方案。并且从内容上看，若干意见也具有很强的指导性、针对性和可操作性。

必须指出，县乡人大工作面临的困难和问题，是多方面原因造成的，是长期积累的结果。因此，贯彻落实若干意见精神，从根本上解决制约县乡人大工作发展的各种问题，是一项庞大的系统工程。这不仅需要县乡人大的自身努力，更需要社会各方的关心和支持。只有这样，才能形成实现人大工作整体推进的合力，才能真正迎来县乡人大工作的春天。

2015年第14期

人大之问给人大监督带来怎样的变化

自2010年首问中央决算开始，仅仅用了短短五年的时间，专题询问就迅速在人大系统推而广之，成了人大监督的一个重要方式，一道新亮色。特别是本届以来，专题询问新意频现、愈加成熟。从委员长亲自主持专题询问，到国务院副总理到会应询；从增加追问、点评环节，到注重问答间的良性互动；从精心确定选题，做好问前功课，到加强跟踪监督，推动问题解决；从充分挖掘现有的制度资源，到不断完善专题询问的制度设计……透过这样一些亮点，我们可以看到人大之问给人大监督带来的积极变化。

开门见山、直面问题，是专题询问的一个最为鲜明的特色。"提问或者回答请简明扼要、有的放矢，如果提问人或其他委员认为有关部门的回答不清楚，可以提出追问；应询者现场说不清的，可再提交报告。""提问或回答超时的，工作人员会提醒，我可能也要打断你。如果回答得文不对题、所答非所问，我要建议你改正你的发言。"张德江委员长在主持本届全国人大常委会首次专题询问时的"开场白"，给人们留下了深刻的印象。尤其是张德江委员长在主持专题询问期间，不时插话进行追问、点评，改变了以往按部就班、一问一答的问答格局，使专题询问尽显"铁面"本色。张德江委员长的率先垂范不仅为新一轮的专题询问定了基调，同时，也引燃了常委会组成人员参与询问的热情。果然，在接下来的几次专题询问中，常委会组成人员站在人民立场上发问，人民想什么，就问什么。提问时不回避矛盾，开门见山、直奔主题。对应询部门的回答不满意时，会进行多次追问，现场更有不少委员和列席人员举手要求临时提问。一些委员为了能够提出高质量的问题，事先进行大量调查研究，反复斟酌问题的角度和措辞。这使人大之问在尽现锋芒的同时，也更加富于理性。

专题询问始于问，但不应止于问。如何让人大之问问了不白问，真正问出实效，这是本届全国人大常委会开展专题询问时的一个着力点。增强专题询问的实效，关键是落实好专题询问提出的审议意见，为此，本届全国人大常委会明确，全国人大常委会办事机构应在专题询问结束后及时汇总整理《审议意见》，函送"一府两院"研究落实，并要求其在适当时限内向常委会书面反馈整改落实情况报告。全国人大相关专门委员会和常委会工作委员会应当对"一府两院"整改落实情况进行跟踪督查，对整改落实情况报告进行认真审议，并向常委会提出审议意见，必要时，可以建议将"一府两院"整改落实情况报告提请全国人大常委会会议审议，由常委会作出决议。如果多数常委会组成人员对应询部门的整改落实情况不满意，可以要求相关部门继续整改并报送落实情况。此外，为了实现专题询问监督效应的最大化，在张德江委员长的大力推动下，本届全国人大常委会在充分挖掘现有制度资源的基础上，整合各种监督形式，探索建立了包括执法检查、听取专项工作报告和专题询问在内的全链条监督模式。

从形式上看，专题询问就是发现问题、提出问题，就是给政府工作"挑毛病"。但"挑毛病"不是"找茬"，不是给政府制造麻烦，更不是和政府对着干。相反，是为了支持帮助督促政府改进工作。为了达到这一目的，不仅需要人大的积极作为，同样需要政府摆正位置、积极配合，自觉接受人大监督。本届以来，国务院对专题询问十分重视，每次都派出高规格的阵容应询。刘延东和马凯两位副总理还先后亲自参会，回答常委会组成人员的提问。副总理到会应询，这不仅是一种姿态，它体现了国务院对最高国家权力机关的尊重，体现了政府自觉接受人大监督的诚意。正是通过问答双方的良性互动，使人大之问真正问出了实效。

专题询问虽然尚处在不断发展完善阶段，但它在实践中显示了勃勃生机和活力，随着人大工作的不断与时俱进，它必然会常问常新。

2015 年第 15 期

只有严格执法　才有碧水蓝天

一般认为，水和空气是生态环境的两大基本构成要素，所以，我们习惯于用碧水蓝天来赞美环境。

最近一段时间，蓝天白云的频频出现，让人们确信，大气污染防治虽然是一道难题，但绝非无解，关键是我们能否痛下决心，下多大的决心。至少从目前的情况看，我们有了一个很好的开局，这为打赢蓝天保卫战，奠定了坚实的基础。

那么，对于水污染防治，党和政府是否给予了同样的重视？都采取了哪些措施？这些措施是否见效？前不久进行的水污染防治法执法检查，对百姓的关切作出了积极的回应。

根据全国人大常委会2015年监督工作计划安排，今年5月至6月，由陈昌智、沈跃跃、艾力更·依明巴海3位副委员长带队，全国人大环资委组成人员和全国人大代表共32人组成5个执法检查组分赴内蒙古、黑龙江、安徽、山东、湖北、广西6省（区）进行检查。同时，还委托其他25个省（区、市）人大常委会对本行政区水污染防治法实施情况进行检查。

张德江委员长对这次执法检查十分重视，并专门作出批示："水是生命之源。我国人均水资源占有量低于世界平均水平,而且水污染的情况相当严重。防治水污染,保障水生态安全,事关人民群众根本利益,事关经济社会持续健康发展。要通过执法检查,督促落实水污染防治法,进一步加大水污染防治工作力度,推动形成节约水资源、保护水环境的良好社会氛围,为全面建成小康社会、实现中国梦作出积极贡献!"

从执法检查中了解到,近年来,国务院及其有关部门认真贯彻实施水污染防治法,将防治水污染作为推动生态文明建设、推进经济转型升级和改善民生的重要举措,水污染防治工作取得阶段性成果,水环境质量有所改善。2014年,全国地表水972个国控断面中,Ⅰ—Ⅲ类水质断面比例63.2%,比2005年增加22个百分点;劣Ⅴ类水质断面比例9.2%,比2005年减少17个百分点。但是,在肯定成绩的同时,也应清醒地看到,我国水环境质量不容乐观,水污染防治工作还存在不少问题,需要引起高度重视。一是污染物排放量大、水生态受损重、水环境隐患多;二是农业和农村水污染防治问题突出;三是饮用水水源地保护亟待加强;四是水污染防治长效机制有待健全;五是水污染防治法律法规有待完善。解决这些问题,关键是严格执法。

实践证明,让严格执法从口号变为行动,绝非易事。对有些人而言,这甚至是一个艰难的过程。坦率地讲,在环保领域,我们不缺少良法,有些法律也可称得上"史上最严",但我们缺少铁面执法的魄力和勇气,缺少严格依法办事的良好习惯,缺少尊崇法律、敬畏法律的态度,在"最严格的法律"和"最严格的执行"之间没有形成必然的逻辑联系。

如果说,水污染防治是一场输不起的战争,那么,法律就是打赢这场战争所必不可少的最有力的武器。我们必须形成这样的共识,只有依靠法律,才有碧水蓝天。因此,为了彻底改善水环境质量,让我们真正地把法律的权威树立起来,让那些极具"杀伤力"的条款能一一落地,成为不可触碰的高压线,使违法者闻法丧胆。

提到这个话题,我们不由得想起天津港"8·12"特别重大火灾爆炸事故。这一惨痛事故的发生，再一次提醒我们，法律和生态环境有着天然的联系。我们只有敬畏法律，善待法律，时时刻刻把法律捧在手里、放在心中，它才会真正成为我们的朋友，成为我们生命安全的守护神，为我们营造优美的环境。否则，环境灾害的悬剑随时会落下。

如此，让我们在祭奠和默哀中重新审视我们对待法律的态度！

2015 年第 16 期

用历史的火炬照亮未来

有一种记忆，如同人类文明的火种，永远不能熄灭。

1945年9月2日，日本政府正式签署投降书，标志着中国人民抗日战争暨世界反法西斯战争的最后胜利。为了纪念这一伟大胜利，2014年2月27日，十二届全国人大常委会第七次会议通过决定，以国家立法的形式正式确定每年9月3日为中国人民抗日战争胜利纪念日。

70多年前的刀光剑影、硝烟烽火，虽已沉入历史深处，但其正义战胜邪恶、文明战胜野蛮、光明战胜黑暗的历史法则愈加彰显。中国，以不畏强暴、绝不屈服的民族气节，担当起维护世界正义和人类尊严的重大责任，在历史的大浪淘沙中放射出愈加夺目的光辉。她的坚守，捍卫了国家的主权与民族尊严，也有力支持了反法西斯联盟的最终胜利；她的信念，熔炼成中华民族最宝贵的精神财富，也照亮了战后世界和平发展的漫漫长路；她的贡献，改变了四万万同胞的命运，也对塑造和维护以联合国为核心的战后和平国际秩序，发挥了关键作用。

站在中国人民抗日战争胜利70周年的时间节点上，回望那段用鲜血和生命铸就的伟大历史，深深镌刻在我们民族记忆中的，既有家国破碎、同胞死难的伤痛，也有中华儿女英勇抗敌、浴血奋战的壮烈，更有气壮山河、光辉永在的伟大精神。

今天，当我们以国家的名义、以全体民众的名义纪念那段伟大的历史，不是为了延续仇恨，而是提醒国人要牢记历史、勿忘国耻、凝聚力量、奋力拼搏。同时，也以中国的记忆警醒世人，促使人类历史记忆时刻保持唤醒状态，避免出现哪怕是片刻的忘却与麻木，共同以史为鉴、开创未来，一起维护世界和平正义，促进共同发展和时代进步。

殷忧启圣，多难兴邦。纪念抗日战争胜利70周年，也应该触发我们对当代中国精神脉络的深层思考，对伟大的抗战精神的重新认识。习近平总书记指出："在中国人民抗日战争的壮阔进程中，形成了伟大的抗战精神，中国人民向世界展示了天下兴亡、匹夫有责的爱国情怀，视死如归、宁死不屈的民族气节，不畏强暴、血战到底的英雄气概，百折不挠、坚忍不拔的必胜信念。"伟大的抗战精神，是中华民族长期处于沉睡中的刚健精神基因被激活唤醒的标志，它以强大力量荡涤了近代以来的精神积弊，使中华民族从精神上实现了凤凰涅槃、浴火重生。抗战精神升华了以爱国主义为核心的伟大民族精神，彰显了我们党作为全民族抗战中流砥柱的伟大作用，强化了中华儿女浴血奋战捍卫祖国的英雄基因，催生了全民族团结抗战和协力奋斗的历史合力。

伟大的时代需要伟大的精神，伟大的精神成就伟大的时代。70年前，正是依靠伟大的抗战精神，我们才取得了抗日战争的最终胜利，完成了救民族于危亡的历史任务，谱写了一首感天动地的反抗外来侵略的壮丽史诗，实现了中华民族由衰败走向振兴的历史转折。历经岁月的冲刷，抗战精神不仅没有褪色，反而更加光彩夺目。虽然战声远去，硝烟散尽，但我们还将面临着具有许多新的历史特点的伟大斗争。只有传承和弘扬抗战精神，才能汇聚起战胜一切艰难困苦的强大力量。

欲知大道，必先为史。历史是一个民族的灵魂，也蕴藏着走向未来的答案。回顾历史的时刻，也是展望未来的时刻。在国家、民族命运的转折点上，我们每每会从回望历史中获取力量。只有高擎历史的火炬，才能照亮未来。20多年的苦难与辉煌，都已深深镌刻在中华民族的历史记忆中。今天，我们纪念这场伟大的胜利，不仅要铭记它的悲壮惨烈与各族人民的共同抗争，更要从中汲取智慧、凝聚人心、获得开创未来的现实力量，承担起民族复兴的伟大使命。这才是我们祭奠亡灵、告慰先烈、向历史表达崇高敬意的最好方式！

2015年第17期

最美的风景在基层

加强县乡人大工作和建设座谈会的召开，必定会成为一个重要的拐点，因为它预示着县乡人大工作将由此步入重要发展期。

实际上从本届以来，县乡人大工作就得到了前所未有的重视。张德江委员长不仅多次就这个问题发表讲话，他还先后多次深入基层进行调研。此外，按照张德江委员长的要求，全国人大常委会工作机构还派出了7个专题调研组，分赴各地进行调研，形成了高质量的调研报告。前不久，党中央就加强县乡人大工作和建设作出了重大部署，进行了一系列顶层设计。根据中央精神，全国人大常委会又适时地对地方组织法、选举法和代表法进行了修改，以此健全地方人大特别是县乡人大组织制度和运行机制，完善选举和代表制度，推动人民代表大会制度与时俱进。而加强县乡人大工作和建设座谈会的召开，使我们有机会对县乡人大工作作一次全面的会诊，肯定成绩，总结经验，找出问题，并在此基础上，共谋加强县乡人大建设、提高县乡人大工作水平的良策。

特别需要指出的是，张德江委员长在座谈会上的讲话，充分肯定了县乡人大工作的地位和作用，深刻阐明了加强县乡人大工作和建设的重大意义，明确提出了如何加强县乡人大工作和建设的具体措施。张德江委员长强调,加强县乡人大工作和建设,要加强党对换届选举工作的领导,依法选好县乡人大代表,把好代表"人口关",把好选举"组织关",把好全过程"监督关";要全面提高县乡人大依法履职工作水平,开好县乡人大会议,正确把握和加强人大监督职能,依法讨论、决定重大事项,认真做好人事选举任免工作;要密切人大代表同人民群众的联系,加强国家机关同人大代表的联系,充分发挥人大代表作用,人大代表要自觉接受人民监督;要切实加强县乡人大建设,健全县级人大组织机构,加强街道人大工作机构,积极发挥乡镇人大主席团和主席、副主席的作用。张德江委员长的这番讲话,对于破解当前县乡人大工作面临的种种难题,具有很强的针对性和指导性。

　　加强县乡人大工作和建设是一项庞大的系统工程,它不仅需要制度设计上的大手笔、大动作,同时也需要社会各方面在实践中的共同努力,真正形成工作上的合力。这其中,县乡人大工作者的自身努力固然重要,但包括党委在内的有关各方的大力支持、关心、配合和帮助同样不可或缺。说到底,加强县乡人大工作和建设,事关协调推进"四个全面"战略部署的大局,它不是县乡人大一方的事,而应成为全社会的共同责任。并且从实践中看,帮助县乡人大排除工作中面临的种种阻力,解决诸如机构设置、人员配备、工作条件等具体问题,也确实需要党委的支持。

　　由于县乡人大处于政权结构的"底端",所以,离实际最近,离百姓最近,离各种社会矛盾最近。同时,在开展工作时,面临的实际困难和具体问题也相对较多。在这样一种特殊的环境下,广大的基层人大工作者们知难而进,积极作为。正是依靠他们的执着与坚守,我国的人民代表大会制度才能落地生根。前不久,一位乡人大主席对我们的记者说:"我们每天面对的都是一些看似繁杂琐碎的小事,但正是通过这些小事,让百姓感受到人大工作给他们带来的实惠,感受到人民代表大会制度的优越性。我们就是要通过我们的努力,拉近人大和百姓之间的距离。我们也希望社会各界对我们的工作给予必要的支持和帮助。"这番表白实际上表达了广大县乡人大工作者的共同心声。

为了让越来越多的人了解、关心、支持和参与县乡人大工作，本刊启动了"百县百乡行"大型系列采访活动。我们希望用我们的文字和镜头展示出基层人大工作者的履职风采，展示出基层人大工作所独有的魅力。我们希望把村落视野中的原汁原味的中国式民主呈现给广大读者。

最美的风景在基层，让我们一起走吧！

2015 年第 19 期

推动消保法实施，是一项系统工程

两年前，消费者权益保护法的修改曾在社会上引起普遍关注，并被有的媒体评为当年的"国内民生十大新闻"之一。

在新消保法实施一年多以后，全国人大常委会又启动监督程序，对这部法律的实施情况进行检查。张德江委员长对这次执法检查十分重视，专门作出批示，强调要通过执法检查，督促法律的有效实施，推动解决相关领域存在的突出问题，实行正确监管、有效监督，更好地保护消费者合法权益，促进社会和谐和社会主义市场经济健康发展。按照张德江委员长批示精神，严隽琪、吉炳轩、张平三位副委员长担任执法检查组组长，与全国人大财经委8位组成人员和10位全国人大代表一起，于今年6月至9月，分成3个小组赴天津、浙江、福建、江西、云南、海南、上海等7个省市检查了解情况，并委托河北等10个省（区、市）人大常委会对本行政区的消保法贯彻实施情况进行了检查。

特别值得一提的是，为了增强执法检查的实效性和针对性，检查组从年初开始做了比较扎实的前期调研：在北京多次召开部门、专家、企业和消费者座谈会，到四川、上海等地听取有关方面的意见；在中国人大网上设置专栏，公开征求社会公众意见。到8月底，共收到各种意见和建议

2850条。检查组在汇总各方面意见的基础上，确定本次执法检查的重点是：公益诉讼、个人信息保护、惩罚性赔偿、举证责任倒置等重要制度的落实情况，近几年消费者反映比较强烈的网络购物、预付式消费、电信服务、金融服务、汽车销售服务等问题，以及完善消保法的意见和建议。

可以说，本届全国人大常委会从立法、监督这两个方面双管齐下，同时发力，以此来营造良好的消费环境，重振消费信心。虽然新消保法的实施才一年半有余，执法检查工作也还没走完最后的程序，但最高国家权力机关的努力已经产生了积极的效果，消费领域的形势总体向好，新一轮的消费者维权热正在兴起。此外，通过此次执法检查，发现了新消保法实施中存在的各种问题，并找到了解决问题的办法，这也为推动法律的有效实施，打下了一个坚实的基础。

提到消费者权益保护法，我们很容易联想到"十一黄金周"期间所发生的几起侵犯消费者权益的事件。客观地说，这几起事件实属个案，因此，我们不能仅凭这几起个案就忽略立法机关、执法部门及其他有关各方为改善消费环境所作出的巨大努力，否定近年来特别是新消保法实施以来消费领域所呈现出的积极变化。但是，对这几起个案所产生的负面影响也切不可轻视。

在传媒技术快速发展的时代，任何一个看似普通的消费事件，经过不断地发酵，都会放大成为一个全国性的新闻事件。如果对此处置不当、应对有误，就会使党和政府的形象受损，法律的作用受到质疑，执法部门的权威受到挑战，消费者的消费信心受到重创，一个城市通过多年积累所形成的良好口碑也会一夜之间"归零"。

从根本上改善消费环境，需要严格的法律和对法律实施情况进行严格的监督，这一点固然重要，但仅仅做到这一点还不够。因为法律不是万能的，不可能包治百病，更何况再好的法律也靠人来执行和遵守。一部法律如果在制定时被高高举起，在实施时又被轻轻放下，这无疑是"自废武功"。同样，人大监督也不可能代替一切。因为人大监督具有宏观性，它不可能采取竞技体育中"一对一"的盯防方式。在这种情况下，执法部门的铁面执法，经营者的诚信守法和广大消费者的维权用法就显得尤为重要。这其中，执法部门的铁面执法是关键。

从法治流程看，一部法律能否真正"落地"，它的能量能不能完全释放出来，它的震慑力能不能充分展示出来，在很大程度上取决于执法者的执法活动。实践证明，执法者的任何一点放纵、倦怠、松懈、迟疑和软弱，都可能使违法者感到有机可乘，使法律的作用大打折扣。

说到底，营造良好的社会环境，是一项系统工程，需要全社会的共同努力，立法、监督、执法、司法、守法几个环节缺一不可。

2015年第20期

铸就新的辉煌

党的十八届五中全会是在我国即将完成"十二五"规划、全面建成小康社会进入决胜阶段召开的一次重要会议。习近平总书记所作的工作报告、说明和重要讲话高瞻远瞩、总揽全局、思想深刻、内涵丰富，集中展示了党中央团结带领全国人民开拓奋进的生动历程，深刻回答了党和国家事业发展一系列重大理论和实践问题，充分体现了党中央治国理政的新理念、新思想、新谋略、新举措，极大增强了全党进一步做好工作的信心和决心。

全会描绘了我国"十三五"时期经济社会发展的宏伟蓝图，作出了战略部署，指明了前进方向，确定了行动纲领，对于推动我国经济社会持续健康发展，确保如期实现第一个百年奋斗目标，并为实现第二个百年奋斗目标打下更加坚实的基础，具有十分重大的现实意义和深远的历史意义。

全会审议通过的《中共中央关于制定国民经济和社会发展第十三个五年规划的建议》，立足"四个全面"战略布局，和"五位一体"总体布局，明确提出"十三五"规划的指导思想、基本原则、目标要求、基本理念、重大举措，特别是适应现阶段我国经济社会发展新形势新特征，提出创新、协调、绿色、开放、共享的发展理念，提出一系列新的重大战略和重要举措，体现了习近平总书记系列重要讲话精神，反映了党的十八大以来党中央决策部署，顺应了我国经济发展新常态的内在要求，具有很强的思想性、战略性、前瞻性、指导性，是动员全党全国各族人民夺取全面建成小康社会伟大胜利的纲领性文件。

伟大的时代孕育伟大的梦想，伟大的梦想成就伟大的事业。全面建成小康社会，是我们党向人民、向历史作出的庄严承诺，是一项前无古人的宏伟事业，也是中国人民梦寐以求的目标。今天，这个穿越无数苦难与辉煌岁月的执着梦想，已经触手可及，第一个百年奋斗目标，也将由我们这一代人亲手完成。在这样一个激动人心的时刻，在这样一个紧要的历史关口，作为权力机关的各级人大，应有时不我待的历史主动、勇毅笃行的履职自觉和义不容辞的政治担当。惟其如此，才能无愧于这个伟大的时代，无愧于亿万人民群众的热切期待。

当前，学习贯彻党的十八届五中全会精神，是全国人大及其常委会的一项重要任务。为此，全国人大常委会党组强调，全国人大常委会、各专门委员会和全国人大机关，要通过多种方式组织开展全会精神学习活动，切实把思想和行动统一到中央对形势的分析判断上来，统一到中央对工作的决策部署上来，统一到全会精神上来。要坚决贯彻落实党中央的重大决策部署，把全会精神贯彻落实到立法、监督、代表等各项工作中。全国人大各级党组织要坚决落实全面从严治党要求，切实加强自身建设。

按照宪法和其他有关法律规定，审查批准国民经济和社会发展五年规划，是全国人民代表大会的一项重要职权。因此，全国人大及其常委会贯彻落实党的十八届五中全会精神，很重要的一点就是要以全会精神为指导，认真履行法定职责，为审查批准"十三五"规划纲要做好准备，把规划纲要审议好修改好，保证"十三五"规划在明年召开的十二届全国人民代表大会第四次会议上顺利通过。

与此同时，"十三五"规划出台后，如何确保"规划"所确定的经济社会发展目标任务顺利实现，也是摆在全国人大及其常委会面前的一项重要任务。特别是随着我们步入全面建成小康社会的最后冲刺阶段，"十三五"规划能否得到有效实施，直接关系到全面建成小康社会的目标能否如期实现，直接关系到第一个百年奋斗目标能否如期实现。在这样一个特殊的时间节点上，"十三五"规划的实施，更需要国家权力机关强有力的护佑。

时代催人奋进，梦想照亮未来。我们正处在中华民族伟大复兴征程上的关键阶段，全面建成小康社会的宏伟目标正在向我们招手，只要全面贯彻落实党的十八届五中全会精神，认真履行宪法法律赋予的各项职责，最高国家权力机关一定会在全面建成小康社会的决胜阶段发挥更大的作用，拥有更大的作为，铸就新的辉煌！

2015年第21期

法治让中国道路更加宽广通畅

世人瞩目的党的十八届五中全会掀开了全面建成小康社会决胜阶段的大幕，全会描绘了我国"十三五"时期经济社会发展的宏伟蓝图，反映了社会呼声、社会诉求、社会期待，凝聚起力量和智慧，更鼓荡起勇气和信心。

所有对中国稍有了解的人，都不会否认近三十七年来经济社会发展所取得的巨大成就。但也只要对中国稍有了解，就会看到今后五年经济社会发展任务紧迫而繁重。中国经济正经历新旧动能转化、人口结构变化、产能过剩、资源环境压力等，都是"拦路虎"。中国社会也仍在深刻转型，社保、教育、医疗等问题，都是"硬骨头"。未来五年，振奋精神、凝心聚力，我们才能完成最后的冲刺。

"法治是发展的可靠保障。"这样一句意味深长的表述，是对历史的总结，也是对未来的宣示，是中国人民历经无数苦难与辉煌之后所形成的一个极为重要的共识。

历史告诉我们，法治从来都是同国家、民族和百姓的命运息息相关。什么时候我们厉行法治，国家就繁荣，民族就强盛，百姓就幸福。改革开放以来的实践更加充分地证明，正是依靠法治，我们才能创造中国奇迹，使民族复兴之势不可阻挡，使中国特色社会主义发展道路无比宽广通畅。今天，我们已步入复兴之路的关键一程，一方面，我们比以往任何时候都更加接近梦想；另一方面，我们也面临诸多矛盾叠加、风险隐患增多的严峻挑战。在这样一个特殊的历史场景下，法治的作用就更加凸显出来。为此，《中共中央关于制定国民经济和社会发展第十三个五年规划的建议》指出，必须坚定不移走中国特色社会主义法治道路，加快建设中国特色社会主义法治体系，建设社会主义法治国家，推进科学立法、严格执法、公正司法、全民守法，加快建设法治经济和法治社会，把经济社会发展纳入法治轨道，运用法治思维和法治方式推动发展。

人大是国家权力机关，处在社会主义民主法制建设的第一线，对于确保"十三五"规划的全面贯彻落实负有重要的使命。所以，在全面建成小康社会的决胜阶段，人大将会发挥多大的作用，将会有怎样精彩的表现，特别引人关注。

在前不久召开的十二届全国人大常委会第十七次会议上，张德江委员长强调指出，要全面系统学习习近平总书记重要讲话和《建议》，准确把握"十三五"时期我国发展的指导思想和基本原则，准确把握创新、协调、绿色、开放、共享发展理念的精神实质和深刻内涵，牢固树立"五大发展理念"，切实把思想和行动统一到中央精神上来，切实增强责任感、使命感，紧紧围绕如期实现全面建成小康社会奋斗目标做好人大立法、监督、代表等各项工作。这实际上是对人大工作提出了新的更高的要求。

立法权是人大的一项重要职权，通过立法来推动和保障经济社会又好又快地发展，是人大的一项重要使命。为此，要发挥人大及其常委会在立法工作中的主导作用，紧紧围绕"四个全面"战略布局和"五位一体"总体布局，牢固树立创新、协调、绿色、开放、共享的发展理念，抓住提高立法质量这个关键，加快重要领域立法，坚持立改废并举，深入推进科学立法、民主立法，加快形成完备的法律法规体系。

如果说，"十三五"规划是一个伟大的构想，那么，如何确保这一伟大的构想在付诸实施的过程中不变形、不走样、不跑偏，人大监督的强力护佑就显得尤为重要。

我国共有 260 多万名五级人大代表，他们活跃在各条战线上，他们是我国社会主义民主法治建设的中坚力量，我们希望在全面建成小康社会的决胜阶段能够看到他们更加精彩的表现。

三十七年前，法治的重建，使中国的命运被彻底改写，我们也由此步入了一条正确的发展道路。今天，我们再度高擎法治的大旗，向着第一个百年目标迈进，向着中华民族伟大复兴进军。

2015 年第 22 期

让每一个人都从规划中看到自己的美好未来

党领导制定和实施国民经济和社会发展五年规划（计划），是我国经济社会发展的一大特点，也是我国政治制度的一大特色和优势。而审查批准国民经济和社会发展规划（计划），则是宪法和法律赋予人大的重要职责，是人大依法行使重大事项决定权的重要内容，也是把党的主张变为国家意志的一个重要过程。

从第一个五年计划到第十二个五年规划，历经一个甲子的跋涉与荣耀，中国完成了从高度集中的计划经济体制到充满活力的社会主义市场经济体制、从封闭半封闭到全方位开放的伟大历史转折，取得了举世瞩目的成功。如果把建国以来十二个五年规划（计划）串联起来，则构成了一幅完整的共和国成长记录。我们不仅可以从中看到国家的发展、时代的变迁和社会的演进，也可以看到我们党执政理念的不断进步和人大地位的不断提升。

2016—2020年的"十三五"规划，将是本届中央领导集体主持编制并完整实施的一个五年规划。它事关我们能否顺利完成全面建成小康社会"第一个百年目标"的最后冲刺，能否走好中华民族伟大复兴征程上的关键一程。因此，确保"十三五"规划纲要在2016年召开的十二届全国人大四次会议上顺利通过，是全国人大及其常委会的一项重要任务。

为了做好审查批准前的准备工作，全国人大常委会围绕"十三五"规划纲要编制开展了高规格大规模的专题调研。张德江委员长对专题调研十分重视，专门作出重要批示，要求常委会办公厅和全国人大财经委牵头组织，各有关专门委员会、常委会工作委员会共同参加，做到"任务、目标、人员、时间"四落实，确保形成一批有分量的调研报告，既为中央决策和有关方面编制"十三五"规划纲要提供参考，也为2016年召开的十二届全国人大四次会议审查批准"十三五"规划纲要做必要的准备。李建国副委员长审阅了调研工作方案。王晨副委员长兼秘书长主持召开专题调研动员部署会议，张平副委员长出席会议并作了动员讲话。严隽琪、沈跃跃、张平副委员长分别参加了有关专题调研。参加调研的各专门委员会、工作委员会认真制定调研方案，精心组织调研活动。自2015年3月底开始，各单位先后在召开有关部门和专家座谈会的基础上，认真撰写调研报告，广泛征求各方面意见，反复进行修改完善。至今年7月上旬，9个专门委员会、2个工作委员会经过认真调研，共形成并提交24份专题调研报告，涉及民族、养老、财政经济、教科文卫、外事、侨务、节能环保、"三农"、港澳事务等诸多领域。近期，全国人大财经委在加强调查研究的基础上，开始着手对"十三五"规划纲要的初审。

上下同欲者胜。全面建成小康社会是一项前无古人的宏伟事业，我们只有最大限度凝聚社会共识，集中全党全社会智慧，调动一切积极因素，才能激发无比的信心勇气，汇聚无穷的发展合力，夺取最后的胜利。从这个意义上说，从"十三五"规划纲要的编制到审查批准的整个过程，实际上也是一个集思广益、凝聚共识的过程。

如果把"十三五"规划看成是一幅恢宏大气的发展蓝图，那么，它所描绘的不仅仅是国家的未来，我们每一个人都应该从中看到属于自己的美好未来，感受到国家的发展所能给自己带来的种种实惠。说到底，让民生的改善、个人的发展,与国家的大方向、大目标相向而行,让更多人共同享有人生出彩的机会,共同享有梦想成真的机会,共同享有同祖国和时代一起成长与进步的机会,这才是制定和实施"十三五"规划的出发点和落脚点。

2015 年第 23 期

宪法和我们如此亲近

前不久，我们迎来了第二个国家宪法日。

从第一个国家宪法日到现在，虽然只有一年的时间，但在这短短的一年中，我国的法治建设呈现出了积极的变化，一股前所未有的宪法热正在中华大地上掀起。

出台领导干部学法用法工作意见，举办党政干部宪法知识培训；将法治教育纳入中小学教育计划，开展学习宪法征文、模拟法庭活动；推动宪法法律进机关、进社区、进地铁、进公交，运用新媒体组织开展宪法法律知识竞赛、拍摄宪法法律公益宣传片……一年来，各地精心组织开展形式多样的宪法宣传系列活动，在全社会大力弘扬宪法精神，有力推动了全民法治意识的提升，为经济社会发展营造了良好的法治氛围。

在过去相当长的一段时间里，宪法被认为是一部"高大上"的法律，离百姓很远，难以接近。而正是通过国家宪法日这样一种有效的方式，使宪法能够放下身段，走向社会，真正融入到百姓的日常生活中，由"制度文本"成为一种生活准则。可以毫不夸张地说，宪法从未像今天这样和我们如此亲近。

一年来的实践充分证明，国家宪法日的设立，有助于弘扬宪法精神、增强宪法观念、培养宪法意识、普及宪法知识、塑造宪法文化，使宪法贴近公众生活，成为生活中的规则和习惯。

正因为如此，过好每一个国家宪法日，让其所蕴涵的深意能变为现实，从而实现其自身效能的最大化，是一件特别值得关注的事。

国家宪法日只有一天，但宪法的实施却是全天候的。所以，在关注宪法日的同时，更要关注宪法的实施。因为设立国家宪法日的目的是推进宪法的实施。我们不能本末倒置，单纯追求形式上的丰富多彩、轰轰烈烈，而忽略了实际效果。如何让每一个国家宪法日都成为一个新的开始，国家公职人员依宪执政的水平能由此有所提高，公民的宪法意识能由此有所增强；如何让宪法在国家宪法日后依然受到节日般的礼遇，不受冷落，不被边缘化；如何让宪法像阳光一样照亮我们生活中的每一个空间，不留任何死角；如何让宪法的规定一一"落地"……这才是国家宪法日应该追求的效果。

谈到宪法实施，我们必须承认这样的现实：一方面，随着依法治国进程的不断推进，宪法的地位不断提升，公民的宪法意识明显增强，一个全民学习宪法、宣传宪法、弘扬宪法精神、重塑宪法权威的浓郁社会氛围正在形成；另一方面，一些领导干部的宪法意识比较薄弱，依宪执政的水平有待提高，加强宪法宣传教育依然是一项长期艰巨的任务。

国家工作人员是公权力的行使者，是法律的最直接的执行者和运用者，所以，加强宪法宣传教育，一定要紧紧抓住国家工作人员这个"关键少数"。为此，今年7月1日，全国人大常委会表决通过了关于实行宪法宣誓制度的决定，要求各级人民代表大会及县级以上各级人民代表大会常务委员会选举或者决定任命的国家工作人员，以及各级人民政府、人民法院、人民检察院任命的国家工作人员，在就职时应当公开进行宪法宣誓。随后不久，多个地方的人大和政府部门针对宪法宣誓都作出了进一步的明确要求。

建立和实行宪法宣誓制度，就是通过一种庄严的仪式化表达，彰显人们对宪法的信仰、敬畏和尊崇，以此来激励和教育国家工作人员时刻把宪法放在心上。

2015年第24期

2016 年

让每一部法律都成为一把开启幸福之门的钥匙

在前不久结束的十二届全国人大常委会第十八次会议上，多项议程由于和百姓的日常生活密切相关，因而成为热门话题。

其中，作为年度立法的收官之作，反恐怖主义法、反家暴法、慈善法等法律草案的提请审议，引起了人们的高度关注。在辞旧迎新这样一个喜庆的日子里，这些法律草案的登场亮相，更像是最高国家权力机关献给百姓的一份新年大礼。

"这一下，百姓就像吃了一颗定心丸。"这是反恐怖主义法出台之际，一家媒体所作的评价。实际上，反恐怖主义法也的确配得上这样的评价。当前，恐怖主义已成为影响世界和平与发展的重要因素。近年来，受国际恐怖活动高发、境内外"东突"势力渗透煽动的影响，我国国内面临的暴恐活动威胁愈发突出。国内发生的暴恐案件给人民群众的生命财产安全造成了严重损失，恐怖活动对我国国家安全、社会稳定、经济发展、民族团结和人民生命财产安全构成了严重威胁。在这样一个背景下，在现有法律规定的基础上，制定一部专门的反恐怖主义法，既是当前打击恐怖主义的现实需要，也是我国的国际责任。反恐怖主义法确立了反恐怖工作基本原则，健全了相关体制机制，强化了安全防范、应对处置、国际合作、法律惩治等措施，为提高反恐怖工作能力和水平、防范和惩治恐怖活动提供了有力的法律保障，从而为国家、社会和百姓织就了一张坚不可破的安全网。可以说，恐怖主义是一个冰冷的字眼，往往使人不寒而栗。但从反恐怖主义法的字里行间，我们深深地感受到了因国家强大而给人带来的那份踏实、安全和自信。

家是每个中国人的根，家安国可安，家庭和谐至关重要。我们每一个人的幸福不仅缘于国家的安全，同时也取决于家庭的和睦。大约十几年前，一部反家暴题材电视剧《不要和陌生人说话》的热播，引发了公众对家暴行为的强烈关注。然而，现实生活中的家暴案例有时甚至比影视作品中的还要令人发指。特别是近些年来频频发生的家庭暴力案件，一再向国人发出警示：家暴已不再是"家常事"。反家暴法明确了家庭暴力的性质和法律责任，并建立了多部门有效合作的干预模式，设立强制报案、告诫书、人身安全保护令等多重制度利器，为家暴受害者筑起一道坚固的安全保护屏障。反家暴法的制定，是我国法治建设的一个里程碑。因为它纠正了长期以来形成的"打老婆天经地义""打孩子合情合理"的错误认识，冲击了"家丑不可外扬"的家庭理念，使反家暴不再是法外禁区。

中华民族素来崇尚乐善好施、扶贫济困、守望相助，因此，慈善在我国有着悠久的历史。如今，随着经济的发展和国民生活水平的不断提高，我国慈善事业发展进入"井喷"期，呈现出巨大的潜力。更为重要的是，作为社会稳定的"平衡器"和社会公平的"促进剂"，慈善事业在缩小社会贫富差距，促进国民收入合理分配方面发挥着越来越重要的作用。因此，为了弘扬社会主义核心价值观和中华民族优秀文化传统，倡导社会力量开展社会救济和社会互助活动，创新我国慈善事业制度，规范慈善活动，促进慈善事业发展，让全体人民共享发展成果，有必要根据我国国情和实际制定慈善法。说到底，慈善法就是要激发社会"向善"正能量，让更多的人参与慈善事业，让慈善事业更好地服务社会、造福百姓。

其实，除了这三部法律，十二届全国人大常委会第十八次会议审议的其他几项法律草案也大都和民生有关，和百姓的幸福有关。从几部教育方面的法律，到中医药法，到人口与计划生育法，再到有关法律问题的决定等。

法律是严谨的、充满理性的，有些条文看上去甚至是抽象的、枯燥的和艰涩的。但法律又是有态度的、讲感情的。立法者正是通过一次又一次的努力，让世界变得更加美好，让国家变得更加强大，让社会充满友善，让家庭充满欢乐，让我们每一个人从法律中收获更多的幸福。

从这个意义上说，对百姓而言，每一部法律都是一把开启幸福之门的钥匙。

2016 年第 1 期

寻找平凡中的感动

对于县乡人大工作者而言，2015年无疑是一个极为重要的年份。先是中共中央转发了《中共全国人大常委会党组关于加强县乡人大工作和建设的若干意见》，对进一步做好新形势下县乡人大工作作出了全面部署；继而全国人大常委会办公厅又举办了加强县乡人大工作和建设座谈会，从而在全国范围内掀起了一股"县乡人大热"。

如果我们再把时间往前推，实际上本届全国人大常委会成立以来，就对县乡人大工作给予了高度重视。张德江委员长不仅多次就这个问题发表讲话，他还先后多次深入基层进行调研。此外，按照张德江委员长的要求，全国人大常委会工作机构还派出了7个专题调研组，分赴各地进行调研。

可以毫不夸张地说，县乡人大工作全面提速，已经步入了一个十分重要的发展期。

正是在这样一个大的背景下，本刊启动了"百县百乡行"大型系列采访活动。从去年7月中旬开始，我们派记者分赴湖南、青海、福建、甘肃、江西、陕西等地，对40多个县和70多个乡镇的人大工作进行实地采访。为了能够听到原汁原味的基层人大工作者和百姓的声音，发现和寻找到县乡人大工作的闪光点，品味到基层民主所独有的"韵味"，我们深入基层，从农村到牧区，从企业到街道，从县乡人大的工作现场到代表活动站点，从百姓家中到田间地头，都留下了我们的采访足迹。通过采访，我们看到了基层民主最真实、最鲜活的一面。

在边城凤凰，我们看到自家院子成了代表工作联络点，代表和百姓在这里随意地"唠家常"，你一言我一语，对村里的事情评头品足，为乡里的发展建言献策。

在柴达木盆地，我们看到了一场别开生面的恳谈会正在召开，镇人大代表和政府及其有关职能部门当面锣、对面鼓，一件一件地研究如何解决百姓提出的具体问题。

在崆峒山脚下，我们观摩了安国镇人大主席李竹奎一天的履职行程。

在闽东北沿海小城福安，我们听到那里的百姓称赞基层人大工作者用行动证明，他们心里装着群众，诚心诚意为百姓办实事。

在中国革命的摇篮江西，我们看到县乡人大是如何通过有效监督，来化解一个个民生难题。

在渭水岸边，我们听那里的同志们讲他们是如何让人大工作由虚变实。

通过采访，我们对中国式的基层民主有了更为深刻的理解，对县乡人大工作的真实状况有了更为全面的认识。尤其是基层人大工作者对人大工作的无比热爱，对使命的执着和对责任的坚守，让我们为之感动。

坦率地说，我们在采访期间所接触到的基层人大工作者，看上去都很朴素和平实，没有豪言壮语，每天面对的往往都是一些看似"家长里短"的琐事，他们没有属于自己的"高光时刻"，他们的履职事迹也不为太多的人知晓。但是，他们朴素的话语洋溢着火一样的热情；他们平凡的举动往往会给我们带来深深的感动；他们用日复一日的执着和年复一年的坚守，使人大工作真正融入到百姓的日常生活中，使人大制度真正在基层落地生根。他们才是我国人民代表大会制度最坚定的捍卫者和百姓利益最忠实的守望者。

特别需要指出的是，虽然当前县乡人大工作受到了前所未有的关注，但是，实践中存在的一些问题绝非短期内所能解决的，县乡人大工作者在开展工作时还会面临着许多我们无法想象的困难。他们每为百姓办一件实事，每把工作向前推进一步，都可能要付出巨大的努力。他们理应获得更多的关心和支持。

因此，我们愿意成为县乡人大工作者们最忠实的粉丝，并为他们的精彩表现加油喝彩。我们将继续挖掘县乡人大工作的闪光点，继续寻找那一份份平凡中的感动。我们希望有更多的人和我们一道分享发生在百姓身边的人大故事。

2016年第2期

用法律照亮社会生活的每一个角落

2015年是全面深化改革的关键之年，是全面推进依法治国的开局之年，也是全面完成"十二五"规划的收官之年。在这一年中，又有一批新的法律进入我们的视线，走进我们的生活。

过去一年，全国人大常委会通过了关于实行宪法宣誓制度的决定，在中华大地上掀起了一股宪法热，使宪法成为一个高频词。建立和实行宪法宣誓制度，就是通过一种庄严的仪式化表达，彰显人们对宪法的信仰、敬畏和尊崇，以此来激励和教育国家工作人员时刻把宪法放在心上。

在很长的一段时间里，立法法被认为是一部"高大上"的法律。但在去年全国人代会期间，立法法的修改却引起了公众的普遍关注。从强调"立法引领改革"，到让"税收法定"原则的落地；从遏制地方红头文件的任性，强调地方立法不能随意减损公民权利、增设公民义务，到放权地方通过立法规范城市管理、环境保护、历史文物保护等；从强化人大主导立法，到拓宽公众参与立法的渠道。修改后的立法法顺应改革的需要，尽现有权不能任性的价值取向和立法为民的法的时代精神。其中关于"税收法定"的规定，关于地方立法不能随意减损公民权利，增设公民义务的规定，更是契合了百姓的利益诉求。

"基层不牢，地动山摇"。这样一句颇为经典的表述，形象地描述出基层人大在我国政权体系中的作用。而地方组织法、选举法和代表法的修改，就是要打牢地基，加固底座，使我国的人民代表大会制度更加坚实。

完善社会主义市场经济法律制度，是社会主义市场经济运行规律的客观要求，也是保障经济持续健康运行的现实需要。而关于修改促进科技成果转化法的决定和关于修改商业银行法的决定的通过，证券法（修订草案）和资产评估法（草案）的审议，正是立法者在这方面所作的努力。

国家安全和社会稳定是改革发展的前提。只有国家安全和社会稳定，改革发展才能不断有序推进。国家安全法、反恐怖主义法的通过，和网络安全法（草案）、境外非政府组织管理法（草案）的审议，则标明我国国家安全工作已完全步入法制化轨道。

弥补"打拐"盲区；网络销售食品必须实名制，保健食品不得吹嘘"治病"；明星代言虚假广告要担责；造成大气污染事故，罚款"上不封顶"……过去一年，从刑法修正案（九）、慈善法、反家暴法，到食品安全法、大气污染防治法、广告法、种子法，再到教育法律一揽子修正案，关注社会热点，回应百姓关切，已成为立法工作的显著特征。

过去一年，全国人大常委会以授权决定的方式引领改革，确保重大改革于法有据，有序进行，这已成为立法工作的新常态。与此同时，全国人大常委会还通过打包修法助推简政放权，以期用政府权力的"减法"，换取市场活力的"乘法"。

过去一年，立法工作涵盖了政治、经济、社会、民生、国家安全、文化、教育、生态环境等多个领域。立法者正在通过不懈的努力，让法律照亮我们生活的每一个角落，让改革的红利最大限度地释放，让公众有更多获得感。

为了让每一部法律都成为精品，最高国家权力机关对如何实现精细化立法有了更高的追求：张德江委员长亲自参加常委会会议的分组审议，与其他常委会组成人员一道，对每一部法律进行精雕细琢。在探索将法律草案二审稿乃至三审稿向社会公开征求意见的同时,更加注重增强公众参与立法工作的实效,积极建立公众意见采纳反馈机制。基层立法联系点的试运行,意味着通过设立在百姓家门口的立法"直通车",将基层最鲜活、最丰富、最真实的第一手信息原汁原味地反映上来,确保出台的法律"更接地气""更管用"。全国人大及其常委会在立法中的主导作用日益突出,这不仅有利于避免各个行政部门的矛盾,同时也有利于社会公众多方参与,让不同意见得到充分表达,促进了立法质量的全面提升。

今年是"十三五"规划的开局之年,决胜全面建成小康社会的冲锋号已经吹响,我们将要开始一场历史性的伟大冲刺。可以预期,在这样一个激动人心的历史关头,中国立法一定会上演新的精彩。

2016 年第 3 期

人大监督实现升级换代

就人大监督而言，2015年无疑是一个重要的年份，因为在这一年发生的一些事情，注定要成为人大工作中具有标志性意义的新的范本。

听取审议"一府两院"14个工作报告，检查6部法律实施情况，开展3项专题调研和3项专题询问。单凭这样一组简单的数字，就足以说明人大监督在过去一年取得了耀眼的成绩。

事实上，比数字更能说明问题的是，我们可以通过一个个成功的范例，更加直观地感受到人大监督所取得的突破性进展。的确，在全面依法治国这一大的背景下，全国人大常委会乘势而上，不断发力，屡出大手笔、大动作，使人大监督在新的起点上实现了升级换代。

回眸过去一年人大监督工作，不能不提及职业教育法执法检查。职业教育法执法检查对人大监督工作将会产生怎样的深远影响，现在下结论还为时过早，但它的示范效应已开始显现。第一次由委员长担任执法检查组组长，并担任检查小组组长带队到地方进行实地检查；第一次由委员长向常委会作执法检查报告；第一次由委员长主持执法检查组全体会议；第一次在全国人大层面把执法检查同专题询问这两种监督方式结合起来加强监督力度……这些"第一次"深刻体现出全国人大常委会对监督工作的高度重视，以及为不断增强人大监督实效所作出的不懈努力。在接下来召开的十二届全国人大常委会第十九次会议上，还将听取和审议国务院关于落实职业教育法执法检查报告和审议意见的报告。应该说，全国人大常委会通过综合运用多种监督手段，为我们提供了一个"全要素监督"的经典范本。正是在职业教育法执法检查带动下，过去一年的执法检查工作令人耳目一新。

直面社会热点，回应百姓关切，一直是人大监督的一大特色。过去一年，全国人大常委会听取和审议了国务院的7个专项工作报告，这7个专项工作报告或涉及国家改革发展的重大问题，或涉及百姓关注的社会热点问题。一次次实事求是的审议发言，一份份求真务实的审议意见，承载着常委会组成人员对国家发展的期望，对民生的关切，折射出全国人大常委会依法履职的工作实效。

司法是社会公正的底线。"努力让人民群众在每一个司法案件中感受到公平正义"，是司法工作的永恒追求和最高目标。过去一年，最高国家权力机关通过强有力的监督，力图使公平正义的阳光照亮社会生活的每一个角落。

管好"国家账本"，让政府花好纳税人的每一分钱，确保国家经济平稳运行，是人大的一项重要职责，这也最能检验出人大监督的"成色"。过去一年，围绕计划、预决算和审计工作开展的监督，让人们看到人大监督越来越犀利。尤其是第一次听取关于审计查出问题整改情况的口头报告、第一次对整改情况报告开展专题询问，让人们真切地感受到人大监督的"铁腕气质"和"刚性本色"。

过去一年，全国人大常委会所进行的三次专题询问，均在社会上引起强烈反响。可以毫不夸张地说，人大之问问出了气势，问出了实效，问出了最高国家权力机关的权威来，真正实现了人大之问，问了不能白问。

特别需要指出的是，张德江委员长在率队开展职业教育法执法检查时，就如何做好执法检查工作发表讲话。张德江委员长在讲话中着重提出了执法检查工作必须坚持的四项原则，即坚持党的领导、坚持依法行使职权、坚持问题导向、坚持监督与支持相统一。这四项原则的提出，深刻阐明了执法检查的本质，准确把握了执法检查的规律，紧紧抓住了执法检查的核心，不仅为执法检查工作定了基调，同时，对做好新形势下人大监督工作，进一步增强人大监督实效，也具有十分重要的指导意义。

2016 年第 4 期

向着伟大的梦想出发

春回大地,万物复苏,在充满生机与希望的季节里,全国人代会如约而至。

在当今中国,全国人代会有着极为特殊的意义。它是一次盛大的民主"嘉年华",它把中国民主最精彩的一面呈现给世人,它让中国人民尽享民主给他们带来的欢乐,它使普通百姓实现了从民主的"围观者"到实际"参与者"的华丽转身。

更为重要的是,作为一个最重要的公共表达平台,全国人代会对一些热门话题的关注和讨论,往往会对国家的发展和百姓生活产生积极的影响。

那么,在今年的全国人代会上,又有哪些话题会成为热门话题,围绕这些话题所展开的讨论,将会对国家和百姓的命运产生什么样的深远影响?

党的十八届五中全会通过的《中共中央关于制定国民经济和社会发展第十三个五年规划的建议》,立足"五位一体"总体布局和"四个全面"战略布局,明确提出"十三五"规划的指导思想、基本原则、目标要求、基本理念、重大举措,特别是适应现阶段我国经济社会发展新形势新特征,提出创新、协调、绿色、开放、共享的发展理念,提出一系列新的重大战略和重要举措,体现了习近平总书记系列重要讲话精神,反映了党的十八大以来党中央的决策部署,顺应了我国经济发展新常态的内在要求,具有很强的思想性、战略性、前瞻性、指导性,是动员全国各族人民夺取全面建成小康社会伟大胜利的纲领性文件。毫无疑问,围绕"十三五"规划,必然会引发一场热烈的全民大讨论,从而使审查批准"十三五"规划的过程,成为一次集思广益、凝聚共识的过程。

小康不小康,关键看老乡。全面建成小康社会,不应让一个人掉队。全国尚有7000多万贫困人口,小康路上,他们前进的脚步直接决定着13亿人作为一个整体能否如期到达胜利的彼岸。所以,"如何实现精准扶贫"将会是这个春天里最有温度的话题。

推进供给侧改革,是适应和引领经济发展新常态的重大创新,也是"十三五"时期的一个发展战略重点。让我们听听代表们对此会有哪些真知灼见。

"一带一路"伟大战略构想提出以来,沿线60多个国家响应参与,共商、共建、共享的和平发展、共同发展理念引起广泛共鸣。如何乘势而上、相向而行,使"一带一路"的足迹更长、影响更深远?全国人代会将会给出答案。

绿色发展是一个充满春意的话题,"绿水青山就是金山银山"也已成为全社会的共识。现在的关键是,在一场输不起的生态保卫战中,我们是否有铁腕治污的勇气。希望从代表们的发言中,更多地听到有关"春天"的消息。

全面从严治党,是"四个全面"战略布局的重要内容,干部清正、政府清廉、政治清明,是如期完成全面建成小康社会战略任务的坚强政治保证。党风廉政建设,虽然还在路上,但是大会会风之变和代表们掷地有声的言论,会为我们增添信心。

对慈善法草案的审议,不仅有利于激发全社会"向善"正能量,同时，也使我们有机会对人大立法工作所呈现出的积极变化进行更为全面的了解。

司法是社会公正的底线。"努力让人民群众在每一个司法案件中感受到公平正义"，这是司法体制改革的题中应有之义。为此，对"两高"报告的审议值得期待。

当然，在全国人代会这个宏大的舞台上，如何让人民群众生活水平和质量随着经济社会发展不断提高？如何充分体现全面深化改革的含金量，让人民群众有更多获得感？必定会成为代表们的最大牵挂。你的期待，我的关切，"以人民为中心"谋划未来五年的发展蓝图，也必定会成为此次全国人代会的主旋律。

过去一年，全国人大常委会以其卓有成效的工作，交出了一份让人民满意的答卷。在这个充满希望的春天里，我们期待着全国人大代表能有更加精彩的表现，也相信在全面建成小康社会决胜阶段，最高国家权力机关一定会发挥更大的作用。

让我们一同走进全国人代会，走向春天，向着伟大的梦想出发！

2016年第5期

伟大的时代需要伟大的作为

决胜全面小康的大幕已经拉开,一场气势恢宏的历史大戏已经开演。

作为最高国家权力机关,全国人大及其常委会在决胜全面建成小康社会的伟大历史进程中,将会扮演什么样的角色?将会有怎样精彩的表现呢?

"实现'十三五'发展目标任务、夺取全面建成小康社会决胜阶段的伟大胜利,离不开各级人大及其常委会的积极作为和责任担当。我们要坚定坚持党的领导、人民当家作主、依法治国有机统一,紧紧围绕党和国家工作大局积极履职尽责,扎实开展工作,以良法促进发展、保证善治,实行正确监督、有效监督,保证党中央决策部署、国家法律法规和'十三五'发展目标任务得到全面贯彻落实。"

从张德江委员长在十二届全国人大四次会议上的这段讲话中,我们感受到了最高国家权力机关对使命的坚守,对责任的执着;感受到了一种力量、一种自信、一种情怀、一种时不我待的历史主动和政治自觉。

法治是发展的可靠保证。坚持依法治国,对于保持我国经济社会持续健康发展,如期全面建成小康社会,建设社会主义法治国家,实现"两个一百年"奋斗目标、实现中华民族伟大复兴的中国梦,具有重大意义。

加强和改进立法工作，进一步提高立法质量，是依法治国的逻辑起点，也是依法治国的基本前提。"十三五"规划纲要就如何做好今后五年的立法工作作出了具体部署：完善立法体制，加强党对立法工作的领导，健全有立法权的人大主导立法工作的体制机制，加强和改进政府立法制度建设，明确立法权力边界。深入推进科学立法、民主立法，加强人大对立法工作的组织协调，健全立法起草、论证、协调、审议机制，健全立法机关主导、社会各方有序参与立法的途径和方式。加快重点领域立法，坚持立改废释并举，完善社会主义市场经济和社会治理法律制度，加快形成完备的法律规范体系。这就对人大立法工作提出了新的更高的要求。可以说，在新的时代条件下，人大立法工作承担着保障和推动党和国家事业发展的新使命，承载着人民对幸福美好生活的新期待，本身也面临着新的机遇和挑战。

决胜全面小康，既是一场气势磅礴的大决战，也是一场异常艰苦的攻坚战。我们面对的不仅是阳光和鲜花，有时还会有荆棘和险滩，还会有许多我们无法预料的矛盾和问题。在这种情况下，人大监督的适时出手，有助于化解各种矛盾和问题，扫清前进道路上的障碍。回望过去，60多年来，我们的国家就是在问题密布的时空中穿行，在解决一个又一个问题的过程中不断走向强盛。今天，我们比任何时候都更接近梦想。但也应该看到，越接近梦想，我们面临的困难和问题就越多，风险就越大。因此，也就更需要人大监督的强力护佑。

人大代表是人民代表大会的主体，是国家权力机关的组成人员。决胜全面小康，人大究竟能发挥多大的作用，在很大程度上取决于代表作用的发挥。在我们国家的政治语境中，"代表"和"人民"有着极为密切的关系。人大代表来自人民、代表人民，为人民发声、为人民履职。这是我国人民代表大会制度的重要特点和优势。我国共有260多万各级人大代表，汇集起来，就能形成一股强大的力量。为此，各级人大代表要按照张德江委员长的要求，切实增强责任感和使命感，忠实代表人民利益和意志，依法参加行使国家权力，密切联系人民群众，自觉接受监督，广泛汇集正能量，努力为实现"十三五"发展目标任务贡献智慧和力量。

伟大的时代需要伟大的作为，伟大的作为成就伟大的梦想。全国人大及其常委会只要认真履行宪法和法律赋予的职责，认真贯彻落实十二届全国人大四次会议精神，牢固树立和贯彻新发展理念，在以习近平同志为总书记的党中央坚强领导下，定将为实现"十三五"时期经济社会发展良好开局、夺取全面建成小康社会决胜阶段的伟大胜利作出新贡献、铸就新辉煌。

2016年第7期

全流程监督聚焦食品安全

作为 2016 年度全国人大常委会监督工作的重头戏，食品安全法执法检查工作日前正式启动。

4月12日，执法检查组第一次全体会议在京召开，张德江委员长主持会议并作讲话。张德江委员长在讲话中全面分析了当前食品安全工作面临的形势，深刻阐明了做好食品安全工作的重大意义，并对食品安全法执法检查工作作出了具体部署和安排。

食品安全事关广大人民群众的身体健康和生命安全。会议明确了此次执法检查工作的指导思想，就是要全面贯彻落实党的十八大和十八届三中、四中、五中全会精神，深入贯彻习近平总书记系列重要讲话精神，紧紧围绕"四个全面"战略布局，贯彻落实监督法的规定和十二届全国人大四次会议的要求，深入开展对新修订的食品安全法实施的监督检查，依法履行监督职权，着力增强监督实效，监督政府主管部门建立健全统一权威的食品安全监管体制，落实最严格的食品安全监督制度，着力解决当前食品领域存在的突出问题，切实改善食品安全状况，保障人民群众的身体健康和生命安全，维护社会和谐稳定。

保障人民群众食品安全，历来是党和国家高度重视的一项重大民生工程。在这方面，我们虽然取得了明显的进展，但形势依然严峻，从总体上说，我国正处在食品安全矛盾高发期。在农业这个食品生产源头上，农业投入品使用多，农药、兽药残留和水、土壤污染，给食品安全构成了较大的风险。在食品生产和餐饮行业，目前有许可证的食品生产经营企业1180万家，还有为数众多的小作坊、小摊贩、小餐饮，产业"小散乱"问题突出，食品生产掺假造假、食品加工经营环境"脏乱差"、食品运输流通不规范，销售不符合标准食品和过期变质食品等现象时有发生。在食品监管上，监管体制需要进一步健全，食品安全领域法规、标准等基础建设需要加快推进，基层食品安全监管队伍和监管能力建设亟待加强。此外，随着经济社会快速发展和科技进步，人民群众对饮食的要求不断提高、增多，新的食品种类、食品添加剂、食品生产加工技术不断推出，新的饮食经营模式、消费模式不断涌现，这也给食品安全监管不断带来新问题、新挑战。正是在这样一个背景下，全国人大常委会启动食品安全法执法检查，可谓恰逢其时。

一年前，大修后的食品安全法在"史上最严"的赞誉声中高调出台；一年后的今天，又针对这部法律的实施情况进行"回头看"。这充分体现了最高国家权力机关对食品安全工作的高度重视和对百姓重大关切的积极回应。如果说新食品安全法体现了"严"字当头，那么，此次执法检查就是要让新食品安全法的"严招"能一一落地，从而用最严格的法律为我们营造最安全的食品环境。

为了确保食品安全法执法检查工作能够真正取得实效，全国人大常委会进行了精心的组织和安排。组成了由张德江委员长任组长，王晨副委员长兼秘书长、沈跃跃副委员长、艾力更·依明巴海副委员长、陈竺副委员长以及教科文卫委员会柳斌杰主任委员任副组长的高规格的执法检查阵容。

按照工作计划，此次执法检查工作流程包括六个环节：确定执法检查内容和重点，开展执法检查，报告执法检查情况，审议和专题询问，整改，报告整改落实情况。上述六个环节构成了一个完整的监督流程。这意味着继职业教育法执法检查之后，全国人大常委会又为我们提供了一个全流程监督的经典范本。此举不仅会对做好食品安全工作起到积极的推动工作，也将为进一步改进和加强人大监督工作积累宝贵的经验。

我们现在提要重振消费信心，那么，怎样才能重振消费信心呢？信心不是"强调"出来的，而是由一个个货真价实的品牌、一套套行之有效的监管体系、一场场公开透明的治理过程树立起来的。说到底，让消费者真正打消疑虑，不再恐慌，重拾信心，需要社会各方持续不断的努力！

从这个意义上说，人大监督的强力出击，会让百姓收获更多的信心。

2016 年第 8 期

普法重在"关键少数"

在共和国的法治史上，1986年注定要成为一个彪炳史册的年份。从这一年开始，一项在人类历史上亘古未有的规模宏大的全民普法工程拉开了帷幕。

这场声势空前的全民普法运动已持续了30年。30年来，从自上而下地"把法律交给人民"，到亿万人民群众主动地学法、知法、守法、用法，法治成为时代的最强音。中华民族经历了一场有史以来最为深刻的法律洗礼和观念革命，无数人的命运也因此而被改变。

今年是"十三五"规划的开局之年，"七五"普法也在这个时间节点上启动了。"一五""二五""三五"……"七五"，数字的更迭，不仅体现出普法工作的连续性，同时也充分证明适应新形势、新任务，普法工作正在向纵深推进。事实上，每一个五年的普法工作都会呈现出不同的阶段性特征。如果我们把若干个五年串联起来，则会构成一部完整的共和国法治成长记录。30年前，我国的法治尚处在恢复重建阶段，所以，那个时期的普法工作更多地带有启蒙性质。其主要任务是向百姓普及法律常识。30年后的今天，随着依法治国进程的不断推进，公民的法律意识明显增强，在这种背景下，普法工作的重心是弘扬法治精神、培育法治理念、树立法治意识，大力宣传宪法法律至上、法律面前人人平等、权由法定、权依法使等基本法治理念，破除"法不责众""人情大于国法"等错误认识，引导全民自觉守法、遇事找法、解决问题靠法。

如何创新形式，如何把普法融入到日常生活和工作中，是新一轮普法面临的一个重大课题。经验告诉我们，春风化雨、润物无声，才能真正把法律刻在人们的心里。一次成功的法治实践，胜过无数次空洞的宣讲和说教。法律的公信力源于我们对日常生活中一切合法行为的追捧，对一切秉公执法行为的推崇。只有让守法给人们带来好处，人们才会信仰法律；只有让违法行为受到严惩，人们才会敬畏法律；只有让守法光荣、违法可耻成为一种社会风尚，学法尊法用法护法才能成为行动上的自觉和价值上的执着。因此，"七五"普法规划强调，坚持学用结合，普治并举。

多年来的法治实践充分证明，普法工作必须紧紧抓住领导干部这个"关键少数"。这是因为领导干部是公权力的行使者，他们的法治素养如何，他们能否依法行使手中的权力，将直接决定社会能否依法有序地运转，公民的权利能否得到有效的保障。同时，由于领导干部地位特殊，他们的一言一行具有很强的示范效应和带动作用，所以，他们对待法律的态度，会对公众产生很大的影响。从某种程度上说，普法工作能否真正取得实效，重在"关键少数"。

正因为如此，"七五"普法规划把领导干部作为普法工作的重点，把领导干部带头学法、模范守法作为树立法治意识的关键，并采取了一些具体措施。例如，完善国家工作人员学法用法制度，把宪法法律和党内法规列入党委（党组）中心组学习内容，列为党校、行政学院、干部学院、社会主义学院必修课；把法治教育纳入干部教育培训总体规划，纳入国家工作人员初任培训、任职培训的必训内容，在其他各类培训课程中融入法治教育内容，保证法治培训课时数量和培训质量，切实提高领导干部运用法治思维和法治方式深入改革、推动发展、化解矛盾、维护稳定的能力，切实增强国家工作人员自觉守法、依法办事意识和能力。把尊法学法守法用法情况作为考核领导班子和领导干部的重要内容。把法治观念强不强、法治素养好不好作为衡量干部德才的重要标准，把能不能遵守法律、依法办事作为考察干部的重要内容。在普法工作中落实好这些措施，对于正确处理权法关系，真正把权力关进制度的笼子里，具有十分重要的意义。

2016 年第 9 期

坚持和完善人民代表大会制度的重大举措

根据宪法和法律关于地方各级人民代表大会每届任期五年的规定，全国县乡两级人民代表大会自2016年开始将陆续换届。这是全国人民政治生活中的一件大事，是社会主义民主政治建设的重要实践，是坚持和完善人民代表大会制度的重大举措。

县乡两级人民代表大会，是基层国家权力机关，是我国根本政治制度的基础环节，是我们党执政的重要基础。切实做好县乡人大换届选举工作，对于夯实党的执政基础，保障人民当家作主，坚持和完善人民代表大会制度，协调推进"四个全面"战略布局，实现"两个一百年"奋斗目标，实现中华民族伟大复兴的中国梦，具有十分重要的意义。

这次县乡人大换届选举，是在全面建成小康社会进入决胜阶段进行的，与以往换届选举相比，面临着许多新情况、新问题，形势更为复杂，任务更为艰巨。一方面，随着依法治国进程的不断推进，人民群众民主法治意识不断增强，政治参与热情不断提高。另一方面，流动人口规模越来越大，使动员组织参选的任务更加艰巨。此外，随着改革涉入"深水区"，一些意想不到的困难和问题会随时出现，再加上国际形势复杂多变，这些都增加了换届选举的难度。在这种背景下，如何确保换届选举工作顺利进行呢？多年来的选举实践证明，坚持党的领导、充分发扬民主、严格依法办事，是选举工作必须遵循的三条基本原则，也是选举工作不断取得成功的最宝贵的经验。

坚持党的领导是做好换届选举工作的根本保证。共产党是我们国家的执政党，共产党执政就是领导、支持、保证人民当家作主，最广泛地动员和组织人民群众依法管理国家事务，管理经济和文化事业，管理社会事务。换届选举是中国共产党领导和支持人民当家作主的一种重要形式，是一项政治性、政策性、法律性都很强的工作，对于人民代表大会制度建设和社会主义民主政治建设起着基础性作用。因此，换届选举要坚持党的领导，这样才能保证换届选举坚持正确的政治方向，坚定不移地走中国特色社会主义政治发展道路。为此，我们要把党的领导贯穿于换届选举工作全过程和各方面，充分发挥党总揽全局、协调各方的领导核心作用，为换届选举工作提供坚强的政治保证和组织保证。

充分发扬民主是我国选举制度的本质要求。我国是人民民主专政的社会主义国家，国家的一切权力属于人民，人民通过选举产生的各级人大代表，组成人民代表大会，来行使国家权力。可以说，选举是人民当家作主、管理国家事务的一种最重要的形式，是社会主义民主的具体体现，也是扩大公民有序政治参与的重要步骤。我们要坚持人民主体地位，相信和依靠群众，调动选民积极性，依法保障选民的选举权和被选举权，把充分发扬民主贯穿到换届选举的每一个环节中，使选举的过程成为充分发扬民主的过程。

严格依法办事是换届选举得以顺利进行的重要前提。换届选举事关共产党的执政地位，事关国家政权建设，意义重大，必须依法进行。宪法和选举法等有关法律对换届选举的基本原则和具体程序都作了明确规定，我们要贯彻宪法和法律的有关规定，严格依法按程序开展换届选举各项工作，努力营造风清气正的选举环境，确保换届选举依法有序进行。对以金钱或其他财物贿赂选民或代表的，对以暴力、威胁、欺骗等非法手段妨碍选民和代表自由行使选举权和被选举权的，对仿造选举文件、虚报选票数的，对控告、检举选举中违法行为的人进行压制、报复或有其他违法行为的，对在选举中接受金钱或其他财物贿赂的，要依法依规追究责任、严肃处理；构成犯罪的，依法追究刑事责任。

  需要指出的是，坚持党的领导、充分发扬民主、严格依法办事这三项原则不是对立的，而是相辅相成、相互统一的，其中坚持党的领导是核心、是关键、是统领。只有坚持党的领导，才能使换届选举建立在广泛而又坚实的民主基础之上，才能使换届选举在法治的轨道上平稳有序地推进。因此，只要毫不动摇地坚持这三项基本原则，换届选举工作一定会取得圆满成功。

2016 年第 10 期

用法就是最好的普法

"七五"普法工作已经全面铺开。在新的历史条件下，贯彻落实"七五"普法规划，推进法治宣传教育深入开展，为顺利实施"十三五"规划、全面建成小康社会营造良好法治环境，已成为当前和今后一个时期我国法治宣传教育工作的重中之重。

从目前情况看，为了使普法工作能够提质增效，各地都积极探索，不断在创新形式上下功夫。特别是新媒体等现代技术手段的广泛应用，使普法工作真正实现了升级换代。例如，有的地方积极运用公共活动场所电子显示屏、服务窗口触摸屏、公交移动电视屏、手机屏等，推送法治宣传教育内容；有的地方充分运用互联网传播平台，加强新媒体新技术在普法中的运用，推进"互联网+法治宣传"行动；有的地方开展新媒体普法益民服务，组织新闻网络开展普法宣传，更好地运用微信、微博、微电影、客户端开展普法活动；有的地方加强普法网站和普法网络集群建设，建设法治宣传教育云平台，实现法治宣传教育公共数据资源开放和共享。可以说，现代传播技术手段逐步使法治宣传教育实现时间与空间上的全覆盖。

普法工作需要专门的形式。但与此同时，如何实现普法工作的经常化，如何把普法工作融入到我们的日常生活中，融入到立法、执法、司法、法律服务全过程，使人们在参与法治实践中接受生动直观的法治教育、增强法治意识，是新一轮普法工作面临的一个重大课题。

张德江委员长多次指出，立法的过程，是一个发扬民主、集思广益、凝聚共识的过程，也是普及法律知识、增强法治观念的过程。人们现在不仅关注立法的结果，也关注立法的过程。因此，我们要重视和加强立法过程中的宣传工作，及时掌握话语权，这对法律的顺利出台和出台后的顺利实施都具有积极作用。让百姓参与立法，有利于他们了解立法意图、全面把握一部法律的指导思想和总的原则，从而真正让法律入脑入心。可以说，一次成功的参与，就是一次最好的普法教育。

行政执法是行政机关的基本职能。我国绝大多数法律、地方性法规和几乎所有的行政法规，都是由行政机关执行的。因此，行政执法活动不仅关乎法律的实施，也直接影响公众对于法律的态度。从某种程度上说，正是通过执法人员的执法活动，让公众接近法律、认识法律、熟悉法律，让法律条文真正从"纸面"走进人们的日常生活中。由此可见，每一位行政执法人员，既是执法者，又是普法者。"七五"普法规划提出，实行国家机关"谁执法谁普法"的普法责任制，把执法工作和普法工作联系起来，这对于增强普法工作的针对性和实效性，具有十分重要的意义。

司法是维护社会公平正义的最后一道防线，人们总是通过一次次司法活动，来感受正义的力量，感受法律的尊严。一次成功的审判，就是一堂最生动的普法课。当前，随着互联网技术的飞速发展和现代传播手段的广泛应用，一些个案在短时间内就会被迅速发酵，甚至会在全国范围内引起人们的普遍关注。在这种背景下，如何充分发挥典型案例的示范效应，因势利导，以案普法，是普法工作面临的一大挑战。

说到底，普法工作只有同法治实践紧密结合起来，才能真正发挥作用。否则，单纯追求形式，做表面文章，使普法工作和法治实践"两张皮"，这样的普法工作只能算是一种"面子工程"。为此，"七五"普法规划提出，坚持学用结合，普治并举。坚持法治宣传教育与依法治理有机结合，把法治宣传教育融入立法、执法、司法、法律服务和党内法规建设活动中，引导党员群众在法治实践中自觉学习、运用国家法律和党内法规，提升法治素养。

从普法和用法的关系看，普法是为了用法，而用法是普法的延续。实践证明，只有通过用法，才能真正增强公民的法律意识，才能切实提高国家公职人员依法办事的能力。从这个意义上说，用法就是最好的普法。

2016 年第 11 期

给百姓一个满意的交代

应该说，食品安全法执法检查不仅是一次法律实施情况的"回头看"，同时，也是对我国食品安全工作所作的一次全面"会诊"。特别是在"七五"普法全面铺开之际，此次执法检查对于重塑国人的食品安全法治意识，营造全民依法共治的社会氛围，具有十分重要的意义。

按照工作计划，此次执法检查工作流程包括六个环节：确定执法检查内容和重点，开展实地检查，报告执法检查情况，审议和专题询问，整改，报告整改落实情况。到目前为止，实地检查工作已全部完成，并已形成了执法检查报告，拟提交即将召开的十二届全国人大常委会第二十一次会议审议。

由于此次执法检查共实地检查了10个省区市，同时还委托21个省区市人大常委会对本行政区域内食品安全法实施情况进行自查，检查范围基本涵盖了涉及食品安全的各个领域以及近年来人民群众关心的重点食品领域，因此，这就在全国范围内掀起了一场食品安全热。从某种意义上说，此次食品安全法执法检查，是一场全国性的食品安全工作总动员。

轻车简从，深入实际，是此次食品安全法执法检查的一大亮点。据了解，各执法检查组每到一处，都是坚持下到市县乡村，深入到乡镇食品监管机构以及最基层的食品生产经营单位，对生产、加工、质检、流通、消费等食品安全的"全链条"进行深入执法检查。检查中，执法检查组还采取了明察暗访和不打招呼随机选点、随机检查、随机抽样、当场送检等方式，更加真实地了解情况。比如到菜市场对正在出售的蔬菜、肉类等随机抽样，当场送检验室看结果，深入了解食品安全领域最突出的问题以及与人民群众关系最密切的各类食品安全问题，消费者也在场参与，增加群众对检查的信任感，体现了执法检查的深度。特别值得一提的是，张德江委员长率先垂范，亲力亲为。在执法检查期间，他深入田间地头、农贸市场、企业车间、饭店后厨，详细了解法律实施中存在的重点问题；主持召开座谈会，与政府负责人、企业代表、种植养殖大户、餐饮从业人员、技术人员等进行深入交流，听取他们关于推动法律贯彻落实、促进法律制度完善的意见和建议。

问题抓得准，建议提得实，是此次食品安全法执法检查的又一大亮点。真正意义上的执法检查应该是始于发现问题，止于解决问题。发现问题仅仅是前提，推动问题解决，才是最终目的。为此，围绕食品安全法实施过程中存在的一些问题，包括法律宣传贯彻实施还不到位和不深入、食品生产经营者主体责任意识不强、监管体制机制还需要继续完善、食品安全的源头管理依然薄弱、食品安全标准需要进一步完善、基层监管执法力量不足、部门协调配合有待加强、食品检验检测能力不足和现有资源利用不充分、食品安全风险防范意识和能力不强，以及食品安全社会共治、配套立法等方面的问题，执法检查组一一对症下药，提出了针对性和可行性很强的建议。

从目前的情况看，食品安全法执法检查虽然只是完成了实地检查阶段的工作，下一步，全国人大常委会会议还将听取审议执法检查报告，并结合听取审议报告开展专题询问，但是，在执法检查过程中，最高国家权力机关所展示出的铁腕治乱的勇气和决心，以及政府各有关部门为改进工作所付出的种种努力，还是让人们看到了希望，收获了信心。

通过此次食品安全法执法检查，我们必须达成这样的共识：我们虽然有了一部"史上最严"的法律，但从纸面上的最严厉到现实生活中的最安全，还有很多工作要做。食品安全问题属于疑难顽症，远非药到病除那么简单。因此，仅靠一两次执法检查来解决这类问题，是不现实的。有的问题需要付出多年的努力，有的问题解决以后还会"复发"。所幸，最高国家权力机关在立法、监督几个方面频频出手，为我们打下了一个很好的基础。只要我们共同参与，通过持续不断的努力，就一定会使食品安全环境得到根本好转，也一定会给老百姓一个满意的交代。

2016 年第 12 期

百姓的权利宝典

民法总则草案首次提请全国人大常委会审议，这不仅预示着民法典的编纂工作正式进入立法程序，同时，它本身也将成为立法史上一个具有里程碑意义的事件。

民法是国家的基本法律，它规范平等主体之间的财产关系和人身关系，是社会生活的基本准则。所以，民法被人称为"万法之母"，是社会生活的百科全书，是最具生活气息的法律，是专门为百姓量身定制的法律。

民法典在法治建设中具有独特地位。在成文法的法律传统之下，衡量一个国家或地区法治文明发展程度的一个重要标尺就是有没有一部好的民法典。可以说，民法典是法治现代化水平的重要标志。编纂民法典不仅是实现国家治理体系和治理能力现代化的重大举措，也是维护最广大人民根本利益的客观需要，还是形成完备的社会主义市场经济制度体系的必然需求。

我国对民法典的编纂工作十分重视，新中国成立以来曾经两次启动制定民法典，分别在 20 世纪 50 年代初和 60 年代初，但均未完成，主要是由于当时我国正实行计划经济体制，整个社会经济生活靠行政手段和指令性计划来安排和运作，缺乏民法存在和发挥作用的经济条件。20世纪70年代末，党的十一届三中全会开启改革开放历史新时期。随着社会主义商品经济的发展，民法的地位和作用开始受到重视。2002年，根据九届全国人大常委会立法规划和常委会工作报告的要求，全国人大常委会法制工作委员会起草出民法草案，草案共9编，1200多条。这是一部新中国法制建设史上迄今为止条文最多、篇幅最长、涉及面最宽、调整范围最大、与群众生活关系最密切的法律案。2002年12月，九届全国人大常委会第三十一次会议对民法草案进行了审议。之后，由于物权法尚未制定、全国人大常委会组成人员对草案认识分歧较大等原因，民法草案被搁置下来。

当前，随着社会主义市场经济的蓬勃发展和依法治国进程的不断推进，民法典出台的社会条件已完全具备。以民法通则为民事基本法，由合同法、物权法、婚姻法、继承法、收养法、侵权责任法等民事单行法构成的立法体系已经形成，这也为民法典的编纂打下了坚实的法律基础。民法典编纂工作的全面启动，可谓水到渠成，正当其时。

我们不妨把民法典的编纂过程置于宏大的历史背景下来观察：从新中国成立之初酝酿起草民法典，到后来的几经反复，再到民法典编纂工作的全面启动。从中我们可以看出，民法典的制定过程，实际上就是中国公民权利意识和法律意识不断成长的过程，也是我国法律体系从逐步形成到不断完善的过程。一部民法典，实际上也是一部共和国法治成长记录。

"民法典是民族精神、时代精神的立法表达。"全国人大常委会法工委负责人在作民法总则草案说明时所说的这句话，概括出了民法典的一个重要法律特征。从民法典的国际发展史来看，它是伴随着自由、平等观念的出现和身份社会到契约社会的转变而产生的。世界上多部有影响力的民法典都产生于特定的历史时期，并彰显出鲜明的时代特征。源于法国大革命的《法国民法典》，打破了封建社会的利益结构，为自由资本主义发展奠定了法律基础;《德国民法典》实现了法律在全国的统一实施，顺应了垄断资本主义发展的需要;《日本民法典》沿袭法德两国立法传统,凸显了"摆脱落后、富国强兵"的国家愿望。这些国家的民法典都有其特定的历史价值和立法精神。

那么,具有中国特色的民法典,如何反映民族精神、体现时代特征,这是立法者面临的一个重大课题。在审议民法总则草案时,许多常委会组成人员认为,民法典应该大力弘扬以爱国主义为核心的民族精神和以改革创新为核心的时代精神,应该成为社会主义核心价值的法律载体。

民法典正在向我们一步步走来。我们希望它能成为中国公民的权利宝典,成为法治时代的权利宣言,成为闪烁着民族精神和时代精神的精品佳作!

2016年第13期

法律视角下的人水关系

水法是合理开发、利用、节约和保护水资源的重要法律。虽然就社会关注度而言，这部法律也许算不上是一部热门法律，但它却和我们每一个人有着极为密切的关系。特别是今夏以来，水患频频来袭，使人们意识到了它的重要性。此番对水法的实施情况进行检查，实际上也是在法律的视角下，对人水关系所进行的一次重新审视。

全国人大常委会对水法执法检查十分重视，张德江委员长就这次执法检查专门作了批示："水法是合理开发、利用、节约和保护水资源的重要法律。认真贯彻实施水法，对于落实以习近平同志为总书记的党中央提出的创新、协调、绿色、开放、共享发展理念，加强生态文明建设，实现水资源的可持续利用，充分发挥水资源的综合效益，大规模推进农田水利建设，具有十分重要的意义。全国人大常委会水法执法检查组要认真组织好这次检查，依法行使职权，总结经验，剖析问题，提出切实可行的建议，认真贯彻中央水利工作方针，使水法的各项规定落到实处。"按照张德江委员长的批示精神，这次水法执法检查重点对农田水利建设和投入、节水灌溉方式和节水技术、农业灌溉水源和工程设施保护、农村集体经济组织及其成员参与农田水利建设、小型农田水利设施产权制度改革、健全基层水利服务体系等进行深入检查。

5月4日，执法检查组听取了水利部、国家发展改革委、财政部、农业部等4个部门的汇报。会后由李建国、吉炳轩、张宝文副委员长分别带队，对广东、云南、安徽、内蒙古、江苏、吉林、广西、湖南等省（区）进行了检查，同时委托山西等8个省（区）人大常委会对本行政区水法的实施情况进行了检查。

从执法检查中了解到，近年来，各级政府认真贯彻落实中央水利工作方针和水法的各项规定，扎实推进依法治水管水，不断加大对水利事业发展的政策扶持，加快推进水利改革和水生态文明建设，做了大量工作，取得了明显成效。总体上看，水法的实施情况是好的。

但同时，水法在贯彻实施中，还面临着一些问题，需要从根本上加以解决。主要是依法治水管水兴水的意识亟须进一步增强，农田水利建设投入亟须建立稳定的增长机制，小型农田水利设施产权制度改革亟须尽快破题，水资源水生态保护的力度亟须进一步加大等。

水利兴而天下定，水利兴而百业旺，水利兴而人心稳，水利兴而百姓富。兴水利、除水害，历来是治国安邦的大事。中华民族有着善治水的优良传统。回顾历史，无论是分裂割据时期出于增强国力的考虑，还是一统天下时出于安定人心、发展经济的考虑，历朝历代有作为的统治者都将水利作为稳定江山社稷的先置要事，他们或兴水利，或治水害，或通漕运，或以治水之道治理国家。善治国者必治水，善为国者必先治水。

以毛泽东同志为代表的中国共产党人对水利建设十分重视。早在1934年，毛泽东同志就作出了"水利是农业的命脉"这一著名论断。这一论断不仅指明了水利在农业生产中的重要地位，同时，也宣示了中国共产党人力图通过加强水利建设来造福百姓的坚定信心。在新中国成立后几十年治水的伟大实践中，我们不仅留下了许多可歌可泣的动人传说，同时，也积累了许多宝贵的经验。

由我们国家的国情水情决定，加强水利建设，是一项长期任务，没有任何捷径可走。我们应该凝练和汲取治水的历史经验和智慧,探索出一条符合中国实际、具有中国特色的水利现代化建设之路。

这其中,认真贯彻水法,把水利建设纳入法治化轨道,是多年来的治水实践给我们提供的一条重要启示。洪水肆虐,从某种程度上说,是对水法贯彻实施情况所作的一次"突检",它让我们从中发现了一些问题。更重要的是,洪水灾害再一次提醒我们:法律虽然不能从根本上消除灾害,但它至少可以为我们抗击灾害提供最强有力的支持。如此,切莫等到灾害来了才想起法律!

2016年第14期

有为、有位、有威

有为、有位、有威，是长期以来在地方人大很流行的一种提法，这一提法在人大工作者心目中具有很重的分量。实际上，它表达了一种追求，一种渴望，一种境界。

近些年来，本刊加大了对地方人大的宣传报道力度。在与地方人大的实际接触过程中，我们深深感到，地方人大只有有为，才能有位，进而有威。通过有为、有位、有威这三者之间的逻辑关系，我们不难看出，地方人大的地位和权威，不是等来的，也不是喊出来的，而是干出来的。只有通过积极有效的作为，人大工作才能得到百姓的依赖、党委的支持、政府的配合与理解；也只有通过积极有效的作为，人大才能提高自身的实际地位，才能真正树立起国家权力机关的权威。

前不久，一位地方人大的同志给我讲述了他们的经历。在过去相当长的一段时间中，这位同志所在的地方人大由于种种原因，工作开展得不温不火，基本上属于例行公事走过场。因此，群众不满意，认为人大不能为他们解决实际问题；党委不支持，认为人大没啥用；政府不配合，认为人大该做的事不做，反而没事找事。久而久之，这个地方的人大日趋边缘化。新一届人大常委会产生后，常委会领导提出，要通过实际行动，重新唤回民心，重新让社会认识人大的作用，重塑人大的权威。通过调研，他们发现，环境脏、乱、差和治安状况日益恶化，是当地百姓反映最为强烈的两大问题。而政府在这方面也做了大量工作，但由于阻力大、困难多，收效甚微。为此，人大在广泛征求意见的基础上，有针对性地作出了几项决定，并用两年的时间，就决定的贯彻实施情况进行监督。在人大持续不断的推动下，这个地方的环境得到了根本改善，治安状况也明显好转。从这以后，党委对人大工作十分重视，一些重大决策出台前，都主动找人大商量，听取人大的意见和建议。政府不仅能自觉接受人大监督，同时，也希望通过人大的监督，帮助他们排除工作中的阻力。而百姓更是把人大当成了"娘家"，有事愿意找人大反映。这个故事生动地说明了人大怎样才能赢得自身应有的地位，怎样才能赢得全社会的尊重。像这样的例子，在人大系统还有很多。

由人大工作的性质所决定，地方人大在有所作为的同时，也应该把握好界限和分寸。因为人大工作具有很强的法律性、程序性，宪法和其他有关法律对各级人大的职权及行使职权的方式、程序都作了明确规定，所以，各级人大都应该在法律的框架内行使职权、开展工作。

需要指出的是，法律规定是稳定的、原则的、概括的，而现实生活总是复杂多变的。因此，地方人大要想拥有更大的作为，发挥更大的作用，必须在实践中积极探索创新，这样才能适应新情况新形势新任务。但问题的关键是，任何意义上的探索创新，都必须在宪法法律范围内进行，都必须于法有据。否则，即使我们的用意再好，也会使法律的尊严受到伤害。

在我国的政权结构中，不同的机关扮演着不同的角色，承担着不同的任务。它们只有各安其位、各司其职、相互配合、相互支持，才能保证国家政权的正常有效运转。地方人大虽然是地方国家权力机关，但它的权力不是无限的，而是有边界的。在一些具体事务上，人大不应该扮演政府或社会组织的角色，而更多地应当是起到一种监督作用。不然的话，就是

"种了别人的地，荒了自家的田"。在这方面，地方人大应有所为，有所不为，真正做到既不失职，也不越权。

总而言之，如何通过积极有效的作为，不断缩小地方人大的"法律地位"和"实际地位"的落差，真正把地方人大塑造成有权威的地方国家权力机关，是摆在我们面前的一个重大课题。

2016年第15期

奥运视角下的中国自信

里约奥运，不仅是中国竞技体育的一次集中展演，更重要的是，通过那一句句极具魅力的个性化表达、一张张从容淡定的面孔、一个个温馨感人的经典瞬间，我们向世人讲述了一个个多彩的中国故事。

毫无疑问，里约奥运必定会成为中国体育的一个拐点：体育将突破"争金夺银"的边界，为运动员们打开一个更广阔的世界，而国人也将对体育有更加多元化的关注和更大的期待。

体育是国家形象的缩影、国家实力的展现，在一定程度上折射着国家的发展、社会的进步。而奥运会作为竞技体育的一个最为重要的平台，不仅是运动员展示自我的舞台，更承载着国家和民族对跨越巅峰的向往。

国运兴则体育兴，国运衰而体育衰。一句"东亚病夫"，浓缩了多少耻辱的记忆。从80多年前刘长春一个人的奥运远征，到50多年前容国团以"人生能有几回搏"的豪迈为新中国赢得第一个世界冠军；从女排精神成为时代精神，到洛杉矶奥运会实现奥运金牌"零的突破"，再到北京奥运我们为世人奉献了一场无与伦比的盛会……体育见证了一个民族由积贫积弱到重新崛起、由自卑到自信的历史进程，体育发展的脚步已深深刻印在中华民族伟大复兴之路上。

今天，随着国家日益繁荣富强，我们已摆脱历史悲情，无需再把奥运成绩和雪耻洗辱挂钩；随着竞技水平的稳步提升，我们也无需斤斤计较，靠一次胜利来证明自己。我们要借体育来更好地融入世界，借体育来展示一个古老的、正在走向复兴的东方大国应有的气度、风范和自信。

应该说，里约奥运虽然留下些许遗憾，但可观的奖牌数使我国在世界体育格局中的强势地位依然得到稳固。而比这更重要的是，充满时代气息的中国自信在赛场内外光荣绽放。

自信是可以培养的。国际赛场上捷报频传，才使我们的运动员有了充足的底气和本钱，以从容、豁达的姿态面对胜负。体育界有一个法则：只有赢得多，才能输得起；只有不断取胜，才能笑对失败。说到底，自信是用成绩换来的，是以实力作支撑的。同样的道理，随着我国综合国力的不断增强，国际地位的不断提升，我们每一个普通人，在赛场之外也应该表现出同样的自信。

谈到自信，我想起了一位西方学者对我讲过的一段话。十几年前，基于兴趣，这位学者专程到中国农村考察基层民主的情况。他旁听了一些乡镇的人代会，观摩了代表评议"七所八站"工作和代表向选民述职活动。中国普通百姓对民主所怀有的那份热情让他感到震惊，基层人大工作所展现出的生机与活力也使他改变了对中国政治原有的定见。回国前，这位学者对我说，中国的基层民主很有意思，特别是基层人大，比我想象的要好得多。中国应该坚持自己的做法，不要在乎别人的评价，更不要学别人。这段话和现在流行的一段话很相似：中国完全无需改变自己以迎合西方。

不为迎合别人而改变自己，是一种自信。人民代表大会制度是我国的根本政治制度，是一项符合中国实际、具有中国特色的好制度，在60多年的实践中显示出了巨大的历史优越性，我们有充足的理由对这项制度抱有信心。我们不要理会外界的无谓曲解和非议，不要用西方的政治逻辑来解读我国的政治实践，更不要把所谓的"普世价值"作为衡量是非曲直的标准。当然，我国人民代表大会制度的优势尚需进一步发挥，人大工作还需要不断改进和加强。因此，我们每一位人大工作者要排除杂念，保持定力，走自己的路，专注于该做的事。只有这样，我国的人民代表大会制度才会在实践中不断完善，人大工作才会焕发出新的生机与活力。

里约奥运，体育健儿用精彩的表现对中国自信作了完美的诠释。我们希望能在越来越多的普通人身上看到这种自信，也希望这种自信能成为推动人民代表大会制度与时俱进的强大动力。

2016 年第 16 期

实践创新与顶层设计

人大代表必须同人民群众保持密切联系，是由我们国家的政权性质和人大代表的法律地位所决定的，是党的群众路线在人大工作中的具体体现，是我国政治制度的一大优势和特色。而加强人大代表与人民群众的联系，不仅需要实践中的积极创新，制度设计上的及时跟进也同样不可或缺。

前不久，全国人大常委会办公厅印发了《关于完善人大代表联系人民群众制度的实施意见》（以下简称实施意见），这是就人大代表联系人民群众所作出的一项顶层设计。

实施意见明确了人大代表联系人民群众制度的指导思想，即高举中国特色社会主义伟大旗帜，全面贯彻党的十八大和十八届三中、四中、五中全会精神，以邓小平理论、"三个代表"重要思想、科学发展观为指导，深入学习贯彻习近平总书记系列重要讲话精神，按照"五位一体"总体布局和"四个全面"战略布局，牢固树立和贯彻落实创新、协调、绿色、开放、共享的新发展理念，坚持党的领导、人民当家作主、依法治国有机统一，推进国家治理体系和治理能力现代化，完善代表联系人民群众制度，建立健全代表联络机构，畅通社情民意反映和表达渠道，密切代表同人民群众的联系。

从内容上看，实施意见有三个显著特点：其一，广泛吸收了实践中的一些好经验好做法。近些年来，从全国人大常委会到地方人大常委会，十分重视人大代表与人民群众之间的联系，在实践中进行了积极的探索，并形成了一些好经验好做法，取得了明显的实效。实施意见广泛吸收了这些好经验好做法。可以说，实施意见中的许多规定都来自于实践，都凝聚着各级人大工作者的智慧。其二，充分体现了创新精神。根据当前代表工作面临的新形势新任务，实施意见作出了一些具有创新意义的规定。特别是针对网络给人大工作带来的新机遇新挑战，实施意见专门就建立健全代表联系人民群众的工作平台和网络平台作出具体规定，并要求"各省、自治区、直辖市人大完善人大网站，设区的市、县两级人大可以依托省级人大网站或者国家电子政务外网同级网络平台，建设门户网站或网页，搭建代表联系人民群众的网络平台"。其三，具有很强的可操作性。实施意见就完善代表联系人民群众制度的指导思想和基本要求、代表联系人民群众的工作内容、代表与人民群众联系的方式方法、代表反映人民群众意见和要求的处理反馈机制、代表联系人民群众工作的保障和指导等，作出了明确规定，内容详实、具体，便于实施，具有很强的可操作性。

作为一项重要的制度安排，实施意见的出台乃至顺利实施，不仅有利于增强代表的履职意识，提升他们的履职水平，同时，也将盘活整个代表工作。从更大的层面看，它对于推动人民代表大会制度和人大工作与时俱进，推进国家治理体系和治理能力现代化，都具有十分重要的意义。当务之急，是如何让实施意见所确立的原则能一一落地，如何让实施意见所提出的各项要求能成为代表的"规定动作"，如何让实施意见对代表的履职行为真正起到引领、保障、规范和督促作用，如何让实施意见能成为代表的履职宝典和工作指南。

参加人代会是代表履职的重要方式，但人代会不是代表们展示自我的秀场，不是他们表达个人政见的讲坛，更不是反映他们个人利益诉求的场所。人代会应是代表反映百姓意愿、传递百姓声音、表达百姓诉求的重要舞台。为此，从实施意见的通篇内容看，如何加强与人民群众的联系，并在此基础之上，听取和反映他们的意见和建议，应是代表履职的着力点。

履职在会上，功夫在会外。为了会上的一次精彩发言，为了投出庄严的一票，为了提出一份高质量的议案或建议，代表们需要在会下做充分的准备。甚至可以说，深入基层，深入到百姓中间，去了解社情民意，是代表履职的一道必经的前置程序。实践证明，书斋内的冥思苦想、办公室里的文来文往、"权威们"之间的坐而论道，无法获取真正的社情民意。只有让人大代表深入基层，回到广大人民群众中间，才能真正看清当今社会的真实面孔；才能采集到原汁原味的、不带任何水分的民意；才能在火热的实践中不断提高自己的履职水平；才能让代表工作更加"接地气"，更加充满活力。

2016 年第 17 期

百姓需要什么样的代表

百姓究竟需要什么样的人大代表，这是一个老话题，在实践中似乎也有了定论。

但是，随着新一轮县乡人大换届选举全面铺开，这个问题再一次呈现在我们面前。特别是辽宁拉票贿选案的曝光，更促使我们对它进行重新的审视。

百姓究竟需要什么样的人大代表，换个角度说，就是怎样才能成为一名让百姓满意的人大代表。这涉及如何看待代表的素质和履职水平。长期以来，有相当一部分人，在评价代表的素质和履职水平时，往往看重一些外在的东西，例如，像代表们的文化水平、专业素养、工作履历、社会地位、个人声望等硬件标准。文化水平、专业素养、社会声望等一些外在因素，对提高代表的履职水平确有一定的帮助，但这不是绝对的。一名代表是否称职，他（她）的履职水平如何，主要还是看责任心，看对人大工作投入程度，看对待百姓的态度。一句话，态度决定一切。

我们常说，代表是一种职务，而不是一种荣誉称号。那么，既然是职务，就应对从业人员有一些特别的要求。实践证明，一位成功的企业家，一位出色的科技工作者，一位杰出的文体明星，一位优秀的领导干部，未必就是一名优秀的人大代表。相反，有些来自基层的代表，虽然不够"高大上"，头上也没有耀眼的光环，但丰富的基层生活阅历，以及他们对百姓的深厚感情和对人大工作的全身心投入，足以弥补他们在文化水平和专业素养上的不足。

在我们国家的政治语境中，"代表"和"人民"有着极为密切的关系。人大代表来自人民，他们的权力是由人民授予的。所以，他们理应同人民群众保持密切联系，代表人民群众利益，表达人民群众意愿，反映人民群众呼声。基于这样一种逻辑关系，代表人民利益，表达人民意愿，是人大代表的一种最重要的素质，也是一名优秀的人大代表必须具备的条件。

代表人民利益，表达人民意愿，不是一句空洞的政治口号，一项抽象的政治原则，一个简单的承诺，它包含着一系列脚踏实地的行动。

特别需要指出的是，由我国代表制度的特点所决定，绝大多数人大代表不因当选而脱离原来的生产和工作岗位，同样也不因执行代表职务而领取额外的报酬。这实际上意味着，要想成为一名让人民满意的人大代表，必须具备执着、坚韧、甘于寂寞、敢于担当、忠于职守、无私奉献、高度负责的品格。令人欣慰的是，我们从许许多多人大代表身上，看到了这种品格。

近些年来，我们加大了对代表工作的报道力度。与此同时，围绕"百姓需要什么样的人大代表"这一话题，开展了一系列的调研。在地方采访和调研期间，我们听到了许多优秀代表的故事：有的代表为了同选民保持密切联系，牺牲了所有的业余时间，并把自家房子变成了代表接待站；有的代表为了人代会上的一次发言，花了几个月的时间收集百姓意见，光笔记就记了十几万字；有的代表为了替乡亲们办一件实事，用去了几年的时间；有的代表为了提出一份高质量的议案，几乎耗尽了毕生的心血……这样的代表自然会受到百姓的拥戴。

当然，我们也听到了一些相反的例子：有的人选举时四处活动，当选后却立即成了"隐身人"；有的人虽自带光环，但人代会却成了他们展示自我的秀场；有的人生活圈子远离百姓，所以根本不了解百姓的所思所想；有的人把人大工作当成副业，敷衍了事；有的人则把当代表看成是抬高身价、捞取功名的一种手段。从根本上说，这些人的社会地位再高，名声再大，也不具备当代表的条件。至于那些拉票贿选的人，更是严重玷污了人大代表这一神圣的称号。

当前，各地的换届选举工作正在紧锣密鼓地进行。我们需要什么样的人大代表？我们应该把票投给谁？每一个人心中都应该有一个明确的标准。

2016 年第 19 期

民法典应体现中国人的生活智慧

民法典是一部充满生活气息的法律。

因为在庞大纷繁的法律体系中,民法与百姓的关联最为密切,它渗透到了我们日常生活的每一个角落,它关照着我们每一个人的衣食住行和生老病死。有一种说法:从出生之日起,我们就生活在民法之中。所以,民法典的编纂注定要引起高度关注,特别是其中的一些条款,还会引发人们的热议。可以说,对于这部法律,我们每一个人都有话可说。

正因为民法和人们的日常生活有着密切联系,所以,如何充分体现民意,如何在广泛听取和尊重各方意见的基础上,凝聚最大共识,是民法典编纂工作面临的一个重大问题。对此,最高国家权力机关给予了高度重视。

在十二届全国人大常委会第二十一次会议上,张德江委员长就指出,坚持开门立法,通过公布法律草案等形式,广泛征求人大代表、专家学者、基层群众和各有关方面的意见,体现民主精神,加强研究论证,努力凝聚立法共识。10月10日,张德江委员长在京主持召开民法总则草案座谈会,就民法总则草案修改和民法典编纂听取有关方面意见。在座谈会上,他强调,要贯彻党执政为民的宗旨,坚持人民主体地位,树立以人民为中心的发展理念，积极回应人民期待，通过健全民事法律制度，加强对民事主体合法权益的保护。要深入推进科学立法、民主立法，广泛听取和尊重各方面的意见，加强立法协调和立法协商，凝聚最大共识。10月12日至13日，李建国副委员长到宁夏调研座谈民法总则草案。调研期间，李建国副委员长除主持召开座谈会，听取对民法总则草案和民法典编纂的意见建议外，还到农村集体经济组织和企业单位进行实地调研，就农村集体经济组织民事主体地位等问题，与村民、村干部和企业员工进行交流。

在召开高规格座谈会的同时，全国人大常委会还采取其他方式广泛听取各方面意见。近一阶段，全国人大常委会法工委多次派出调研组赴各进行立法调研。此外，民法总则草案在网上全文公布后，反响热烈，在一个月的时间内，共收到6万多条建议。

由于民法典在我国的法律体系中占据着十分重要的地位，所以，在立法过程中，充分听取各方意见，特别是基层百姓的意见，具有十分重要的意义。一般说来，编纂民法典，是一项专业性、技术性很强的工作，离不开一系列民法理论的指导，离不开对外国民法制度、实践和理念的借鉴。但是，民法典又不是一个仅仅看上去体系完美的理论产品。套用一句现在很流行的话：一部法律好不好，看"颜值"，更要看品质。而对一部法律来说，品质如何，主要取决于它是否符合实际，是否让百姓满意。中国民法典应该扎根于中国的社会土壤，体现中华民族的"精气神"，契合当下中国社会生活的实际情况，反映广大人民群众的意愿。

从内容上看，民法在很多方面体现了普通百姓的生活智慧，反映了普通百姓过日子的规则与逻辑。民法的一些重要原则也都蕴含在百姓的日常行为及心理结构中。因此，在民法典的编纂过程中，百姓应该扮演重要的角色，应该拥有更多的话语权。这也是我国立法工作所奉行的一项重要原则。

当然，与专业人士相比，普通百姓的意见有时可能是感性的、激情的、碎片化的，有时可能带有明显的个人倾向，有时会失之偏颇，有时甚至会与现代的法治理念相冲突，但这都不应该成为我们排斥民意的理由。同时，让百姓拥有更多的话语权，不意味着立法者对百姓意见可以不加取舍地照搬，也不意味着每一位公民的意见都在法律中得到体现。说到底，立法的过程，就是在广泛听取各方面意见的基础上，通过衔接细密的程序和扎实有效的工作，凝聚最大共识。

从更长远的意义上说，扩大百姓对民法典编纂工作的有序参与，有利于他们了解立法意图、全面把握这部法律的指导思想和总的原则，从而真正让法律入脑入心，并学会用法律解决生活中面临的许多问题。

2016 年第 20 期

民法典必须具有鲜明的中国特色

我们究竟需要一部什么样的民法典，这是民法典编纂工作中面临的一个重要问题。它不仅关系到立法工作的总的指导思想和基本思路，同时，也直接决定着民法典的品质和属性。

随着民法总则草案进入二审程序，人们对这一问题的认识也越来越趋于一致。从全国人大常委会两次审议的情况和社会舆论看，业已达成了这样的共识：民法典必须立足于中国的实际，具有鲜明的中国特色，体现中华民族的"精气神"，解决当前中国社会发展中存在的各种现实问题。

编纂民法典应该借鉴世界法治文明成果，对接先进民法文明，取长补短，择善而从。但前提是以我为主，走本土化道路，不照抄照搬。世界上有100多个国家有民法典，各国民法典之间虽然互相借鉴，但并不存在两部完全一样的民法典。单纯从形式上评价一部民法典是否完美，是没有任何实际意义的，关键是要看它是否符合本国实际。外国民法典中有些规定看上去很先进，但由于不符合中国的实际，简单地照抄照搬会引发"水土不服"；而外国民法典中没有的规定，也并不意味着我们不需要。说到底，中国的民法典应该着眼于中国的实际，带有深刻而鲜明的中国烙印，扎根于中国的社会土壤之中。

要具有鲜明的中国特色，民法典必须汲取中华传统文化精华，以中华优秀传统文化打造民法典的思想道德基础。习近平总书记强调，中华优秀传统文化是中华民族的突出优势，是我们最深厚的文化软实力。立法的过程，是一种文化选择的过程，是某一个特定的民族文化的价值表达和传输。我们编纂民法典，就是要深入中华法系的精神命脉，弘扬中华优秀传统文化，增强法律的道德底蕴。

当前，我国正处在全面依法治国的关键时期，传统文化正在接受现代法治文明的洗礼。但中华优秀传统文化的根脉未断，基因未变。这些根脉和基因，就蕴含在中国文化的经典中，贯穿在中国古典的法律体系里，反映在老百姓的日常行为及心理结构中，体现在对婚姻家庭的"仁孝观念"、对处理人际关系的"和合原则"、对民商行为的诚信坚守，等等。

法律是民族精神和时代精神的产物。任何一个国家、一个民族都要靠精神来支撑，没有精神支撑的民族，是难以自立的，也是没有希望的。因此，在两次会议审议民法总则草案的过程中，从全国人大常委会组成人员，到专家学者，再到普通百姓，都一致呼吁：民法典应大力弘扬民族精神和时代精神。社会主义核心价值观是民族精神和时代精神的集中体现，所以，民法典应成为社会主义核心价值的法律载体，要让社会主义核心价值观渗透到民法典的每一个条款中，成为民法典的灵魂。

民法典既然产生于中国的土壤之中，就必须从中国的实际出发，解决当前中国社会发展中面临的种种问题。所以，像个人信息保护、农村集体经济组织的法人地位、社会服务机构的法人地位、监护制度、限制民事行为能力人的年龄下限标准、未成年人受到性侵害的诉讼时效起算规则等当前我国法治实践中面临的一些重要问题，不仅引起了立法者的高度关注，也成为社会舆论关注的热门话题。

民法典之中国特色不仅体现在内容的设计上，还要体现在对立法技术的运用上。作为一部为老百姓"量身定制"的法律，民法典应该有自身的语言特色，应该让老百姓一看就懂。所以，一些常委会组成人员认为，作为一部与人们切身利益密切相关的法律，民法总则草案在一些法律条文的表述上，应当尽可能通俗易懂，从而让这部法律更容易为人们所理解和掌握。对立法工作者而言，通俗易懂是一种境界，也是一种很高的要求。由于法律语言和大众语言在表述风格上有着天然的差别，两者的转换有时可能会导致语义的"流失"，这就决定了把抽象、深奥有时甚至是艰涩、难懂的法律语言还原成大众能够接受的语言，是一项很复杂的工作，是一个化繁为简、由深到浅的过程，需要高超的技巧。同时，通俗易懂不是对大众语言不加取舍地照搬，也不是对一些虽然约定俗成，但却并不准确的习惯用语的简单移植。它是对大众语言的浓缩、提炼和升华。法律是人类语言的宝典，它应该逻辑严谨、含义明确、表述规范、用词精准，不能似是而非，更不能让人产生歧义。因此，民法典在追求通俗易懂的同时，必须坚守其固有的品质，而不能单纯为了追求通俗化，放弃准确性，降低技术标准。

2016 年第 21 期

边查边改边行：人大监督新探索

在前不久结束的十二届全国人大常委会第二十四次会议上，王晨副委员长兼秘书长所作的促进科技成果转化法执法检查报告，引起了社会各界的关注。人们对此次执法检查的重大意义及所取得的成效给予了充分肯定，对执法检查报告给予了高度评价。有媒体称：此次执法检查不仅对促进科技成果转化法的贯彻实施起到了积极的推动作用，同时，也为进一步丰富人大监督形式，增强人大监督实效，积累了宝贵经验。

科技成果转化是科学技术转变为现实生产力的重要途径，也是创新驱动发展的基础。开展促进科技成果转化法的执法检查，对于贯彻落实创新、协调、绿色、开放、共享的发展理念，实施创新驱动发展战略、建设创新型国家，具有十分重要的意义。为此，全国人大常委会对促进科技成果转化法执法检查十分重视，张德江委员长专门作出批示："科技成果转化是科学技术转变为现实生产力的重要途径，也是实施创新驱动发展战略的一项重要内容。通过执法检查，推动促进科技成果转化法的有效落实，进一步打通科技与经济结合的渠道，促进科技成果尽快转化为现实生产力，为科技服务经济社会发展提供法律保障。"

根据张德江委员长的指示精神，此次促进科技成果转化法执法检查直面问题、对症"下药"、精准发力、边查边改边行,达到了推动问题解决、工作改进、法律实施的目的,让我们从中看到了人大监督工作取得的新进展新成就,感受到了最高国家权力机关为增强监督实效所作出的不懈努力。

为了做好这次执法检查工作,全国人大常委会组成了高规格的执法检查阵容,分别由陈昌智、严隽琪、王晨、陈竺四位副委员长以及教科文卫委员会主任委员柳斌杰同志带队,先后赴贵州、广东、北京、浙江和湖南五个省(市)进行了检查。此外,还委托天津、内蒙古、江苏、安徽、山东、湖北、广西、四川八个省(区、市)人大常委会在本行政区域内进行检查。

边查边改边行,是此次执法检查的一大亮点。在执法检查过程中,针对法律实施中的一些突出问题和执法检查组提出的建议,国务院有关部门及时作出回应,加快出台了一系列新的配套政策文件。如教育部、科技部联合颁布《关于加强高等学校科技成果转移转化工作的若干意见》,中国科学院、科技部发布《中国科学院关于新时期加快促进科技成果转移转化指导意见》,财政部、税务总局发布实施《关于完善股权激励和技术入股有关所得税政策的通知》。这一系列举措体现了国务院有关部门对法律实施的重视,也突显了本次执法检查的针对性、实效性。从执法检查组发现问题、提出建议,到国务院有关部门及时作出回应、积极采取改进措施,这就在监督者与被监督者之间形成了良性互动。而正是通过这种良性互动,促进科技成果转化法的规定真正一一"落地"。

把执法检查同调研结合起来,是此次执法检查的又一大亮点。例如,针对执法检查中反映的问题,王晨副委员长兼秘书长专程来到中国科学院上海生命科学研究院、张江国家自主创新示范区、上海科技大学、中国科技大学上海研究院及量子工程卓越中心实验室等单位,实地了解促进科技成果转化的创新举措和成功经验,并重点听取了上述单位领导同志、科技人员对促进科技成果转化法实施中存在的困难、问题的意见和有关工作建议。

  推动问题解决，方显监督实效。人大监督，就其本意而言，是为了督促"一府两院"解决工作中存在的问题。所以，能不能解决实际问题，能解决多少实际问题，是衡量人大监督实效的一个重要标准。此次促进科技成果转化法执法检查，把解决问题纳入到执法检查的过程中，坚持边查边改边行，从而实现了人大监督效应的最大化，这也是为进一步增强人大监督实效所作的一次新的探索。

2016 年第 22 期

不忘初心，方能行稳致远

12月4日，是第三个国家宪法日。

在第三个国家宪法日到来之际，中共中央总书记、国家主席、中央军委主席习近平作出重要指示强调，宪法是国家的根本法，是治国安邦的总章程，是党和人民意志的集中体现。坚持依法治国首先要坚持依宪治国，坚持依法执政首先要坚持依宪执政。中国共产党领导人民制定了"五四宪法"。设立"五四宪法"历史资料陈列馆，对开展宪法宣传教育、增强社会主义民主法治意识、推动尊法学法守法用法具有重要意义。开展宪法宣传教育是全面依法治国的重要任务。"五四宪法"历史资料陈列馆要坚持党的领导、人民当家作主、依法治国有机统一，努力为普及宪法知识、增强宪法意识、弘扬宪法精神、推动宪法实施作出贡献。习近平总书记的重要指示开宗明义、言简意赅，重申了宪法的地位，表达了我们党和国家依法治国、依宪治国的坚定决心。认真学习贯彻习近平总书记的重要指示精神，对于我们深刻认识宪法的重要地位和作用，加强新形势下宪法宣传教育，推动宪法全面贯彻实施，具有十分重要的意义。

从2014年11月1日全国人大常委会决定设立国家宪法日至今，习近平总书记先后两次在国家宪法日期间作出重要指示，这足以表明以习近平同志为核心的党中央对全面贯彻实施宪法的高度重视。

就在第三个国家宪法日这一天,全国人大常委会办公厅、中央宣传部、司法部、浙江省人大常委会在杭州共同举办2016年国家宪法日座谈会。全国人大常委会副委员长兼秘书长王晨出席并讲话。王晨副委员长兼秘书长就如何学习贯彻习近平总书记重要指示精神,进一步加强宪法宣传教育,大力弘扬宪法精神,推动宪法全面贯彻实施,提出了明确要求。

此次国家宪法日座谈会安排在杭州举办,是因为杭州和"五四宪法"有着深厚的历史渊源。1953年12月28日至1954年3月14日,毛泽东主席率领宪法起草小组成员来到杭州,历时77天,运筹帷幄,夙兴夜寐,主持起草了新中国第一部宪法草案初稿,为中华人民共和国第一部宪法的诞生奠定了重要基础。63年前,毛泽东主席在启程赴杭州起草宪法的列车上说:"治国,须有一部大法。我们这次去杭州,就是为了能集中精力做好这件立国安邦的大事。"这句话实际上包含了以毛泽东同志为核心的中国共产党第一代领导集体依宪治国的执政理念。

在新中国第一部宪法的起草过程中,从酝酿、起草、讨论、修改、定稿,到颁布实施,其间形成了大量文件。这些珍贵的历史文件是中国共产党老一辈领导人艰辛探索依宪治国的生动写照。它们全面、生动地记录了"五四宪法"从构思到颁布的整个过程,真实地反映出毛泽东同志对宪法所倾注的热情,反映出老一辈革命家对确立人民当家作主地位的社会主义新中国的憧憬,反映出中国共产党人对建设社会主义法治国家的期待和向往。

设立"五四宪法"历史资料陈列馆,就是"让历史说话,用史实发言"。使后来人能更好地了解新中国第一部宪法是怎样诞生的,社会主义民主法治建设是怎样起步的,中国特色社会主义道路是怎样走出来的。以此来表达对历史记忆的尊重,对以毛泽东同志为核心的老一辈革命家的敬仰。

历史不仅仅是一连串事件和人物的记录,更是一整套历史观念和价值内涵。"五四宪法"总结了历史经验，特别是新中国成立以后五年的革命和建设的经验，贯彻了民主原则和社会主义原则。虽然时间过去了六十多年，但"五四宪法"的原则和精神并没有过时。

　　不忘初心，方能行稳致远。今天从来就是安放在昨天的基座之上。中国特色社会主义法律体系不是一天形成的，全面依法治国、建设社会主义法治国家也注定是一个长期的历史过程。"五四宪法"历史资料陈列馆的设立，给我们提供了一个重新审视历史的契机，它提醒我们：牢记昨日的来处，看清明天的去向。

2016 年第 23 期

加强思想政治作风建设是人大代表的必修课

12月13日至16日，2016年第三期全国人大代表专题学习班在北京举办。全国人大常委会副委员长兼秘书长王晨出席开班式并强调，要深入学习贯彻党的十八届六中全会精神，深入学习贯彻习近平总书记系列重要讲话精神，加强代表思想政治作风建设，切实提高代表依法履职能力和水平。

党的十八大以来，以习近平同志为核心的党中央高度重视充分发挥人大代表作用、加强代表思想政治作风建设，强调各级人大代表要忠实代表人民的利益和意志，依法履行代表职责，模范遵守宪法法律，自觉接受人民监督。2016年1月，党中央专门就加强和改进人大代表、政协委员有关工作发出通知，对加强代表管理工作提出明确要求。为了贯彻落实党中央决策部署，十二届全国人大常委会坚持代表主体地位，把加强代表思想政治作风建设、提高代表素质能力摆在突出位置。张德江委员长在十二届全国人大四次会议上作的常委会工作报告中强调，要充分发挥代表主体作用，畅通代表联系人民群众渠道。要按照党中央关于加强和改进代表工作的精神，加强代表思想、作风建设，支持选举单位依法加强代表履职监督。

正是在这样一个大的背景下，十二届全国人大常委会把加强思想政治作风建设作为培训工作的一项重要内容，作为人大代表的一门必修课。在今年举办的三期全国人大代表专题学习班上，王晨副委员长兼秘书长在每一期的开班式上，都着重就如何加强代表思想政治作风建设提出明确要求。

加强代表思想政治作风建设，是在全面从严治党不断向前推进之际，着眼于代表工作面临的新情况新问题，而采取的一项重大举措。它不仅对于提高代表依法履职能力和水平，具有很强的针对性，同时，对于更好地发挥人大作用，推动人大制度和人大工作完善发展，具有重大意义。

加强思想政治作风建设，从根本上说，就是让代表们充分认识到自己身上的责任，认识到"人大代表"这四个字的含义，认识到怎样才能成为一名让人民满意的人大代表。对此，一些参加过专题学习班的人大代表深有感触，他们说，通过培训，特别是听了全国人大常委会领导同志的开班讲话，就像是受到了一次精神洗礼，使自己更加深刻地认识到作为一名人大代表，应该怎样约束自己的言行，应该做什么，不应该做什么。

就法律关系而言，人大代表来自人民，他们的权力是由人民授予的。所以，他们理应同人民群众保持密切联系，代表人民群众利益，表达人民群众意愿，反映人民群众呼声，接受人民群众监督。"代表人民群众利益"，一句看似很简单的表述，却包含着沉甸甸的内容。它意味着对使命的执着、对责任的坚守、对承诺的兑现和对人民利益的自觉担当。

为了使代表能够更好地履职、更好地发挥作用，代表法及其他有关法律为代表设定了相应的权利和必要的保障措施。但这并不能说明代表就享有特权，更不能说明他们是不受党纪国法约束的特殊群体。相反，由他们的地位及担负的责任所决定，人大代表应该用更高的标准严格要求自己，他们的言行应该受到法律的约束和人民的监督。具体而言，作为一名称职的人大代表，必须具备坚定的理想信念和高尚的道德情操，要模范遵守宪法法律，自觉遵守社会公德，廉洁自律，公道正派，勤勉尽责，甘于奉献，在各自工作岗位上发挥模范作用。

当前，随着人大制度的不断完善和人大工作的不断发展，代表的整体素质和履职水平有了很大提高。在实践中，涌现出了许多优秀代表，他们用一个又一个感人的故事，向我们诠释了怎样才能成为一名让人民满意的人大代表。

当然，也有极少数人大代表，他们有的是通过拉票贿选混进代表队伍的；有的把当代表看成是抬高身价、捞取功名的手段；有的利用人大代表身份牟取私利；有的则腐化堕落，直至走上犯罪道路。凡此种种，不仅严重玷污了人大代表这一神圣的称号，也损害了人大的形象。

正因为如此，在严把"入口关"的同时，加强代表的思想政治作风建设，以保持代表队伍的先进性、纯洁性，是摆在我们面前的一项重要任务。

2016年第24期

2017年

让安全成为一份最厚实的新年礼物

在前不久结束的十二届全国人大常委会第二十五次会议上,安全问题再次成为一个重要议题:从听取和审议安全生产法执法检查报告、道路交通安全法执法检查报告,到结合审议这两个执法检查报告开展专题询问,再到听取和审议国务院关于研究处理食品安全法执法检查报告及审议意见情况的反馈报告。

在岁末年初这样一个特殊的时间节点上,人大监督再次锁定安全问题,不仅彰显了最高国家权力机关的亲民本色,同时,也给我们吃上了一颗"定心丸",使我们对新的一年有了更多的期待。

安全生产事关人民群众生命财产安全,事关经济发展和社会稳定大局。张德江委员长在对安全生产法执法检查作出批示时强调:"安全生产是人命关天的大事,责任重于泰山。要通过这次执法检查,督促法律各项规定全面有效落实,引导全社会牢固树立安全生产观念,正确处理安全和发展的关系,坚持发展决不能以牺牲安全为代价这条红线,做到安全才能生产,生产必须安全。"当前,全国安全生产局面虽然总体稳定向好,但形势依然严峻,特别是重特大安全事故频发势头尚未得到有效遏制。2016年9月以来,先后发生了宁夏石嘴山林利煤矿瓦斯爆炸事故,死亡

20人；重庆永川金山沟煤矿瓦斯爆炸事故，死亡33人。11月24日，江西省宜春市丰城电厂三期在建工程施工平台发生坍塌特大安全生产事故，造成74人死亡。这些血淋淋的事实告诉我们：切莫好了伤疤忘了疼，安全生产的弦，必须时刻紧绷。

交通维系你我，安全关乎生命。从某种程度上说，是频频发生的交通事故催生了道路交通安全法。而这部法律出台后，对于维护交通安全，确保一路畅通，发挥了重要作用。但不容乐观的是，我国道路交通安全形势依然严峻，违法生产、销售、使用车辆大量存在，部分道路及安全设施建设管理滞后。特别是机动车驾驶人违法违规现象普遍，超速超载超员、酒后驾驶、强行超车、疲劳驾驶、遮挡号牌、抢行加塞、开车使用手机等行为大量存在；部分非机动车驾驶人特别是电动自行车驾驶人在机动车道行驶、逆行、闯红灯等违法行为随处可见；许多行人漠视交通规则。如何通过人、车、路的协同治理，来保障广大人民群众的出行权益，已成为一大社会问题。

保障人民群众食品安全，历来是党和国家高度重视的一项重大民生工作，也是人大监督的一个着力点。去年，全国人大常委会组成了由张德江委员长任组长，王晨副委员长兼秘书长、沈跃跃副委员长、艾力更·依明巴海副委员长、陈竺副委员长以及教科文卫委员会柳斌杰主任委员任副组长的高规格的执法检查阵容，对食品安全法的实施情况进行了检查。最高国家权力机关希望通过全流程监督，让新食品安全法的"严招"能一一落地，从而用最严格的法律为我们营造最安全的食品环境。保障食品安全，只有进行时，没有完成时。所以，我们必须坚持最严谨的标准、最严格的监管、最严厉的处罚、最严肃的问责，不断提升食品安全基准线，确保人民群众"舌尖上的安全"。

安全，是人们最基本也是最重要的需求，维护最广大人民群众的根本利益，首先要把人民群众的生命安全放在第一位。"安全大于天，责任重于山。"安全方面存在的任何问题，都会使百姓的幸福感和获得感被冲淡，都会使我们为推动经济社会发展所付出的努力打折扣，都会使党和政府的形象受损害。众所周知，安全方面存在的一些问题属于"疑难顽症"，因此，彻底解决这些问题注定是一场艰苦的拉锯战。实践证明，我们不缺少"严格的法律"，缺少的是铁腕执法的魄力和对法律的敬畏之心。在这种情况下，人大监督的频频出手和持续发力就显得尤为重要。

  每一个人都怀揣着对安全的渴求步入了新的一年。我们希望在人大监督的护佑下，让安全成为一句最温馨的新年祝福，成为一份最厚实的新年礼物，成为一个让人人都能享受到的最美好的现实。

2017 年第 1 期

让每一部法律都成为精品

前不久,一位读者朋友给本刊来信说:"过去一年,人大立法工作让人耳目一新。例如,张德江委员长就民法总则的起草亲自深入基层,面对面地听取百姓的意见;公共文化服务保障法、电影产业促进法、中医药法等法律就像是专门为百姓立的,让我们感到很亲切;普通百姓也能对立法工作发表意见,有的甚至还能被采纳。我们衷心希望人大立法越来越好,能为我们奉献出更多的精品。"

这是用百姓独有的视角对立法工作所作的观察,我们从中可以看到我国立法工作所呈现出的新的气象。

的确,对于立法工作而言,2016年无疑是一个重要的年份。在新的时代场景中,全国人大常委会牢固树立"四个意识",紧紧围绕"五位一体"总体布局和"四个全面"战略布局,坚持新发展理念,充分发挥在立法工作中的主导作用,抓住提高立法质量这个关键,加快重要领域立法,坚持立改废并举,深入推进科学立法、民主立法。用一次次生动的立法实践、一部部彰显着政治智慧和民生情怀的法律,在全面推进依法治国的伟大征程中留下了一个个坚定而有力的足印。

过去一年,从对香港特别行政区基本法第一百零四条作出解释,到积极推进制定民法总则；从审议通过有关国家安全方面的一系列重要法律，到制定和百姓日常生活关系密切的法律；从通过关于在北京市、山西省、浙江省开展国家监察体制改革试点工作的决定，到授权在部分地区开展刑事案件认罪认罚从宽制度试点工作等，全国人大常委会不断增强坚持党对立法工作领导的思想自觉和行动自觉，围绕中心、服务大局，确保中央重大决策部署贯彻落实。

目前，我国正处于全面深化改革的关键时期，迫切需要从体制机制上寻找解决问题的办法，从法律制度层面进行顶层设计，进一步推进国家治理体系和治理能力现代化。因此，如何充分发挥立法对改革的引领和推动作用，让立法与改革决策"无缝衔接"，对于全面推进深化改革至关重要。回顾2016年，全国人大常委会坚持在法治下推进改革、在改革中完善法治，通过立法工作使各项改革能够按法律程序进行，确保一切改革举措都在法治的轨道上推进。

经济的发展、社会的繁荣和百姓的幸福，离不开国家的安全。在任何时候，维护国家安全都是国家治理之首重。而国家安全立法则是国家安全的基本法律保障。在过去一年间，全国人大常委会通过制定包括境外非政府组织境内活动管理法、网络安全法、国防交通法、核安全法在内的一系列法律，为国家编织了一张安全的法治之网。结合2014年、2015年相继出台的反间谍法、国家安全法、反恐怖主义法，从全景观察这一系列快速递进的立法行动可以看出，国家安全领域的立法渐成体系，以往更多依赖行政手段的国家安全管治，也正在向法治轨道全面转型。

直面社会热点、回应百姓关切，是人大立法的一大显著特点。过去一年，哪里有人民群众的关切和期待，哪里就有立法机关的关注与回应。民法总则、慈善法、公共文化服务保障法、电影产业促进法、民办教育促进法、中医药法……每一部法律都是为百姓"量身定制"的，每一部法律都是送给百姓的民生大礼，每一部法律都散发着人性的光辉和时代的温度。

深入基层，问法于民，是提高立法质量、实现良法之治的关键。为此，2016年10月10日，张德江委员长在北京主持召开民法总则草案座谈会，就民法总则草案修改和民法典编纂听取中央有关部门、单位负责同志，部分省（自治区、直辖市）人大常委会负责同志，部分全国人大代表、全国政协委员的意见。11月，他又前往四川基层进行立法调研。其间，他深入村居、社区，了解村民委员会和居民委员会的工作情况，并前往企业工厂，就民事主体在经济活动中的权利义务问题、知识产权保护情况等问题同企业负责人交流座谈。他还在成都主持召开座谈会，广泛地听取部分地方人大常委会负责同志、部分全国人大代表、法律工作者及专家学者的意见和建议。2016年10月和11月，李建国副委员长分别到宁夏和上海进行调研。

在常委会领导同志的带动下，调查研究蔚然成风。而放下身段、深入基层、问法于民，已成为人大立法工作的必经程序和常规动作。立法者正是通过这样一种方式，让每一部法律都能充分体现民意、汇集民智，让每一部法律都能行得通、立得住、真管用，让每一部法律都成为精品。

2017年第2期

人大监督工作新进展新变化

梳理 2016 年人大监督工作，给人印象最深刻的当属食品安全法执法检查。

从确定执法检查内容和重点，到开展实地检查，再到报告执法检查情况；从审议执法检查报告和专题询问，到推动整改，再到报告整改落实情况，整个过程综合运用执法检查、报告工作、专题询问等多种监督形式，打出了一套环环相扣、步步为营的"组合拳"，为人大监督工作提供了一次全要素、全流程监督的范本，成为人大监督的新标尺。特别值得一提的是，张德江委员长亲自担任执法检查组组长，带队赴湖北省、内蒙古自治区进行实地检查；亲自主持召开执法检查组两次全体会议；亲自向常委会会议报告执法检查情况；亲自主持常委会联组会议开展专题询问……

作为 2016 年人大监督工作的代表作，食品安全法执法检查不仅对做好食品安全工作起到了积极的推动作用，也为进一步改进和加强人大监督工作积累了宝贵的经验，并让我们从中看到了过去一年人大监督工作呈现出的新进展新变化。

执法检查是人大行使监督权的一种重要形式。过去一年，从组成高规格检查阵容，对食品安全法进行全流程监督，到未雨绸缪及时启动水法执法检查，为抗洪救灾提供有力支持；从创新监督形式，坚持边查边改边行，对促进科技成果转化法实施情况开展检查，到积极回应社会关切，对史上最严环保法的实施"问诊把脉"；从为了保障广大人民群众的出行安全，开展道交法执法检查，到坚守生命红线，首次对新修改的安全生产法启动检查。最高国家权力机关通过一次又一次的努力，让法律规定真正"落地生根"。

围绕中心、服务大局、关注热点、直面问题，一直是工作监督的一大特色。过去一年，最高国家权力机关频频出手、精准发力，听取和审议了"一府两院"的多项工作报告，这些报告或涉及党中央的重大战略部署，或涉及改革发展的重大问题，或涉及百姓关注的社会热点。在开展工作监督时，最高国家权力机关正确处理监督和支持的关系，寓支持于监督之中，与"一府两院"真正形成了推动问题解决、工作改进的合力。

过去一年，是"十三五"的开局之年，面对各种困难和压力，如何确保我国经济稳中求进、稳中向好，是摆在我们面前的一项重大任务。人大监督迎难而上，再现"刚性"本色和"铁腕"气质：预算监督直面问题，力求提高财政资金使用实效；审计监督步步深入，狠抓整改落实；经济监督正视挑战，为中国经济稳中向好出谋划策。

过去一年，专题询问不断完善，在实践中显示出了勃勃生机和活力。每一次专题询问都开门见山、直奔主题，不回避矛盾，不对口型，不走过场，使人大之问问了不白问，真正问出了权威、问出了实效。

如何增强实效性，一直是人大监督工作面临的一个重大问题，也是过去一年监督工作的着力点。人大监督，就其本意而言，是为了督促"一府两院"解决工作中存在的问题。从实际运行看，一个完整的监督流程应该是始于发现问题，止于解决问题。发现问题仅仅是前提，推动问题得到解决，才是最终目的。所以，能不能解决实际问题，能解决多少实际问题，是衡量人大监督实效的一个重要标准。过去一年，为了切实增强人大监督的实效，全国人大常委会改变了以往对整改落实情况仅限于书面反馈的做法，先后听取和审议了国务院关于研究处理老年人权益保障法执法检查报告及审议意见情况的反馈报告和国务院关于研究处理食品安全法执法检查报告及审议意见情况的反馈报告。这是最高国家权力机关为进一步增强人大监督实效所作出的积极探索。此举表明，持续发力，加强跟踪，让人大监督落地有声，确保问题解决、工作改进，这将成为人大监督工作新常态。

2017 年第 3 期

行进在依法治国的伟大征程中

在时间的叙事里，两会是一个很重要的节点。随着两会模式的再度开启，人大工作又进入到了一个盘点验收阶段。

在中华民族伟大复兴的历史坐标中，过去一年，注定是不平凡的一年。这一年，我国"十三五"实现了开门红，各项工作蒸蒸日上，全面建成小康社会稳步推进，供给侧结构性改革迈出重要步伐，我国经济社会一派繁荣景象，呈现出勃勃生机。

在新的时代场景中，在以习近平同志为核心的党中央领导下，全国人大常委会牢固树立"四个意识"，紧紧围绕"五位一体"总体布局和"四个全面"战略布局，坚持新发展理念，以时不我待的历史主动、勇毅笃行的履职自觉和锐意开拓的政治担当，顺势而为、全面发力，用扎实而又卓有成效的工作，交上了一份让人民满意的答卷，在全面推进依法治国的伟大征程中留下了一串坚定而有力的足印。

2016年，立法工作成绩斐然：全国人大及其常委会共制定10部法律，修改涉及法律24件，作出1个法律解释，并对多部法律草案进行了审议，立法工作涵盖了政治、经济、社会、民生、国家安全、文化、教育、生态环境等多个领域。立法者正在通过不懈的努力，让改革的红利最大限度地释放，让公众有更多获得感，让每一部法律都成为一把开启幸福之门的钥匙。

在立法中，全国人大常委会坚持党对立法工作的领导，围绕中心、服务大局，确保中央重大决策部署贯彻落实；坚持在法治下推进改革、在改革中完善法治，通过立法工作使各项改革能够按法律程序进行，确保一切改革举措都在法治的轨道上推进；坚持哪里有人民群众的关切和期待，哪里就有立法机关的关注与回应，使以人为本、立法为民成为一个鲜明的时代品格。

为了提高立法质量，让每一部法律都成为精品，在张德江委员长的带动下，全国人大常委会还放下身段、深入基层、调查研究、问法于民。

过去一年，全国人大常委会按照正确监督、有效监督的总要求，选择好角度、掌握好尺度、把握好力度。执法检查创新形式、精准发力，推动法律制度真正落地生根；工作监督关注热点、直面问题，寓支持于监督之中，与"一府两院"真正形成了推动问题解决、工作改进的合力；专题询问不对口型、不走过场，真正问出了人大的权威，问出了实效；审议反馈报告改变了以往对整改落实情况仅限于书面反馈的做法，持续发力、跟踪到底，杜绝"半拉子工程"的出现；经济监督护佑中国经济行稳致远。

特别值得一提的是，张德江委员长率先垂范，亲力亲为，率队深入基层一线开展食品安全法执法检查。从确定执法检查内容和重点，到开展实地检查，再到报告执法检查情况；从审议执法检查报告和专题询问，到推动整改，再到报告整改落实情况，整个过程综合运用执法检查、报告工作、专题询问等多种监督形式。这是为不断增强人大监督实效所进行的积极探索，也必将成为人大监督的新标尺。

过去一年，有许许多多的人大代表为我们带来了感动。他们看上去也许不够"高大上"，也没有豪言壮语，每天面对的往往都是一些看似"家长里短"的琐事，他们没有属于自己的"高光时刻"，他们的履职事迹也不为太多的人知晓。但是，他们朴素的话语洋溢着火一样的热情；他们平凡的举动中留存着一份永远无法抹去的崇高；他们用日复一日的执着和年复一年的坚守，使人大工作真正融入到百姓的日常生活中，使人大制度真正在基层落地生根。他们才是我国人民代表大会制度最坚定的捍卫者和百姓利益最忠实的守望者。

过去一年，通过一次又一次的宪法宣誓，使宪法从纸面一步步地抵达每一位公职人员的心灵深处，使尊崇宪法、敬畏宪法、遵守宪法成为一种社会风尚。

过去一年，随着开放的脚步不断加快，最高国家权力机关的粉丝队伍日益壮大，越来越多的普通百姓通过各种渠道和方式，为人大工作建言献策。

播种决定收获，奋斗成就梦想。今年是本届全国人大常委会的届末之年，各项工作进入收官阶段。因此，做好今年的各项工作，意义重大。我们相信，只要认真履行宪法和法律赋予的各项职责，撸起袖子加油干，最高国家权力机关一定会在今年的基础上，再创新的辉煌，以优异的成绩迎接党的十九大召开，为五年任期画上一个完美的句号！

2017 年第 4 期

中国声音传递中国智慧

三月的北京，春潮涌动，空气中弥漫着两会的气息。

近三千名全国人大代表聚首北京，共商国是，人民大会堂再度成为国人关注的中心。

如果说春天是一个充满希望的季节，那么，"两会"的召开就是为了播撒希望的种子。

"今年的两会都会讨论些什么问题？这些问题和我们有什么关系？党和政府都会采取哪些措施解决这些问题？"近几年来，每到"两会"前夕，我们都会听到类似的对话。的确，按照由家而国的思维向度，越来越多的普通人从关心自身利益出发，来关心两会的话题，进而关心两会，以及它给国家和个人生活带来怎样的改变。这是一个积极的变化。它一方面说明"两会"在国人心中的地位不断提升；另一方面也表明，借助"两会"这样一个平台，公众和最高国家权力机关形成了良性互动，并在此基础上，使普通百姓实现了对国家政治生活的深度参与。

"从这里读懂中国。"这是许多外媒对中国"两会"的评价。作为当今中国最重要的公共表达平台，"两会"就像是一个庞大的声音场和话题"集散地"，人们可以听到从这里传出的对各种各样问题的讨论。可以毫不夸张地说，当前中国社会面临的各种问题，都可以在这里找到相对应的话题，上至国家的发展战略，下至百姓的日常生活。而透过从这里传出的中国声音，人们不仅可以了解中国的过去和现在，更可以看清中国的未来。

作为"两会"期间最重要的发声者，全国人大代表的一言一行最受关注。因为这不仅体现着他们的履职态度和履职水平，更重要的是，他们每说的一句话，都关乎百姓的利益，每一个举动，都关乎最高国家权力机关在公众心目中的形象。所以，每一位全国人大代表都应该谨言慎行，心无旁骛，要时刻把百姓的重托放在心上，真正做到替人民发声，为人民说话。说到底，"两会"是一个很重要也很严肃的履职场所，它不是某些人展示自我的秀场，不是发表个人政见的讲坛，也不是公关交友联谊的舞台，更不是极少数人牟取私利的平台。同样的道理，公众关注人大代表，应主要看他们的履职表现，而不应该把注意力放在"雷人雷语""奇闻轶事""衣着打扮"甚至是一些花边新闻上。

俗话说，台上几分钟，台下数年功。这句话对人大代表也同样适用。为了一次精彩的发言，为了投出庄严的一票，为了提出一份高质量的议案和建议，他们要付出很大的努力。有时为了一份议案或建议，要花上几年时间。一位全国人大代表说："我们每一个人身后都站着几十万选民，我们是在替他们说话。如果我们沉默无语，是对他们不负责；如果我们信口开河，则是对人大代表这一神圣称号的亵渎。"由此可以看出，一个人大代表称职与否，"两会"期间的表现颇能说明问题。

人大代表是"两会"的主角，但"两会"不是人大代表的独角戏。实践证明，百姓参与"两会"议题的讨论，有利于汇集各方面的智慧，凝聚更加广泛的共识，形成最大的公约数。

在"两会"召开之际，我们推出了"问计两会"系列报道。整组报道聚焦党和国家的重大战略部署、中心工作和百姓强烈关心的民生大事，包括供给侧结构性改革、"一带一路"、依法治国、文化自信、反腐倡廉、精准扶贫、环境保护、食品安全、安全生产、网络治理、创新驱动、司法改革、国企改革、养老改革等重点热点议题。这些议题事关国家强盛、民族兴旺和百姓福祉，不断解决好其中的问题，是民心所盼，也是党和政府义不容辞的责任。

我们希望从会场内外对这些问题的讨论中找到答案，更希望通过这些答案向世人传递中国智慧。

这应该是今年"两会"的最大看点。

2017 年第 5 期

交出一份让人民满意的答卷

今年是本届全国人大常委会五年任期的最后一年。前不久,作为本年度全国人大常委会监督工作的开场戏,产品质量法执法检查拉开大幕。紧接着,药品管理法执法检查也正式启动。

实际上,今年的全国人代会刚一结束,全国人大常委会的立法、监督等项工作就陆续展开。此举表明,届末之年,最高国家权力机关希望通过卓有成效的工作,为五年任期画上一个圆满的句号,以优异的成绩迎接党的十九大的胜利召开。

2017年是全面实施"十三五"规划、全面建成小康社会的重要一年。具有重大而深远意义的中国共产党第十九次全国代表大会将在今年召开,这是党和国家政治生活中的头等大事。在这种背景下,本届全国人大常委会将会有怎样精彩的表现?将如何站好最后一班岗?格外引人注目。

张德江委员长在十二届全国人大五次会议上所作的全国人大常委会工作报告中提出了2017年全国人大常委会工作的总体要求:在以习近平同志为核心的党中央坚强领导下,全面贯彻党的十八大和十八届三中、四中、五中、六中全会精神,以邓小平理论、"三个代表"重要思想、科学发展观为指导,深入学习贯彻习近平总书记系列重要讲话精神和治国理政新理念新思想新战略,坚持稳中求进工作总基调,维护宪法法律权威,加强重点领域立法,着力提高立法质量,实行正确监督、有效监督,支持和保障代表依法履职,圆满完成本届全国人大及其常委会各项任务,以优异成绩迎接党的十九大胜利召开。

从全国人大常委会工作报告对今年工作任务的安排看,虽然是届末之年,但全国人大常委会的工作势头并未放缓,相反,在保持原有节奏的基础上,继续提速发力。在立法方面,一是贯彻落实党中央关于深化国家监察体制改革的决策部署,将行政监察法修改为国家监察法,为构建集中统一、权威高效的国家监察体系提供法治保障。二是围绕构建发展新体制完善法律制度。在民法总则出台后,加快推进民法典各分编的编纂工作;落实税收法定原则,制定烟叶税法、船舶吨税法等单行税法;制定电子商务法,修改反不正当竞争法、中小企业促进法、农民专业合作社法、证券法、标准化法等,着力健全现代市场体系。三是加强社会、文化、生态等方面法律制度建设。制定社区矫正法、基本医疗卫生法、公共图书馆法、土壤污染防治法、核安全法、国家情报法、国际刑事司法协助法,修改水污染防治法、测绘法、人民法院组织法、人民检察院组织法。四是做好与改革试点授权决定相关的工作。在监督方面,牢固树立和贯彻落实新发展理念,坚持以人民为中心的发展思想,把实行正确监督、有效监督作为开展监督工作的基本遵循,加强对有关法律实施情况的监督,加强对"一府两院"工作的监督,促进经济平稳健康发展和社会和谐稳定。此外,还要做好十三届全国人大代表的选举工作、加强和改进代表工作、积极开展对外交往、加强人大新闻舆论和理论研究工作、继续推动地方人大工作完善发展、全面加强常委会自身建设等。

总的来说,时间紧、任务重、要求高,是今年全国人大常委会工作的一个显著特点。正因为如此,保持良好的工作状态,心无旁骛,全力以赴,是做好今年各项工作的关键。张德江委员长在十二届全国人大五次会议闭幕会上的讲话中指出"本届全国人大的任期还有一年。我们要时刻牢记人民寄予的殷切期望，切实担负起代表人民行使国家权力的责任使命，旗帜鲜明讲政治，脚踏实地干实事，全心全意为人民，不断提高人大工作水平，更好发挥最高国家权力机关作用，为长期坚持、全面贯彻、不断发展人民代表大会制度作出新的贡献"。张德江委员长这番激情洋溢的讲话，既是向全国人民作出的庄严承诺，也是向我们发出的动员令。

我们相信，只要更加紧密地团结在以习近平同志为核心的党中央周围，认真履行宪法和法律赋予的各项职责，振奋精神，扎实工作，本届全国人大常委会一定能圆满完成各项任务，交出一份让人民满意的答卷。

2017年第7期

以对人民高度负责的精神办理好每一件建议

在十二届全国人大五次会议上，代表们共提出了8360件建议，涉及政治、经济、文化、社会和生态文明建设等领域。可以说，每一件建议都装满了民意，每一件建议都凝聚着代表们的心血和智慧，其中绝大多数建议情况反映真实，问题分析到位，意见具体可行。从这些情透纸背、力透纸背的建议中，我们可以强烈地感受到人大代表对责任的执着和对使命的担当，以及对人民利益义无反顾的坚守。

4月11日下午，全国人大常委会办公厅专门召开全国人大代表建议交办会，将这些建议交由189个机关、组织研究处理，全国人大常委会副委员长兼秘书长王晨出席会议并发表讲话，对今年的建议办理工作提出三点要求：一要认真学习、提高认识，增强做好代表建议办理工作的责任感和使命感；二要突出重点、强化沟通，推动代表建议办理工作取得新实效；三要总结经验、完善机制，提高代表建议办理工作制度化规范化水平。这三点要求既是对过去几年代表建议办理工作经验所作的概括总结，也符合当前代表工作的实际需要，对我们做好今年的代表建议办理工作具有很强的指导性。

人大代表对各方面工作提出建议、批评和意见，是依法执行代表职务、参加行使国家权力的重要内容。而认真办理代表建议，是"一府两院"对国家权力机关负责并接受监督的法定职责和义务，是坚持和完善人民代表大会制度、进一步发挥人大代表作用的内在要求，是尊重人民主体地位、坚持以人民为中心的发展思想、保证和实现人民当家作主的重要体现。

本届全国人大成立以来，代表履职积极性很高，在充分调查研究、广泛听取民意的基础上，共提出建议、批评和意见4万余件，比上届增加3826件，增幅达10.2%，数量创历届大会新高。从以往四次大会代表建议办理情况看，各有关方面高度重视、密切配合，切实加强和改进工作，着力解决建议提出的问题，为统筹推进"五位一体"总体布局和协调推进"四个全面"战略布局发挥了积极作用。

从今年代表提出建议的情况看，数量多、难点多、办理工作任务重、压力大，代表的期望值也很高，这就给办理工作提出了新的更高的要求。

特别需要指出的是，今年是本届全国人大任期的最后一年，为了使各承办单位在届末之年工作不放松、标准不降低，王晨副委员长兼秘书长在建议交办会上强调："人大代表要换届，但人大代表建议的办理工作不能停止。各承办单位要不松劲、不懈怠，在以往工作基础上，精心做好今年的代表建议办理工作。同时还要切实抓好以往有关建议办理的跟踪落实，做到善始善终、善作善成，向代表们交上一份满意的答卷。"

"以对人民利益高度负责的态度办理每一件建议。"这是我们在建议办理工作中经常听到的一句话，这句话准确地概括出建议办理工作的性质。由代表的地位所决定，代表提出建议，不是一般意义上的个人行为，而是代表人民行使国家权力的一种重要方式，是以人民的名义所作出的一种政治表达。所以，办理好代表建议，就是尊重和支持代表依法履行职权，就是尊重和支持人民当家作主。"民有所呼、我有所应"，我们要把以人民为中心的发展思想贯穿到建议的提出、交办、办理、答复的整个过程中，以对人民高度负责的精神办理好每一件建议。

从法律属性上看，代表建议具有程序和实体双重价值。从程序上说，对代表提出的建议，承办单位必须按照法定的方式、在法定的期限内进行答复。从实体上说，建议表明一种责任，这种责任意味着承办单位不仅要在姿态上对代表表现出足够的尊重，更重要的是要通过一些具体的行动，对代表们提出的建议作出积极的回应，要切实解决问题。正如王晨副委员长兼秘书长所说，我们既要重答复，更要重落实。要认真负责地做好每一件代表建议的办理工作，实事求是、真诚坦率地向代表作出答复；要深入分析，紧紧围绕党和国家工作大局，抓住事关改革发展稳定大局和人民群众普遍关注的一些突出问题，努力取得突破。这也是建议办理工作的题中应有之义。

2017 年第 8 期

确保立法质量继续稳步提升

前不久，全国人大常委会2017年立法工作计划正式对外公布。计划提出了全国人大常委会2017年立法工作的总体要求，即在以习近平同志为核心的党中央坚强领导下，高举中国特色社会主义伟大旗帜，全面贯彻党的十八大和十八届三中、四中、五中、六中全会精神，以邓小平理论、"三个代表"重要思想、科学发展观为指导，深入学习贯彻习近平总书记系列重要讲话精神和治国理政新理念新思想新战略，牢固树立政治意识、大局意识、核心意识、看齐意识，坚持党的领导、人民当家作主、依法治国有机统一，围绕统筹推进"五位一体"总体布局和协调推进"四个全面"战略布局，认真落实创新、协调、绿色、开放、共享的新发展理念，发挥立法的引领和推动作用，遵循和把握立法规律，继续推进科学立法、民主立法，加强重点领域立法，着力提高立法质量，圆满完成本届全国人大及其常委会的各项立法任务，以优异成绩迎接党的十九大胜利召开。

根据立法工作计划，2017年全国人大常委会继续审议的法律案共9件，初次审议的法律案共14件。从内容上看，一是贯彻落实党中央关于深化国家监察体制改革的决策部署，将行政监察法修改为国家监察法，为构建集中统一、权威高效的国家监察体系提供法治保障。二是制定国歌法。三是围绕构建发展新体制完善法律制度。在民法总则出台后，加快推进民法典各分编的编纂工作，强化对民事权利的保护，完善平等保护产权等法律制度；落实税收法定原则，制定烟叶税法、船舶吨税法等单行税法；制定电子商务法，修改反不正当竞争法、中小企业促进法、农民专业合作社法、证券法、标准化法等，着力健全现代市场体系。四是加强社会、文化、生态等方面法律制度建设。制定社区矫正法、基本医疗卫生法、公共图书馆法，修改红十字会法，完善社会治理体制，推进健康中国建设，保障人民文化权益；制定土壤污染防治法，修改水污染防治法，促进生态文明建设；制定核安全法、国家情报法、国际刑事司法协助法，修改测绘法；修改人民法院组织法、人民检察院组织法。五是做好与改革试点授权决定相关的工作。

以上这些项目的审议时间可以视情适当调整。同时，落实党中央关于全面深化改革、全面推进依法治国、"十三五"规划等部署需要制定和修改的其他法律，适时安排审议。此外，计划还明确指出，按照党中央的决策部署，对立法条件还不成熟、需要先行先试的，依法及时作出授权决定。

立法工作计划，实质上就是一份立法任务清单。从这份任务清单中，我们不难看出，时间紧、难度大、分量重、关注度高、社会各界的期望值也很高，是2017年立法工作的一个显著特点。如果说，过去几年立法工作取得了辉煌成就，那么，届末之年，如何在如期完成各项立法任务的同时，确保立法质量继续稳步提升，这就对立法机关提出了更高的要求。

从多年的实践经验看，做好今年的立法工作，主要应该把握以下几项原则：第一，坚持党对立法工作的领导。立法工作具有很强的政治性，坚持党的领导，对于保证立法工作正确的政治方向、推动中央重大决策部署得到落实至关重要。为此，计划提出，认真贯彻执行党中央关于加强党领导立法工作的意见。全面贯彻落实党中央确定的立法工作目标任务。严格落实立法工作向党中央请示报告制度。需要党中央研究的重大立法事项、法律起草及审议中涉及的重大体制、重大政策调整问题等事项，全国人大常委会党组及时向党中央请示报告。不断完善科学立法工作格局，把党的领导贯彻到立法工作的全过程和各个方面。第二，发挥立法的引领和推动作用，实现立法与改革决策的"无缝衔接"，坚持在法治下推进改革、在改革中完善法治，通过立法工作使各项改革能够按法律程序进行，确保一切改革举措都在法治的轨道上推进。第三，发挥人大在立法工作中的主导作用，完善立法体制机制，加强立法工作组织协调，增强立法的及时性、系统性、针对性、有效性。进一步发挥人大代表在立法工作中的作用。第四，深入推进科学立法、民主立法，恪守以民为本、立法为民理念，开门立法、问法于民。加强立法调研，健全立法论证、听证机制，做好立法评估工作，扎实做好公布法律草案征求意见工作、健全公众意见采纳反馈机制，加强基层立法联系点建设等。

2017 年第 9 期

把增强针对性和实效性作为人大监督的着力点

最近一段时间，人大监督接连有大的动作：从3月下旬开始，产品质量法执法检查和药品管理法执法检查相继铺开；在4月24日至27日召开的十二届全国人大常委会第二十七次会议上，又听取和审议了国务院关于推进供给侧结构性改革加快制造业转型升级工作情况的报告、关于2016年度环境状况和环境保护目标完成情况与研究处理环境保护法执法检查报告及审议意见情况的报告、关于推进股票发行制度改革工作情况的中期报告；接下来，固体废物污染环境防治法执法检查和著作权法执法检查也将正式启动，相关的准备工作已经就绪。

根据全国人大常委会2017年监督工作计划，今年的监督工作任务十分繁重。在工作监督方面，除上述三个报告外，还要听取和审议国务院关于药品管理工作情况的报告、关于脱贫攻坚工作情况的报告、关于草原生态环境保护工作情况的报告、关于国家财政教育资金分配和使用情况的报告、关于文化遗产工作情况的报告，听取和审议最高人民法院关于人民法院全面深化司法改革情况的报告，听取和审议最高人民检察院关于人民检察院全面深化司法改革情况的报告。在执法检查方面，要对药品管理法、产品质量法、著作权法、固体废物污染环境防治法、种子法、网络安全法和全国人大常委会关于加强网络信息保护的决定的实施情况进行检查。此外，还要听取和审议计划、预决算监督报告，开展专题调研，做好宪法实施监督的相关工作。

作为人大监督的"重头戏"，最近一些年，专题询问越来越引起人们的广泛关注。根据安排，今年将结合听取和审议全国人大常委会产品质量法执法检查报告、国务院关于脱贫攻坚工作情况的报告、全国人大常委会固体废物污染环境防治法执法检查报告，开展三场专题询问。相信这三场专题询问必定会成为本年度人大监督工作的三大看点。

围绕中心、服务大局、关注热点、直面问题，是今年全国人大常委会监督工作的一个显著特点。从监督工作计划所列的监督事项看，有的事关党中央重大决策部署的贯彻落实，有的事关改革发展稳定大局，有的事关广大人民群众的切身利益。正因为如此，做好今年的监督工作，意义重大。

为了做好今年的监督工作，不仅要如期完成监督工作计划中所列的各项任务，同时，还要实现人大监督的提质增效。

实效性是人大监督的核心，也是人大监督的生命力所在。为了不断增强人大监督的针对性和实效性，本届全国人大常委会进行了积极的探索，取得了重大进展，积累了宝贵的经验。

在总结经验的基础上，监督工作计划继续把增强针对性和实效性作为今年监督工作的一个着力点，并采取了一些具体措施。监督工作计划提出，要认真贯彻落实"两学一做"学习教育和中央八项规定精神有关要求，切实改进作风，着重增强针对性和实效性。要加强与人大代表、人民群众和地方人大的联系，广泛听取意见，深入基层、深入实际开展调查研究。要贯彻落实党中央关于加强人大预算决算审查监督改革的部署，做好预算审查前听取人大代表和社会各界意见建议的相关工作，研究建立国务院向全国人大常委会报告国有资产管理情况的制度，推进预算联网监督工作。要认真做好执法检查选题、搞好组织工作、全面准确报告执法检查情况、认真进行审议、推动改进实际工作、向常委会报告落实情况等六个环节工作，形成完整工作体系，进一步完善执法检查工作机制。要紧扣相关法律的贯彻落实，突出执法检查建议措施的现实针对性和可操作性，形成交办、督办机制，增强整改落实实效。要综合运用专题询问、专题调研、跟踪监督等方式方法，探索完善质询机制，视情况适时推动质询工作开展，形成监督合力。

把增强针对性和实效性作为人大监督的着力点，说到底，就是要使人大监督真正有效管用，能"落地有声"，确保问题解决、工作改进，从而让人民群众从人大监督中收获更多的实惠，并真切地感受到我国人民代表大会制度的魅力和优势！

2017年第10期

"严字当头"是百姓用上放心药的最可靠保障

药品是治病救命的特殊商品,事关人民群众身体健康和生命安全,党和国家高度重视,习近平总书记多次指出,药品安全责任重于泰山,保障药品安全是技术问题、管理工作,也是道德问题、民心工程;要加快完善统一权威的监管体制和制度,把最严谨的标准、最严格的监管、最严厉的处罚、最严肃的问责落到实处,确保人民群众用药安全、有效。

作为我国药品管理领域最重要的一部法律,现行药品管理法于1984年制定,2001年作了全面修订,并分别于2013年和2015年就部分条款进行修正。今年全国人大常委会对药品管理法实施情况开展执法检查,是该法施行以来在全国范围内开展的第一次执法检查。

本次执法检查的主要目的是为了推动现行的药品管理法全面、深入地贯彻实施,同时也为药品管理法的修订工作做好准备,督促政府建立健全统一、权威的药品监管体制,落实最严格的药品安全监管制度,着力发现和解决当前药品监管领域存在的突出问题,切实改善药品质量和药品供应保障状况,保障人民群众的身体健康和用药安全,维护社会和谐稳定。

全国人大常委会对这次执法检查高度重视,张德江委员长为这次执法检查作出重要批示,李建国副委员长参加执法检查,王晨副委员长兼秘书长担任执法检查组组长,陈昌智副委员长、陈竺副委员长和教科文卫委员会柳斌杰主任委员任副组长。执法检查组分为四个小组,于今年4月至

5月分别赴北京、黑龙江、江苏、安徽、山东、湖南、四川、云南等8个省（市）开展执法检查，共听取了省、地（市）及县级政府的17次汇报，深入到41个药品研发、生产、流通企业和15个药品检验机构及医疗机构进行了实地检查，召开了10次基层监管人员、药品生产经营企业和医疗机构负责人参加的座谈会，充分听取各方面意见和建议。

"药品安全关乎人民群众身体健康和生命安全，既是民生问题，也是社会问题，更是公共安全问题。让百姓用上放心药，是人大义不容辞的责任，也应该成为人大监督工作关注的一项内容。"这是执法检查组一位成员对本刊记者所说的一番话，它从一个侧面说明了此次执法检查的意义所在。

的确，为了能让百姓用上放心药，此次执法检查坚持问题导向，从人民群众最关心、最期待的问题入手，精心准备、突出重点、深入基层、精准发力，真正做到了把百姓的关切作为人大监督的着力点。

应该说，此次执法检查既是对药品管理法的实施情况所做的一次全面检测，也是对药品管理工作所做的一次集中"会诊"。通过检查，总结了经验，找出了问题，并提出了解决问题的思路和对策。以此次执法检查为契机，我国的药品管理工作将步入一个新的历史阶段，这对百姓而言，无疑是一个福音。

由药品管理工作的特殊性、复杂性所决定，贯彻落实好药品管理法，注定是一个长期的、艰巨的过程，不可能毕其功于一役。为今之计，是要坚持"严"字当头，坚决落实"四个最严"要求，这是让百姓用上放心药的最可靠保障。因此，我们要拿出铁腕执法的魄力和勇气，对于任何违法者，特别是情节严重、性质恶劣的，要零容忍、下快手、出重拳、施狠招，使他们闻法丧胆。

只有这样，才能使药品管理法成为不可触碰的"高压线"，成为百姓身体健康和生命安全的守护神。

推动县乡人大工作和建设再上新台阶

日前，推进县乡人大工作和建设经验交流会在京召开，中共中央政治局常委、全国人大常委会委员长张德江出席会议并发表讲话，参会的省级人大常委会及县乡人大负责人就推进县乡人大工作和建设经验展开交流。此次会议旨在总结成绩，交流经验，改进工作，把党中央决策部署进一步落细落实，推动县乡人大工作和建设再上新台阶。这是继加强县乡人大工作和建设座谈会之后，全国人大常委会办公厅在不到两年的时间内，就县乡人大工作和建设第二次召开专门的会议。从"加强"到"推进"，表述上的变化实际上体现了在新的起点上，最高国家权力机关将持续发力，把县乡人大工作和建设提高到一个更高的水平上。

在整个人大系统中，县乡人大有着特殊的地位。它们处在政权结构的"底端"，是我国根本政治制度的基础环节，是实现基层民主的有效形式，是我们党执政的基础载体。"基础不牢，地动山摇。""郡县治，天下安。"这两句人们耳熟能详的经典表述，形象地概括出县乡人大在我们国家政治生活中的地位。由于县乡人大离实际最近，离百姓最近，离各种社会矛盾最近，所以，县乡人大工作更"接地气"，更容易得到百姓的关注，更容易让广大人民群众直接感受我国根本政治制度的优势。加强县乡人大工作和建设，不仅有利于提高人大工作的整体水平，推动人民代表大会制度和人大工作与时俱进，同时，也有利于巩固党的执政基础，夯实国家根本政治制度根基，推进国家治理体系和治理能力现代化。

正因为如此，本届全国人大常委会对县乡人大工作和建设给予了前所未有的重视，张德江委员长不仅多次就这个问题发表讲话，他还亲力亲为，先后多次深入基层进行调研。2015年6月，中共中央转发中共全国人大常委会党组关于加强县乡人大工作和建设的若干意见（简称《若干意见》），从依法做好县乡人大代表选举工作、认真开好县乡人大会议、依法行使重大事项决定权、加强和改进监督工作、认真做好人事选举任免工作、加强同人大代表和人民群众的联系、加强县乡人大自身建设、加强党对县乡人大工作的领导等若干方面，进行了顶层设计。根据中央精神，全国人大常委会又适时地对地方组织法、选举法和代表法进行了修改，以此健全地方人大特别是县乡人大组织制度和运行机制，完善选举和代表制度，推动人民代表大会制度与时俱进。2015年9月，全国人大常委会办公厅召开了加强县乡人大工作和建设座谈会，对县乡人大工作作了一次全面的会诊，肯定成绩，总结经验，找出问题，并在此基础上，共谋加强县乡人大建设、提高县乡人大工作水平的良策。此外，还加强了对县级人大常委会负责同志的培训，到目前为止，已实现集中培训全覆盖。

这一系列大手笔、大动作，对县乡人大工作和建设产生了积极的影响。近年来，各地以贯彻落实《若干意见》为契机，按照总结、继承、完善、提高的原则，推动县乡人大工作和建设取得了新进展新成效，有力保障了人民当家作主，加强了基层国家政权建设，巩固了党的执政基础，为统筹推进"五位一体"总体布局和协调推进"四个全面"战略布局，推动人民代表大会制度与时俱进、推进国家治理体系和治理能力现代化，发挥了重要作用。

我们知道，上下级人大没有领导被领导关系，但彼此之间加强联系、相互配合，特别是在一些重大问题上，上级人大对下级人大给予必要的支持和帮助，有利于形成人大工作的整体合力，增强人大工作的整体实效，从而实现全国各级人大工作整体推进，同步发展。如果说，过去几年，在全国人大常委会的积极推动下，县乡人大工作和建设取得重大进展，那么，以此次推进县乡人大工作和建设经验交流会为契机，县乡人大工作和建设必将迈出新步伐，再上新台阶，取得新突破。

2017 年第 12 期

为全面推进质量强国战略提供强有力的法治保障

产品质量法是一部和百姓关系极为密切的法律。它就像一位最忠实的伙伴，关注着我们的日常生活，关注着我们的衣食住行。甚至从某种程度上说，作为一个消费者，我们无时无刻不在接受着它的呵护。

20多年前，产品质量法在万众瞩目下闪亮登场。由于这部法律问世之际，正值我国社会主义市场经济刚刚起步。所以，它实际上是和市场经济相伴而行、一路走来。

20多年来，产品质量法对于提高产品质量水平，维护消费者权益，推动经济发展，发挥了重要作用。

此次开展产品质量法执法检查的目的，就是全面了解法律在实施中存在的突出矛盾和问题，从而督促法律实施机关采取有效措施，促进我国产品质量水平大幅提升。

质量是兴国之道、强国之策。产品质量是企业竞争力的核心，与群众切身利益、经济社会发展密切相关，体现着一个国家的综合实力。党和国家历来高度重视质量工作，尤其是党的十八大以来，更是将提高质量和效益作为我国经济发展的重中之重。习近平总书记指出，"质量就是生命，质量就是胜算"，并多次强调要抓好质量工作，推动中国产品从中国制造向中国创造转变，中国速度向中国质量转变，中国产品向中国品牌转变。

正是在这样一个背景下，全国人大常委会对此次执法检查高度重视，张德江委员长作出批示："产品质量是企业的生命，关系老百姓切身利益，也关系国家的声誉。要通过这次执法检查，督促产品质量法各项规定全面有效落实，引导全社会树立质量第一的强烈意识，把质量提升作为推进供给侧结构性改革、振兴实体经济的有力抓手，以质量促发展，以质量惠民生。"

为了做好这次执法检查工作，全国人大常委会认真组织、精心部署，由严隽琪、沈跃跃、张平、艾力更·依明巴海四位副委员长带队，分成4个小组赴天津、河北、上海、浙江、湖北、广东、重庆、甘肃8个省（市）开展实地检查。

赴地方检查期间，执法检查组在四位副委员长的带领下，轻车简从，深入实际，全面检查产品质量法的贯彻实施情况，重点对国务院及其有关部门依法监管情况、最高人民法院和最高人民检察院公正司法情况、企业主体责任落实情况、产品质量标准建设情况、检验检测等中介机构的专业技术支持和服务作用发挥情况、产品质量法需要修改完善的主要问题等方面进行了检查。

为了增强执法检查的实效性，全国人大常委会继续采取全流程监督的方式，综合运用多种监督手段，把执法检查同听取和审议执法检查报告、专题询问、整改落实、跟踪督查结合起来。特别是在执法检查过程中，既采取了听取汇报、召开座谈会等方式，同时，也进行了实地检查、随时抽查、暗访。

从检查情况看，产品质量法实际效果总体是好的。据有关部门统计，国家监督抽查平均合格率从1993年的70.4%提高到去年的91.6%，提升了21个百分点；10类重点消费品2016年国家监督抽查总体合格率同比上升5.2个百分点，达到90.3%；制造业质量竞争力指数从2001年的76.41%提高到目前的83.34%，其中电子通讯、仪器仪表制造业等超过

90%，进入较强竞争力发展阶段。在充分肯定成绩的同时，我们也要清醒地看到，我国产品质量工作虽然取得很大成绩，但与人民群众的需求相比还有明显差距，特别是全社会质量意识有待提高，产品质量发展的基础仍然较为薄弱，假冒伪劣屡禁不止，质量安全事件时有发生。调查问卷结果显示，超过 90% 的调查对象遇到过产品质量问题。产品质量法的贯彻实施仍存在一些问题。

进一步贯彻实施好产品质量法，保障和提升产品质量，是深入推进供给侧结构性改革、满足人民群众物质文化需求、全面建成小康社会的内在要求，也是依法行政、维护社会主义市场经济秩序的重要内容。党的十八大以来，党中央提出要把经济发展的立足点转到提高质量和效益上来。习近平总书记指出，供给侧结构性改革的主攻方向是提高供给质量，提升供给体系的中心任务是全面提高产品和服务质量。我们要深入学习和贯彻习近平总书记的重要指示精神，从质量强国、质量兴企、质量惠民、质量立德的高度充分认识贯彻实施产品质量法的重要意义，以此次执法检查为契机，掀起一个贯彻实施产品质量法的热潮，为全面推进质量强国战略提供强有力的法治保障。

2017 年第 13 期

让党性在人大工作中绽放

"两学一做"学习教育是加强党的思想政治建设的一项重大部署，是协调推进"四个全面"战略布局特别是推动全面从严治党向基层延伸的有力抓手，是巩固党的执政地位的内在要求，更是实现中华民族伟大复兴的政治保障。

在全国人大机关开展"两学一做"学习教育，意义特别重大。我们知道，人大工作具有很强的政治性、政策性和法律性。只有坚持党的领导，才能保证人大工作始终坚持正确的政治方向，才能保证人大工作不断焕发生机和活力，才能保证我国的人民代表大会制度不断发展完善。而开展"两学一做"学习教育，就是要通过学习党章，学习习近平总书记系列重要讲话精神，强化党员意识，增强党性观念，使每一位在全国人大机关工作的党员干部做到在党爱党、在党言党、在党忧党、在党为党，把党的路线、方针、政策贯彻到具体工作中，让党性在人大工作中绽放。

自"两学一做"学习教育开展以来，全国人大常委会领导同志高度重视，张德江委员长、李建国副委员长、王晨副委员长兼秘书长作出指示和批示，提出明确要求。机关党组认真研究部署，强化责任落实，精心组织实施。机关各级党组织把开展"两学一做"学习教育作为重大政治任务，作为履行主体责任的重要内容抓紧抓好,确保学习教育取得实效。

"教者,效也,上为之,下效之。"好的榜样,是最好的引导;好的楷模,是最好的说服。在"两学一做"学习教育中,常委会领导同志率先垂范,充分发挥带学促学的作用。中共中央政治局常委、全国人大常委会委员长张德江,中共中央政治局委员、全国人大常委会副委员长李建国,以及全国人大常委会副委员长王晨、沈跃跃、吉炳轩、张平、向巴平措、艾力更·依明巴海等常委会领导同志先后以普通党员的身份参加了所在党支部的学习讨论并讲党课。王晨副委员长兼秘书长还先后主持了20多次机关党组理论学习中心组集体学习。

在常委会领导同志的带动下,全国人大机关各级领导干部以上率下、行之以躬,形成了上行下效、整体联动的总体效应,推动了全机关学习教育的深入开展。

一年多来,从常委会领导同志带头讲党课,到机关党组理论学习中心组学习经常化;从充分发挥"关键少数"带头作用,到全体党员踊跃参加;从依托"三会一课"、充分发挥党支部作用,到不断丰富学习教育内容、创新学习教育形式;从强化问题导向、以解决问题为牵引,到落实巡视整改要求、不断把学习教育引向深入;从坚持两手抓两促进,到用学习教育成果指导工作实践……"两学一做"学习教育在全国人大机关全面铺开、稳步推进、成效显著,真正实现了全覆盖、常态化、重创新、求实效。

"两学一做"学习教育使全国人大机关广大党员干部经历了一次深刻的思想洗礼,精神面貌焕然一新,素质能力明显提升。大家纷纷表示,要把"两学一做"学习教育成果转化为动力,以更加饱满的热情投入到工作中,充分发挥集体参谋助手和服务保障作用,推动人大工作再上新台阶,以优异成绩迎接党的十九大胜利召开。

"两学一做"所包含的教育内容不仅是党员干部当下的"必修课",更是终生的"基本功"。因此,"两学一做"力不能减、劲不能松,学习教育应该永远在路上。

2017年2月，党中央作出推进"两学一做"学习教育常态化制度化的重大决策。全国人大机关党组多次召开会议，进行专门部署。5月26日，王晨副委员长兼秘书长在主持机关党组理论学习中心组集体学习时指出，我们要以推进"两学一做"学习教育常态化制度化为契机，深入学习贯彻习近平总书记系列重要讲话精神和治国理政新理念新思想新战略，特别是关于社会主义民主法治建设、人大制度和人大工作的重要论述，紧密联系服务全国人大及其常委会中心工作，切实把思想和工作摆进去，组织动员机关各级党组织和全体党员干部进一步振奋精神、凝聚力量，把学习成果转化为当好参谋助手、做好服务保障、推动事业发展的责任担当，立足岗位，积极作为，为圆满完成本届全国人大及其常委会各项目标任务作出更大贡献，以优异成绩迎接党的十九大胜利召开。

6月以来，张德江委员长、王晨副委员长兼秘书长、沈跃跃副委员长又先后参加所在党支部组织的党员活动，与大家一起进行学习讨论；为了进一步推进机关党组理论学习中心组学习制度化、规范化，推动理论武装工作深入开展，前不久，又出台了《全国人大常委会机关党组理论学习中心组学习规则》。各单位各部门也都按照机关党组的部署迅速行动起来，在巩固前期成果的基础上，"两学一做"学习教育常态化制度化的热潮正在兴起。

2017年第14期

用联网监督盯紧百姓的"钱袋子"

盯紧百姓的"钱袋子",使政府花好纳税人的每一分钱,是人大预算审查监督的一项重要功能。而充分利用信息和网络技术,来加强和改进人大预算审查监督工作,是当前各级人大共同面临的一个重大课题。

正是在这样一个背景下,为了进一步加强和改进人大预算审查监督,实施全面规范、公开透明的预算制度,根据党的十八大和十八届三中全会关于加强对政府全口径预算决算审查监督的要求和预算法、监督法的规定,按照全国人大常委会关于推进预算联网监督工作的部署要求,前不久,全国人大常委会办公厅印发了《关于推进地方人大预算联网监督工作的指导意见》(以下简称指导意见)。

指导意见就如何推进预算联网监督工作进行了顶层设计:既有总体要求和基本原则,又有具体措施;既有施工图,又有时间表;既注重前瞻性,又具有很强的可操作性。指导意见还特别指出,开展预算联网监督工作,要以党的十八大和十八届三中、四中、五中、六中全会精神为指导,深入贯彻习近平总书记系列重要讲话精神和治国理政新理念新思想新战略,坚持党的领导、人民当家作主、依法治国有机统一,以宪法和预算法、监督法等法律为依据,认真贯彻落实党中央的重大方针政策和决策部署，紧紧围绕加强对政府预算审查监督和实施全面规范、公开透明预算制度的要求，实行正确监督、有效监督，总结完善地方人大与政府财政等部门开展预算联网监督的经验做法，创新监督方式，丰富监督内容，提高监督实效，进一步推动依法理财、依法行政，切实把财政资金用好、管好，更好发挥财政在国家治理中的基础和重要支柱作用。这段话实际上是为今后一段时间人大预算联网监督工作定下了总的基调。

适应信息社会发展要求，利用"互联网+"和大数据技术，开展预算联网监督，是贯彻落实党中央关于加强人大预算审查监督重要部署的具体举措，是对人大预算审查监督工作的创新发展，是建立和完善中国特色社会主义预算审查监督制度的有益探索，也是新形势下加强和改进人大预算审查监督、提高监督针对性和实效性的客观需要。近年来，广东等一些地方的人大按照党中央的要求和预算法的规定，就如何利用信息技术和网络优势开展预算联网监督，进行了积极探索，取得了显著成绩，并积累了一些宝贵的经验。全国人大常委会高度关注地方人大预算联网监督工作，张德江委员长先后到广东、湖北等地考察调研，并作出指示批示："广东人大对预算联网监督的经验具有开创性，为全国人大及各地方人大加强和改进预算监督工作提供了宝贵经验。""广东省人大的经验很宝贵，要进一步完善和丰富，适时向全国介绍推广。"

从广东等地的经验看，开展预算联网监督，对于人大依法履行预算审查监督职责，实行正确监督、有效监督，推进预算公开透明，提高财政预算管理水平，具有重要的促进作用。一是有利于推进人大预算审查监督工作创新，拓宽监督渠道、丰富监督方式，实现人大对预算的多层次、多环节、全过程的监督。二是有利于拓展人大预算审查监督的广度和深度，围绕党的路线方针政策和党中央决策部署，围绕预算法规定的监督重点和人大代表、社会公众关心的热点难点问题，加大监督力度，增强监督的针对性有效性。三是有利于推进预算的公开透明，强化预算的约束性，增强预算编制的合理性和预算执行的规范性，提高财政资金使用绩效，推动建立健全全面规范、公开透明的预算制度。四是有利于推进依法理财、依法行政，增进人大代表和人民群众对财政预算工作的满意度，对于预防腐败、加强党风廉政建设、推进全面从严治党具有重要意义。以上这些经验，不仅为制定指导意见提供了素材，也为在全国推广预算联网监督工作提供了范例。

在人大系统流行这样一种说法：科技进步一小步，民主进步一大步。的确，以往的经验表明，现代科技手段的有效应用，必然会给人大工作带来积极的变化。由此可以预期，扎实推进预算联网监督工作，实现预算审查监督信息化和网络化，对于推动提高预算编制的科学性和民主性，增强预算执行的严肃性和规范性，提高财政预算管理水平，实施全面规范、公开透明的预算制度；对于提升人大预算审查监督内容的详实性和时效性，增强预算审查监督的针对性和有效性，更好依法履行预算审查监督职责，增进人大代表和人民群众对财政预算工作的满意度；对于更好发挥人民代表大会制度优势，推进国家治理体系和治理能力现代化，将产生重大的影响。

2017 年第 15 期

坚持问题导向　补齐工作短板

著作权是重要的知识产权，也是科技创新和文化繁荣发展的重要动力。依法做好著作权工作，是建设创新型国家的必然要求，是建设知识产权强国的应有之义，也是建设社会主义文化强国的客观需要。

为了促进著作权法全面深入实施，确保党中央重大决策部署得到贯彻落实，推动创新型国家、知识产权强国和社会主义文化强国建设迈出新步伐，全国人大常委会启动了对著作权法的执法检查。张德江委员长对这次执法检查作出批示，强调"要通过这次执法检查，宣传好著作权法，提高全社会尊重智力劳动和保护著作权的意识，督促和支持有关国家机关依法履行职责、改进工作，深入推进著作权领域法治建设，推动提升著作权创造、运用、保护、管理水平和服务能力，为建设创新型国家和社会主义文化强国作出积极贡献"。

全国人大常委会组成了由王晨副委员长兼秘书长任组长，吉炳轩、张宝文、陈竺副委员长和全国人大教科文卫委员会主任委员柳斌杰任副组长的执法检查阵容。检查组分为5个小组，分别由组长和副组长带队，于2017年6月赴青海、北京、广东、福建、上海5个省（市）进行检查，共召开了17次汇报会、座谈会，实地考察了40多家单位，深入了解著作权法实施情况。此外，全国人大常委会还委托天津、河北、内蒙古、山东、河南、湖北、湖南、重庆、四川、贵州10个省（区、市）人大常委会在本行政区域内进行检查。

可以说，此次执法检查是对著作权法实施情况所进行的一次集中会诊，也是针对各种违反著作权法行为所采取的一次"亮剑"行动。

突出重点、直面问题、"对症下药"、"注重疗效"，这是此次执法检查留给人们的最深印象。王晨副委员长兼秘书长在执法检查组第一次全体会议上明确指出，这次执法检查，要在全面了解著作权法实施情况的基础上，紧紧抓住影响法律实施的关键问题、制约著作权工作的重点问题、损害著作权人利益的突出问题，深入研究，"对症下药"，补齐普法、执法、司法工作中的短板，加强法律实施薄弱环节建设，推进著作权法全面深入实施。查找问题要准确无误，要用事实和数据说话，同时要突出重点，不能眉毛胡子一把抓。对查找出的问题要深入剖析原因，提出解决问题、改进工作的建议。提出建议要理清路子、开对方子，具有针对性和可操作性，不能泛泛而谈。

开展执法检查就是为了解决问题。能不能解决问题，能解决多少问题，是衡量执法检查实效性的一个最重要的标准。由于此次执法检查坚持问题导向，把补齐普法、执法、司法工作中的短板作为着力点，所以，问题抓得准，原因分析得透，所提出的建议符合实际，具有很强的针对性和可操作性。这也为下一阶段"出实效""抓整改""促落实"打下了一个坚实的基础。

长期以来，人们对著作权往往采取敬而远之的态度，认为它过于"高大上"，远离我们的生活。实际上，著作权和我们的日常生活有着密切的关系，是我们的"身边事"。我们读书看报、网上冲浪、欣赏各类文艺作品等，都会涉及著作权问题。而作为以保护著作权为主要内容的一部重要法律，著作权法也是一部我们"身边的法律"。它就像一位忠实的伙伴，不仅时刻守护着我们的智力劳动成果，同时，也在时时提醒我们：不要侵占他人的智力劳动成果，不要贪恋"免费的午餐"。

正因为如此，此次执法检查，就是要提升国人的著作权意识，让著作权法真正走入人们的心中，让每一个人都能知法守法用法尊法护法，让尊重智力劳动、保护著作权、鼓励创新成为一种社会风尚。

2017 年第 16 期

脱贫攻坚路上，人大与百姓同在

消除贫困、改善民生、实现共同富裕，是社会主义的本质要求。党的十八大以来，以习近平同志为核心的党中央把脱贫攻坚作为全面建成小康社会的底线任务和标志性指标，摆到治国理政的重要位置，以前所未有的力度推进。

以习近平总书记 2013 年首次提出精准扶贫为起点，以党的十八届五中全会和中央扶贫开发工作会议决策部署为标志，我国扶贫开发进入脱贫攻坚新阶段。党中央和国务院对"十三五"脱贫攻坚作出全面部署，主要包括四个方面：一是总体目标。到 2020 年我国现行标准下农村贫困人口全部脱贫，贫困县全部摘帽，解决区域性整体贫困。二是基本方略。实施精准扶贫、精准脱贫，核心是做到"六个精准"（扶持对象精准、项目安排精准、资金使用精准、措施到户精准、因村派人精准、脱贫成效精准），实施"五个一批"（发展产业脱贫一批、易地搬迁脱贫一批、生态补偿脱贫一批、发展教育脱贫一批、社会保障兜底一批，还要实施劳务输出、健康、资产收益扶贫等），解决"四个问题"（扶持谁、谁来扶、怎么扶、如何退）。三是政策举措。国家出台财政、金融、土地、交通、水利、健康、教育等一系列超常规政策举措，打出组合拳。四是组织保障。充分发挥政治优势和制度优势，强化组织领导、责任体系、监督检查、考核评估等一系列保障措施。

正是在这样一个大的背景下，本届全国人大常委会对脱贫攻坚工作高度重视。8月30日，十二届全国人大常委会第二十九次会议审议《国务院关于脱贫攻坚工作情况的报告》并开展专题询问，这是本届全国人大常委会第二次审议有关扶贫工作情况的报告并开展专题询问。这既是对党中央脱贫攻坚重大决策部署落实情况的全面检查，也体现了最高国家权力机关对扶贫工作的高度关心和支持，必将对脱贫攻坚工作迈上新台阶起到积极的推动作用。

为了做好此次审议和专题询问工作，全国人大常委会做了充分的准备。今年4月以来，全国人大常委会副委员长吉炳轩、向巴平措，全国人大农业与农村委员会、民族委员会的组成人员分成10个调研组，先后赴安徽、河南、重庆、甘肃、山西、江西、湖南、河北、青海、湖北、贵州、海南、广西、新疆等地调研，实地考察脱贫攻坚工作，广泛听取地方各级干部和群众的意见和建议。

8月30日下午，十二届全国人大常委会第二十九次会议在人民大会堂举行联组会议，结合审议《国务院关于脱贫攻坚工作情况的报告》进行专题询问。张德江委员长出席。吉炳轩副委员长主持会议。国务院副总理汪洋和国家发展改革委主任何立峰、教育部部长陈宝生、国家民委主任巴特尔、民政部部长黄树贤、财政部部长肖捷、农业部部长韩长赋、国家卫生计生委主任李斌、国务院扶贫办主任刘永富、国务院副秘书长江泽林、国家民委副主任石玉钢、央行副行长易纲等国务院有关部门负责人到会应询。

"在当前脱贫攻坚面临的一些困难和问题中，哪些是最难解决的？怎样才能有效解决这些困难和问题，以确保脱贫攻坚目标任务顺利完成？"首先发问的全国人大常委会委员、全国人大农业与农村委员会副主任委员陈光国开宗明义、直奔主题。在接下来的专题询问过程中，问者直面问题，一针见血；答者不遮不掩，态度诚恳。答问之间充分体现出全国人大常委会和国务院对人民高度负责的态度，展示出两者在脱贫攻坚中所形成的高度默契，彰显出人大监督寓支持于监督之中的品格。

找准病因，对症下药，方能药到病除。在此次常委会会议审议和专题询问过程中，全国人大常委会组成人员围绕脱贫攻坚这个话题，畅所欲言，既肯定成绩，又不回避困难和问题，同时还提出了许多很好的意见和建议。这让人们对打赢脱贫攻坚战充满了信心。

吉炳轩副委员长在专题询问结束时强调，国务院有关部门要深入研究委员们审议中提出的问题和建议，按时向全国人大常委会作出反馈，全国人大农业与农村委员会和民族委员会要加强跟踪监督，形成打赢脱贫攻坚战的强大合力，确保到 2020 年如期完成脱贫目标。这实际上表明，在脱贫攻坚路上，人大将时刻与百姓同在。

2017 年第 17 期

着力提高地方立法精细化水平

第二十三次全国地方立法工作座谈会于9月6日至7日在广西壮族自治区南宁市召开，张德江委员长出席会议并发表讲话。

本次会议的主题是：在以习近平同志为核心的党中央领导下，全面贯彻落实党的十八大和十八届三中、四中、五中、六中全会精神，深入学习贯彻习近平总书记系列重要讲话精神和治国理政新理念新思想新战略，牢固树立"四个意识"，围绕统筹推进"五位一体"总体布局、协调推进"四个全面"战略布局，注重将社会主义核心价值观融入立法工作，总结交流地方立法工作经验和做法，深入推进设区的市行使好立法权，着力提高地方立法的针对性和可操作性，不断提高立法质量，提升社会治理能力。

地方性法规是中国特色社会主义法律体系的重要组成部分，完善中国特色社会主义法律体系，不仅要加强全国人大及其常委会的立法工作，同时也必须加强地方立法工作。而有立法权的各级各地人大之间加强联系、密切配合、交流经验、沟通情况，有利于相互促进、共同提高。并且在维护社会主义法制统一这一大的原则下，立法工作本身就是一个整体，我们必须要有全国一盘棋的思想，这样才能形成立法工作的整体合力，实现立法工作的整体推进、同步发展。正因为如此，定期举办全国地方立法工作座谈会，是加强对地方立法进行指导的重要途径，是各级各地人大之间交流经验、互相学习的重要平台，是维护社会主义法制统一的重要手段。

赋予地方立法权，是我国立法体制的重大变化。改革开放以来，国家两次大范围赋予地方立法权，包括1979年赋予省级人大和2015年扩大赋予所有设区的市（州）级人大立法权。这是我们党深刻总结中华人民共和国成立以来治国理政正反两方面经验、适应新时期改革开放和社会主义民主法制建设需要作出的重要决策，是新形势下推进国家治理体系和治理能力现代化的重要举措。30多年来，有立法权的地方人大及其常委会自觉坚持党对立法工作的领导，围绕党和国家在各个时期的工作中心，紧密结合本地实际，积极回应百姓关切，认真行使宪法法律赋予的职权，坚持"不抵触、有特色、可操作"的原则，以立法推动改革、促进发展、维护稳定、保障民生，取得了良好效果。截至目前，有立法权的地方人大共制定现行有效的地方性法规万余件，在法治建设中发挥着实施性、补充性、探索性的重要作用，有力促进了地方经济社会发展和民主法制建设，为国家立法提供了有益经验，为形成和完善中国特色社会主义法律体系作出了积极贡献。

在充分肯定成绩的同时，我们也要清醒地看到，地方立法仍存在着一些突出问题。就目前的情况而言，如何提高立法质量，是地方立法面临的一个重大课题。为此，张德江委员长在地方立法工作座谈会上强调，做好新形势下的地方立法工作，要紧紧抓住提高立法质量这个关键，坚持问题导向，突出地方特色，着力提高立法精细化水平，立符合实际的法、有效管用的法、百姓拥护的法，以良法促进发展、保障善治。如何才能提高立法精细化水平？这就需要我们发扬"工匠"精神，增强精品意识，以精益求精的态度和作风进行立法，对每一部法律都努力做到精雕细琢，力求使每一部法律都能成为精品。要坚持质量第一的原则，不急于求成，不搞数量攀比，更不能搞"花架子"。

　　从张德江委员长的上述讲话中可以看出，衡量一部法律的质量高低，有三个很重要的标准：一是是否符合实际。法律是实践的产物，实践是法律之母。地方立法必须坚持从实际出发，遵循客观规律，符合实际需要。二是有效管用。立法工作必须坚持问题导向，真正做到"针对问题立法、立法解决问题"，这样才能使地方立法产生积极的社会效果，才能使制定出来的法规有效管用。早在四年前召开的立法工作会议上，张德江委员长就指出："人民群众对立法的期盼，已经不是有没有法律法规，而是法律法规好不好、管不管用、能不能解决实际问题。"三是百姓拥护。坚持以人民为中心，充分反映人民的意愿，切实保障人民的利益，不断满足人民对幸福美好生活的期盼，是新形势下立法工作的重要价值取向。而人民群众的获得感和幸福感，在很多情况下是建立在立法的基础之上。所以，立法质量如何，百姓最有发言权。

　　从符合实际，到有效管用，再到百姓拥护，这样的法律才是精品佳作。

2017 年第 18 期

在新的历史起点上续写辉煌

再过几天,我们将迎来党的十九大。

光阴似箭,党的十八大至今,中国已走过近5年的路程。

党的十八大以来,以习近平同志为核心的党中央团结带领全国各族人民坚定不移走中国特色社会主义政治发展道路,坚持党的领导、人民当家作主、依法治国有机统一,推进社会主义民主法治建设,推动人民代表大会制度与时俱进,人民代表大会制度的根本政治制度作用得到更好发挥,我国社会主义民主政治的优越性得到充分彰显,人大工作呈现出勃勃生机和活力。在坚持和完善人民代表大会制度、发展社会主义民主政治方面,习近平总书记提出了一系列具有重大理论和实践创新意义的新思想新论断新要求,为在新的历史起点上坚持和完善人民代表大会制度,推进社会主义民主政治建设,奠定了坚实的理论和实践基础。

在这样一个新的时代场景中,本届全国人大常委会以时不我待的历史主动、勇毅笃行的履职自觉和锐意开拓的政治担当,坚韧而进、积极创新、善于作为。从依法及时妥善处理辽宁拉票贿选案的有关问题,到依法对香港基本法第一百零四条作出解释;从依法作出关于开展国家监察体制改革试点工作的决定并推进相关立法工作,到坚持立法和改革决策相衔接、相统一……，全国人大常委会不断增强党对人大工作领导的思想自觉和行动自觉，确保党中央的重大决策部署得到贯彻落实。

本届以来，全国人大常委会始终恪守宪法原则，履行宪法监督职责，大力弘扬宪法精神，坚决维护宪法权威，保证宪法全面有效实施。依法设立国家宪法日，建立宪法宣誓制度，实施宪法规定的特赦制度，制定国家勋章和国家荣誉称号法、国歌法，健全规范性文件备案审查制度，健全宪法解释工作程序。通过这一系列重大举措，使宪法能够放下身段，走向社会，真正融入到百姓的日常生活中，由"制度文本"成为一种生活准则。

本届以来，适应全面依法治国的需要，立法工作呈现出数量多、分量重、节奏快的特点，取得一批新的重要成果。截至2017年9月1日，本届全国人大及其常委会制定法律22部，修改法律110件次，通过有关法律问题和重大问题的决定37件，作出法律解释9件。在加快节奏的同时，"精细化"成为立法工作新常态。委员长亲自参加分组审议，"前评估"成为立法工作中的一道必经工序，法律草案一审和二审、三审后都向社会公开征求意见，增加法律草案的审次和延长会期，审议发言人数屡创新高，立法调研形式更加灵活多样，建立基层立法联系点……，这些程序上的细节之变，见证着科学立法、民主立法的进程在不断向前推进。

本届以来，全国人大常委会按照正确监督、有效监督的总要求，选择好角度、掌握好尺度、把握好力度。执法检查创新形式、精准发力，推动法律制度真正落地生根；工作监督关注热点、直面问题，寓支持于监督之中，与"一府两院"真正形成了推动问题解决、工作改进的合力；专题询问不对口型、不走过场，真正问出了人大的权威，问出了实效；审议反馈报告改变了以往对整改落实情况仅限于书面反馈的做法，持续发力、跟踪到底，杜绝"半拉子工程"出现；预算监督为百姓看好"国家账本"；经济监督护佑中国经济行稳致远。特别值得一提的是，本届全国人大常委会通过综合运用多种监督手段，为我们提供了一个又一个"全要素监督"的经典范本。

本届以来，通过建立委员长会议组成人员、常委会委员联系代表制度，推动健全代表联系人民群众的工作平台和网络平台，打通了全国人大常委会同人大代表和人民群众联系的"最后一公里"。而加强代表思想政治建设和作风建设，则使人大代表的综合素质明显提高，履职积极性空前高涨。

本届以来，全国人大常委会注重同地方人大的联系，关心和支持地方人大的工作，力求形成工作上的合力，实现人大工作的整体推进。尤其是加强县乡人大工作和建设、赋予设区的市地方立法权，对推动地方人大工作不断发展完善，产生了重大影响。

理论源于实践，又指导实践。科学的理论总是与伟大的实践相伴而生。中国人民代表大会制度理论研究会的成立，不仅为人民代表大会制度发展完善提供了更多的智力支持，也为人大工作注入了新的活力。

党的十九大的召开，将使我们党和国家又一次站在新的历史起点上，同时，也会为进一步坚持和完善人民代表大会制度、不断加强和改进人大工作提供更广阔的前景。我们相信，只要紧密团结在以习近平同志为核心的党中央周围，深入贯彻落实习近平总书记系列重要讲话精神和治国理政新理念新思想新战略，不断增强"四个意识"，认真履行职责，扎实开展工作，最高国家权力机关就一定能再创新的辉煌！

2017 年第 19 期

谱写新时代中国民主的华彩乐章

金秋十月，一个收获硕果与孕育希望的季节。

肩负着无比神圣的历史使命，承载着亿万人民的殷切期待，中国共产党第十九次全国代表大会在北京隆重开幕。这是一次在全面建成小康社会决胜阶段、中国特色社会主义发展关键时期召开的十分重要的大会，大会将对未来五年新目标新征程提出具有全局性、战略性、前瞻性的行动纲领，事关党和国家事业继往开来，事关中国特色社会主义前途命运，事关最广大人民的根本利益。

习近平总书记代表十八届中央委员会所作的报告，总结了过去五年改革开放和社会主义现代化建设所取得的历史性成就，作出了中国特色社会主义进入新时代的重大政治判断，系统回答了事关党和国家长远发展的重大理论和实践问题，并就决胜全面建成小康社会、开启全面建设社会主义现代化国家新征程提出了新方略、新决断、新部署，具有划时代的里程碑意义。报告高屋建瓴、统揽全局，气势恢宏、博大精深，令人鼓舞、催人奋进，是一篇闪耀着马克思主义真理光芒的纲领性文件，是我们党迈向新时代、开启新征程、续写新篇章的政治宣言和行动指南，是决胜全面建成小康社会的集结号和动员令，必将极大增强中华民族的凝聚力、向心力。

　　党的十九大报告提出中国特色社会主义进入新时代，这是对党和国家发展历史方位的精辟概括。认识和理解新时代，重要的是把握新起点、新使命、新征程。要深刻认识中国特色社会主义进入新的发展阶段，党和国家事业站到了新的历史起点上；深刻认识进行伟大斗争、建设伟大工程、推进伟大事业、实现伟大梦想，凸显了当代中国共产党人的使命担当；深刻认识决胜全面建成小康社会、开启全面建设社会主义现代化国家新征程的任务目标；深刻认识新时代需要党有新作为，以党的政治建设为统领，全面加强党的建设，坚定不移全面从严治党。

　　思想是时代的先声。思想有多深邃，我们就能走多远。以习近平同志为主要代表的中国共产党人，进行着划时代的理论创新、实践创新，创立了习近平新时代中国特色社会主义思想，这是马克思主义中国化的最新成果，是中国特色社会主义理论体系的重要组成部分，是被实践证明了的科学真理，是进行伟大斗争、建设伟大工程、推进伟大事业、实现伟大梦想的实践指南，是中国共产党人新时代的精神支柱和力量源泉，是我们必须长期坚持的指导思想。党的十九大把习近平新时代中国特色社会主义思想确立为党必须长期坚持的指导思想，实现了党的指导思想又一次与时俱进，具有重大的政治意义、理论意义、实践意义。

　　时钟回拨，五年，也许在时间的长河中不过是倏忽一瞬，但以党的十八大为节点的这五年，却在中国的历史发展进程中留下了极不平凡的印迹，成为中国特色社会主义事业发展的一个新高度。从党的十八大到十九大，一系列新理念新思想新战略相继提出，一系列重大方针政策密集出台，一系列重大举措有力推出，一系列重大工作务实推进……，以习近平同志为核心的党中央迎难而上、开拓进取、革故鼎新、励精图治，带领党和国家走过极不平凡的五年。这五年，党风政风为之一新，党心民心同频共振，许多过去想办而没有办成的大事终于办成。五年来，全方位、开创性的成就和深层次、根本性的变革，不仅振奋了人民精神，更凝聚起坚不可摧的人心力量。五年理论创新，中国特色社会主义进入新的发展阶段；五年实践创新，亿万人民有着沉甸甸的获得感；五年制度创新，更加成熟更加定型的制度体系正在形成。正是在这波澜壮阔的五年中，以习近平同志为核心的党中央增强政治定力、坚定理论自信，以高远的历史站位、宽广的世界眼光，提出了一系列治国理政的新理念新思想新战略，写就了习近平新时代中国特色社会主义思想的崭新篇章。

伟大的梦想照亮伟大的时代，伟大的时代需要伟大的作为。党的十九大绘就了新时代国家发展的美好图景，同时也对人大制度建设和人大工作提出了新的更高的要求。最高国家权力机关只有以更加强烈的责任意识和政治担当，认真履行宪法法律赋予的职责，以保证人民当家作主、发展社会主义民主政治为己任，恪尽职守、奋发进取、勇于实践、善于创新，才能不负时代的重托和人民的期望。

推开新时代的大门，我们就要踏上新的征程。新时代的号角，让人激动，更催人奋进。在新的征程上，有更大的成就，也有更多的挑战。我们只要保持永不懈怠的精神状态、一往无前的奋进姿态，就一定能走向更广阔的未来，就一定能在民族复兴的伟大进军中谱写更加壮丽的中国民主新华章。

2017 年第 20 期

新时代　新使命　新作为

中国特色社会主义进入新时代，中国的发展站到了一个更高层级的历史方位上，这对人大制度和人大工作提出了新的更高的要求。各级人大及其常委会应当以更加饱满的政治热情、更加强烈的使命意识和担当精神，立足新时代、把握新使命、开启新征程、探索新实践、展现新作为，这样才能不负党和人民的重托。

党的十九大报告明确提出："人民代表大会制度是坚持党的领导、人民当家作主、依法治国有机统一的根本政治制度安排，必须长期坚持、不断完善。"这样一个立意高远、主题鲜明、内涵丰富的重大论断，是在新的历史条件下对我国人民代表大会制度所作出的新定位，它极大地丰富和发展了马克思主义国家政权学说，进一步拓展了人民代表大会制度的时代内涵。党的领导、人民当家作主、依法治国是一个相辅相成的有机整体，党的领导是人民当家作主和依法治国的根本保证，人民当家作主是社会主义民主政治的本质特征，依法治国是党领导人民治理国家的基本方式，三者统一于我国社会主义民主政治伟大实践。其中党的领导是核心、是根本、是关键。党的领导、人民当家作主和依法治国，需要从国家制度的层面上来作出总体安排和顶层设计，需要通过一系列衔接细密的体制机制来运行和保证，需要在一定制度框架和规则范围内来贯彻和实施。而人民代表大会制度为实现党的领导、人民当家作主、依法治国提供了有效可靠的制度载体、实施平台和运行轨道，为实现"三者有机统一"创造了根本制度环境和重要运行条件。所以，我们要根据"根本政治制度安排"这样一个新定位，深刻认识和准确把握人民代表大会制度的核心内涵、基本特征和本质要求，推动人民代表大会制度的理论和实践发展完善、与时俱进。

党的十九大报告对人大工作作出了一系列重大部署，提出了明确要求。根据十九大报告的精神，当前和今后一个时期，要着重做好以下几个方面的工作：第一，要支持和保证人民通过人民代表大会行使国家权力。要坚持人民主体地位，同人民群众保持密切联系，扩大公民的有序政治参与，使越来越多的普通百姓关心人大工作、支持人大工作、参与人大工作。第二，加强宪法实施和监督，推进合宪性审查工作，维护宪法权威，推动全社会形成尊崇宪法、遵守宪法、维护宪法的深厚思想基础。第三，发挥人大及其常委会在立法中的主导作用，根据新形势新要求，坚持立改废释并举、加强重点领域立法，遵循和把握立法规律，不断提高立法精细化水平。推进科学立法、民主立法、依法立法，以良法促进发展、保障善治。第四，认真履行宪法法律赋予的监督职责，按照"正确监督、有效监督"的总要求，把握好力度、掌握好尺度、选择好角度，寓支持于监督之中，不断增强监督实效，从而达到问题解决、工作改进、法律实施的目的。第五，按照宪法法律的规定，认真行使重大事项决定权，做到科学决策、民主决策、依法决策，使党中央的重大决策部署能够得到贯彻落实，使人大及其常委会通过的每一项决定都能符合法律规定、体现人民意志、受到人民拥护。第六，依法行使人事任免权，坚持党管干部原则与人大依法行使选举任免权的统一，确保党组织推荐人选经过法定程序成为国家机关领导人员。第七，健全人大组织制度和工作制度，完善人大专门委员会设置，优化人大常委会和专门委员会组成人员结构，健全联系人大代表机制，更好发挥人大代表作用。

党的十九大报告除了用专门的章节对人大工作作出部署和安排外，所提出的许多目标任务都和人大工作有关，需要各级人大及其常委会加以贯彻落实。从深化供给侧结构性改革，到加快建设创新型国家；从实施乡村振兴战略，到实施区域协调发展战略；从加快完善社会主义市场经济体制，到推动形成全面开放新格局；从推动社会主义文化繁荣，到提高保障和改善民生水平、加强和创新社会治理；从建设美丽中国，到全面推进国防和军队现代化；从坚持"一国两制"、推进祖国统一，到推动构建人类命运共同体；从夺取反腐败斗争压倒性胜利，到不断健全国家监督体系……可以说，党的十九大报告为我们开列了一份详尽的"任务清单"，各级人大及其常委会要围绕中心、服务大局，确保十九大作出的重大战略部署、提出的目标任务，能得到贯彻落实。

新时代孕育新使命，新使命成就新作为。各级人大及其常委会只要认真贯彻落实党的十九大精神，以习近平新时代中国特色社会主义思想为指引，履职尽责、扎实工作，就一定能在实现中华民族伟大复兴的历史进程中拥有更大的作为，取得更大的成就。

2017 年第 21 期

希望的田野孕育新的希望

作为贯彻落实党的十九大精神的重大举措，在前不久结束的十二届全国人大常委会第三十次会议上，实施14年后的农村土地承包法正式进入修改程序。

此次农村土地承包法修改的总体思路是：全面贯彻党的十八大、十九大和历次中央全会精神，围绕处理好农民和土地的关系这条主线，坚持农村基本经营制度不动摇，进一步赋予农民充分而有保障的土地权利，为提高农业农村现代化水平，推动实施乡村振兴战略和城乡融合发展，保持农村社会和谐稳定提供制度保障。从提交审议的修正案草案看，"三权分置"、耕地承包期届满后再延长30年、土地经营权入股、进城务工农民土地权益保护等内容，不仅回应了多年来广大农民的重大关切，同时也使党的十九大围绕"三农"工作所作出的顶层设计能真正落地，从而为全面实施乡村振兴战略夯实了地基。

"民惟邦本，本固邦宁"，在中国传统里，治国济世莫不以农村、农民为重，而土地则更是重中之重。可以说，土地是农民赖以生存的基础，也是农民生活的财富之源。"土地是农民的命根子"这样一句流传多年的经典表述，再恰当不过地表达了土地的重要性。

有人这样形容：只有了解中国的土地政策，才能读懂中国，读懂中国农民。的确，循着中华人民共和国成立68年来土地政策的发展脉络，从建国初期的土地改革，到互助合作、土地归集体所有；从实行以生产队为基础的人民公社、生产大队、生产队土地三级所有制，到家庭联产承包责任制；直到现在的"三权分置"，我们可以清晰地看出中国社会的发展变化，看出广大农民命运的起伏转折。

我们知道，实行以家庭承包经营为基础、统分结合的双层经营体制，是农村改革的重大成果，是我国宪法确立的农村基本经营制度。农村土地承包法自2003年施行以来，对稳定农村基本经营制度，赋予农民长期而有保障的土地承包经营权，增加农民收入，促进农业、农村经济健康发展和农村社会和谐稳定，发挥了重大作用。

近年来，受工业化和城镇化的加速推进，以及种地效益普遍低下等因素影响，越来越多的农民进城务工，土地流转十分普遍。目前，全国农村已有30%以上的承包农户在流转承包地，流转面积4.79亿亩，各类合作社、农业产业化龙头企业等新型经营主体大量涌现，规模化、集约化经营水平不断提升，呈现"家庭承包，多元经营"格局。针对农村农业发展和土地流转经营的实际情况，习近平总书记于2014年9月29日主持召开中央全面深化改革领导小组会议时指出，"现阶段深化农村土地制度改革，要更多考虑推进中国农业现代化问题，既要解决好农业问题，也要解决好农民问题，走出一条中国特色农业现代化道路。我们要在坚持农村土地集体所有的前提下，促使承包权和经营权分离，形成所有权、承包权、经营权三权分置、经营权流转的格局。"

"三权分置"是继家庭联产承包责任制后农村改革又一重大制度创新，用法律的形式把它确立下来，意义重大。全国人大常委会组成人员在分组审议农村土地承包法修正案草案时，对"三权分置"作了高度评价。大家认为，土地是农民的安身立命之本，土地政策的每一项变动都关系着农民的切身利益。"三权分置"是家庭联产承包责任制和农村改革中重大的制度创新，不仅体现了民心民意，也符合当前农村土地经营实际情况。将农村土地的所有权、承包权、经营权"三权分置"以法律的形式确定下来，必将极大地提高农业土地使用的效能和助推乡村振兴战略的实施，同时也有利于维护农民的土地承包权益和促进农业现代化发展。

时光回流，家庭联产承包责任制拉开了新时期我国农村改革的大幕，给农村带来了巨大的变化，人们开始用"希望的田野"来描述广大农村。今天，当我们再度踏上新的征程之际，"三权分置"将给希望的田野带来新的希望。

2017 年第 22 期

加强青少年宪法教育是一项希望工程

又是一个国家宪法日。让我们再度走近宪法，表达对它的尊崇之情，感受它给我们带来的变化。

2012年12月4日，刚刚当选为中共中央总书记的习近平同志在首都各界纪念现行宪法公布施行30周年大会上指出："坚持党的领导，更加注重改进党的领导方式和执政方式。依法治国，首先是依宪治国；依法执政，关键是依宪执政。新形势下，我们党要履行好执政兴国的重大职责，必须依据党章从严治党、依据宪法治国理政。"这是一个郑重的宣示，也是一个庄严的承诺，它充分显示出了以习近平同志为核心的党中央维护宪法权威、保证宪法实施的坚定信心。由此，一股前所未有的"宪法热"在中华大地上掀起。

5年来，从习近平总书记多次作出重要论述，强调坚持依法治国首先要坚持依宪治国，坚持依法执政首先要坚持依宪执政，到党的十八届四中全会就健全宪法实施和监督制度作出重大部署；从设立国家宪法日，到建立宪法宣誓制度；从健全宪法解释程序机制，到加强备案审查制度和能力建设……党和国家对宪法的实施给予了高度重视，并进行了一系列顶层设计。而党的十九大提出："加强宪法实施和监督，推进合宪性审查工作，维护宪法权威。"这就抓住了依宪治国的"牛鼻子",真正解决了保障宪法实施的"最后一公里"的问题,让宪法真正成为判断人们行为对错的是非标准和判断行政法规、地方性法规、自治条例、单行条例是否"合宪"的裁判规则。说到底,就是让宪法"活起来""动起来"。

5年来,通过丰富多彩的宪法宣传教育活动,宪法能够真正放下身段,走向社会,真正融入到百姓的日常生活中,让百姓"看得见""摸得着"。

今天,在我们步入新时代、开启新征程之际,我们必须形成这样的共识:弘扬宪法精神、保障宪法实施,是一项长期的、艰巨的任务,不可能毕其功于一役。国家宪法日只有一天,但宪法的实施却是全天候的。因此,如何让宪法在每一天都能享受节日般的礼遇,如何让宪法由"制度文本"成为生活中的规则和习惯,如何让尊崇宪法成为广大公民情感上的认同、价值上的执着和行动上的自觉,如何让宪法精神在我们生活中的每一个空间绽放……这将是我们长期面临的课题。

就在刚刚结束的第四个国家宪法日座谈会上,张德江委员长就深入学习贯彻习近平新时代中国特色社会主义思想,大力弘扬宪法精神,全面贯彻实施宪法,提出了明确要求。这次座谈会的一大亮点是会议主办方不仅邀请100多名大学生和中学生参加会议,同时还专门安排大中小学各一名学生代表作大会发言。此举用意深刻。

我们知道,青少年是民族的希望、祖国的未来,青少年的价值取向决定了一个国家和民族未来的价值取向,青少年对待宪法的态度也决定了宪法未来的命运。一分耕耘,一分收获。我们今天对青少年进行宪法宣传教育,让他们了解更多的宪法知识,在他们的内心深处播撒下宪法的种子,这实际上是在为我们的国家和民族造就一支强大的保障宪法实施的中坚力量。我国有2.65亿在校生,51.2万所学校,这是加强宪法教育、普及宪法知识、弘扬宪法精神的重要群体和重要阵地。

为此,张德江委员长在国家宪法日座谈会上指出:"要注重从青少年抓起，把宪法教育作为培养社会主义合格公民的基础工程"，"使大中小学生都了解宪法知识，树立宪法意识，增强宪法自信，成为宪法的坚定信仰者、宣讲者、实践者、维护者。"

从张德江委员长的讲话中可以得出这样的结论：加强宪法宣传教育，应从娃娃抓起，从青少年抓起，从课堂抓起。这是实施全面依法治国方略的基础性工作，是一项长远性工程，也是一项希望工程。

2017 年第 23 期

人大制度理论研究要紧跟时代步伐

人大制度理论和实践创新成果交流研讨会12月12日在北京召开，全国人大常委会委员长张德江出席会议并讲话。这次会议的主旨和任务就是以习近平新时代中国特色社会主义思想为指引，认真学习贯彻党的十九大精神，全面总结交流十二届全国人大五年来人大制度理论和实践创新成果，健全人民当家作主制度体系，发展社会主义民主政治。

人大制度理论研究具有鲜明的时代特征。党的十八大以来，习近平总书记在坚持和完善人民代表大会制度、发展社会主义民主政治方面，提出了一系列具有重大理论和实践创新意义的新思想新论断新要求。这些新思想新论断新要求具有鲜明的时代特色和理论风格，拓展了人民代表大会制度和我国社会主义民主政治的科学内涵、基本特征和本质要求，提升了人民代表大会制度的核心理念和核心价值，发展了马克思主义国家和法的理论，成为习近平新时代中国特色社会主义思想的重要组成部分，为我们在新的历史条件下长期坚持、全面贯彻、不断发展人民代表大会制度，推进社会主义民主政治建设，提供了科学理论指导和行动指南。五年来，特别是中国人大制度理论研究会成立以来，各级人大及其常委会认真学习贯彻落实这些新思想新论断新要求，紧紧围绕推动人民代表大会制度理论和实践创新，积极开展理论研究、工作研究和成果交流，形成了一批有分量、有价值的研究成果，为坚持和完善人民代表大会制度、加强和改进人大工作作出了积极贡献。

围绕中心、服务大局，是人大制度理论研究的题中应有之义。当前，认真贯彻落实党的十九大精神，确保十九大报告就人大制度和人大工作作出的一系列重大战略部署能一一"落地"，是人大制度理论研究的头等大事。党的十九大报告指出："人民代表大会制度是坚持党的领导、人民当家作主、依法治国有机统一的根本政治制度安排，必须长期坚持、不断完善。"这是立足新时代对我国人民代表大会制度作出的新定位。与此同时，党的十九大报告还就如何做好新时代人大工作作出了一系列重大部署。十九大报告指出："要支持和保证人民通过人民代表大会行使国家权力。发挥人大及其常委会在立法工作中的主导作用，健全人大组织制度和工作制度，支持和保证人大依法行使立法权、监督权、决定权、任免权，更好发挥人大代表作用，使各级人大及其常委会成为全面担负起宪法法律赋予的各项职责的工作机关，成为同人民群众保持密切联系的代表机关。完善人大专门委员会设置，优化人大常委会和专门委员会组成人员结构。""加强宪法实施和监督，推进合宪性审查工作，维护宪法权威。推进科学立法、民主立法、依法立法，以良法促进发展、保障善治。"各级人大及其常委会要把党的十九大提出的涉及人大制度和人大工作的重要论断、重大部署，作为人大制度理论研究的重要课题，进行系统梳理、深入阐发、广泛宣传。特别是要把党的十九大有关重大部署在贯彻落实过程中遇到的新情况、新问题，作为当前人大制度理论研究的重中之重。

实践是理论之母。因此，从事人大制度理论研究的同志不能游离于人大工作的实践之外，闭门造车、坐而论道，而应走出书斋，深入实际、深入基层，加强调查研究。近年来，各级人大及其常委会认真履行宪法法律赋予的职责，勇于创新，积极探索，在实践中推出了许多新做法，为我们加强人大制度理论研究提供了鲜活的素材。这其中，有些做法符合宪法法律规定，产生了积极的社会效果，受到了方方面面的好评，对此，我们应该认真地加以总结和推广；有些做法虽然法律没有直接规定，但符合立法原意和法治精神，实际效果也不错，如何进一步完善，这需要我们从理论上提供支持；有些做法尚处在探索之中，需要从理论上加以研究论证；有些做法虽然出发点是好的，但不符合法律规定，如何加以规范，需要我们从理论上提供帮助。总而言之，人大制度理论研究具有很强的实践性，必须面向实践，对实践中出现的新情况、新问题作出积极的回应。

站在理论的肩膀上，我们才能看得更远；以理论为动力，我们才能行得更稳。新时代对人大制度理论研究工作提出了新的更高的要求。我们要紧跟时代的步伐，以习近平新时代中国特色社会主义思想为指导，以推动人民代表大会制度理论创新和实践创新为己任，努力开创人大制度理论研究新局面，为坚持和完善人民代表大会制度作出更大的贡献。

2017 年第 24 期

2018年

祝福 2018

　　2017 年已渐行渐远，但总有一些美好记忆挥之不去，总有一些大事、喜事温润心怀，并因此深深镌刻在每一个中国人的生命里。

　　当一个新时代来临，时间便有了非同寻常的意义。刚刚过去的 2017 年，是党和国家事业发展进程中具有重大而深远意义的一年。党的十九大胜利召开，吹响了夺取新时代中国特色社会主义伟大胜利的前进号角；习近平新时代中国特色社会主义思想如火炬引航，照耀着中国未来的前进方向；擘画决胜全面建成小康社会、开启全面建设社会主义现代化国家新征程的宏伟蓝图，激发起各族人民用勤劳和智慧迎来美好生活的壮志豪情。

　　伴随着共和国不断成长的脚步，站在"中国特色社会主义进入新时代"这一历史坐标下，我国的人民代表大会制度进入到了一个崭新的发展阶段。

　　过去一年，沿着精细化轨道，立法工作稳步推进，呈现出数量多、分量重、节奏快的特点，取得了一批新的重要成果。在立法中，全国人大及其常委会充分发挥主导作用，抓住提高立法质量这个关键，加快重点领域立法，坚持"立改废"并举，深入推进科学立法、民主立法、依法立法，用一次次感人至深、意味隽永的立法实践和一部部饱含时代温度、极具民生情怀的法律，为宏大的法治中国设计作了真实的注释。民法总则高调问世，在中华大地上掀起"公民权利热"，广大百姓将开始拥有属于自己的"权利宝典"；国家监察法草案提请审议，标志着党中央统一领导下的更加权威高效的反腐败格局日渐成型，反腐倡廉工作将最终从风暴中来，到制度中去；以立法手段规范国歌的奏唱，拨动了无数中国人的爱国情弦；国家安全立法再度提速，立法者用法律为国家编织一张安全的网；"水土"并进，构筑最严环保法制，以期为美丽中国增光添彩；多部法律开启"翻新"模式，"规范"与"促进"双管齐下，重塑市场法则；通过修法固化司法改革成果，确保司法改革顺利进行；授权决定使立法与改革实现无缝衔接，达成高度默契；小税先行，撬动税收法定大目标……特别值得一提的是，前不久结束的十二届全国人大常委会第三十一次会议对英雄烈士保护法草案进行初次审议，不仅在全社会掀起了革命英雄主义和爱国主义热潮，同时，也为2017年立法工作画上了一个完美的句号。

过去一年，全国人大常委会秉持正确监督、有效监督的总要求，选择好角度、掌握好尺度、把握好力度，频频出手，精准发力，实现了人大监督的提质增效。工作监督围绕中心、服务大局、关注热点，寓支持于监督之中；执法检查坚持问题导向，不断创新形式，边查边改边行；专题询问不对口型，不走过场，真正问出了人大的权威，问出了实效；审计监督持续发力，跟踪到底，拒绝"半拉子"工程；预算监督为百姓看好"国家账本"；经济监督护佑中国经济行稳致远；备案审查成为强化宪法监督的有力抓手。从听取和审议关于供给侧结构性改革、环境保护、脱贫攻坚、司法改革、国家财政教育资金分配和使用、文化遗产等方面情况的报告，到开展药品管理法、产品质量法、著作权法、固体废物污染环境防治法、网络安全法、种子法执法检查；从听取和审议计划、预决算及审计监督报告，到先后三次开展专题询问……最高国家权力机关通过一个个成功的监督范例，让公众充分感受到人大监督的"刚性"品格和亲民本色。

过去一年，从全国人大到地方人大，从各级人大常委会组成人员，到活跃在各条战线上的人大代表，再到我们工作在人大机关的每一位同志，大家不忘初心、牢记使命，以推动人大制度和人大工作与时俱进为己任，找准自己的位置，履行好自己的职责，扮演好自己的角色，使人大工作在新的历史条件下实现了整体推进，呈现出一派崭新气象。

过去一年，随着越来越多的普通百姓对人大立法、监督等工作的深度参与，人大工作拥有了更加厚实的民意基础，我国的人民代表大会制度也越来越受到亿万中国人民的衷心拥戴。

难得者时，易失者机。2018年是学习贯彻党的十九大精神的开局之年，是改革开放四十周年，是决胜全面建成小康社会、实施"十三五"规划承上启下的关键之年，也是全国人大的换届之年。新时代对人大工作提出了新的更高的要求，时间紧、任务重，时不我待，唯有只争朝夕、不舍昼夜、积极作为，才能不辜负这个伟大的时代。

祝福2018！让我们一路同行，共同见证新时代的壮阔与精彩。

2018年第1期

为全面依法治国提供更多的法律支持

　　法律是治国之重器，良法是善治之前提。制定良法，是依法治国的逻辑起点，也是时代赋予立法者的神圣使命。

　　随着中国特色社会主义法律体系的形成，我国社会主义民主法制建设又站在了一个新的更高的起点上。面对新形势新任务，立法工作如何完成转型升级？如何为建设法治中国、推进国家治理体系和治理能力现代化提供更多的法律支持？这是摆在十二届全国人大常委会面前的一项重大课题。为此，换届伊始，张德江委员长就明确指出，立法质量直接关系到法律的实施效果，是加强和改进立法工作、完善法律体系的永恒主题。人民群众对立法的期盼，已经不是有没有，而是好不好、管用不管用、能不能解决实际问题；越是强调法治，越是要提高立法质量。张德江委员长的讲话审时度势、立意高远、内涵深刻、针对性强，为本届全国人大常委会的立法工作定下了主基调。根据这一主基调，五年来，全国人大及其常委会秉持科学立法、民主立法、依法立法的精神，通过一次又一次生动的立法实践和丰硕的立法成果，向国人交上了一份圆满的答卷。

　　五年来，全国人大常委会所制定或修改的每一部法律都堪称精品，每一部法律都显示了高超的政治智慧，每一部法律都装满了百姓的心愿，每一部法律都表达了立法者尊崇民意、追求完美的精神境界，每一部法律都是依法治国进程中一个坚定而又有力的足印。

本届以来，全国人大常委会不断增强坚持党对立法工作的领导的思想自觉和行动自觉，努力将习近平总书记关于全面依法治国特别是立法工作的新理念新思想新战略贯穿立法工作的全过程，坚持健全重大立法项目和立法中的重大问题向党中央请示报告制度，使立法工作始终沿着正确的轨道运行。及时将党的路线方针政策和重大决策部署贯彻落实到立法中，使党的主张通过法定程序成为国家意志，成为全社会一体遵循的行为规范和活动准则。从依法作出关于开展国家监察体制改革试点工作的决定并推进相关立法工作，到依法对香港基本法第一百零四条作出解释，再到就调整生育政策、确定抗战胜利纪念日、设立南京大屠杀死难者国家公祭日、设立烈士纪念日、特赦部分服刑罪犯等事项作出一系列决定、决议……透过这些成功的立法范例，我们可以强烈地感受到最高国家权力机关的大局意识和担当精神。

本届以来，全国人大常委会始终恪守宪法原则，履行宪法监督职责，大力弘扬宪法精神，坚决维护宪法权威，保证宪法全面有效实施。依法设立国家宪法日，建立宪法宣誓制度，实施宪法规定的特赦制度，制定国家勋章和国家荣誉称号法、国歌法，健全规范性文件备案审查制度，健全宪法解释工作程序。通过这一系列重大举措，使宪法能够放下身段，走向社会，真正融入到百姓的日常生活中，由"制度文本"成为一种生活准则。

过去五年，全国人大常委会紧紧围绕"五位一体"总体布局和"四个全面"战略布局开展工作，重点领域立法取得突出成就：民法总则高调问世，民法典编纂"两步走"战略开局完美；贯彻落实总体国家安全观，用法网编织国家安全网；加强生态环境保护领域立法，用一部部"史上最严"环保法律为美丽中国增添光彩；文化立法全面提速，在中华大地上掀起一股"文化热"；坚持以民为本，加强社会和民生领域立法……

过去五年，按照习近平总书记"重大改革于法有据"的重要思想，立法工作主动适应改革需要，充分发挥引领推动作用，变"被动"为"主动"，从"幕后"到"台前"，努力使改革决策与立法决策"无缝对接"，坚持在法治下推进改革、在改革中完善法治，确保一切改革措施都在法治的轨道上推进。

过去五年，为了让每一部法律都立得住、行得通、真管用，"精细化"成为立法工作新常态。委员长带头深入基层、调查研究、问法于民；委员长亲自参加常委会会议的分组审议；增加法律草案的审次和延长会期，审议发言人数屡创新高；法律草案一审和二审、三审都向社会公开征求意见，积极建立公众意见采纳反馈机制；"前评估"成为立法工作中的一道必经工序；基层立法联系点的建立，打通了立法机关与百姓联系的"最后一公里"；建立健全立法专家顾问制度，让更多的专家为立法"支招"……就在前不久，全国人大常委会办公厅印发两个重要工作规范——《关于立法中涉及的重大利益调整论证咨询的工作规范》《关于争议较大的重要立法事项引入第三方评估的工作规范》。这些工作作风、工作方式、工作机制上的变化，见证着科学立法、民主立法、依法立法不断向前推进。

再过一段时间，十三届全国人大一次会议将在北京召开。在全国人代会这个宏大的舞台上，十二届全国人大常委会将向近三千名全国人大代表和全国人民交上一份耀眼的成绩单。

人大监督步入提质增效新阶段

人大监督如何进一步增强针对性和实效性？如何推动党中央的重大决策部署得到贯彻落实？如何让广大人民群众通过人大监督来不断提升自己的幸福感获得感？这是新时代对人大监督工作提出的新课题。

过去五年，本届全国人大常委会按照正确监督、有效监督的总要求，坚持党的领导、坚持依法行使职权、坚持问题导向、坚持监督与支持相统一，选择好角度、掌握好尺度、把握好力度，频频出手、精准发力，推动人大监督步入提质增效新阶段，交出了一份让人民满意的新时代答卷。

张德江委员长对监督工作十分重视。他不仅多次发表讲话，系统阐述人大监督的重大意义、指导思想、基本原则，并对如何做好人大监督工作提出具体要求。同时，他还率先垂范、亲力亲为：亲自担任执法检查组组长、亲自主持执法检查组全体会议、亲自带队赴地方开展执法检查、亲自代表执法检查组作执法检查报告、亲自主持专题询问并进行追问与点评……他率队对职业教育法、食品安全法和固体废物污染环境防治法开展执法检查，为我们提供了人大监督的经典范本，也标注了人大监督的新高度。

围绕中心、服务大局、聚集热点、关注民生，一直是工作监督的一大特色。过去五年，本届全国人大常委会共听取和审议了"一府两院"的81项工作报告。这些报告或涉及党中央的重大战略部署，或涉及改革发展的重大问题，或涉及百姓关注的社会热点。在开展工作监督时，最高国家权力机关本着对党和人民高度负责的态度，正确处理监督和支持的关系，寓支持于监督之中。不"护短"、不"评功摆好"。既能一针见血地指出工作中的不足，又能为改进工作出谋划策，与"一府两院"真正形成了推动问题解决、工作改进的合力。

"徒善不足以为政，徒法不足以自行。"好的法律真正落地生根、发挥作用，需要有力的执行和有效的监督。为此，五年来，本届全国人大常委会把执法检查摆在突出位置，进行了积极的探索，为这一常态化的监督手段注入了更多的活力，赋予了更多的新意。为了提升执法检查的效能，根据张德江委员长的指示精神，执法检查要坚持问题导向，要增强问题意识，既要肯定成绩、总结经验，更要发现问题、查找不足，抓住影响法律实施的关键问题、制约事业发展的重点问题、损害群众利益的突出问题，深入研究，对症"下药"，从而推动问题解决、工作改进、法律实施。

过去五年，本届全国人大常委会紧紧围绕党中央关于经济工作的重大决策部署，积极适应经济发展新常态新形势，认真贯彻落实新发展理念，依法加强经济工作监督，护佑我国经济稳中向好、稳中有进，实现由高速增长转向更高质量发展。预决算监督紧盯国家的钱袋子，让政府花钱不再任性。审计监督从"指名道姓"到步步深入、狠抓整改落实，尽显人大监督"铁腕"气质和"刚性"本色，彻底走出了"屡犯屡审、屡审屡犯"的怪圈。

过去五年，作为一种新的监督形式，专题询问不断完善，在实践中显示了勃勃生机和活力。每一次专题询问都开门见山，直奔主题，不回避矛盾，不对口型，不走过场，使人大之问"问了不白问"，真正问出了权威、问出了实效。

过去五年，"全流程监督"成为人大监督新亮点。从确定执法检查内容和重点,到开展实地检查,再到报告执法检查情况;从审议执法检查报告到专题询问,到推动整改,再到报告整改落实情况。整个过程综合运用执法检查、审议报告、专题询问等多种监督形式,打出了一套环环相扣、步步推进的"组合拳",实现了人大监督效能的最大化。

过去五年,为了杜绝"半拉子工程",让人大监督落地有声,本届全国人大常委会把加强跟踪监督作为一个着力点,采取了许多有力措施。特别值得一提的是,本届全国人大常委会改变了以往对整改落实情况仅限于书面反馈的做法,先后听取和审议了国务院关于研究处理大气污染防治法、老年人权益保障法、食品安全法执法检查报告及审议意见情况的反馈报告,听取和审议了国务院关于落实职业教育法执法检查报告和审议意见的报告,听取和审议了审计查出问题整改情况的报告并进行了专题询问。

过去五年,本届全国人大常委会不仅为我们留下了一个又一个人大监督的经典范本,同时,也积累了许多宝贵的经验,为在新的历史条件下再创人大监督新辉煌,打下了坚实的基础。

2018年第3期

努力开创专门委员会工作新局面

本届以来，随着我国人民代表大会制度的不断发展完善，人大工作的稳步推进，全国人大专门委员会的工作也步入了一个新的发展阶段。

全国人大及其常委会历来十分重视发挥专门委员会的作用，众所周知，我国全国人民代表大会每年举行一次会议，常委会每两个月举行一次会议。所以，全国人大许多经常性的工作主要靠各专门委员会来承担。从某种程度上说，全国人大的地位和作用往往就是通过各专门委员会的工作来体现的。而充分发挥专门委员会的作用，也有利于提升全国人大的地位和作用。当前，随着依法治国进程的不断推进，全国人大及其常委会所承担的任务越来越繁重。在这种背景下，全国人大各专门委员会只有密切配合、协同作战、同步发力、整体推进，才能不断提高人大工作的质量和水平。

过去五年，十二届全国人大各专门委员会在党中央和全国人大常委会党组的坚强领导下，紧紧围绕党中央的重大决策部署和全国人大及其常委会的中心工作，认真履行宪法法律赋予的各项职责，坚定不移坚持党的领导、人民当家作主、依法治国有机统一，砥砺奋进、开拓创新，各项工作取得重大进展。

过去五年，全国人大各专门委员会按照五年立法规划和年度立法工作计划，抓住提高立法质量这个关键，坚持科学立法、民主立法、依法立法。充分发挥人大在立法中的主导作用，加强沟通协调，广泛听取各方面意见和建议，精雕细琢、精益求精，确保所经手的每一部法律草案都能成为精品佳作。可以毫不夸张地说，本届全国人大及其常委会的立法工作之所以能取得重大成就，这和各专门委员会扎实有效的工作是分不开的。

过去五年，全国人大各专门委员会积极协助全国人大常委会开展监督工作。在开展执法检查时，坚持问题导向，不走过场、不评功摆好、不回避矛盾，在注重实效上下功夫，把"推动问题解决、工作改进、法律实施"作为着力点。与此同时，为全国人大常委会听取和审议相关工作报告、开展专题询问等，做好各项准备工作。特别值得一提的是，各专门委员会在监督工作中形成的一些好经验好做法，对实现全国人大监督工作的提质增效，起到了积极的推动作用。

过去五年，各专门委员会把尊重代表主体地位、充分发挥代表作用作为做好专门委员会各项工作的重要基础和关键环节。重视代表议案、建议办理工作，采取有效措施，增强办理实效。在开展立法、监督、调研工作时，邀请相关代表参加，广泛听取代表们的意见和建议。采取多种途径，加强同人大代表，特别是基层人大代表的联系。

过去五年，各专门委员会注重加强同地方人大及其对口部门的联系和交流，在立法、监督等方面充分听取、反映地方人大和政府有关部门的意见，在地方人大开展相关工作时提供参考意见，真正形成了工作上的合力。

过去五年，调查研究成为各专门委员会的一项"常规动作"，成为立法、监督工作中的一道必经"工序"。围绕党中央的一系列重大决策部署、全国人大及其常委会的中心工作和人民群众普遍关注的一些社会热点问题，各专门委员会定期深入基层、问计于民，形成了许多高质量、有价值的调研报告。

过去五年，各专门委员会服从服务于全国人大和国家整体外交战略，立足自身特点和工作需要，统筹谋划、积极推进与国外议会及其对口专业委员会之间的友好交往，为全国人大参与议会多边外交活动作出了积极的贡献。

过去五年，各专门委员会大力加强自身建设，不断提高依法履职能力。始终把思想政治建设摆在首位，分党组切实履行管党治党责任。坚持民主集中制原则，对各项议题实行民主审议、平等讨论，按照少数服从多数的原则集体决策。不断完善工作规则，规范工作程序。

新时代对人大工作提出了新的更高的要求，各专门委员会面临的工作任务也将更加繁重。我们相信，只要认真总结过去几年的成功经验，全面落实党的十九大提出的"完善人大专门委员会设置，优化人大常委会和专门委员会组成人员结构"的要求，更加充分发挥专门委员会的优势，就一定能把专门委员会工作提高到一个新的水平。

2018 年第 4 期

开启依宪治国新征程

又一次赶赴"春天的约会",又一次奏响"春天的序曲"。

随着北京进入了举世瞩目的"两会时间",新当选的近三千名十三届全国人大代表带着国家的希望和人民的重托齐聚首都,共商国是。

时间的坐标,往往内含乾坤。今年是全面贯彻党的十九大精神的开局之年,是改革开放40周年,也是决胜全面建成小康社会、实施"十三五"规划承上启下的关键一年,同时又是全国人大的换届之年。这个年份的独特属性,决定了十三届全国人大一次会议将承载着非比寻常的历史使命、具有重大的时代意义。欣欣向荣的现代中国将在这里展开新的蓝图,开辟新的发展境界。中国人民用节日庆典的方式,把中国民主最精彩的一面呈现出来;用最生动鲜活的语言和表情讲述"中国故事"、展示"中国智慧"、表达"中国自信"。

在今年全国人代会众多的议题中,宪法修改注定要成为一个热门话题,将再一次在中华大地上掀起一股"宪法热"。

此次修改宪法,是党和国家政治生活中的一件大事,是以习近平同志为核心的党中央从新时代坚持和发展中国特色社会主义全局和战略高度作出的重大决策,是推进全面依法治国、推进国家治理体系和治理能力现代化的重大举措。

治国凭圭臬，安邦靠准绳。宪法是国家的根本法，是治国安邦的总章程，是党和人民意志的集中体现，具有最高的法律地位、法律权威、法律效力，具有根本性、全局性、稳定性、长期性。我国宪法以国家根本法的形式，确立了中国特色社会主义道路、中国特色社会主义理论体系、中国特色社会主义制度的发展成果，反映了我国各族人民的共同意志和根本利益，成为历史新时期党和国家的中心工作、基本原则、重大方针、重要政策在国家法制上的最高体现。

30多年来的行宪历史充分证明，我国宪法有力坚持了中国共产党领导，有力保障了人民当家作主，有力促进了改革开放和社会主义现代化建设，有力推动了社会主义法治国家建设进程，有力维护了国家统一、民族团结、社会稳定，是符合国情、符合实际、符合时代发展要求的好宪法，是充分体现人民共同意志、充分保障人民民主权利、充分维护人民根本利益的好宪法，是推动国家发展进步、保证人民创造幸福生活、保障中华民族实现伟大复兴的好宪法，是我们国家和人民经受住各种困难和风险考验、始终沿着中国特色社会主义道路前进的根本法治保障。我国宪法确立的一系列制度、原则和规则，确定的一系列大政方针，具有显著优势、坚实基础、强大生命力，必须长期坚持、全面贯彻。

"法者，天下之公器也；变者，天下之公理也。"宪法只有不断适应新形势、吸纳新经验、确认新成果，才能具有持久生命力。自2004年宪法修改以来，党和国家事业又有了许多重要发展变化。特别是党的十八大以来，以习近平同志为核心的党中央团结带领全国各族人民毫不动摇坚持和发展中国特色社会主义，统筹推进"五位一体"总体布局、协调推进"四个全面"战略布局，推进党的建设新的伟大工程，形成一系列治国理政新理念新思想新战略，推动党和国家事业取得历史性成就、发生历史性变革，中国特色社会主义进入了新时代。党的十九大在新的历史起点上对新时代坚持和发展中国特色社会主义作出重大战略部署，提出了一系列重大政治论断，确立了习近平新时代中国特色社会主义思想在全党的指导地位，确定了新的奋斗目标，对党和国家事业发展具有重大指导和引领意义。正是在这种背景下，着眼新时代坚持和发展中国特色社会主义的新形势新实践，在总体保持我国宪法连续性、稳定性、权威性的基础上，应该根据党的十九大精神对我国现行宪法作出必要的修改完善，把党和人民在实践中取得的重大理论创新、实践创新、制度创新成果通过国家根本法确认下来，使之成为全国各族人民的共同遵循，成为国家各项事业、各方面工作的活动准则。

"天下之事，不难于立法，而难于法之必行。"宪法的生命在于实施，宪法的权威也在于实施。宪法修改固然重要，宪法实施更为重要。说到底，修改宪法是为了更好实施宪法，更好发挥宪法的国家根本法作用。我们衷心希望此次修改宪法能成为一次普及宪法知识、弘扬宪法精神、树立宪法权威、推动宪法实施的生动实践，并以此为契机，开启依宪治国新征程，把全面贯彻实施宪法提高到一个新水平。

2018年第5期

在浩荡的春风中我们扬帆远航

春风送暖，草木吐绿；盛世大国，华彩溢彰。

3月20日，举世瞩目的十三届全国人大一次会议在圆满完成各项议程后，胜利闭幕。这是一次高举中国特色社会主义伟大旗帜、全面贯彻习近平新时代中国特色社会主义思想和党的十九大精神的大会，是一次民主、团结、求实、奋进的大会。本次大会主题重大，议程众多，影响深远，必将在中华民族伟大复兴的新征程上留下光辉印记。

大国远航的征程，需要高瞻远瞩的掌舵者；民族复兴的使命，呼唤勇毅担当的领路人。在本次大会上，习近平全票当选中华人民共和国主席、中华人民共和国中央军事委员会主席。这是近3000名全国人大代表的集体意志，是13亿多中国人民的共同心愿。

大会通过的宪法修正案把党的十九大确定的重大理论观点和重大方针政策载入国家根本法，把党和人民在实践中取得的重大理论创新、实践创新、制度创新成果上升为宪法规定，这是保证党和国家长治久安的顶层设计和制度安排，必将为新时代坚持和发展中国特色社会主义提供有力宪法保障。大会审议批准政府工作报告和其他重要报告，体现党的十九大精神，贯彻党中央决策部署，总结了过去五年我国取得的历史性成就和进步，明确了今年政府工作的基本思路和主要任务。大会审议批准的国务院机构改革方案，着力推进重点领域和关键环节的机构职能优化和调整，使国务院机构设置更加符合实际、科学合理，更有效率，是一场国家治理的深刻变革。大会选举和决定任命的新一届国家机构领导人员，结构更加优化、活力更为增强，为新时代坚持和发展中国特色社会主义提供了重要组织保证。大会审议通过的监察法，为构建集中统一、权威高效的中国特色国家监察体制提供了有力法治保障。可以毫不夸张地说，这些议程将直接影响着国家的前途、民族的未来和百姓的幸福。因此，时间将充分证明这次大会的意义所在。

铭记历史时刻，开启壮阔篇章。以十三届全国人大一次会议的胜利闭幕为标志，中国民主又站在了一个新的起点上，法治中国又要开始新一轮的远行。

在接下来的几年间，新一届全国人大常委会将会有什么样的精彩表现？人大工作将会有哪些新的变化？最高国家权力机关在实现中国梦的伟大进程中将会发挥什么样的作用？人民代表大会制度将会展示出什么样的魅力？国人在关注，世人在关注。对此，栗战书委员长在十三届全国人大一次会议闭幕式上的讲话，给出了答案。这就是要在以习近平同志为核心的党中央坚强领导下，在习近平新时代中国特色社会主义思想指引下，全面贯彻落实党的十九大和十九届一中、二中、三中全会精神，坚持宪法确立的国家指导思想不动摇，坚持宪法确认的中国共产党领导地位不动摇，坚持宪法确立的国家根本任务、发展道路、奋斗目标不动摇，坚持宪法确立的人民民主专政的国体和人民代表大会制度的政体不动摇，为完成本次会议确定的任务，为决胜全面建成小康社会、夺取新时代中国特色社会主义伟大胜利、实现中华民族伟大复兴的中国梦而努力奋斗！

栗战书说："这次大会选举产生了十三届全国人大常委会，并选举我担任委员长。这是各位代表的信任。我们深感使命光荣、责任重大。我们将同全体代表一道，忠实贯彻党中央决策部署，忠实维护人民利益，忠实履行宪法法律赋予的各项职责，恪尽职守，勤勉工作，决不辜负各位代表的重托！"这既是履新宣言，也是向近 3000 名全国人大代表和亿万中国人民所作出的郑重承诺，让我们对新一届的全国人大工作充满了期待。

栗战书还对如何做好新一届全国人大及其常委会的工作提出了具体要求。他指出："十三届全国人大及其常委会要认清使命、奋发有为，切实肩负起新时代长期坚持、不断完善人民代表大会制度的崇高使命。要切实增强政治意识、大局意识、核心意识、看齐意识，自觉把党的领导贯穿人大工作始终，切实做到一切重要工作、重要事项都围绕党和国家工作大局开展、在党的领导下进行。要依法行使立法权、监督权、决定权、任免权，敢于担当、善于作为，切实履行好党和人民赋予的光荣职责。要坚持以人民为中心，为人民用权、为人民履职、为人民服务，自觉接受人民监督，更好发挥人大代表作用，使全国人大及其常委会成为全面担负起宪法法律赋予的各项职责的工作机关，成为同人民群众保持密切联系的代表机关。"栗战书委员长的讲话实际上是向每一位人大工作者发出了动员令，吹响了集结号。

在浩荡的春风中，我们又一次扬帆远航。我们坚信，只要我们紧密团结在以习近平同志为核心的党中央周围，以习近平新时代中国特色社会主义思想为指导，有中华民族的伟大民族精神作支撑，锐意进取、积极作为，就一定能铸就人大工作新辉煌，谱写新时代中国民主的华彩乐章。

2018 年第 6 期

创造属于新时代的光辉业绩

春天的暖意，孕育无限生机；梦想的召唤，催发蓬勃朝气。和着春天的节律，新一届全国人大常委会的各项工作已陆续展开。

在前不久召开的十三届全国人大常委会第一次会议上，全国人大常委会委员长栗战书就如何做好全国人大及其常委会的工作发表讲话。栗战书强调，做好全国人大及其常委会的工作，根本在于习近平新时代中国特色社会主义思想的科学指引，根本在于以习近平同志为核心的党中央的坚强领导，必须坚持走中国特色社会主义政治发展道路，坚持党的领导、人民当家作主、依法治国有机统一，长期坚持、不断完善人民代表大会制度。

围绕如何坚持以习近平新时代中国特色社会主义思想统领人大工作，在重大问题上进一步统一思想，正确把握住、始终把握好，栗战书明确提出了五个"牢牢把握"，即一要牢牢把握坚持党的领导这个重大政治原则，二要牢牢把握人民代表大会作为国家权力机关的准确定位，三要牢牢把握坚持人民当家作主这个社会主义民主政治的本质和核心，四要牢牢把握依法治国这个党领导人民治理国家的基本方略，五要牢牢把握民主集中制这个国家政权的组织原则和活动准则。

栗战书委员长的讲话，紧紧抓住了人大工作的核心要义和本质特征，深刻分析了新时代人大工作面临的新形势新使命新要求，全面阐发了新一届全国人大及其常委会工作的指导思想、总体要求和基本原则，并就如何做好全国人大及其常委会的工作提出了明确要求，对于我们深入学习贯彻习近平新时代中国特色社会主义思想，全面贯彻党的十九大和十九届一中、二中、三中全会精神，认真落实好十三届全国人大一次会议提出的目标任务，长期坚持、不断完善人民代表大会制度，努力做好新时代人大工作，具有十分重要的指导作用。

未来五年，我们要实现第一个百年奋斗目标，并在全面建成小康社会的基础上，朝着全面建设社会主义现代化国家的新征程进发，全面深化改革、全面依法治国、全面从严治党将深入推进。这给人大工作提出新的更高要求，赋予重大的历史责任，新一届全国人大及其常委会面临的任务十分繁重。人大工作是"一线"，有时甚至是"火线"。从党政机关到人大来，只是工作岗位变动，绝非退居二线。如何尽快完成角色转换，以更加饱满的政治热情、更加强烈的使命意识和担当精神，全身心地投入到新的工作岗位中，这对每一位刚到全国人大常委会工作的同志而言，都是一个新的挑战。

履职，从学习开始。这是由人大工作的特点所决定，也是多年来的经验总结。人大工作具有很强的政治性、政策性、法律性和专业性。做好全国人大常委会的工作，必须具备很高的政治理论水平、深厚的法律素养，必须熟悉人大工作的程序和规则，必须掌握和人大工作有关的法律知识及其他有关方面的专业知识。新一届全国人大常委会组成人员中，很多都在党政部门或其他岗位担任过要职，有着丰富的人生阅历和执政经验。但对他们中的相当一部分同志来说，人大工作又是一个全新的领域。只有加强学习，才能尽快了解人大工作的特点和规律，才能掌握做好人大工作的"基本功"，才能更好地完成角色的转换，才能更好地承担人大常委会的工作。

"新时代属于每一个人,每一个人都是新时代的见证者、开创者、建设者。"开创人大工作新局面,书写中国民主新的传奇,需要所有人大工作者的共同努力。只要我们每一位常委会组成人员、每一位人大代表、每一位在人大机关工作的同志各尽其责、同心协力、埋头苦干,就一定能在新时代中国特色社会主义民主政治的伟大实践中,创造属于新时代的光辉业绩。

2018 年第 7 期

以人民的名义办理好每一件代表建议

4月18日，十三届全国人大一次会议代表建议、批评和意见交办会在北京召开，全国人大常委会秘书长杨振武出席会议并讲话。杨振武在讲话中对今年的建议办理工作提出了三点要求：一要提高政治站位，进一步增强做好代表建议办理工作的责任感；二要完善代表建议办理机制，进一步加强沟通协调；三要聚焦中心工作，进一步增强代表建议办理的实效。这三点要求既是对过去一些年来代表建议办理工作经验所作的概括总结，也符合新时代代表工作面临的新形势新任务新要求，对做好今年的代表建议办理工作具有很强的指导性。

十三届全国人大一次会议期间，代表们共提出建议7139件。从建议数量上看，继续保持了高位运行的态势，其中有4499件建议是新当选代表提出的，占建议总数的63%，特别是专业技术人员代表、一线工人代表和农民代表提出的建议数量比较多。从建议内容看，代表提出建议着眼于党和国家工作大局，重视反映人民群众关注的突出问题。特别是在打好三大攻坚战、实施乡村振兴战略、推动经济高质量发展以及保障和改善民生等方面，代表们普遍关注，建议比较集中。

接地气，是今年代表建议的一个显著特点。据统计，代表通过专题调研、视察、座谈、走访等形式形成的建议有4402件，占建议总数的61.7%。可以说，每一件建议都凝聚着代表的心血和智慧，每一件建议都反映了百姓的诉愿和心声，每一件建议都装满了民意。从中我们也可以感受到新一届全国人大代表能很快地进入状态，很快地适应新的角色，让我们对他们接下来的精彩表现充满期待。

在人民代表大会会议期间提出建议，是代表的一项法定权利。人大代表提出建议，不是一般意义上的个人行为，更不是一种任意行为，而是代表人民行使国家权力的一种重要形式。因此，代表建议的提出，必须建立在充分调查研究、广泛听取民意的基础之上。只有这样，代表们才能听到"原汁原味"的百姓声音，才能真正做到了解民情、反映民声、汇集民智，才能使最高国家权力机关制定的法律和作出的决策拥有坚实的民意基础。一位新当选的全国人大代表说得好："站在全国人代会这样一个庄重的舞台上，我们不是在替自己说话，不是在发表个人观点。我们每一个人都代表着几十万选民，我们是在替他们'发声'，我们要说出他们的心里话。"

民有所呼，我有所应。如果说提出建议是以人民的名义作出的一种政治表达的话，那么，办理好代表建议，不仅是尊重和支持代表依法履行职责，同时，也是对民意作出的积极回应，从更大的意义上说，是尊重和支持人民当家作主。所以，我们要切实提高政治站位，从坚持人民主体地位、更好发挥代表作用、发展中国特色社会主义民主政治的高度，充分认识做好代表建议办理工作的重要意义，以对人民高度负责的精神办理好每一件建议。

聚焦中心工作，增强办理实效，是新时代对代表建议办理工作提出的新要求。因此，各承办单位不仅要在姿态上对代表建议表现出足够的尊重，更重要的是要采取切实有效的措施，在注重实效上下功夫，切实解决问题。正如杨振武秘书长所说的，要把办理代表建议与贯彻落实党的十九大重大决策部署有机结合起来，与全面落实十三届全国人大一次会议作出的决定决议、确定的目标任务有机结合起来，对代表建议反映比较集中的问题，要认真深入调查研究，充分吸收采纳代表所提建议中的合理部分，汇聚人民群众的聪明才智，积极回应代表的关切。要通过办理代表建议凝聚社会共识，破解改革难题，促进有关国家机关不断改进工作，为夺取决胜全面建成小康社会伟大胜利奠定良好基础。

2018 年第 8 期

奏响新时代英雄主义赞歌

《中华人民共和国英雄烈士保护法》的问世,在社会上引发了一场前所未有的"英雄热",奏响了一曲新时代英雄主义的赞歌。

天地英雄气,千秋尚凛然;魂魄托日月,肝胆映河山。在岁月的长河里,无数革命英烈前赴后继,为争取民族独立、实现国家富强、促进世界和平而英勇献身,他们以鲜血浇灌理想,用生命捍卫信仰,构筑起一座座不朽的精神丰碑。

英雄是一个民族最闪亮的坐标,是一个民族的脊梁,是民族价值、民族信仰、民族精神的载体;而尊崇英雄是人类一种最深沉的情感表达。英雄烈士的事迹和精神是中华民族共同的历史记忆和宝贵的精神财富,是中国共产党领导中国各族人民九十七年来不懈奋斗伟大历程、可歌可泣英雄史诗的缩影和代表,是实现中华民族伟大复兴的强大精神动力。习近平总书记指出:"实现我们的目标,需要英雄,需要英雄精神。我们要铭记一切为中华民族和中国人民作出贡献的英雄们,崇尚英雄,捍卫英雄,学习英雄,关爱英雄。"

"崇拜英雄烈士的民族才是有希望的民族,崇尚英雄才能英雄辈出。"我们崇尚英雄,不仅因为英雄引领了历史车轮的前进,更是因为英雄身上闪亮的精神光芒，可以穿透岁月、直抵人心，历经时间的冲刷而凝为不朽。捍卫英雄就是捍卫我们的精神高地，崇尚英雄就是守护我们民族的根与魂。

近年来，社会上历史虚无主义思潮沉滓泛起，有些人以"学术自由""还原历史""深究细节"为名，通过网络、书刊等媒介歪曲历史特别是近现代史，丑化、诋毁、贬损、质疑英雄烈士。凡此种种，不是还原历史，而是歪曲历史；不是发现史实，而是颠倒黑白；不是学术研究，而是别有用心。英雄烈士所代表的是一个民族最宝贵的精神价值。亵渎英雄烈士，则是在贬低这个民族的存在意义，撕裂社会的主流价值，蛀空民族的精神支柱。长此以往，整个国家将在被普遍怀疑和恶意诋毁中走向虚无。

正是在这样一个背景下，将对先烈们的崇敬与感恩之情落于立法之上，对他们的合法权益进行全方位的保护，对各种违法行为予以强有力的回击，成了最广泛的社会共识。英雄烈士保护法的适时出台，可谓顺应民意、合乎民心。它是建设具有强大凝聚力和引领力的社会主义意识形态、巩固中国共产党执政地位和中国特色社会主义制度的内在要求，是弘扬社会主义核心价值观和爱国主义精神、崇尚捍卫英雄烈士、维护社会公共利益的必要措施。

新时代是一个波澜壮阔的时代，也是一个英雄辈出的时代。随着中国特色社会主义进入新时代，久经磨难的中华民族实现了从站起来、富起来到强起来的历史性飞跃。今天，我们已经没有了国将不国的民族悲怆，没有了饥寒交迫的生存磨难。但是，我们面临的不只是阳光和鲜花。在实现中华民族伟大复兴的历史征程中，依然有许多"雪山""草地"等着我们去跨越；依然有许多"娄山关""腊子口"等着我们去征服。因此，革命英雄主义精神不仅没有过时，而且新时代需要更多的英雄出现。

英雄烈士保护法的制定，只是迈出了立法保护英烈工作的第一步。更为重要的是，我们一定要防止这部法律"在制定时被高高举起，在实施时又被轻轻放下"。因此，我们还需要通过一系列扎实有效的工作，推动这部法律的贯彻实施,使英雄烈士保护法的规定能"落地生根",使这部法律所倡导的社会主义核心价值观能内化于心、外化于形,从而在全社会营造纪念、缅怀、崇尚、学习英烈的浩然正气和浓厚氛围,让革命英雄主义精神的光辉照亮我们的前进道路。

2018 年第 9 期

如何看好国有资产的"家底"

国有资产属于国家所有即全民所有,是全体人民共同的宝贵财富,是中国特色社会主义的重要物质基础和政治基础,在推动经济社会发展、保障和改善民生、保护生态环境等方面发挥着重要作用。

如何看好国有资产的"家底",如何通过正确有效的监督,切实理清国有资产账目,让国有资产管理在阳光下运行,提升国有资产管理水平,增强国有企业的竞争力,推进国有资产治理体系和治理能力现代化,使国有资产更好地发挥效益、造福人民,这是新时代赋予人大监督的新使命。

习近平总书记高度重视建立国有资产管理情况报告制度,在十九届中央全面深化改革领导小组第一次会议审议《关于建立国务院向全国人大常委会报告国有资产管理情况制度的意见》(以下简称《意见》)时发表重要讲话,确定了《意见》的主要精神和重要原则。2017年12月,中共中央印发《意见》,部署建立国务院向全国人大常委会报告国有资产管理情况制度。

前不久,栗战书委员长就做好贯彻实施《意见》有关工作提出明确要求。他强调,各级人大及其常委会要以习近平新时代中国特色社会主义思想为指导,认真贯彻落实这一制度,建立起多层次多角度、既相互分工又有机衔接的人大国有资产报告和监督机制;要坚持依法报告、依法监督,坚持从实际出发,着力解决国有资产底数不清、人大监督所需信息不够充分等突出问题；要健全组织制度和工作制度，衔接预算决算审查监督特别是国有资本经营预算决算、部门预算决算审查监督，精心组织审议，及时总结完善经验，不断推进国有资产管理情况报告的规范化程序化。

为了深入学习领会习近平总书记重要指示和《意见》精神，深入贯彻落实栗战书委员长重要指示精神，全国人大财经委、全国人大常委会预算工委、财政部联合召开了国有资产管理情况报告制度座谈会，王晨副委员长出席座谈会并讲话。王晨副委员长在讲话中深刻阐释了建立国有资产管理情况报告制度的重大意义，明确提出了准确把握贯彻实施《意见》的基本要求，并就认真做好贯彻落实《意见》的有关工作作了具体部署。

实行国有资产管理情况报告制度，不仅需要顶层设计上的大手笔、大动作，同时，更需要我们严格按照《意见》所提出的时间表、路线图，统筹规划、整体推进、分步落实、加强协作。据了解，全国人大常委会已把听取和审议国务院国有资产管理情况的报告列入2018年监督工作计划，相关部门正在积极做好审议前的准备工作。国务院有关部门和各省、自治区、直辖市也都积极行动起来，建立制度、开展工作。总的说来，此项工作起步顺利，开局良好，取得了重要进展。

建立国有资产管理情况报告制度是党中央推进国有资产管理体制改革、实现国有资产治理现代化的重大举措，是党中央加强人大国有资产监督职能、充分发挥人民代表大会制度根本政治制度作用的重大决策部署，是党中央坚持人民当家作主、落实以人民为中心的发展思想的重要体现。这是在新的历史条件下改进和加强人大监督工作的一次重大探索，它拓宽了人大监督渠道、丰富了人大监督形式、提升了人大监督效能。通过这项制度的全面推行，有利于摸清国有资产底数，建立起国有资产一本完整账、向人民提交一本明白账，使国有资产更好地服务发展、造福人民。

2018年第10期

用法律的武器护卫蓝天白云

作为新一届全国人大常委会开局之年监督工作的重头戏，大气污染防治法执法检查正在全面铺开。

此次执法检查的任务是推动习近平新时代中国特色社会主义思想特别是关于生态文明建设思想的贯彻落实，推动党中央关于大气污染治理决策部署的贯彻落实，推动大气污染防治法法律责任的全面落实。执法检查组由栗战书委员长担任组长，王晨、沈跃跃、丁仲礼三位副委员长和全国人大常委会秘书长杨振武、全国人大环资委主任委员高虎城任副组长，分成4个检查小组，于今年5月至6月，分赴河北、山西等8个省（区）进行检查。同时，委托其他23个省（区、市）人大常委会对本行政区域内法律贯彻实施情况进行检查，从而实现对全国31个省（区、市）的"全覆盖"。

为了能听到原汁原味的基层声音，真正掌握第一手材料，栗战书委员长率先垂范、深入基层。5月下旬和6月初，栗战书委员长率领执法检查组先后到河南省安阳市、郑州市、洛阳市和内蒙古自治区呼和浩特市、包头市、鄂尔多斯市，深入企业、工地、社区和居民家中，通过实地检查与随机抽查、听取政府及相关部门汇报、与五级人大代表和群众代表座谈等多种形式，全面深入地了解大气污染防治法的实施情况及存在的主要问题。

换届伊始，新一届全国人大常委会就开展如此高规格、大规模的执法检查，这不仅使我们对新一轮的人大监督工作充满了期待，也对打赢蓝天保卫战充满了信心。

在大气污染防治法执法检查组第一次全体会议上，栗战书委员长对做好这次执法检查提出了五点具体要求：一要把握好"依法"和"严格"这个监督原则；二要突出执法检查的重点问题、重点区域和重点领域；三要坚持问题导向，真发现问题，发现真问题；四要精心组织，做到各环节工作环环相扣、依次递进，确保执法检查取得实效；五要严格执行中央八项规定精神。这五点要求的提出，深刻阐明了执法检查的本质，准确把握了执法检查的规律，紧紧抓住了执法检查的核心，高度概括了执法检查的方式方法。这不仅为大气污染防治法执法检查定了基调，同时，对做好新时代人大监督工作，进一步增强人大监督实效，也具有十分重要的指导作用。

如何增强实效性，一直是人大监督工作面临的一个重大问题。人大监督，就其本意而言，是为了督促解决法律实施中存在的问题。所以，能不能解决实际问题、能解决多少实际问题，是衡量人大监督实效的一个重要标准。推动问题解决，方显监督实效。因此，栗战书委员长指出，执法检查就是要发现问题，不能走过场，不能搞评功摆好那一套。在执法检查中，尽管也要了解面上的情况，但重点是把问题找准找具体，真发现问题，发现真问题；尽管也要总结法律实施的成效和经验，但重点是发现那些影响法律实施、制约治污实效、损害群众利益的突出问题。要坚持什么问题突出就重点检查什么问题，哪里问题突出就去哪里检查，掌握大气污染防治第一手资料，找到法律实施中存在问题的症结所在。在找准问题的基础上深入研究，查清病灶，对症下药，提出务实有效的意见建议。

"用法律的武器护卫蓝天白云，提升百姓蓝天幸福感。"委员长的这句话道出了百姓的心声，充分体现了新一届全国人大常委会坚决贯彻落实习近平总书记生态文明建设思想的政治自觉和责任担当，显示了全国人大常委会对打赢污染防治攻坚战和蓝天保卫战的高度重视。我们有了一部"史上最严"的大气污染防治法，但这还远远不够，最严格的法律尚需最严格的执行。大气污染防治法执法检查实际上是对大气污染防治法的实施情况所做的一次全面"会诊"，是一次"法律巡视"。希望通过此次执法检查，找出病根，对症施治，从而达到问题解决、工作改进、法律实施的目的，让蓝天白云常在。

2018 年第 11 期

培训工作是做好新时代人大工作的基础性工程

最近一段时间，在人大系统兴起了一股"培训热"。从 4 月中旬开始，全国人大常委会先后举办了一期省市两级人大常委会负责同志学习班、一期全国人大代表学习班和两期县级人大常委会主任学习班。人数多、规模大、覆盖面广、针对性强、收效明显，是这四期学习班的显著特点。虽然履新不足百日，但注重培训工作，已成为新一届全国人大常委会工作的一大亮点。

5 月 22 日至 24 日，为期 3 天的全国省市两级人大常委会负责同志学习班在京举办。由于省市两级人大换届后，很多常委会负责同志都是新到人大工作的，都面临着角色的转换，因此，全国人大常委会采取集中培训的方式，组织全国 31 个省（自治区、直辖市）人大常委会、全部设区的市（自治州）人大常委会，以及省级人大常委会的地区工作委员会的负责同志参加学习，一次性实现省市两级人大常委会全覆盖。省市两级人大常委会负责同志如此大规模集中学习，可以说是十三届全国人大常委会的一大创新之举。中共中央政治局委员、全国人大常委会副委员长王晨出席开班式并发表讲话。王晨强调，要以习近平新时代中国特色社会主义思想为指导，深入学习宣传和贯彻实施宪法，坚持全面准确学懂原文、悟透原理，注重深刻领会和把握宪法修正案的核心要义和精神实质，进一步坚定宪法自信、增强宪法自觉，奋发有为做好新时代人大工作。

4月16日至19日，2018年第一期全国县级人大常委会主任学习班在京举办，来自山西、广西、海南、青海4省（区）的296位县级人大常委会主任参加培训，这是新一届全国人大常委会举办的第一个地方人大常委会负责同志学习班。近两个月后，6月12日至14日，2018年第二期全国县级人大常委会主任学习班在京举办，来自安徽、湖北、四川3省的387位县级人大常委会主任参加了为期3天的培训。按照2018年全国人大学习培训计划，今年除了举办1期省市两级人大常委会负责同志学习班外，全国人大常委会要举办3期县级人大常委会主任学习班。到今年年底，将完成新一轮对全国省、市、县三级人大常委会负责同志的集中培训。

5月8日至11日，来自全国15个选举单位的277名全国人大代表参加了在京举办的十三届全国人大代表第一期学习班。此次学习班内容丰富、形式多样，除了专题报告，还安排了分组讨论、大会交流、互动教学等环节。在8日上午的开班式上，全国人大常委会秘书长杨振武在讲话中指出，希望代表们进一步提高政治站位，始终坚持人大工作正确的政治方向；坚定人民代表大会制度自信，增强履职责任感使命感；锲而不舍抓学习，全面增强本领；脚踏实地搞调研，密切联系群众；持之以恒转作风，树立代表良好形象。"站在天安门上想问题，站在田间地头找感觉。"杨振武送给人大代表们这样一句话。

众所周知，人大工作具有很强的政治性、政策性、法律性和专业性，工作内容涉及经济、政治、文化、社会、生态文明建设方方面面，这就对直接从事人大工作的同志提出了很高的要求。正如杨振武秘书长所说："人大的工作涉及方方面面。既有政治性、政策性、法律性很强的特点，也有专门化、专业化、精细化的特点，没有几把刷子、没有过硬本领是很难履好职尽好责的，更谈不上开创工作新局面。"正因为如此，不论是人大常委会负责同志，还是人大代表，只有加强学习，才能尽快了解人大工作的特点和规律，才能掌握做好人大工作的"基本功"，才能不断提高自己的履职能力。从这个意义上说，培训是人大常委会工作的一个重要组成部分，加强培训是做好新时代人大工作的一项基础性工程，履职尽责必须从培训开始。

特别需要指出的是，为了进一步增强培训的实际效果，真正做到学以致用、学用结合，学习班的主办者在培训内容的设计上，紧紧围绕党中央的重大决策部署，围绕党和国家工作大局，紧贴人大工作实际，精心为人大常委会负责同志和人大代表"量身定制"。参加学习培训的同志们一致认为，这几期学习班内容丰富、形式多样、针对性强。通过学习培训，使他们开阔了眼界，增强了本领，对做好新时代人大工作充满了信心。

2018 年第 12 期

开创人大制度理论研究新局面

人大制度理论研究，是人大工作的重要组成部分；加强人大制度理论研究，是坚持和完善人民代表大会制度、做好人大工作的重要基础。

本届全国人大常委会对加强人大制度理论研究十分重视。栗战书委员长在前不久召开的十三届全国人大常委会第三次会议上明确提出，加强对习近平总书记关于人民代表大会制度思想的学习、研究、宣传。这是坚持和完善人民代表大会制度的重要基础，是本届人大工作的重要任务。一要深入学习习近平总书记关于人民代表大会制度的重要论述，进一步领会精神、掌握要领，准确把握其思想、观点、要求，并体现和运用、落实到人大工作中来，同时要加强研究阐释，形成一批高质量研究成果，以进一步深化认识，自觉用这一科学理论统揽和指导人大各项工作。二要加强对人民代表大会制度优势和特点的研究宣传，结合中国近现代史，结合我国革命建设改革的伟大历程，深入研究阐释中国实行人民代表大会制度的历史必然性、人民代表大会制度发挥的巨大功效、为人类政治文明进步作出的重要贡献等，增强人民代表大会制度自信，在党的领导下坚定不移走中国特色社会主义政治发展道路。三要加强对人民代表大会制度实践创新的研究宣传，认真总结提炼已有的好经验好做法，研究新情况新问题，深化对人大工作规律的认识和把握，坚定坚持党的领导、人民当家作主、依法治国有机统一，推动人民代表大会制度和人大工作与时俱进、完善发展。四要形成加强人大理论研究和新闻舆论工作的浓厚氛围。认真学习贯彻栗战书委员长的讲话精神，对于我们加强人大制度理论研究，并在此基础上，做好新时代人大工作，推进人民代表大会制度理论和实践创新，具有十分重要的意义。

伟大的实践孕育科学的理论，而科学的理论又总是同伟大的实践相伴而行。我国的人民代表大会制度理论植根于中国革命、建设和改革的伟大实践，是马克思主义中国化的重大理论成果，是中国共产党和中国人民政治经验和智慧的结晶。它对于人民代表大会制度的创立、完善和不断发展，起到了积极的指导和推动作用。60多年的伟大实践证明，理论上的成熟，使我们在中国特色社会主义政治发展道路上，目标执着、步履坚定、高歌猛进。

理论只有紧跟时代的步伐，才能更好地指导实践。人大制度理论具有鲜明的时代特征和与时俱进的品格。党的十八大以来，习近平总书记在坚持和完善人民代表大会制度、发展社会主义民主政治方面，提出了一系列具有重大理论和实践创新意义的新思想新论断新要求。这些新思想新论断新要求具有鲜明的时代特色和理论品格，拓展了人民代表大会制度和我国社会主义民主政治的科学内涵、基本特征和本质要求，提升了人民代表大会制度的核心理念和核心价值，发展了马克思主义国家和法的理论，成为习近平新时代中国特色社会主义思想的重要组成部分，为我们在新的历史条件下长期坚持、全面贯彻、不断发展人民代表大会制度，推进社会主义民主政治建设，提供了科学理论指导和行动指南。对这些新思想新论断新要求进行系统梳理、深入阐发、广泛宣传，是新时代赋予人大制度理论研究的重大使命。特别是着眼于这些新思想新论断新要求在贯彻落实过程中遇到的新情况新问题，更是当前人大理论研究的重中之重。

人大制度理论研究具有很强的实践性，它总是通过解决实践中存在的各种困难和问题而不断走向完善。因此，加强人大制度理论研究不能闭门造车、坐而论道，而应走出书斋、面向实践，从实践中寻找方法和答案。近些年来，各级人大及其常委会认真履行宪法和法律赋予的职责，勇于创新，积极探索，在实践中推出了许多好做法，积累了许多好经验，为我们加强人大制度理论研究提供了鲜活的素材。对于这些好做法好经验，我们应认真地加以总结提炼，并上升到理论的高度，用以指导人大工作。同时，对实践中出现的新情况新问题，也应从理论的层面作出积极的回应。

理论不仅记录着我们从何处来，同时也蕴藏着我们走向未来的答案。站在理论之巅，我们才能看得更远，行得更稳。做好新时代人大工作，对人大制度理论研究提出了新的更高的要求。让我们以习近平新时代中国特色社会主义思想为指导，以推动人大制度理论和实践创新为己任，努力开创人大制度理论研究工作新局面！

2018 年第 13 期

新时代人大监督的经典范本

大气污染防治法执法检查不仅对大气污染防治工作起到了积极的推动作用，同时，也为我们提供了一个人大监督的经典范本，从中可以感受到新时代人大监督所呈现出的新气象。

环境就是民生，蓝天也是幸福。良好的生态环境既是广大人民群众的热切期盼，也是全面建成小康社会重要的衡量标准之一。习近平总书记强调，要把解决突出生态环境问题作为民生优先领域。坚决打赢蓝天保卫战是重中之重，要以空气质量明显改善为刚性要求，强化联防联控，基本消除重污染天气，还老百姓蓝天白云、繁星闪烁。民心所望，人大所向。为保证党中央重大决策部署贯彻落实，保证法律得到全面有效实施，推动解决人民群众关注的突出环境问题，十三届全国人大常委会开局之年便果断出手，聚焦大气污染防治工作，剑指大气污染防治法实施中存在的种种问题，找出病灶，对症施治。

特别需要指出的是，栗战书委员长率先垂范，亲力亲为。他挂帅担任执法检查组组长，主持召开执法检查组全体会议，率队赴基层一线检查，召开五级人大代表座谈会，听取各分小组执法检查情况汇报，向常委会会议作执法检查报告，参加分组审议，主持专题询问。这诸多的亲力亲为，充分体现了新一届全国人大常委会坚决贯彻落实习近平总书记关于生态文明建设思想的政治自觉和责任担当，显示了对打赢污染防治攻坚战和蓝天保卫战的高度重视。

的确，为了打赢这场蓝天保卫战，全国人大常委会作了精心谋划，在认真总结以往人大监督工作经验的基础上，积极探索、锐意创新、稳步推进、精准发力。从认真贯彻习近平生态文明思想，到始终坚持"依法"原则；从组成高规格的执法检查阵容，到实现检查全覆盖、无死角；从执法检查、审议、专题询问三者联动，打出人大监督的"组合拳"，到充分发挥人大代表、群众和专家学者的作用；从创新人大监督形式，到努力提升人大监督实效；从"特事特办"，加开一次全国人大常委会会议，到作出全面加强生态环境保护依法推动打好污染防治攻坚战的决议。可以毫不夸张地说，全国人大常委会的精彩表现，产生了强烈的社会反响，得到了方方面面的高度评价。连任三届全国人大常委会委员的姒健敏说："这次执法检查之深入、针对性之强、力度之大，揭露问题之尖锐，提出建议之务实，都是历史之最。"

直面问题、动真碰硬，充分发挥"法律巡视"监督利剑作用，是此次大气污染防治法执法检查一个显著特点。栗战书委员长强调，执法检查就是要真找准问题、真抓住问题、真解决问题，不能走过场，不能搞评功摆好那一套。要多用事实说话，客观真实反映情况和问题，典型违法事例要点名，敢于动真碰硬，督促有关方面认真纠正违法行为。为了最大限度发现大气污染防治法实施中存在的深层次问题，检查组设立了随机抽查小组，每到一处，随机抽查小组根据生态环境部环境监察局事前暗访摸排的线索，不打招呼、直奔现场，共对12个城市38个企业和工地进行了抽查，发现不同程度存在违反大气污染防治法的问题。在这些来自一线的抽查"问题清单"的基础上，执法检查组形成了厚达20多页的随机抽查情况报告，作为执法检查报告的附件提交全国人大常委会审议。随机抽查情况报告指出6个方面的问题，在每个问题中都对工业企业、施工工地等进行公开点名，并配上现场图片。不仅如此，为了突出问题导向，在40多页的执法检查报告中，栗战书委员长除了用两页多概述了法律实施的总体情况，其余部分都是用来晒问题、找原因、提建议。报告毫不避讳地指出一些行政机关和司法机关在大气污染防治中存在的"缺位"和"滞后"，对于有问题的地方、企业，更是直接"点名道姓"。在专题询问环节，栗战书委员长也要求大家聚集问题、突出重点，讲实情、说实话，问问题直奔主题，回答问题直截了当。

大气污染属于"疑难顽症"，是一块非常难啃的"硬骨头"。这就决定了蓝天保卫战是一场"硬仗"，甚至是一场"恶仗"。但本届全国人大常委会在此次执法检查中所表现出的果敢、坚毅和执着，使我们完全有理由对打赢蓝天保卫战充满信心！

2018 年第 14 期

做好人大工作，从调查研究开始

前不久，栗战书委员长先后赴江西、福建两省调研。

在调研期间，栗战书一行带头遵守中央八项规定，轻车简从，下基层、进企业、走村入户、开座谈会，广泛接触干部群众，了解实际情况，倾听意见和建议。

怎么开展调查研究？怎样才能打通最高国家权力机关与最基层百姓保持密切联系的"最后一公里"？怎样才能听到百姓的心里话？这是做好人大工作的重要内容和基本要求。

重视和善于调查研究，是我们党一个极为重要的优良传统。在领导中国革命、建设和改革的伟大实践中，我们党的领导人不仅大力提倡、身体力行调查研究，而且在深刻总结实践经验的基础上，对调查研究作出了许多重要论述，形成了一整套具有中国特色的调查研究思想方法。习近平总书记更是十分重视调查研究工作，他指出："没有调查，就没有发言权，更没有决策权。""调查研究是谋事之基、成事之道。""研究、思考、确定全面深化改革的思路和重大举措，刻舟求剑不行，闭门造车不行，异想天开更不行，必须进行全面深入的调查研究。"在党的十九届一中全会上，他提出"要在全党大兴调查研究之风"。

我们常说，"知屋漏者在宇下，知政失者在草野"。人大作为密切联系人民群众的代表机关，主要是通过调查研究来深入了解民情，充分反映民意，广泛集中民智。人大最大的优势是密切联系人民群众，最大的危险是脱离人民群众。这就决定了调查研究是人大工作不可或缺的一部分，是人大最重要的一项基础性工作，是人大工作的一个常规动作和一道必经流程，是每一位人大工作者必须掌握的基本功。

当前，如何提高调查研究的实效，从根本上消除形式主义和官僚主义，这是摆在我们面前的一个重大课题。这里的关键是要变"身入"基层为"心入"基层。"身入"解决的是"在场"的问题，目的是拉近调研者与群众之间的空间距离；而"心入"则解决的是"在状态"的问题，是要拉近两者之间的心理和情感距离。真正搞好调查研究，要"身入"，更要"心入"。因为"心入"体现了对党的事业的忠心、对百姓疾苦的关心、对人民群众的交心、对职责的尽心。说到底，开展调查研究，就是要有感情投入，这样才会有丰厚的回报。我们只要真心实意地俯下身来，真正走入百姓中间，带着感情与他们交流，就一定能听到真话实话心里话。反观有些调查研究，事先经过精心的"彩排"，调研者则人到心未至，走走"指定路线"、看看"规定动作"、听听"悦耳之词"。这样的调查研究更像是"走秀"，其结果只能是"认认真真走过场、轰轰烈烈搞形式"。

"台上一分钟，台下十年功。"对人大工作而言，则是"会上一分钟，会下数年功"。的确，一部法律法规的问世、一项重大决策的出台，往往要经过反复调研论证，有的要花上几年时间，有的要花上十几年甚至几十年的时间。对于人大工作者而言，他们所作的每一次发言，所提的每一条建议，都关乎人民群众的切身利益，所以，也要经过大量的调查研究。

正是从这个意义上说，做好人大工作，提高履职水平，应当从调查研究开始。

2018 年第 15 期

党的领导是做好人大监督工作的根本保证

党对人大监督工作实行领导，这是由党的执政地位决定的，是由我国人民代表大会制度的特点和优势决定的，是由人大监督的政治定位和法律定位决定的，这也是做好人大监督工作的根本政治保证。

中国共产党领导是中国特色社会主义最本质的特征，中国特色社会主义制度的最大优势是中国共产党领导。在我国政治制度和政治生活中，中国共产党是最高政治领导力量，是领导核心。加强党的集中统一领导，保证党领导人民有效治理国家，是我国人民代表大会制度和中国特色社会主义民主政治的根本特征和核心优势。

监督制度是人民代表大会制度的重要组成部分。人民代表大会制度的重要原则和制度设计的基本要求，就是任何国家机关及其工作人员的权力都要受到制约和监督。人大是国家权力机关，国家行政机关、监察机关、审判机关、检察机关都由人民代表大会产生，对它负责，受它监督。这种监督体现了国家一切权力属于人民的宪法原则，它具有很强的政治性和法律性，必须在党的领导下进行。在前不久召开的十三届全国人大常委会第四次会议上，栗战书委员长进一步明确了人大监督的定位。他指出，人大监督是在党的领导下，代表国家和人民进行的具有法律效力的监督。

监督的目的，是推动党中央决策部署贯彻落实，确保宪法法律全面有效实施，确保行政权、监察权、审判权、检察权得到正确行使，确保人民权益得到维护和实现。这就是人大监督的政治定位、法律定位。

坚持党对人大监督工作的领导，有利于处理好监督与支持的关系。如何处理好监督与支持的关系，始终是人大监督面临的一个重大课题。就法律属性而言，人大监督是一种制约。但制约不是人大监督的全部，更不是它的终极目标。人大监督的终极目标是通过必要的支持，与"一府一委两院"形成良性互动，从而建立一种和谐稳固的权力运行机制，确保国家机关按照人民的意志行事。如果说监督是一种外部表现形式的话，那么支持就是它的内在价值追求。寓支持于监督之中，并把它作为人大监督的内在价值追求，这是多年来形成的一种有效做法，是人大监督所特有的品质，是对马克思主义监督理论创造性的应用。在我们国家，党政军民学，东西南北中，党是领导一切的。在这个大的前提下，各个国家机关既分工明确，又相互协作。我们要在实践中正确处理好监督与支持两者之间的关系。为此，栗战书委员长强调指出，人大监督工作必须在党的领导下进行，站在党和国家事业全局的高度，从国家和人民的整体利益、长远利益出发，把监督"一府一委两院"工作同支持他们依法履行职责有机统一起来，寓支持于监督之中，形成加强和改进工作的合力。

实践充分证明，坚持党对人大监督工作的领导，有利于把握好人大监督的正确方向，有利于保证人大监督始终在法治的轨道上平稳运行，有利于不断提升人大监督的实效。

在新的历史条件下，如何把党的领导贯穿人大监督工作的每一个环节中，这不仅需要确立大的原则，同时，还需要一些具体的制度设计和工作安排。对此，栗战书委员长指出："全国人大常委会监督工作情况和重要事项，要及时向党中央请示报告。""人大开展监督，其指向就是紧紧围绕保障党中央作出的重大决策部署的落实、实现党中央提出的重大目标任务来谋划和安排。""制定监督工作计划时，要围绕大局、贴近民生、突出重点。要深入研究党中央的要求是什么？实践需要是什么？人民群众的期盼是什么？把事关改革发展稳定全局的重大问题和人民群众普遍关注的突出问题，作为监督工作的重点。"

应该说，新一届全国人大常委会从理论和实践两个方面，就如何实现党对人大监督工作的领导这一重大问题作出了科学的回答，这为改进和加强新时代人大监督工作奠定了坚实的基础。

2018 年第 16 期

民心所望　人大所向

在刚刚结束的十三届全国人大常委会第五次会议上，有几项议程引起了人们的广泛关注。由于这几项议程紧扣党和国家中心工作，契合了百姓的当下关切，所以，成为全社会热议的话题，有的甚至还登上了网络"热搜"榜。更为重要的是，对这几项议程所展开的讨论，体现了人们对人大工作的深度参与。

个税不仅仅是国家筹集财政收入的重要税种，也是调节社会收入分配、促进经济稳定增长的重要工具，对保障和改善民生、实现社会公平正义具有重要意义。这就决定了个税改革及个税法修改关注度高，难度系数大。此次全国人大常委会对个税法进行修改，是自1980年个税立法以来的第七次修改，其重点不再是简单地减除费用标准，而是历史性开启我国个税制度由分类税制向综合税制的转变。为了通过个税法修改来最大限度地释放改革红利，并最终惠及广大人民群众，立法者坚持开门立法的原则，充分听取各方面意见，特别是公众的意见。从民意反映看，整个社会对于个税改革的必要性以及个税改革的总体方向、基本路径和大的原则认识是一致的。当然，修改后的个税法在有的方面尚未完全达到公众的预期，这也很正常。因为个税改革是一个长期的过程，现在仍处在进行时，有些改革措施不可能一步到位，党和国家将会通过不断的改革为我们提供更多的"看得见的公平和拿得到的实惠"。这次修法中的一些建议也会在接下来的个税改革中被采纳。

对于电子商务，有一句话描述得非常恰当：只有我们想不到，没有网上买不到。的确，电子商务的悄然兴起和快速发展，颠覆了传统的消费方式，并对经济和社会发展产生了深刻的影响。但是，电子商务在快速发展的同时，也引发了一些新的矛盾和问题。特别是它一度呈现出快速增长的态势。历经五年打磨和四次审议，这部法律终于进入我们的生活。电子商务法的出台，标志着电子商务将全面步入法治轨道，不再是法外之地。特别需要指出的是，广大消费者在这部法律的出台过程中发挥了重要作用，可以说，他们既是立法的推动者，又是立法的受益者。

民法典是一部自带话题的法律。因为在庞大纷繁的法律体系中，民法与百姓的关联最为密切，它渗透到了社会生活、经济生活的每一个角落，它调整着我们每一个人的衣食住行、生老病死和企业的生产经营等。可以说，从出生之日起，我们就生活在民法之中。所以，对于这部法律，我们每一个人都有话可说。按照"两步走"的工作思路，民法典各分编草案已进入审议程序。从内容上看，民法典各分编都是为百姓"量身定制"的。所以，在民法典各分编草案的修改完善过程中，普通百姓将扮演重要角色，将发挥更大的作用。

传染病防治工作是重要的民生工程，事关人民群众的身体健康和生命安全，事关国民经济发展和社会稳定。对传染病防治法的实施情况进行检查，是对传染病防治工作所进行的一次全面"会诊"。由于全国人大常委会在开展执法检查时，坚持问题导向，突出重点，深入基层，力求通过执法检查发现问题、解决问题、改进工作，因此，受到了各界舆论的普遍好评。一些基层群众表示，这次执法检查，就像在炎热的夏日里给我们带来了一场及时雨。

作为一种常规的监督手段，审查计划和预算报告，实际上就是对中国经济所作的一次"年检"。经济的本质，就是人心。从"年检"的情况看，今年以来，面对日益错综复杂的国内外形势，中国经济保持总体平稳、稳中向好态势，这显然是万众一心的结果。可以预期，有了民心作坚强的后盾，中国经济将会继续处乱不惊，一路走好。

民心所望，人大所向，这是新时代人大工作的一个显著特色。按照由家而国的思维向度，普通百姓是从关注自身利益出发，来关心人大工作。而人大把百姓的关切作为工作的着力点，不仅拉近了与公众之间的心理距离，同时，也使越来越多的普通百姓走近人大、关注人大、支持人大，成为人大工作最忠实的粉丝。

2018 年第 17 期

中国立法再度吹响集结号

前不久，全国人大常委会立法工作会议和第二十四次全国地方立法工作座谈会先后召开，这两个会议的召开具有十分重要的意义。踏着新时代的节律，中国立法再度吹响集结号，开始了新一轮的整装待发。

栗战书委员长在全国人大常委会立法工作会议上所作的讲话中，全面分析了新时代我国立法工作面临的新形势新任务，深刻阐述了新时代立法工作的总体要求，并就如何加强和改进新时代立法工作、全面落实十三届全国人大常委会立法规划作出了具体部署。栗战书委员长在讲话中特别强调要用新思想引领新时代立法工作。

中国特色社会主义进入新时代，一个显著特征就是我们有了引领党和国家事业发展的新思想，这就是习近平新时代中国特色社会主义思想。党章和宪法将这一新思想确立为必须长期坚持的党和国家的指导思想。党的十八大以来，以习近平同志为核心的党中央从坚持和发展中国特色社会主义的全局出发，围绕全面依法治国提出一系列新理念新思想新战略。其中还对立法工作提出了一些新要求，主要有：要坚持立法先行，坚持立改废释并举，加快完善法律、行政法规、地方性法规体系；坚持问题导向，提高立法的针对性、及时性、系统性、可操作性，发挥立法引领和推动作用；要加强重点领域立法，及时反映党和国家事业发展要求、人民群众关切期待；要发挥人大及其常委会在立法工作中的主导作用，健全立法起草、论证、协调、审议机制；要完善立法规划，突出立法重点；要抓住提高立法质量这个关键，推进科学立法、民主立法、依法立法，扩大公众有序参与；要尊重和体现规律的要求，努力使每一项立法都符合宪法精神、反映人民意愿、得到人民拥护，以良法促进发展、保障善治。

如何把习近平总书记关于全面依法治国的一系列新理念新思想新战略特别是关于立法工作的新要求贯穿到立法工作中，是新时代立法工作的重中之重。栗战书委员长指出，习近平总书记关于全面依法治国的一系列新理念新思想新战略，包括关于立法工作的一系列重要论述和指示，立意高远、思想深刻、内涵丰富，具有鲜明的时代特征和实践特色，为新时代全面依法治国提供了科学理论指导、开辟了广阔发展空间，也为加强改进新时代立法工作指明了前进方向、确立了基本遵循。正因为如此，新时代立法工作要以习近平新时代中国特色社会主义思想特别是习近平总书记关于全面依法治国的新理念新思想新战略为引领，将其贯彻于立法活动、立法工作的全过程和各方面。这是我们做好新时代立法工作的最根本保证。

从已经出台的十三届全国人大常委会立法规划看，时间紧、节奏快、任务重、难度大、要求高，将是新一轮立法工作的显著特点。为此，栗战书委员长就如何加强和改进新时代立法工作提出了具体要求。他指出，党中央批准的常委会党组关于立法规划的请示，就加强和改进新时代立法工作提出了7条基本遵循，即坚持党中央对立法工作的集中统一领导，确保立法工作正确政治方向；坚持立法与改革决策相衔接，主动适应经济社会发展的需要；坚持以人民为中心的发展思想，使法治成果更多惠及全体人民；坚持价值引领，将社会主义核心价值观融入立法工作；坚持科学立法、民主立法、依法立法，着力提高立法质量；坚持立改废释并举，增强法律体系的完备性、系统性、协调性；坚持以宪法为依据，维护宪法尊严和权威。这7条基本遵循，是总结党的十八大以来全面依法治国、加强立法工作新实践得出的主要经验，有丰富的思想内涵，有坚实的实践基础，也是新时代加强改进立法工作的重要指导原则，必须在实践中长期坚持并继续丰富和完善。

新时代要有新气象，更要有新作为。只要我们以习近平新时代中国特色社会主义思想为指导，全面贯彻落实栗战书委员长提出的具体要求，就一定能书写新时代立法工作新篇章。

2018 年第 18 期

新时代人大工作的行动指南

前不久,深入学习贯彻习近平总书记关于坚持和完善人民代表大会制度的重要思想交流会在河北省石家庄市召开。召开此次会议的目的是深入学习贯彻习近平新时代中国特色社会主义思想,进一步增强"四个意识",坚定制度自信,强化责任担当,在以习近平同志为核心的党中央集中统一领导下,发挥各级人大的职能作用,推动人民代表大会制度和人大工作与时俱进、完善发展。

栗战书委员长出席会议并发表重要讲话。栗战书委员长的讲话全面阐述了习近平总书记关于坚持和完善人民代表大会制度的重要思想的丰富内涵,结合我们党探索建立人民代表大会制度的光辉历程、人民代表大会制度的巨大功效、党的十八大以来人大工作的历史性成就等,深刻阐明了习近平总书记关于坚持和完善人民代表大会制度的重要思想的时代意义、理论意义、实践意义;强调把坚持党的领导、人民当家作主、依法治国真正打通、有机统一,最根本的是坚持党的领导特别是坚持党中央集中统一领导;对各级人大学习好、研究好、宣传好、贯彻好习近平新时代中国特色社会主义思想提出了明确要求。栗战书委员长的讲话,具有很高的政治站位,对于各级人大进一步加强理论武装,坚持党的全面领导,更好发挥国家权力机关职能，具有重要指导作用。

伟大的实践催生伟大的思想，伟大的思想指导伟大的实践。这是思想与实践相互作用的内在逻辑和发展进程，二者相辅相成、共进共行。党的十八大以来，以习近平同志为核心的党中央高度重视、全面加强对人大工作的领导，推动人民代表大会制度理论和实践创新取得新进展，推动人大工作取得历史性成就。习近平总书记就坚持和完善人民代表大会制度、发展社会主义民主政治、做好新形势下人大工作发表一系列重要论述，拓展了人民代表大会制度的科学内涵、基本特征和本质要求，标志着我们党对人民代表大会制度发展的规律性认识达到了一个新的高度。习近平总书记关于坚持和完善人民代表大会制度的重要思想，是习近平新时代中国特色社会主义思想的重要组成部分，科学阐述了国家根本政治制度的历史必然、特点优势、实践要求，明确提出了做好新时代人大工作的重大原则、思路举措、重点任务，为新时代长期坚持、不断完善人民代表大会制度，做好人大工作提供了方向指引、根本遵循和行动指南。

习近平总书记关于坚持和完善人民代表大会制度的重要思想既具有恢宏的历史纵深感，又具有很强的现实指导性，同时又兼具与时俱进、面向未来的时代特色。它是一个结构完整、内容丰富、内涵深邃的思想体系，其主要方面可以用"十个坚持"来概括，即坚持中国共产党的领导；坚持走中国特色社会主义政治发展道路；坚持和完善人民代表大会制度；坚持人民当家作主；坚持全面依法治国；坚持民主集中制；坚持全面贯彻实施宪法；坚持以良法促进发展、保障善治；坚持正确监督、有效监督；坚持民有所呼、我有所应。习近平总书记关于坚持和完善人民代表大会制度的重要思想是一个开放的思想体系，它将在实践中不断地发展完善。

当前，学习好研究好宣传好贯彻好习近平总书记关于坚持和完善人民代表大会制度的重要思想是各级人大面临的重要任务，也是每一位从事人大工作的同志必须掌握的基本功和看家本领。为此，栗战书委员长向我们发出动员令：面对新形势新任务新要求，各级人大都要深入学习贯彻习近平新时代中国特色社会主义思想，特别是把学习研究宣传贯彻习近平总书记关于坚持和完善人民代表大会制度的重要思想摆在突出位置，在学懂弄通做实上下功夫，进一步加强理论武装，提高政治站位，增强工作能力，更好发挥国家权力机关作用。

新思想引领新时代，新时代成就新作为。我们要以习近平新时代中国特色社会主义思想为指导，深入学习贯彻习近平总书记关于坚持和完善人民代表大会制度的重要思想，勇于担当、积极作为，让人民代表大会制度焕发新的生机和活力，使人大工作迈上新台阶、取得新成就。

2018 年第 19 期

"票决制"的范本意义

如何充分发挥人民代表大会制度的独特优势，让基层群众从中获得更多的实惠？如何让"以人民为中心的发展思想"贯穿人大工作的每一个环节？如何让人大工作更接"地气"、更贴"民心"……浙江省通过全面开展"民生实事项目人大代表票决制"（以下简称"票决制"），对上述这些问题给出了令人满意的回答。

"票决制"是指政府在广泛征求人民群众意见和建议的基础上，提出民生实事候选项目，经同级人大代表在本级人民代表大会会议期间以投票表决方式差额决定正式项目，交由政府组织实施，并接受代表和人民群众监督的制度。"票决制"最早于2008年在宁海县两个乡镇探索实行，随后该县在乡镇一级全部推开，2012年起在县本级实施，省内不少地方也借鉴实行。2017年，浙江省委、省人大在总结各地实践经验的基础上出台相关文件，全面推行"票决制"。截至今年6月，浙江11个设区的市、89个县（市、区）、907个乡镇人代会都实施了"票决制"，实现市县乡三级全覆盖，票决通过民生实事项目7024个，累计投资额达3449亿元。

经过十年来的不断探索完善，"票决制"从宁海开端的一个"盆景"变成具有浙江特色的一道"风景"，成为浙江的又一张"金名片"。特别值得一提的是,"票决制"作为一个成功的范例,它所具有的范本价值值得我们很好地加以总结提炼推广。

"百姓的事情,应由百姓作主。""人大干的,正是百姓盼的。"从这样一些原汁原味的百姓话语中,我们可以清晰地感受到"票决制"充分体现了以人民为中心的发展思想。习近平总书记指出:以人民为中心的发展思想,不是一个抽象的、玄奥的概念,不能只停留在口头上、止步于思想环节,而要体现在经济社会发展各个环节。以人民为中心,蕴含着发展为了人民、发展依靠人民、发展成果由人民共享的施政理念,回答了为谁发展、为何发展、怎样发展的问题。虽然票决项目只是政府财政投入民生领域的一部分,但"钱怎么花、花在哪里最紧要"还是应该由人民群众说了算,特别是要抓住群众关切的"关键小事",通过代表票决方式充分吸收人民群众的意见和建议,使民生实事项目由"政府部门自己定自己办"转变为"群众提、代表决、政府办、人大评",实现政府决策与群众需求的精准对接、高度融合,真正把人民群众所需、所盼、所忧之事办好。可以说,"票决制"是以"看得见、摸得着、可参与"的方式诠释了最广泛、最真实、最管用的社会主义民主真谛,实现了"为民作主"向"由民作主"的历史性转变。

如何实现党的领导、人民当家作主、依法治国三者有机统一,是当前人大工作中面临的一个重大课题。党的十九大报告提出,党的领导是人民当家作主和依法治国的根本保证,人民当家作主是社会主义民主政治的本质特征,依法治国是党领导人民治理国家的基本方式,三者统一于我国社会主义民主政治伟大实践。

浙江的实践表明,发挥人民代表大会制度作为坚持三者有机统一的根本政治制度的优势作用,必须不断创新载体、优化平台、拓宽渠道,与时俱进推动人民代表大会制度在基层的理论创新和实践创新。而"票决制"正是承载着这样的功能,它贯穿了党委决策、人大决定、政府执行、公众参与的权力运行设计理念,用法治思维构建新型的基层治理体系,用法治方式规范基层治理主体之间的关系，使党委、人大、政府的角色定位更加明确，职责边界和事权划分更加清晰，从而把党的领导、人民当家作主和依法治国真正打通，并为实现三者有机统一提供了有效的制度平台、运行轨道和实施条件。

"票决制"虽然问世已十年，但仍处在成长期，还需在实践中不断完善。我们衷心希望它能越来越好，同时也希望有更多的类似于"票决制"这样的创新之举在人大系统涌现。

2018 年第 20 期

彻底打通实现公平正义的"最后一公里"

作为2018年全国人大常委会监督工作的"重头戏"之一，10月25日上午，十三届全国人大常委会第六次会议联组审议最高人民法院关于人民法院解决"执行难"工作情况的报告、最高人民检察院关于人民检察院加强对民事诉讼和执行活动法律监督工作情况的报告，并围绕专项工作报告进行了专题询问。

值得一提的是，这是自2010年开展专题询问以来，全国人大常委会首次对"两高"工作报告进行专题询问。全国人大常委会首问"两高"便聚焦"执行难"这一社会各界极为关注的热点问题，实际上是对执行工作所作的一次"会诊"，意在彻底打通实现公平正义的"最后一公里"。

今年是"用两到三年时间基本解决执行难问题"的攻坚之年和决胜之年，执行攻坚进入"窗口期"。在这样一个背景下，人大监督剑指"执行难"，就是要巩固和扩大司法改革的成果，确保中央决策部署真正"落地"。

从专题询问现场看，提问者开门见山、直面问题，应询者不遮不掩、坦诚应答。可以说，人大之问，问出了人大监督的实效，问出了最高国家权力机关的权威。更为重要的是，通过一问一答这一良性互动，全国人大常委会和最高人民法院、最高人民检察院就如何破解"执行难"形成了共识。

栗战书委员长参加审议和询问，并发表重要讲话。栗战书委员长指出，对"两高"工作开展专题询问，这在全国人大常委会历史上还是第一次，既是贯彻党中央决策部署，支持和保障司法改革、促进司法公正的一个具体举措，也是常委会开展监督工作的一次积极探索和实践创新。

众所周知，执行工作是整个司法程序中的关键一环，事关人民群众合法权益的及时实现，事关经济社会发展的诚信基础，事关司法权威和司法公信力的有效提升，事关全面依法治国基本方略的贯彻落实。司法裁判的主要任务是明确权利义务、实现定分止争，而执行工作则是依靠国家强制力实现胜诉当事人权益，最终化解矛盾，彻底解决纠纷。因此，执行的过程必然是司法活动中各种矛盾剧烈冲突、对抗性最强的过程。从某种程度上说，执行也是实现社会公平正义的"最后一公里"。

2016年3月以来，在以习近平同志为核心的党中央坚强领导下，人民法院全面推进执行信息化、规范化建设，不断深化执行体制机制和管理模式改革，持续加强队伍建设，加大投入保障力度，坚持问题导向，坚持刀刃向内，全面打响"基本解决执行难"攻坚战。2016年至2018年9月，全国法院共受理执行案件1884万件，执结1693.8万件（含终本案件），执行到位金额4.07万亿元，同比分别增长105%、120%和76%。人民检察院坚决支持法院依法执行，切实加强民事执行活动监督，对明显超标的执行、消极执行、选择性执行、违法处置被执行财产等违法情形提出检察建议135145件，法院采纳123914件，采纳率为91.7%。

在充分肯定成绩的同时，我们也应清醒地认识到，"执行难"属于疑难顽症，是一块极其难啃的"硬骨头"。有些问题今天解决了，明天还可能复发，不可能毕其功于一役。因此，一方面，要保证"用两到三年时间基本解决执行难问题"这一阶段性目标如期实现；另一方面，为了从根本上解决"执行难"问题，还要做好打硬仗甚至是拉锯战的心理准备。

令人欣慰的是，此次专题询问，人大监督尽显"铁腕"本色和"刚性"品质，这使我们不仅对打赢"基本解决执行难"攻坚战充满信心，也对从根本上解决"执行难"充满了期待。

2018 年第 21 期

让"马上就办"成为人大工作新风尚

为了贯彻落实栗战书委员长关于做好地方人大宣传报道工作的重要指示精神，我们启动了"新时代新探索"系列采访活动。我们希望通过这一系列采访活动，集中展示新时代地方人大所进行的新探索、取得的新成就、积累的新经验。

我们把福建作为系列采访活动的第一站。习近平总书记在福建工作多年，在他兼任人大常委会主任期间，提出许多创新理念，开展许多探索实践，为习近平总书记关于坚持和完善人民代表大会制度的重要思想提供了重要理论探索和实践验证。近年来，福建省各级人大以习近平总书记关于坚持和完善人民代表大会制度的重要思想为指导，认真履行宪法法律赋予的职责，在实践中进行了积极的探索，其中有些做法和经验在全国范围内都产生了较大的社会影响。今年7月，栗战书委员长赴福建调研，就学习贯彻习近平新时代中国特色社会主义思想、传承发扬好总书记留下来的精神和作风、发挥人大在全面依法治国中的重要作用、打好污染防治攻坚战等发表重要讲话，并对福建人大工作予以肯定。福建省各级人大的同志深受鼓舞、倍感振奋，掀起了一股干事创业的新热潮。

当我们的记者一踏上八闽大地，便感受到了扑面而来的时代新潮：

在福州，我们的记者看到人大如何根植当地实际，将立法、监督等工作深深打上地方特色"烙印"；在宁德，我们的记者看到了地方立法如何让少数民族文化火起来，看到了扶贫攻坚的"赤溪样板"；在泉州，晋江人大自我革新的勇气令我们的记者为之感动，而南安市建在高校里的代表活动室则让我们的记者耳目一新；在厦门，这片"立法试验田"的敢为人先给我们的记者带来了太多惊喜，而在湖里区，我们的记者找回了大院生活的亲情感……

"马上就办、真抓实干。"这是我们的记者在采访期间经常听到的一句话。这句话是习近平总书记任福州市委书记、市人大常委会主任期间提出的，在福建传承至今，它对福建方方面面的工作，其中包括人大工作都产生了深远的影响。一位在基层人大工作的同志深有感触地对我们的记者说："人大工作从某种程度上说，既是党的工作，又是群众工作。我们所干的每一件事，都关系到许许多多人民群众的切身利益，我们必须把'马上就办、真抓实干'当作座右铭，以只争朝夕、时不我待的精神做好本职工作，这样才对得起党对我们的信任，人民群众对我们的信任。否则，拖拖拉拉、得过且过，就是失职，甚至是渎职。"

可以说，"马上就办、真抓实干"已成为福建省人大工作的真实写照，成为新时代福建省人大工作的新亮色。新一届福建省人大常委会履新后，就把围绕中心、服务大局作为工作的着力点，以"马上就办、真抓实干"的精神风貌，紧锣密鼓地开展工作，在不到90天的时间里，先后作出了关于深入学习宣传和贯彻实施宪法的决定、关于进一步推进数字福建建设的决定、关于全面加强生态环境保护依法推动打好污染防治攻坚战持续推进国家生态文明试验区建设的决议，第一时间将党中央决策部署落到实处。有媒体评论称，这三项决定决议出台快、亮点多、举措实，不仅为福建省贯彻落实党的十九大提出的工作要求提供了可靠的制度保障，也为新一轮福建省人大工作奠定了一个好的基础。像这样的例子在福建省比比皆是。

"马上就办、真抓实干",既是一种工作作风,更是一种工作态度,它体现了对职责的坚守和使命的执着,体现了对党的事业和人民利益高度负责的精神风貌。作为国家权力机关,各级人大都肩负着十分重要的职责,特别是新时代对人大工作提出了新的更高的要求,我们只有以只争朝夕的工作热情,时不我待的担当精神,投入到工作中,才能不辱使命、不负重托。为此,栗战书委员长指出,要在保证工作质量的前提下进一步加快工作步伐,提高工作效率,弘扬"马上就办"的精神,形成真抓实干的氛围。

我们要大力弘扬"马上就办"的精神,使"马上就办、真抓实干"成为人大工作新风尚。

2018 年第 22 期

纪念历史,是为了创造新的历史

历史,总是在一些特殊的时间节点上被赋予非同寻常的意义;

历史,总是在一些特殊的时间节点上给人们以汲取智慧、继续前行的力量。

1978年12月18日,这是一个已被载入史册的日子。就在这一天召开的党的十一届三中全会作出了改革开放的伟大决策。从此,我们这个拥有五千多年历史的东方大国从"十年动乱"的梦魇中彻底醒来,迈上了伟大的民族复兴之路;我国的人民代表大会制度也从废墟中挺立起来,步入了一个崭新的历史时期。

四十年风雨兼程,四十年辉煌荣耀。四十年来,我国的人民代表大会制度与改革开放同频共振,从恢复重建到走向辉煌。它见证了我国社会的发展变化,见证了震撼世界的"中国奇迹"是怎么形成的,见证了中华民族从站起来、富起来到强起来的伟大飞跃,见证了中国特色社会主义政治发展道路是怎样走出来的。

我们是否可以作出这样的比喻:过去的四十年,中国就像是一辆高速飞驰的列车,改革为它提供了强大的动力系统,而人民代表大会制度为它提供了最可靠的安全保障系统。

的确，改革开放四十年来，人民代表大会制度不断得到巩固、完善和发展，显示了强大的生命力和巨大的优越性，发挥了极为重要的制度功效，为改革开放和社会主义现代化建设提供了有力的根本政治制度保障。一是保证党发挥总揽全局、协调各方的领导核心作用，并在此基础上，领导人民有效治理国家。二是夯实了中国特色社会主义制度的根基。三是充分保障了人民当家作主，保证人民依法实行民主选举、民主决策、民主管理、民主监督，享有广泛的权利和自由。四是有效动员了全体人民以国家主人翁的地位投身社会主义建设，把各方面的智慧和力量凝聚起来，坚定不移地朝着国家发展的宏伟目标前进。五是切实保证了国家机关协调高效运转，实行民主集中制，保证国家统一有效地组织各项事业、开展各项工作。六是有力维护了国家统一、民族团结和社会和谐稳定，充分发挥中央和地方两个积极性，巩固和发展全国各族人民的大团结。七是推动法治中国建设取得巨大成就，彻底实现国家各项工作法治化。

改革开放以来，在党中央的领导下，人民代表大会制度随着时代和实践的发展而不断完善发展。全国人大及其常委会的职权进一步完善，在县级以上地方各级人大设立常委会，赋予省级人大及其常委会、设区的市人大及其常委会地方立法权，加强人大及其常委会组织建设，完善人大专门委员会设置，优化人大常委会和专门委员会组成人员结构，健全人大工作机制，推动国家权力机关的工作逐步制度化、程序化、规范化。党的十八大以来，以习近平同志为核心的党中央高度重视、全面加强对人大工作的领导，推动人大工作取得历史性成就。党中央先后出台有关人大工作的重要指导性文件 20 余件，对人大立法、监督、代表、自身建设等提出了新的更高要求，党领导人大工作的体制机制更加健全。

改革开放以来，我们党关于人民代表大会制度的理论也在不断丰富发展。习近平总书记就坚持和完善人民代表大会制度、发展社会主义民主政治发表一系列重要论述，拓展了人民代表大会制度的科学内涵、基本特征和本质要求，标志着我们党对人民代表大会制度的规律性认识达到了一个新的高度。习近平总书记关于坚持和完善人民代表大会制度的重要思想，是习近平新时代中国特色社会主义思想的重要组成部分，科学阐述了国家根本政治制度的历史必然、特点优势、实践要求，明确提出了做好新时代人大工作的重大原则、思路举措、重点任务，为坚持好完善好发展好人民代表大会制度指明了方向、提供了遵循。

对历史的最好纪念，是创造新的历史。今天，当我们回望四十年的辉煌与荣耀，重新梳理人民代表大会制度巩固、完善和发展的历史进程，不仅是为了向历史表达敬意，更是为了再启征程的出发。因此，我们要以庆祝改革开放四十周年为契机，深入学习贯彻习近平新时代中国特色社会主义思想和党的十九大精神，深入学习贯彻习近平总书记关于坚持和完善人民代表大会制度的重要思想，认真履行宪法法律赋予的职责，把人民代表大会制度建设和人大工作推向一个新的高度。

这是新时代赋予我们的神圣使命。

2018 年第 23 期

伟大时代的人大故事

改革开放的 40 年，是中国巨变的 40 年，是书写奇迹的 40 年；

改革开放的 40 年，是中国实现从"赶上时代"到"引领时代"伟大跨越的 40 年，是中华民族实现从站起来、富起来到强起来伟大飞跃的 40 年。

改革开放，讲述了精彩纷呈的中国故事。

改革开放，也向世人讲述了发生在这个伟大时代的人大故事。

1978 年 12 月 13 日，邓小平在中央工作会议闭幕会上指出："为了保障人民民主，必须加强法制。必须使民主制度化、法律化，使这种制度和法律不因领导人的改变而改变，不因领导人的看法和注意力的改变而改变。"

五天后召开的党的十一届三中全会明确提出："为了保障人民民主，必须加强社会主义法制，使民主制度化、法律化，使这种制度和法律具有稳定性、连续性和极大的权威，做到有法可依，有法必依，执法必严，违法必究。"

从此，我们这个拥有五千多年历史的东方大国被注入了现代文明和法治的血液，我国的人民代表大会制度迈上了一条从恢复重建到不断发展完善的康庄大道，人大工作也进入了一个"黄金期"。

1979年7月1日，五届全国人大二次会议一次性地出台了选举法、地方组织法、人民法院组织法、人民检察院组织法、刑法、刑事诉讼法、中外合资经营企业法等七部法律，书写了转折时期的立法传奇，拉开了新时期立法工作的大幕。40年来，我国立法工作取得了历史性的成就：从无法可依到成熟一部制定一部，再到以宪法为核心的中国特色社会主义法律体系如期形成，直至真正实现良法善治，一幅恢宏壮阔的法治中国新图景呈现在世人面前。

40年来，秉持科学立法、民主立法、依法立法的精神，最高国家权力机关为我们奉献了一部又一部适应改革需要、体现时代特征、回应百姓关切、表达百姓心愿的高质量法律。这每一部法律都堪称精品佳作，每一部法律都在展示着立法者高超的政治智慧，每一部法律都在诉说着中国人民对于法治所怀有的那份虔敬与渴望，每一部法律都是全面推进依法治国进程中的一个耀眼的路标。

40年来，遵循"正确监督、有效监督"的原则，人大监督围绕中心、服务大局、突出重点、注重实效，为改革开放保驾护航。工作监督紧扣党和国家中心工作、改革发展稳定大局和人民群众普遍关心的热点问题，屡屡出手、频频发力；执法检查坚持问题导向，以推动"问题解决、工作改进、法律实施"为目的，确保法律规定真正"落地"；预算监督紧盯百姓的"钱袋子"，让政府花钱不再任性；审计监督从风暴中来，到制度中去；专题询问代人民发问，使人大之问真正问出人大权威……

40年来，人大代表已成为我国人民代表大会制度建设和人大工作中一个最为闪亮的群体，我们时刻都能感受到他们对人大工作的投入与专注，感受到他们对职责的执着和对百姓利益的坚守。他们是我国社会主义民主法治建设的中坚力量，是人民代表大会制度最坚定的捍卫者和百姓利益最忠实的守望者，他们理应获得更多的追捧和更多的掌声。

40年来，人大开放的脚步从未停止，开放已成为人大工作一张"金名片"，它拉近了权力机关与百姓之间的距离，使越来越多的人走近人大、了解人大、关心人大、支持人大。可以毫不夸张地说，亿万人民群众就是人大工作最忠实的"粉丝"。

40年来，随着我国人民代表大会制度的不断完善，人大工作的不断创新，制度自信已汇成一种气势磅礴的精神力量和时代品格。

改革无止境，扬帆再出发。习近平总书记在庆祝改革开放40周年大会上号召，将改革开放进行到底。这实际上是向我们每一位人大代表、每一位人大工作者发出了动员令。我们要不忘初心、牢记使命，以习近平新时代中国特色社会主义思想为指导，认真履行宪法法律赋予的职责，积极投身到新一轮的改革大潮中，书写更加绚丽多彩的新时代人大故事。

2018年第24期

2019年

奋斗让我们的人生更加美丽

时光飞逝,岁序更新。

2018已渐行渐远,已成为一个背影,并终将化为一段厚重而温暖的记忆。

穿越时间的河流,2019年如约而至。当鲜花和阳光再一次洒满大地,我们怀着最美好的憧憬与希望,开始了新一轮的远行。

"2018年,我们过得很充实、走得很坚定""这些成就是全国各族人民撸起袖子干出来的,是新时代奋斗者挥洒汗水拼出来的""我要向每一位科学家、每一位工程师、每一位'大国工匠'、每一位建设者和参与者致敬""我们都在努力奔跑,我们都是追梦人"……习近平总书记的这些饱含力量、满怀深情的话语,直抵人心,再一次点燃了亿万人民奋发向前的豪情壮志。

在浩繁的历史长卷中,我们对2018年将作出怎样的标注?这一年,是极不平凡的一年,是承上启下的一年,历史与现实交相辉映。站在这样一个特殊的时间节点上,令人油然而生置身大历史的感慨,更有创造大历史的豪迈。

这一年,是贯彻党的十九大精神的开局之年,同时,我们又迎来改革开放40周年盛大庆典，穿越40载峥嵘岁月的共和国，再一次挺立于历史的新起点。

这一年，中国发展航船乘风破浪，全面深化改革气势如虹，以习近平同志为核心的党中央团结带领全国各族人民乘势而上，在新征程上写下浓墨重彩的新篇章。三大攻坚战开局良好，各项宏观调控目标较好完成，经济平稳健康发展；深化党和国家机构改革，提出扩大开放四大举措，改革开放力度继续加大；自贸区持续扩容，长三角一体化上升为国家战略，发展布局日新月异；从"嫦娥""北斗""天宫"，到"蛟龙"、"天眼"、航母，科技创新按下"快进键"，创造源泉不断涌流；共建"一带一路"从"大写意"转向"工笔画"，主场外交活动全球瞩目，稳妥应对中美贸易摩擦……

这一年，沐浴新时代的春风，踏着改革的节律，我国的人民代表大会制度生机勃发，人大工作活力四射。新一届全国人大常委会以时不我待的历史主动、勇毅笃行的履职自觉和锐意开拓的政治担当，坚韧而进，积极创新，用扎实而卓有成效的工作，赢得了一个精彩的开局，向人民群众交上了一份耀眼的成绩单。

就在2018年行将结束的时候，我们再次感受到改革开放的强劲脉动。"将改革开放进行到底""在新时代创造中华民族新的更大奇迹""创造让世界刮目相看的新的更大奇迹"……习近平总书记在庆祝改革开放40周年大会上的豪迈宣示，吹响了改革开放的冲锋号，告诉我们，也告诉世人，中国庆祝改革开放40周年，既不是按下暂停键，也不是画上休止符，改革永远在路上。

坚决贯彻党中央改革决策部署，确保重大改革于法有据、顺利实施，是全国人大常委会的重要职责。2018年12月23日至29日，十三届全国人大常委会第七次会议在京举行。此次会议三分之一左右的议程同改革密切相关，涉及多个领域的改革事项和20多部法律。一是修改农村土地承包法，审议国务院关于农村土地改革试点工作的两个总结报告，决定再次延长有关授权期限，初次审议土地管理法、城市房地产管理法修正案草案，推动农村土地制度改革取得重大进展；二是审议通过耕地占用税法、车辆购置税法，审议资源税法草案，听取国务院关于个人所得税专项附加扣除有关情况的报告，落实税收法定原则；三是全面修改公务员法，推动中国特色公务员制度改革完善；四是分别通过4个决定，对产品质量法等17部法律的有关规定进行修改，统筹推进机构改革和"放管服"、医疗保险制度等改革。栗战书委员长在这次会议上强调，全国人大及其常委会要深入学习贯彻习近平总书记在庆祝改革开放40周年大会、中央经济工作会议上的重要讲话精神，自觉担负起新时代改革开放赋予人大的历史使命，紧紧围绕党的十九大确定的奋斗目标和战略安排，服从服务于改革开放伟大实践，履职尽责、开拓进取，推动人大制度和人大工作与时俱进、完善发展。

时间变动不居，时代阔步向前。40年前，中国人民怀着对幸福的渴望，在追波逐浪中写下春天的故事；今天的我们，越过大江大河，向着星辰大海出发，将以更加笃定的脚步，在新的历史坐标上绽放新的光彩，创造更大奇迹。"2019年，有机遇也有挑战，大家还要一起拼搏、一起奋斗。"我们要牢记总书记的嘱托，用奋斗致敬改革开放40周年，用奋斗迎接伟大祖国的70华诞。

奋斗必定会让我们的人生更加美丽！

2019年第1期

新时代　新气象　新作为

对于人大工作而言，2018年注定是一个重要的年份。

改革开放"四十不惑"，不仅使我们有机会体味人大四十年的辉煌与荣耀，同时也从历史的回声中重温"我们从哪里来？又将到哪里去？"

党的十九大吹响了走进新时代的号角，使人大工作站在了新的更高的起点上。

在新的时代场景中，在万众瞩目下，新一届全国人大常委会肩负着历史的重托，闪亮登场。

新时代、新气象、新作为。过去一年，新一届全国人大常委会以习近平新时代中国特色社会主义思想为指导，"忠实贯彻党中央决策部署，忠实维护人民利益，忠实履行宪法法律赋予的各项职责，恪尽职守，勤勉工作"，赢得了一个精彩的开局，交出了一份耀眼的成绩单。

回眸过去一年，一幅恢宏壮阔的新时代立法画卷徐徐展开：英雄烈士保护法的制定，在全社会奏响了一曲新时代英雄主义赞歌；土壤污染防治法的适时出台，拉开了净土保卫战的序幕；立法"拥抱"电商时代，使电子商务不再是法外之地；个人所得税法再次获修，让改革红利惠及更多百姓；农村土地承包法修改，为亿万农民带来了福音；民法典编纂稳健迈出"第二步",各分编草案纷纷亮相;立法与改革同频共振、"无缝对接",确保多项改革措施在法治的轨道上推进……据统计,截至2018年底,十三届全国人大常委会制定法律8部,修改法律47件次,通过有关法律问题和重大问题的决定9件,并对多部法律草案进行了审议。

时间紧、节奏快、任务重、难度大、要求高,是过去一年立法工作的显著特点。为此,十三届全国人大常委会坚持党对立法工作的领导,全面贯彻落实党中央重大决策部署,积极回应人民群众重大关切,秉承科学立法、民主立法、依法立法的精神,在加快立法步伐的同时,更加注重立法质量,精雕细琢、精益求精,让每一部法律都成为精品,都经得起时间的检验。

过去一年,按照"正确监督、有效监督"的总要求,人大监督迈出新步伐,再上新台阶,实现新跨越。工作监督围绕中心、服务大局、关注热点、精准发力;执法检查充分发挥"法律巡视"的监督利剑作用,直面问题,不遮不掩,直接"点名道姓"。经济监督既有审议计划报告、预决算报告、审计报告等"常规动作",又有首次审议国资报告、推进预算审查监督重点拓展改革等"特色动作"。审计监督落实党中央对审计工作的要求,剑指"屡审屡犯"等问题。首审国资报告,摸清国有资产底数,向人民提交一本明白账。首问"两高",聚焦"执行难",意在打通实现公平正义的"最后一公里"。加开一次常委会会议,为打赢蓝天保卫战"特事特办"……从一个个成功的监督范例中,我们可以感受到制度的伟力,感受到最高国家权力机关的权威,感受到人大监督呈现出的新气象。

过去一年,加强人大制度理论研究成为一个高频词。栗战书委员长多次强调加强人大制度理论研究的重要性,并就如何加强人大制度理论研究提出明确要求。去年9月26日至27日,还专门召开了深入学习贯彻习近平总书记关于坚持和完善人民代表大会制度的重要思想交流会,栗战书委员长在会上号召各级人大都要深入学习贯彻习近平新时代中国特色社会主义思想,特别是把学习研究宣传贯彻习近平总书记关于坚持和完善人民代表大会制度的重要思想摆在突出位置，在学懂弄通做实上下功夫。

过去一年，调查研究成为人大工作中的一个常规动作和一道必经流程。栗战书委员长以身作则，率先垂范。为了能听到"原汁原味"的百姓声音，他多次轻车简从，下基层、进企业、走村入户、开座谈会，广泛接触干部群众，了解实际情况，倾听对人大工作的意见和建议。

过去一年，人大系统兴起了一股"培训热"。从一次性实现省市两级人大常委会负责同志集中学习全覆盖，到完成新一轮全国县级人大常委会主任集中学习培训，再到举办 3 期全国人大代表学习班、1 期少数民族代表学习班，1200 多人次代表参加学习……新一届全国人大常委会对培训工作予以高度重视，努力推动培训工作升级换代、提质增效。有媒体评论称，全国人大培训工作的 2.0 时代正在到来！更为重要的是，通过培训，密切了全国人大同地方人大、全国人大同人大代表之间的联系，真正形成了工作上的合力。

过去一年，新一届全国人大常委会用奋斗收获了一个完美的开局，这也让我们对未来几年的人大工作充满了期待！

2019 年第 2 期

以更加开放的姿态面向世界

2019年1月29日至30日，十三届全国人大常委会第八次会议在北京召开，这是十三届全国人大常委会第二次加开常委会会议。这次会议的一项重要议程就是再次审议外商投资法草案并决定提请全国人民代表大会审议。

制定外商投资法，是党中央作出的重大部署，是推动形成全面开放新格局、促进社会主义市场经济健康发展的重大举措。习近平总书记指出，要加快出台外商投资法规，完善公开、透明的涉外法律体系，全面深入实施准入前国民待遇加负面清单管理制度，营造国际一流营商环境。党的十八届三中、四中全会对统一内外资法律法规、完善涉外法律法规体系提出明确要求。全国人大常委会认真贯彻习近平总书记重要指示精神和党中央决策部署，将制定外商投资法列入年度立法工作计划，积极推动法律起草工作，并于2018年12月下旬对法律草案进行了初审。前不久，我们国家刚刚庆祝改革开放40周年，在这样一个特殊的时间节点，全面启动外商投资法立法工作，意义深远。

作为一部专门为对外开放量身定制的法律，外商投资法可称得上是实施多年的"外资三法"的"升级版"。它的制定，不仅为新形势下进一步扩大对外开放、积极有效利用外资提供更加有力的法治保障，同时，也向全世界表明"中国开放的大门不会关闭，只会越开越大"。

改革开放，开启了我国的强国之路。伴随着改革开放的进程，我国外商投资领域的立法也开始同步推进。1979年，五届全国人大二次会议审议通过了中外合资经营企业法；1986年，六届全国人大四次会议审议通过了外资企业法；1988年，七届全国人大一次会议审议通过了中外合作经营企业法。这就是我们常说的"外资三法"。"外资三法"的实施，为我国扩大对外开放、积极利用外资作出了巨大贡献。截至2018年底，我国外商投资企业累计超过96万家，实际利用外资超过2.1万亿美元，外商投资已成为推动我国经济社会发展的重要力量。近年来，我国对外开放和利用外资面临新的形势，党中央、国务院作出了实行高水平的贸易和投资自由化便利化政策，全面实行准入前国民待遇加负面清单管理制度，大幅度放宽市场准入，推动形成全面开放新格局的决策部署。早期制定的"外资三法"已难以适应构建开放型经济新体制的需要，亟须在总结实践经验的基础上，制定统一的外资基础性法律，为新形势下进一步扩大对外开放、积极有效利用外资提供更加有力的法治保障。当前，世界经济深刻调整，保护主义、单边主义抬头，"逆全球化"暗流涌动，不稳定不确定因素依然很多，风险挑战加剧。在这种形势下，通过国家立法促进和保护外商投资，以实际行动向世界宣示了中国始终奉行互利共赢的开放战略、支持贸易投资自由化便利化、积极推动建设开放型世界经济的鲜明态度和坚定立场。

从内容上看，外商投资法草案在总结"外资三法"实施经验的基础上，确立了全面开放新格局下外商投资的基本制度框架，实行准入前国民待遇加负面清单管理制度，明确国家支持企业发展的各项政策同等适用于外商投资企业，强化了对外商投资合法权益的法律保护，完善法治化、国际化、便利化营商环境，对更好吸引、保护、管理外商投资具有重要作用。

如果说过去 40 年中国经济发展是在开放的条件下取得的，那么，未来中国经济实现高质量发展也必须在更加开放的条件下进行。保持开放精神，就能拓展更广的空间。"开放带来进步，封闭必然落后。"走过 40 年，今天的中国更加包容，也更加从容，开放已经成为当代中国的鲜明标识。在越来越多的外国政要和观察者眼中，当今中国是"世界历史的最大参与者"，他们关心的是中国如何在新的起点上继续推进改革开放。正如习近平总书记强调的，"中国的发展离不开世界，世界的繁荣也需要中国。"站在新起点上，我们需要继续向世界敞开胸怀，以自身更高水平的开放推动全球共同开放，以自身更高质量的发展助力各国共同发展，这是更加主动、更为自觉地开放，目的在于为人类作出新的更大贡献。

从这个意义上说，外商投资法的制定，将有助于我们以更加开放的姿态面向世界。

2019 年第 3 期

更好发挥专门委员会在新时代人大工作中的作用

全国人大专门委员会是依照宪法有关规定设立的，肩负着宪法和法律赋予的重要职责，具有法定性、专业性、经常性的特点，承担着全国人大许多经常性的工作。步入新时代，全国人大及其常委会所承担的任务越来越繁重，这就对专门委员会提出了新的更高的要求。

如何提高专门委员会工作质量和水平，更好发挥专门委员会的作用，是新时代人大工作面临的一个重大课题。

本届全国人大常委会对专门委员会工作十分重视，履新伊始，便召开十三届全国人大专门委员会负责同志会议，栗战书委员长出席会议并讲话。栗战书委员长在讲话中全面阐释了专门委员会的地位和作用，明确了专门委员会的功能和任务，并就如何做好新形势下专门委员会工作提出了具体要求。他强调，专门委员会履行职责、开展工作，必须以习近平新时代中国特色社会主义思想为指引，必须紧紧围绕党和国家工作大局和全国人大及其常委会中心工作来谋划和推进，更好发挥专门委员会在新时代人大工作中的重要作用。栗战书委员长的讲话为新一届全国人大专门委员会的工作定了总基调。

开局之年，全国人大各专门委员会以习近平新时代中国特色社会主义思想为指导，紧紧围绕党和国家工作大局和全国人大及其常委会中心工作，认真履行宪法和法律赋予的各项职责，同心协力、奋发进取、扎实工作，各项工作取得新进展新成效，实现了良好开局。

这一年，各专门委员会按照全国人大常委会立法工作部署，抓住提高立法质量这个关键，坚持科学立法、民主立法、依法立法，认真做好法律草案起草和审议工作，着力研究破解立法中的焦点难点问题；协助常委会开展执法检查、听取审议专项工作报告等监督工作，积极探索完善合宪性审查、预算审查监督等工作机制，加强跟踪监督，不断增强监督工作实效；注重发挥代表作用、做好人大对外交往工作、扎实搞好调查研究，为全国人大及其常委会依法履行职责提供有力保障。

围绕中心、服务大局，确保党中央的重大决策部署能够得到贯彻落实，是过去一年各专门委员会工作的一个显著特点。从积极推进全面依法治国，到不断健全国家监督体系；从全面深化改革，到加快完善社会主义市场经济体制；从实施乡村振兴战略，到实施区域协调发展战略；从加快建设创新型国家，到推动社会主义文化繁荣；从提高保障和改善民生水平，到加强和创新社会治理；从推动构建人类命运共同体，到"一带一路"建设；从扶贫攻坚战，到蓝天保卫战……我们到处都可以看到全国人大各专门委员会忙碌的身影。

以党的建设为统领，全面加强自身建设，是做好专门委员会工作的重要抓手。过去一年，各专门委员会旗帜鲜明讲政治，牢固树立"四个意识"，严明政治纪律和政治规矩，严格请示报告制度，坚决维护习近平总书记核心地位，坚决维护以习近平同志为核心的党中央权威和集中统一领导，自觉在思想上政治上行动上同党中央保持高度一致。把学习贯彻习近平新时代中国特色社会主义思想作为首要任务，用马克思主义中国化最新成果武装头脑、指导实践、推动工作，提高做好各项工作的政治站位和理论水平。严格执行中央八项规定及其实施细则精神，严守会议和工作纪律，注重实干实效，切实防止形式主义、官僚主义特别是各种新表现新动向。注重建章立制，推动专门委员会工作规范化制度化。

2019年是决胜全面建成小康社会、实现第一个百年奋斗目标的关键之年，我们期待各专门委员会迈开新步伐，再上新台阶，在新时代人大工作中发挥更重要的作用，以优异成绩庆祝中华人民共和国成立70周年。

2019年第4期

从这里看清中国的未来

时序更替，华章日新。踏着春天的节奏和铿锵的步点，3月的中国又一次进入了一年一度的"人代会"时间。全国的目光，世界的目光，聚集北京，聚集全国人代会。

全国人代会就是一部宏大的叙事，把一个真实的、鲜活的、精彩的中国呈现给世人；

全国人代会就是一个窗口，它让越来越多的人走近中国、看清中国、读懂中国；

全国人代会就是一个瞭望台，从这里可以看清我们每一个人的未来、我们国家的未来；

全国人代会就是中国民主的一张名片，它让人们感受中国式民主所独有的魅力，并尽享民主给他们带来的种种实惠。

时间的年轮铭刻着发展的轨迹。过去的2018年，是不平凡的一年，是全面贯彻党的十九大精神的开局之年，是实施"十三五"规划承上启下的关键一年，是庆祝改革开放40周年的喜庆之年，也是国际国内各种挑战和不确定因素明显增多的一年。

一年来，面对错综复杂的国际环境和艰巨繁重的国内改革发展稳定任务，以习近平同志为核心的党中央统揽国内国际两个大局，团结带领全党全军全国各族人民，以"不畏浮云遮望眼"的宏阔视野和"乱云飞渡仍从容"的战略定力，坚持稳中求进工作总基调，落实高质量发展要求，有效应对外部环境深刻变化，保持经济持续健康发展和社会大局稳定，驾驭中国航船劈波斩浪、行稳致远。

幸福都是奋斗出来的，奋斗者最能品味幸福的滋味。回首过去一年，我们深深地感到，奋斗让我们的国家更加强大，奋斗让我们收获更多自信和勇气，奋斗让我们的人生更加出彩。

今年是新中国成立 70 周年，是全面建成小康社会、实现第一个百年奋斗目标的关键之年。再往前，全面小康胜利可期，社会主义现代化强国曙光在前，中华民族伟大复兴任重道远。千秋大业，步步为营，我们仍须一起挥洒汗水，一起向着未来努力奔跑。

一年之计在于春，春天是播撒希望的季节，我们相约在春天，就是为了共同描绘更加美好的明天。

习近平总书记强调，"人民是我们执政的最大底气。"紧紧依靠人民，就没有战胜不了的艰难险阻，就没有成就不了的宏图大业。全国人代会承载着万众期盼，是充分激发蕴藏在人民群众中创造伟力的重要平台。所以，全国人代会不仅属于参加会议的全国人大代表，也属于全国人民，我们每一个人都是全国人代会的主角。网络技术如此发达，信息传播如此快捷，民意表达如此通畅，让我们每一个人都拥有"麦克风"、"千里眼"和"顺风耳"。场内场外、线上线下，多渠道、多路径的互动已成为全国人代会新常态。说到底，全国人代会就是一个庞大的"民意场"，在这里智慧碰撞，在这里共识达成。而全国人民的智慧与共识必将汇成国家发展的强大动力。

近年来，随着中国日益走向世界舞台的中央，全国人代会也有了世界性的影响。越来越多的外国政要关注全国人代会，更多的是为了从"中国方案"中探寻一种未来发展的可能。这正如一位作家所说的，"当今中国的现代化进程正快速推进，已成为世界最具'未来感'的国家。"所谓"未来感"，意味着当今中国在很多地方走在了世界前列，甚至在有些方面还发挥着引领作用。在亿万中国人民追逐梦想的脚步中，可以听到时代的脉动、看到潮水的方向。

当然，在未来的道路上，不仅有阳光和鲜花，还会有各种激流险滩。因为梦想伟大，才更需为艰苦的跋涉做好准备。经过40年改革开放，中国既有物质财富的积累，也有经验方法的沉淀，更有无穷的潜力尚待挖掘。在历史前进的逻辑中前进，在时代发展的潮流中发展，中国的未来必然不可限量。

十三届全国人大二次会议召开在即，近3000名全国人大代表，承载着亿万人民的希冀，汇聚北京，共襄国是，共谋伟业。让我们预祝这次会议圆满成功，让我们共同唱响春天里的"中国故事"！

2019年第5期

把美好的期待化为我们的自觉行动

阳春布德泽，万物生光辉。

在这个万物生长的季节里，十三届全国人大二次会议圆满完成了各项议程，在北京人民大会堂落下了大幕。这是一次发扬民主、提振信心、凝心聚力的盛会，听民意、汇民智，说真话、献良策，在海纳百川中凝聚共识，在求真务实中"有呼有应"。近3000名全国人大代表以强烈的政治责任感和历史使命感，依法履职，为民代言，写下了民主、团结、求实、奋进的新篇章。

这次会议是在全面建成小康社会关键之年召开的一次重要会议。大会高度评价过去一年在以习近平同志为核心的党中央坚强领导下，国家各项事业、各方面工作取得的成绩。大会审议并批准了政府工作报告和其他各项重要报告，听取和审议了全国人大常委会工作报告，审议通过了外商投资法。这次大会再次吹响追逐梦想的进军号角，激荡起创新创业创造的春潮。

天道酬勤，人勤春早。一个万紫千红、生机勃发的春天已经到来，一段波澜壮阔、充满希望的新征程已经启航。我们怎样才能不负这大好春光，不负这伟大的时代？

一步行动胜过一打纲领，喊破嗓子不如甩开膀子。如何学习贯彻习近平总书记重要讲话和十三届全国人大二次会议精神，如何将大会作出的重要决策、重要部署落到实处，如何将春天的期待化为我们每一个人的自觉行动，这是当前摆在我们面前的一项重要任务。

不驰于空想，不骛于虚声。把十三届全国人大二次会议精神真正落到实处，关键在真抓实干。实干是新时代的底色，是解码中国奇迹的钥匙，也是通往伟大梦想的阶梯。

十三届全国人大二次会议所作出的一系列重大决策部署，充分体现了亿万中国人民的共同意志，关乎我们每一个人的幸福生活。因此，贯彻落实这次大会精神，我们人人有责，我们要从自身做起，不当"看客"，不做"局外人"，要把自己摆进去，要从国家发展的宏伟蓝图中找到自己的奋斗路径，要把美好的期待化为我们的自觉行动。

3月18日，中共全国人大常委会党组举行会议，就全国人大常委会如何贯彻落实习近平总书记重要讲话和十三届全国人大二次会议精神作出了部署，中共中央政治局常委，全国人大常委会委员长、党组书记栗战书主持会议并讲话。

会议指出，习近平总书记在大会期间的重要讲话，饱含着非凡的远见卓识、坚定的使命担当和深厚的为民情怀，更加生动地体现了核心的意义和作用，对于做好当前和今后一个时期的工作，具有重要指导意义。

会议强调，要紧扣贯彻落实习近平总书记重要讲话、重要指示精神和大会部署，扎实有效做好今年全国人大常委会工作。一是深入学习习近平新时代中国特色社会主义思想，进一步加强对习近平总书记关于坚持和完善人民代表大会制度的重要思想学习、研究、宣传、贯彻工作，持之以恒加强理论武装。二是抓紧重要法律案的起草、审议和组织协调工作，确保如期提请审议，顺利完成党中央部署的立法任务。三是围绕污染防治和脱贫攻坚工作深入精准地开展监督，加大人大预算决算审查监督和国有资产管理监督力度，进一步在增强监督工作实效上下功夫。四是抓紧对代表建议汇总分析，尽快统一交有关国家机关和组织办理。

　　2019年是中华人民共和国成立70周年，是全国人民代表大会成立65周年，是全面建成小康社会、实现第一个百年奋斗目标的关键之年，做好今年的人大工作，意义重大。让我们迎着浩荡的春风，再度扬帆远行，上下同欲、风雨共舟，用奋斗定义我们的时光，用拼搏创造美好的未来，用实干书写新时代的人大故事。

2019 年第 6 期

人大监督的一次重大探索创新

3月25日,全国人大常委会召开水污染防治法执法检查组第一次全体会议,正式启动水污染防治法执法检查。中共中央政治局常委、全国人大常委会委员长栗战书主持会议并讲话强调,要坚持以习近平新时代中国特色社会主义思想特别是习近平生态文明思想为指引,发挥法律制度的刚性约束作用,推动从根本上解决水污染问题,推动生态环境质量持续改善。这次会议的召开,意味着继去年的蓝天保卫战之后,最高国家权力机关又将在碧水保卫战中出重拳、放大招。

水是生命之源、生产之要、生态之基。碧水保卫战是污染防治系列攻坚战中的一场重要战役。党的十八大以来,以习近平同志为核心的党中央高度重视水污染防治工作。习近平总书记多次作出重要指示批示,强调要大力增强水忧患意识、水危机意识,重视解决好水安全问题,还给老百姓清水绿岸、鱼翔浅底的景象。2015年2月,中央政治局常委会会议审议通过了水污染防治行动计划("水十条")。2018年4月,十九届中央财经委员会第一次会议,提出了打好污染防治攻坚战的七大标志性重大战役,其中城市黑臭水体治理攻坚战、渤海综合治理攻坚战、长江保护修复攻坚战、水源地保护攻坚战、农业农村污染治理攻坚战等五场标志性战役与水污染防治密切相关。2018年6月，中央出台关于全面加强生态环境保护坚决打好污染防治攻坚战的意见，对着力打好碧水保卫战作出全面部署。在党中央领导下，经过全国上下持续努力，碧水保卫战取得重要进展。

成绩固然可喜，问题仍须正视。我们知道，水污染是一块极难啃的"硬骨头"，具有复合型、综合性、难度大的特点，属疑难顽症，不易根治，稍有松懈就有可能出现反复。所以，我们不能有"毕其功于一役"的念头，必须做好打硬仗、恶仗的心理准备。

在这种背景下，人大监督的适时出手，就是为了充分发挥执法检查监督利剑作用，以法律的武器治理污染，用法治的力量保护生态环境，依法推动打好碧水保卫战。

全国人大常委会对这次执法检查十分重视，作出了精心的安排和部署。为了进一步增强监督针对性，提高监督实效性，采取一系列具体措施：一是引入第三方评估。二是召开五级人大代表、专家学者和基层执法人员、企业代表座谈会，充分依靠人大代表、依靠人民群众，坚持上下级人大联动，深入基层、深入实际、深入一线，全面、准确、深入了解法律实施情况。三是开展法律知识问卷调查。将法律条文整理形成问卷，对所到地方政府相关部门和企业负责人进行问卷调查，了解各地对法律的学习掌握情况，推动法律宣传贯彻。四是实地检查与随机抽查相结合。坚持问题导向，对存在的突出问题进行深入调查研究，抽查发现的问题，督促推动地方政府举一反三、立行立改。五是监督工作与立法工作相结合。将全国人大常委会执法检查与制定长江保护法等立法调研工作有机结合，适时召开长江保护法立法调研座谈会，推动立法进程，增强监督实效。六是法律监督与舆论监督相结合，组织新闻媒体对执法检查进行全过程深入报道。

在执法检查中引入第三方对法律实施情况和效果开展评估，对全国人大常委会来说还是第一次。这是人大监督的一次重大探索和创新，此举对于推动人大监督工作提质增效和升级换代具有十分重要的意义。作为人大监督对象，"一府一委两院"的工作包罗万象，有些工作专业性很强，技术含量很高，通过借助"外脑"，更多采用数据化、精准化的监督方式，为执法检查提供技术支撑和专业参考，有利于增强人大监督的科学性和专业性。专家们用更加客观、中立的视角，去审视、评价法律实施情况和各地区各部门工作，有利于提高人大监督的客观性、权威性，从而使人大监督更有力度、更具权威。评估既是对法律执行情况的评价，也是对立法质量的检测，这就把立法工作和监督工作结合起来，用监督来推动法律制度的健全完善。

水污染防治法执法检查虽然刚刚拉开大幕，但本届全国人大常委会在工作中展现出的探索精神和创新意识，使人们完全有理由相信，最高国家权力机关不仅能再度为我们奉献出一个人大监督的经典范本，同时，也为打赢碧水保卫战注入更多的胜算。

2019 年第 7 期

严字当头,才能树立起法律的权威

4月8日至11日,中共中央政治局常委、全国人大常委会委员长栗战书率领全国人大常委会执法检查组深入四川省成都、泸州两市基层一线,对水污染防治法实施情况进行"立体式"检查。

一年前,十三届全国人大常委会履新伊始,栗战书委员长就担任组长,对大气污染防治法实施情况开展检查,要求以法律的武器治理污染,用法治力量保卫蓝天。

一年后,栗战书委员长再次担任组长,对水污染防治法实施情况开展检查,要求发挥法律制度刚性约束作用,推动生态环境质量持续改善。

从蓝天保卫战,到碧水保卫战,在一年多的时间里,两次围绕打好污染防治攻坚战开展执法检查,这充分体现了十三届全国人大常委会坚决贯彻习近平生态文明思想和党中央决策部署的政治担当和行动自觉,显示了对打赢污染防治攻坚战的高度重视。

为了能够真发现问题,发现真问题,从而获取第一手材料,执法检查组来到职能部门、河堤水岸、城市新区、港口码头、工业企业和饮用水水源地进行实地检查,并在短短两天多的时间内,先后召开了3场由政府相关部门负责人、企业负责人、基层执法人员、各级人大常委会负责人和五级人大代表参加的座谈会，详细了解法律实施效果，认真倾听各方意见建议。

紧扣法律，追问防治责任落实，是这次执法检查的一个显著特点。执法检查期间，检查组成员坚持问题导向，把每一个问题都与法律挂钩，严格对照法律条文进行检查，不兜圈子，不绕弯子，开门见山，直截了当。

口气很平和，问题很尖锐，有些问题甚至带有很浓的"火药味"！四川省相关领导同志和工作人员无不感叹，这次执法检查组所提问题都是以法律为依据，都是依法依规查找问题，都是冲着法律实施短板而来，可谓"刀刀见血"！

作为环保领域的一部重要法律，水污染防治法自 1984 年出台后，又分别于 1996 年、2008 年和 2017 年进行了三次修改。党的十八大以来，以习近平同志为核心的党中央从全面建成小康社会、实现中华民族永续发展的战略高度，统筹生态文明顶层设计和制度体系建设，谋划开展了一系列根本性、开创性、长远性工作，引领和推动我国生态环境保护发生历史性、转折性、全局性变化，取得了历史性成就。正是在这种背景下，经过 2017 年修改的水污染防治法，深入贯彻了习近平生态文明思想和党中央关于推进生态文明建设的新要求，与环境保护法和"水十条"相衔接，法律条文由 92 条扩充到 103 条，责任更加明确，重点更加突出，监管更加全面，惩处更加严格，是防治水污染、保护水资源、保障水生态安全的有力法律武器。

最严格的法律尚需最严格的执行。严字当头，才能树立起法律的权威，才能保证法律规定畅通无阻。历经三次修改的水污染防治法称得上是一部长满"坚牙利齿"的严法。而此次执法检查就是要把这部法律的权威立起来，让法律禁令成为不可触碰的"高压线"。

栗战书委员长指出，治理一个国家、一个社会，关键是要立规矩、讲规矩、守规矩。法律是党的主张和人民利益的集中统一，是治国理政最大的规矩，是社会共同遵守的最大公约数。制定或修改一部法律，就是要把规矩立起来，让法律制度的牙齿"咬合"，充分发挥好法治威力。现行水污染防治法已经建立起一整套水污染防治的新制度，是一部适应要求、符合实际、具有可操作性的好法律。只要把法律规定一条一条对照落实好，就会取得事半功倍的防治效果，水污染问题就能基本解决。栗战书委员长的这番话，言简意赅地点明了此次执法检查的意义。

执法检查的过程，就是从发现问题到解决问题的过程。发现问题是基础，是前提。只有发现问题，才能因病施治，药到病除。所以，一次成功的执法检查，始于发现问题。虽然水污染防治法执法检查尚在进行中，但在发现问题这个环节上，可以说是初战告捷，这就为解决这些问题，并最终赢得碧水保卫战打下了坚实的基础。

2019年第8期

用立法讲述新时代的中国故事

按照计划，全国人大常委会2019年立法工作已全面铺开。前不久结束的十三届全国人大常委会第十次会议，共审议了八件法律草案，通过了其中的三件。一些专业人士称，时间更紧、节奏更快、任务更重、难度更大、要求更高，将是新一轮立法工作的新常态。

法官法和检察官法的修改，承载了公众对公平正义的渴望。如果说，司法改革的终极目标是"要努力让人民群众在每一个司法案件中都感受到公平正义"，那么，法官法和检察官法的修改，就是要使每一位法官和检察官都能真正成为公平正义最忠实的守望者和捍卫者。因此，对法官法和检察官法进行修改，是贯彻落实党中央重大决策部署、巩固深化司法体制改革成果的必然要求，是推进法官、检察官队伍正规化、专业化、职业化建设的客观需要，是完善中国特色社会主义法律体系的重要内容。修改后的法官法和检察官法体现了习近平总书记关于"要旗帜鲜明把政治建设放在首位，努力打造一支党中央放心、人民群众满意的高素质政法队伍"的要求。

作为"社会生活的百科全书"，民法典是一部"自带流量"的法律，它的编纂注定会引起人们的高度关注。继民法总则通过后，去年8月，民法典各分编草案一并提请全国人大常委会审议，正式迈出民法典编纂的"第二步"。在十三届全国人大常委会第十次会议上，物权编草案、人格权编草案再度亮相，第二次提请审议。相比一审稿，物权编草案二审稿在体例上进行了调整，进一步分为通则、所有权、用益物权、担保物权和占有五个分编。同时，草案二审稿还完善了农村集体所有土地的征地补偿、土地承包经营权等制度，并对业主的建筑物区分所有权、改善营商环境等作出针对性规定，明确了居住权的相关内容。单独设立人格权编，是我国民法典分编草案的一大亮点。人格权编草案二审稿积极回应社会关切，对肖像权、健康权、个人信息保护等方面的规定予以完善。常委会组成人员纷纷表示，草案二审稿更加适应实际需要，立法过程体现出较强的现实意义。

药品问题是重大的民生问题和公共安全问题，事关人民群众生命安全和社会稳定，习近平总书记对药品管理和药品安全高度重视，作出一系列重要指示，强调药品安全责任重于泰山，要加快完善统一权威的监管体制和制度，把"最严谨的标准、最严格的监管、最严厉的处罚、最严肃的问责"落到实处。此次对药品管理法的修改，坚决贯彻落实习近平总书记的重要指示精神，坚持问题导向，积极回应百姓关切，彰显了重典治乱的决心。

一句"生命有多重要，疫苗就有多重要"，道出了疫苗管理法的重要性。疫苗是国家战略性、公益性产品，直接关系人民群众生命健康，关系公共卫生安全和国家安全。此番对疫苗管理进行单独立法，意义重大，充分体现了党和国家对疫苗问题的高度重视，以及对生命的尊重和对百姓的关心。疫苗安全是"产"出来的，也是"管"出来的。监管越严，安全就越有保障。为此，全国人大常委会组成人员一致要求，要坚持猛药去疴，把"四个最严"写进法律，建立覆盖全过程全链条的法律制度，确保疫苗安全。

证券法修订与资本市场的发展密切相关。与草案二审稿相比，三审稿重点是根据股票发行注册制改革试点的进展情况，增加关于科创板注册制的相关规定，同时根据资本市场改革发展的实际情况，对其他相关制度进行适当修改完善。这对广大投资者来说是一个重大利好。

习近平总书记指出，法治是最好的营商环境。一次性打包修改建筑法等八部法律，就是为了进一步推进"放管服"改革和政府职能转变，营造法治化、国际化、便利化的营商环境。同时，这也表明中国将以更加开放的姿态面向世界。

法律是时代的产物。一部好的法律，必须紧跟时代步伐，因应时代挑战，顺应时代需要，体现时代特征。从前面几部提请这次全国人大常委会会议审议的法律草案中，我们就可以听到时代的步点和声音，感受到新时代的波澜壮阔与绚丽多姿。其实，法律都是有故事的，它可以让我们读懂一个时代，大到国家成长、社会进步，小到百姓日常的细微变化，都可以从法律条款中找到印证。正是从这个意义上说，立法者是在用法律讲述新时代的中国故事。

2019 年第 9 期

制度优势是我们应对各种风险挑战的最大底气

最近一段时间，中美贸易摩擦再度升级。美方不顾中方的诚意，不顾平等互利原则，大搞极限施压、漫天要价，让中美贸易摩擦不断加剧，让中美经贸关系蒙上阴影。

应该说，中美贸易摩擦是近来国际局势的一个缩影。当前，国际格局不断发生错综复杂的深刻变化，世界力量对比加速演变，进入从"量变"到"质变"的历史发展进程。和平与发展仍是当今时代的两大主题，国际格局呈现大发展、大变革和大调整，但和平赤字、发展赤字和全球治理赤字愈加凸显。国际形势中不稳定、不确定因素增多，主要大国矛盾跌宕起伏，地区热点问题走势各异。传统安全和非传统安全问题交织，单边主义、保护主义等严重冲击多边贸易和金融秩序，对世界经济发展前景产生严重负面影响。国际形势"动中有变"，机遇与挑战并存。正是在这种背景下，习近平总书记站在人类历史的高度，把握时代风云，作出了一个重要判断，那就是"放眼世界，我们面对的是百年未有之大变局"。这个"百年未有之大变局"，既会给我们带来机遇，也会给我们带来新的挑战和新的风险。

任凭风云变幻，我自岿然不动。今年以来，面对美方的霸凌行径和步步紧逼，我们在以习近平同志为核心的党中央坚强领导下，处乱不惊、从容应对，交出了一份耀眼的成绩单：坚定不移推动高质量发展，着力深化供给侧结构性改革，持续打好三大攻坚战，适时适度实施宏观政策逆周期调节，主要宏观经济指标保持在合理区间，市场信心明显提升，新旧动能转换加快实施。从统计数字看，今年一季度我国国内生产总值同比增长6.4%，增速超出市场预期，连续14个季度保持在6.4%—6.8%区间。更重要的是，4月全国城镇调查失业率为5.0%，就业形势总体稳定，发展"含金量"更高更足。用一句话来形容就是：世界风云变幻，风景这边独好。

在复杂多变的国际环境中，我们之所以能够不为任何迷雾所惑，不被一切风浪所阻，步履坚定，昂首前行，依然保持一个良好的发展势头，成功地化解一个又一个风险和矛盾，关键在于我们拥有人民代表大会制度这样一个"定海神针"，这是我们最大的制度优势，也是我们应对各种风险挑战的最大底气。只有依靠这个制度，才能把党的领导、人民当家作主、依法治国有机统一起来；只有依靠这个制度，才能做到上下同欲、万众一心、众志成城。因此，越是形势复杂、挑战严峻，越要发挥人民代表大会制度的"定海神针"作用。越是接近中华民族伟大复兴的目标，我们越需要坚定制度自信，进一步坚持和完善人民代表大会制度。

中国特色社会主义的伟大实践、改革开放40多年来取得的辉煌成就、这些年来"中国之治"与"西方之乱"的鲜明对比，无不雄辩地证明：中国的发展道路和制度具有独特的优势，人民代表大会制度作为国家根本政治制度，是一套有效保证能干事、干好事、干成事的政治制度。我们讲坚定"四个自信"，首先就要坚定对中国特色社会主义政治发展道路的自信、对中国政治制度的自信、对人民代表大会制度的自信。

必须承认，美方的极限施压可能会给我们带来一定的困难，但绝不会阻碍中国的发展，更不会阻挡大国崛起的历史进程。如果以历史为坐标进行考量，我们就会感到，与中华民族伟大复兴的历史进程相比，今天面临的困难不过是一些沟沟坎坎。在我们前进的道路上，不光有阳光和鲜花，还会有许多激流险滩。为今之计，是要保持战略定力和战略耐力，不要被外部因素影响我们的节奏、扰乱我们的步伐，集中力量办好自己的事。

今年是全国人民代表大会成立65周年。65年的实践告诉我们，人民代表大会制度是一个具有伟大历史功效的制度，是我们国家和人民能够经得起各种风浪、克服各种困难、沿着社会主义道路前进的可靠制度保证，也是我们全面建成小康社会、实现中华民族伟大复兴的可靠制度保证。近些年来，我们能够战胜一系列突如其来的自然灾害，有效应对外部经济风险，就充分说明了这一点。因此，我们应该对人民代表大会制度充满信心，应该为拥有这样一个伟大的制度而感到骄傲和自豪。

2019年第10期

从实践探索到顶层设计

人大代表是人民代表大会的主体,是国家权力机关组成人员,代表人民的利益和意志,依法参加行使国家权力。

由这一法律地位所决定,人大代表是人大工作最重要的推动者,是我国人民代表大会制度最忠实的捍卫者、实践者和传播者,是百姓利益最坚定的守望者。从某种程度上说,人大代表作用发挥得如何,将直接决定人大工作的整体水平,决定人民代表大会制度的优势与特点能否得到充分发挥,决定人民代表大会制度能否得到百姓的真心拥戴。因此,加强和改进代表工作,是坚持和完善人民代表大会制度、做好新时代人大工作的重要内容。

本届全国人大常委会高度重视代表工作,栗战书委员长多次强调要进一步加强代表工作。不仅如此,他还率先垂范,多次深入基层,就人大立法、监督等方面的工作,直接听取人大代表和基层群众的意见建议。从十三届全国人大常委会第五次会议开始,栗战书委员长在每次常委会会议期间,都召开列席代表座谈会,认真听取代表对人大工作、民主法治建设、经济社会发展等方面的意见建议。

在栗战书委员长的大力推动下,换届以来,代表工作呈现出了勃勃生机与活力：尊重代表主体地位、充分发挥代表作用，成为新时代代表工作新风尚，在立法、监督等人大工作的各个领域里，我们都可以看到人大代表活跃的身影；推动常委会联系代表、代表联系人民群众制度化规范化，进一步畅通了社情民意的表达和反馈渠道；拓展代表参与常委会、专门委员会工作的广度和深度，形成做好人大工作的整体合力；认真审议代表议案、办理代表建议，务求取得让代表和人民群众满意的效果；为提高代表履职能力，学习培训工作实现从"全覆盖"到"精准化"；加强代表联络站点、活动室和代表之家等的建设，为代表履职搭建平台；健全代表工作机制，丰富代表工作方法；完善服务代表机制，提高服务代表水平……

为了适应新时代对代表工作提出的新要求，前不久，栗战书委员长在京主持召开座谈会，研究十三届全国人大二次会议期间代表提出的意见建议，讨论加强和改进全国人大代表工作的具体措施。栗战书说，以习近平同志为核心的党中央高度重视发挥人大代表作用、做好人大代表工作，作出新的部署，提出新的要求。习近平总书记鲜明指出，人民代表大会制度之所以具有强大生命力和显著优越性，关键在于它深深植根于人民之中，强调要更好发挥人大代表作用，使各级人大及其常委会成为同人民群众保持密切联系的代表机关。这些重要论述和部署要求，为做好新时代人大工作特别是代表工作提供了指引和遵循，我们要认真学习好、贯彻好、落实好，从发挥中国特色社会主义民主政治特点和优势的高度，充分认识做好代表工作的重要意义，不断提升代表工作水平。栗战书委员长还特别强调，要像重视立法、监督工作一样重视代表工作。加强和改进全国人大代表工作座谈会的召开，实际上是在总结实践经验的基础上，对当前代表工作所作的一次全面盘点和谋划。

加强和改进代表工作，需要实践中的积极探索和理论上的不断创新，同时也需要顶层设计上的大手笔、大动作。为此，栗战书委员长在座谈会上，从顶层设计的层面，对下一步工作作出具体部署：一要从全国人大常委会层面加强统筹和领导，常委会党组、委员长会议要专题研究代表工作，推动代表工作融入党和国家工作大局；二要深化和拓展常委会同人大代表的联系，强化常委会组成人员同人大代表的双向工作互动与交流，完善专门委员会、工作委员会对口联系代表机制；三要努力实现代表议案建议内容和办理高质量；四要全方位多角度深层次报道代表工作，展示代表履职风采；五要加强代表联络机构建设，提高服务代表的能力和水平；六要加快推进信息化建设，为加强和改进代表工作提供有力支撑。

栗战书委员长的上述讲话，向我们传递了一个积极的信号：本届全国人大常委会把代表工作放在更加重要的位置，将采取一系列强有力措施，推动这项工作迈出新步伐、再上新台阶、开创新局面。

2019 年第 11 期

做人民代表大会制度最忠实的守护者

在全党开展"不忘初心、牢记使命"主题教育，是以习近平同志为核心的党中央统揽伟大斗争、伟大工程、伟大事业、伟大梦想作出的重大部署。今年是中华人民共和国成立70周年，也是我们党在全国执政第70个年头。我们正处在实现"两个一百年"奋斗目标的历史交汇期。在这一重要历史时刻开展"不忘初心、牢记使命"主题教育，正当其时，意义深远。

全国人大机关是第一批开展主题教育的单位。全国人大常委会领导高度重视主题教育工作，栗战书委员长提出明确要求：开展"不忘初心、牢记使命"主题教育是党的十九大作出的重大决定。5月31日习近平总书记发表的重要讲话，对主题教育活动进行了动员部署。全国人大常委会党组及机关党组要认真学习贯彻习近平总书记的重要讲话精神，深刻认识这次主题教育的重大意义，真正从思想上重视起来，以实际行动贯彻落实好党中央的决策部署。主题教育中要始终突出"深入学习贯彻习近平新时代中国特色社会主义思想"这一根本任务，推动学习往深里走、往心里走、往实里走，教育党员干部牢记党的性质和宗旨，更加自觉为实现党的历史使命而勇于担当、不懈奋斗。只要对党的初心、习近平总书记的创新理论深刻理解了、认识提高了、思想统一了，就能自觉担当起时代赋予我们的使命。要按照主题教育的总要求、目标任务、方法步骤，结合人大实际，把学习教育、调查研究、检视问题、整改落实贯穿全过程，确保取得实实在在的成效。这次主题教育时间不长，常委会党组和机关党组要高度重视、精心组织、切实加强领导，利用好宝贵时间，决不能一般化、走过场。6月10日，机关还专门召开动员大会，杨振武秘书长作了动员讲话。

不管走得再远，都不能忘记为什么出发。习近平总书记在"不忘初心、牢记使命"主题教育工作会议上强调，"为中国人民谋幸福，为中华民族谋复兴，是中国共产党人的初心和使命，是激励一代代中国共产党人前赴后继、英勇奋斗的根本动力。"我们党是在人民群众中成长和发展起来的，从诞生之日起就带着"人民"的烙印，就怀着一颗为人民求解放、谋幸福的初心。可以说，为中国人民谋幸福、为中华民族谋复兴，是我们党成立以来全部理论和实践的起点。我们党迄今98年的历史，就是一部为践行初心、履行使命而不懈奋斗的历史。赓续光荣历史、开辟美好未来，需要经常体悟我们的初心和使命。

尊重人民主体地位，保证人民当家作主，是我们党的一贯主张，也是为人民谋求幸福的一条最重要的路径。保证人民当家作主，不仅是一个政治目标、政治口号、政治原则，同时更需要一套完整有效的制度保障。为此，中国共产党领导中国人民经过艰辛探索，创立了人民代表大会制度。人民代表大会制度就是承载着中国共产党人初心和使命的国家根本政治制度，它是实现人民当家作主的最高组织形式，它为人民当家作主提供了有效可靠的制度载体、实施平台和运行轨迹。习近平总书记在庆祝全国人民代表大会成立60周年大会上的重要讲话中明确指出，实践充分证明，人民代表大会制度是符合中国国情和实际、体现社会主义国家性质、保证人民当家作主、保障实现中华民族伟大复兴的好制度。同时强调，在新的奋斗征程上，必须充分发挥人民代表大会制度的根本政治制度作用，继续通过人民代表大会制度牢牢把国家和民族前途命运掌握在人民手中。这是历史赋予我们的光荣任务。

作为一项宏大的制度，人民代表大会制度平稳有序地运转，需要一整套制度体系和规则体系作保障，需要全社会的共同维护，特别需要我们每一位人大工作者的坚守与付出。让这项制度变得更好，让这项制度真正深入人心，让这项制度为广大人民群众带来更多的幸福，就是我们人大工作者的初心和使命。有了这份初心和使命，我们就会全身心投入到人大工作中，甘于奉献、勇于担当、忠于职守、积极进取。

从这个意义上说，在全国人大机关开展"不忘初心、牢记使命"主题教育，就是让我们认清自己的责任，自觉担负起时代赋予我们的光荣使命，真正做一名人民代表大会制度最忠实的守护者！

2019年第12期

形成人大工作整体合力　提升人大工作整体实效

前不久，全国省级人大常委会秘书长工作交流会在北京召开。召开全国省级人大常委会秘书长工作交流会，这在全国人大常委会工作中还是第一次。这次会议的召开，对于密切全国人大同地方人大的联系，提升新时代人大工作整体水平，具有重要的意义。

全国人大常委会高度重视这次会议。会议期间，中共中央政治局常委、全国人大常委会委员长栗战书主持召开座谈会，同参加工作交流会的省级人大常委会秘书长交流座谈。中共中央政治局委员、全国人大常委会副委员长王晨出席工作交流会和座谈会，并在工作交流会上讲话。全国人大常委会秘书长杨振武在工作交流会上作总结讲话。

栗战书委员长在座谈会上指出，全国人大密切同全国人大代表的联系、密切同地方人大的联系，增强人大工作整体实效，是习近平总书记和党中央对全国人大工作提出的明确要求。全国人大密切与地方人大的联系，最为重要的是加强思想政治建设和重大工作的互动联动，共同推动深入学习贯彻习近平新时代中国特色社会主义思想特别是习近平总书记关于坚持和完善人民代表大会制度的重要思想，共同推动落实党的基本理论、基本路线、基本方略和重大决策部署，共同维护习近平总书记党中央的核心、全党的核心地位，维护党中央权威和集中统一领导，共同推动宪法和法律的实施落实。全国人大同地方人大可以加强在工作上的沟通、协调、交流、联动和干部学习培训，共同推进人大的立法、监督、代表等工作。

各级人大及其常委会在同级党委领导下开展工作。全国人大及其常委会与地方人大及其常委会不是上下级领导被领导关系，这是一个重要政治原则。在这一前提下，各级人大加强联系、密切配合，对于做好人大工作，是十分必要的。我国共有五级人大，从根本上说，各级人大机构的性质是一样的，所承担的使命和工作目标是一致的。甚至在有些情况下，面临的困难和问题也是相同的。正因为如此，各级人大加强联系，密切配合，交流经验，沟通情况，有利于相互促进，共同提高。并且从全国范围看，人大工作本身就是一个整体，我们必须要有全国一盘棋的思想，这样才能形成人大工作的整体合力，增强人大工作的整体实效。新时代对人大工作提出了新任务新要求，这就需要各级人大在贯彻党中央决策部署上密切联系、形成合力，在推动人民代表大会制度完善发展上密切联系、形成合力，在推动地方人大工作和建设上密切联系、形成合力。

本届全国人大常委会十分注重与地方人大的联系，形成了一些好的做法和机制，特别是在立法、监督、代表工作等方面，充分调动地方人大的积极性，产生了很好的社会效果。其中，水污染防治法执法检查就是一个成功的范例。

为了打赢碧水保卫战，全国人大常委会在人大系统进行了总动员，除对河北、江苏、安徽、湖南、广东、四川、贵州、云南8个省份进行实地检查外，同时委托其他23个省区市人大常委会对本行政区域内水污染防治法的实施情况进行自查，从而实现执法检查"全覆盖"。为了实现上下联动，形成整体合力，推动人大监督提质增效，改变以往受委托的省级人大常委会只提交一个书面报告的常规做法，栗战书委员长专门组织召开会议，听取受委托地方汇报自查情况。栗战书委员长在会议上讲话强调，全国人大与地方人大要密切工作联系、加强工作协同，对事关改革发展稳定、人民群众切身利益的重点难点问题，同步做好立法、监督等工作，增强人大工作整体实效。

如何在形成人大工作整体合力的基础上，进一步增强人大工作整体实效，这是一篇大文章。本届全国人大常委会从理论和实践两个方面作出了积极的回应，这就为做好新时代人大工作奠定了坚实的基础。

2019 年第 13 期

全面提升新时代地方人大工作水平

日前，习近平总书记对地方人大及其常委会工作作出重要指示强调，县级以上地方人大设立常委会，是发展和完善人民代表大会制度的一个重要举措。40年来，地方人大及其常委会坚持党的领导、人民当家作主、依法治国有机统一，履职尽责，开拓进取，为地方改革发展稳定工作作出了重要贡献。

习近平指出，新形势新任务对人大工作提出新的更高要求。地方人大及其常委会要按照党中央关于人大工作的要求，围绕地方党委贯彻落实党中央大政方针的决策部署，结合地方实际，创造性地做好立法、监督等工作，更好助力经济社会发展和改革攻坚任务。要自觉接受同级党委领导，密切同人民群众的联系，更好发挥人大代表作用，接地气、察民情、聚民智，用法治保障人民权益、增进民生福祉。要加强自身建设，提高依法履职能力和水平，增强工作整体实效。

习近平总书记的重要指示，高屋建瓴、思想深邃、内涵丰富，具有很强的思想性、指导性、时代性和针对性，是习近平总书记关于坚持和完善人民代表大会制度的重要思想的最新成果，是做好新时代地方人大工作的根本遵循。

今年是地方人大设立常委会40周年。1979年7月1日，五届全国人大二次会议通过的《关于修正〈中华人民共和国宪法〉若干规定的决议》和《中华人民共和国地方各级人民代表大会和地方各级人民政府组织法》规定，县级以上的地方各级人民代表大会设立常务委员会。1979年下半年，在县、自治县、不设区的市和市辖区进行直接选举试点的基础上，首批66个县级地方人大常委会在试点中产生。1979年8月，西藏自治区和青海省先后召开人大会议，分别成立了省级人大常委会。根据五届全国人大常委会第十次会议通过的有关决议，从1979年9月到1980年底，各省、自治区、直辖市先后召开人代会，选举产生了本级人大常委会。设区的市、自治州人大常委会基本上也都在1980年内建立起来。全国范围的县级直接选举工作在1980年下半年全面展开，到1981年底，全国2700多个县、自治县、不设区的市和市辖区，先后都在直接选举的基础上召开人代会，建立县级人大常委会。地方人大设立常委会，是党和国家深刻总结我国人民代表大会制度历史经验，适应改革开放新时期发展要求作出的重大决策，是新时期我国社会主义民主法制建设的一件大事，是健全地方政权体制的重要举措，是人民代表大会制度的重大发展和完善。

40年来，地方人大及其常委会坚持党的领导、人民当家作主、依法治国有机统一，在改革开放和社会主义现代化建设中，在发展社会主义民主、全面依法治国进程中，在促进地方经济社会发展、保障和改善民生、维护社会稳定方面，发挥了重要作用，丰富和发展了人民代表大会制度的理论与实践。

当前，如何在认真总结经验的基础上，全面提升新时代人大工作水平，是摆在地方人大面前的一个重大课题。为此，在纪念地方人大设立常委会40周年座谈会上，栗战书委员长指出，要深入学习贯彻习近平新时代中国特色社会主义思想，按照习近平总书记重要指示精神，在以习近平同志为核心的党中央集中统一领导下，发挥各级人大职能作用，全面提升新时代人大工作水平。要坚持党的领导、人民当家作主、依法治国有机统一，认真总结并坚持地方人大工作的经验，不断丰富和拓展人民代表大会制度的实践特色、时代特色。要进一步增强"四个意识"、坚定"四个自信"、做到"两个维护"，自觉同以习近平同志为核心的党中央保持高度一致。要按照党中央对人大工作的要求，全面落实党中央重大决策部署，认真做好立法、监督、代表等工作，担负起宪法法律赋予的各项职责。要坚持以人民为中心，密切同人民群众的联系，努力使人大工作更好体现人民利益、反映人民意愿、增进人民福祉。

如果说，过去40年，地方人大及其常委会与改革开放同频共振、一路同行，那么，踏着新时代的节律，地方人大及其常委会又将开始新的出发。我们坚信，在习近平新时代中国特色社会主义思想的科学指引下，认真履行宪法法律赋予的职责，勇于担当、积极作为，地方人大及其常委会一定会开创新局面、再创新辉煌。

2019年第14期

以人民为中心是人大工作的根本出发点

在全国人大机关开展"不忘初心、牢记使命"主题教育,使我们有机会通过与历史的共鸣、与现实的对话,探寻我国为什么要实行人民代表大会制度、人民代表大会制度是怎样一路走来的,从而真正弄清楚人大工作的出发点是什么,人大工作必须依靠谁、为了谁。

中国共产党为什么"能"、中国特色社会主义政治发展道路为什么"行"、人民代表大会制度为什么"成",这是时代的声音,也是历史的回响,所有的答案就藏在"人民"这两个字中。

初心系于人民,使命为了人民。为中国人民谋幸福,为中华民族谋复兴,是中国共产党人的初心和使命。习近平总书记在"不忘初心、牢记使命"主题教育工作会议上强调,守初心,就是要牢记全心全意为人民服务的根本宗旨,以坚定的理想信念坚守初心,牢记人民对美好生活的向往就是我们的奋斗目标,时刻不忘我们党来自人民、根植人民,永远不能脱离群众、轻视群众、漠视群众疾苦。重温初心、感悟初心、践行初心,才能将我们党的根本宗旨和奋斗目标内化于心、外化于行,保持党同人民群众的血肉联系,让党的根基永固、让党的力量永存。

人民是我们党执政的最大底气,是我们共和国的坚实根基,是我们强党兴国的根本所在。把人民立场作为党的根本政治立场，是我们党区别于其他政党的显著标志。每一个共产党人，都需要在为民造福中实现自己的价值，在无私奉献中提升人生的境界，坚守人民至上的宗旨信念，践行服务人民的铮铮誓言，把"以人民为中心"这一思想贯穿到我们的工作中。

以人民为中心，从国家政权设计的角度讲，就是要保证人民当家作主，这也是我国社会主义民主政治的本质和核心。从近百年来风云激荡的历史看，中国共产党领导人民实行人民民主，就是要保证和支持人民当家作主。保证和支持人民当家作主不是一句口号、不是一句空话，必须通过一定的制度载体，落实到国家政治生活和社会生活之中。中国共产党人创立人民代表大会制度的初心和使命就是实现人民当家作主。人民代表大会制度的设计和运行、人大及其常委会依法行使职权，都是为了保证和发展人民当家作主，彰显"国家一切权力属于人民"的宪法理念。

"为民服务解难题"，是这次"不忘初心、牢记使命"主题教育的具体目标之一。习近平总书记在主题教育工作会议上强调："为民服务解难题，重点是教育引导广大党员干部坚守人民立场，树立以人民为中心的发展理念，增进同人民群众的感情，自觉同人民想在一起、干在一起，着力解决群众的操心事、烦心事，以为民谋利、为民尽责的实际成效取信于民。"

"为民服务解难题"，是"以人民为中心"这一重要思想在人大工作中的具体体现。人大工作的最大优势是密切联系群众，最大危险是脱离群众。由我们国家的政权性质所决定，人大工作必须依靠人民、为了人民，必须把人民群众的呼声当作第一信号，把人民群众的需要当作第一考虑，把人民群众的满意当作第一标准。只有这样，人大工作才能充满生机和活力，才能赢得百姓的信赖和支持。

本届全国人大常委会把以人民为中心作为工作的根本出发点，坚持民有所呼、我有所应，百姓所望、人大所向，聚焦人民群众普遍关心的突出问题，频频出手、持续发力，体现了最高国家权力机关深厚的人民情怀。栗战书委员长曾指出,要贯彻群众路线,密切常委会同人大代表、人大代表同人民群众的联系,畅通社情民意表达和反映渠道,号准人民群众的脉搏,集中人民群众的智慧,帮助人民群众排忧解难。

初心凝聚力量,使命催人奋进。回望过去,我们依靠人民,成就了昨日的辉煌;展望未来,我们在以习近平同志为核心的党中央坚强领导下,把近14亿人的力量凝聚在一起,风雨无阻、一路前行,奔向更加美好的明天。

2019 年第 15 期

精彩的故事还需精彩的讲述

在全媒体时代，如何讲好人大故事，从而让人民代表大会制度真正深入人心，是摆在每一位人大新闻工作者面前的一道重大课题，也是我们开展"不忘初心、牢记使命"主题教育所要解决的一个重要问题。

如何讲好人大故事，实际上就是如何做好人大新闻舆论工作。党的十八大以来，习近平总书记就如何做好党的新闻舆论工作发表一系列重要讲话。习近平强调，做好党的新闻舆论工作，事关旗帜和道路，事关贯彻落实党的理论和路线方针政策，事关顺利推进党和国家各项事业，事关全党全国各族人民凝聚力和向心力，事关党和国家前途命运。必须从党的工作全局出发把握党的新闻舆论工作，做到思想上高度重视、工作上精准有力。习近平指出，在新的时代条件下，党的新闻舆论工作的职责和使命是：高举旗帜、引领导向，围绕中心、服务大局，团结人民、鼓舞士气，成风化人、凝心聚力，澄清谬误、明辨是非，联接中外、沟通世界。要承担起这个职责和使命，必须把政治方向摆在第一位，牢牢坚持党性原则，牢牢坚持马克思主义新闻观，牢牢坚持正确舆论导向，牢牢坚持正面宣传为主。

今年1月25日，在中央政治局就全媒体时代和媒体融合发展进行集体学习时，习近平总书记发表了重要讲话。他在讲话中指出，全媒体不断发展，出现了全程媒体、全息媒体、全员媒体、全效媒体，信息无处不在、无所不及、无人不用，导致舆论生态、媒体格局、传播方式发生深刻变化，新闻舆论工作面临新的挑战。我们要因势而谋、应势而动、顺势而为，加快推动媒体融合发展，使主流媒体具有强大传播力、引导力、影响力、公信力，形成网上网下同心圆，使全体人民在理想信念、价值理念、道德观念上紧紧团结在一起，让正能量更强劲、主旋律更高昂。讲话深刻阐述了全媒体时代的机遇和挑战，揭示了媒体融合发展的趋势和规律，为新时代推动媒体融合向纵深发展、打造新型主流媒体、做大做强主流舆论，提供了根本遵循。

《中国人大》和中国人大网是人大新闻舆论的主阵地，在宣传人民代表大会制度、宣传人大工作方面，承担着十分重要的职责。当前，深入学习贯彻落实习近平总书记关于新闻舆论工作的重要讲话精神，贯彻落实栗战书委员长关于加强和改进人大新闻宣传工作的重要指示精神，进一步提升人大新闻宣传工作的传播力、引导力、影响力、公信力，讲好人大故事，是我们面临的一项重要任务。

如何才能讲好人大故事呢？这里面涉及我们如何适应全媒体时代人大新闻宣传工作面临的新形势新任务，坚持不断改进创新。为此，栗战书委员长指出，在加强宣传方面，要进一步加大力度、改进方式、增强时效。关键是要牢牢掌握人大新闻舆论工作的主动权、话语权，加强统筹协调和组织策划，深入学习领会习近平总书记关于坚持和完善人民代表大会制度的重要思想，学习宣传党中央对人大工作的坚强领导和决策部署，宣传人大立法、监督、代表、对外交往、自身建设、理论研究等方面的工作进展和成效。要综合运用多种传播手段，在巩固和完善传统宣传阵地的同时，善于用足用好新媒体，拓展报道的广度和深度。要面向大众，注重创新，回应关切，多用鲜活生动的事实，多用通俗易懂的语言，让国家根本政治制度深入人心。

精彩的故事还需精彩的讲述。我们身处一个伟大的时代，要顺应媒体融合的发展大局，把握媒体融合发展的趋势和规律，乘势而兴，以自我革命的勇气加快推动媒体融合发展，实现传播效果的最大化和最优化，用我们精彩的讲述，让人民代表大会制度真正深入人心。

2019 年第 16 期

把"四个最严"写进法律

药品是治病救命的特殊商品。药品安全关系人民群众身体健康和生命安全，既是民生问题，也是社会问题，更是公共安全问题。由此决定了药品管理法具有很强的话题性，是一部"自带流量"的法律。

此番药品管理法大修，引起社会普遍关注，特别是其中一些条款的修改，更是在公众中引起强烈共鸣。不论是在审议现场，还是在民间的"舆论场"，我们都可以听到这样的声音：药品管理法应坚持以人民为中心的思想，把以人民健康为中心这一立法理念贯彻到每一个条款中；要积极回应人民群众的关注，采取强有力措施，解决群众反映强烈的假药、劣药、药价高、药品短缺等突出问题；把最严谨的标准、最严格的监管、最严厉的处罚、最严肃的问责写进法律，重典治乱，真正使法律长出"牙齿"，成为"带电的高压线"……

作为我国药品管理领域最重要的一部法律，药品管理法于1984年制定，2001年作了全面修订，并分别于2013年和2015年就部分条款进行修正。

习近平总书记对药品管理和药品安全高度重视，作出一系列重要指示，强调药品安全责任重于泰山，要加快完善统一权威的监管体制和制度，把最严谨的标准、最严格的监管、最严厉的处罚、最严肃的问责落到实处。为了贯彻习近平总书记的重要指示精神，落实党中央的决策部署，从根本上解决药品领域存在的突出问题，保障药品监管工作依法开展，2018年10月，十三届全国人大常委会第六次会议对药品管理法修正草案进行初审；2019年4月，提请十三届全国人大常委会第十次会议二次审议的草案名称变为药品管理法修订草案。从"修正草案"到"修订草案"，一字之差看似是一个立法技术问题，实际上折射出最高国家权力机关对药品管理工作的高度重视和对百姓关切的积极回应。

正因为如此，修改后的药品管理法获得了公众的广泛赞誉。社会舆论普遍表示，新修订的药品管理法积极回应人民群众的关切，充分反映各方意见，加强了对药品生产、销售等各环节的监管，保障基本药物供应，加大了处罚力度，进一步增强了制度规范的针对性和可操作性，体现出药品研制管理改革、药品审评审批制度改革成果，使人民群众在用得上药、用得起药、安全用药上得到了法律的刚性保障。

"严"字当头，是修订后的药品管理法留给人们的一个最为深刻的印象。的确，为了确保公众用药安全，立法者在总结经验的基础上，根据当前药品管理工作面临的新情况新任务，通过一系列"史上最严"的条款设计，筑起了一道坚固的制度堤坝。对此，在十三届全国人大常委会第十二次会议闭幕会上，栗战书委员长指出，会议审议通过的药品管理法修订草案，贯彻习近平总书记关于加强药品管理的指示要求，针对群众反映强烈的假药、劣药、药价高、药品短缺等突出问题，把最严谨的标准、最严格的监管、最严厉的处罚、最严肃的问责写进法律，进一步健全了覆盖药品研制、生产、经营、使用全过程的法律制度。

亮点纷呈、"新"意满满，这是修订后的药品管理法留给人们的又一深刻印象。用全国人大常委会法制工作委员会有关负责同志的话说，新修订的药品管理法体现出"四个最新"：第一个最新，是将药品管理和人民的健康紧密结合起来。新法明确规定保护和促进公众健康，在第三条中提出药品管理应当以人民健康为中心。第二个最新，是坚持风险管理，将风险管理理念贯穿药品研制、生产、经营、使用、上市后管理等各个环节，坚持社会共治。第三个最新，是坚持新发展时期的问题导向。针对药品管理发展过程中存在的问题，坚持问题导向，回应社会关切，坚决贯彻"四个最严"的原则。第四个最新，是发挥法律最高权威作用，围绕提高药品质量，全面系统地对药品管理制度作出规定。

  按照规定，今年12月1日，修订后的药品管理法将正式走进我们的生活。这部法律将会给药品管理工作带来哪些积极的变化？它能否彻底根治药品领域里的种种"顽疾"？它能否真正成为百姓健康的守护神？……这将成为人们关注的话题。说到底，"严"法必须"严"行，方能发挥功效。如果说新修订的药品管理法是一部长满"牙齿"的"严"法，那么，只有依靠执法部门的铁腕执法，权力机关的刚性监督，以及社会有关各方的共同努力，药品管理法才能尽显"严"法本色！

2019年第17期

从"全覆盖"到"精准化"

培训是人大常委会工作的一个重要组成部分，是做好新时代人大工作的一项基础性工程，是提高代表履职能力的一个重要途径。

本届全国人大常委会对培训工作十分重视，并把它摆在重要位置。栗战书委员长就曾指出，要总结代表培训工作经验，从研究培训效果着手，改进人大代表培训工作，丰富培训内容，增加应用型知识、人大工作基础知识的培训，分领域开展专题培训。

到目前为止，本届全国人大常委会共举办了10期代表学习班。其中，从第1期到第6期学习班，基本实现了本届新任基层代表履职学习全覆盖。从第7期学习班开始，为了更好地适应代表履职的实际需要，学习培训工作转入分领域分专题的精准化阶段。从"全覆盖"到"精准化"，不仅标志着人大培训工作的提质增效，同时，也充分体现了本届全国人大常委会为改进培训工作方式、增强培训工作实效所作的不懈努力。

2019年9月8日至11日、10月11日至14日，全国人大常委会办公厅、全国人大农业与农村委员会在贵州遵义和江西赣州举办第9期、第10期全国人大代表学习班，组织501名全国人大代表围绕"脱贫攻坚与乡村振兴战略"专题进行学习，为代表履职尽责"充电加油"。可以毫不夸张地说，这两期学习班为我们提供了"精准化"培训的经典范例。

党的十八大以来，以习近平同志为核心的党中央高度重视脱贫攻坚和乡村振兴。党的十九大报告强调坚决打好精准脱贫攻坚战，作为全面建成小康社会的三大攻坚战之一，并首次提出实施乡村振兴战略，作为党和国家坚定实施的七大战略之一。党的十九大后，党中央围绕打赢脱贫攻坚战和实施乡村振兴战略作出一系列重大决策部署。习近平总书记强调，脱贫攻坚战进入决胜的关键阶段，务必一鼓作气、顽强作战，不获全胜决不收兵；乡村振兴战略是关系全面建设社会主义现代化国家的全局性、历史性任务，是新时代"三农"工作总抓手。在这样一个背景下，围绕脱贫攻坚与乡村振兴战略组织代表专题学习班，是贯彻落实习近平总书记重要讲话精神和党中央决策部署、进一步提高人大代表助力脱贫攻坚和乡村振兴的履职能力、更好发挥人大代表作用的重要举措。

学习班深入学习贯彻习近平新时代中国特色社会主义思想，特别是习近平总书记关于脱贫攻坚和实施乡村振兴战略的重要论述，深入学习贯彻党中央关于脱贫攻坚和实施乡村振兴战略的决策部署，全面了解脱贫攻坚和实施乡村振兴战略相关工作进展以及面临的主要问题、对策措施等。围绕学习任务，学习班安排"乡村振兴法律制度建设""以习近平总书记扶贫重要论述为指导坚决打赢脱贫攻坚战""坚持农业农村优先发展　大力实施乡村振兴战略"以及贵州省、赣南中央苏区脱贫攻坚和乡村振兴实践等专题报告，同时请全国人大农委、农业农村部、国务院扶贫办负责议案建议办理工作的同志介绍情况。

为了增强学习培训的实际效果，学习班的组织者还在创新教学方式方面进行了积极探索。例如，第9期、第10期学习班首次以"代表论坛"方式，邀请了十多位工作在脱贫攻坚和乡村振兴第一线的代表介绍经验，讲述全国人大代表助力脱贫攻坚和乡村振兴的故事。第9期学习班组织代表们对贵州遵义的湄潭、桐梓两地脱贫攻坚和乡村振兴战略实施情况进行实地考察，第10期学习班组织代表们实地考察了江西于都和瑞金两地脱贫攻坚、乡村振兴的实效。

由于这两期学习班紧紧围绕脱贫攻坚和乡村振兴这一主题有的放矢、量身定制、精准施教，并且在培训方式上作了诸多改进，使代表们对脱贫攻坚和乡村振兴取得的成绩有了深刻认识，对相关工作进展情况及下一步的重点难点有了全面了解，更加明确了履职方向、丰富了履职方法和手段。大家一致表示，要将此次学习培训成果转化到履职工作当中，更好发挥人大代表助力脱贫攻坚和乡村振兴的重要作用。

从已经举办的 4 期代表专题学习班的情况看，"精准化"学习培训开展良好，成效显著，对于提高代表履职水平、充分发挥代表作用，必将起到积极的推动作用。

2019 年第 20 期

图书在版编目（CIP）数据

民主是一种日常生活 / 汪铁民著 . —北京：中国民主法制出版社，2023.3

ISBN 978-7-5162-2608-7

Ⅰ.①民… Ⅱ.①汪… Ⅲ.①民主政治—研究—中国 Ⅳ.① D621

中国版本图书馆 CIP 数据核字（2021）第 194237 号

图书出品人：刘海涛
出版统筹：贾兵伟
图书策划：张　涛
责任编辑：陈　偲

书名 / 民主是一种日常生活
作者 / 汪铁民　著

出版·发行 / 中国民主法制出版社
地址 / 北京市丰台区右安门外玉林里 7 号 (100069)
电话 /（010）63055259（总编室）　83910658　63056573（人大系统发行）
传真 /（010）63055259
http: // www.npcpub.com
E-mail： mzfz@npcpub.com
开本 / 16 开　710 毫米 ×1000 毫米
印张 / 46　**字数 /** 569 千字
版本 / 2023 年 3 月第 1 版　2023 年 6 月第 3 次印刷
印刷 / 三河市宏图印务有限公司

书号 / ISBN 978-7-5162-2608-7
定价 / 98.00 元
出版声明 / 版权所有，侵权必究。

（如有缺页或倒装，本社负责退换）